BOYS LOVE

I Want To Do What Lovers Do

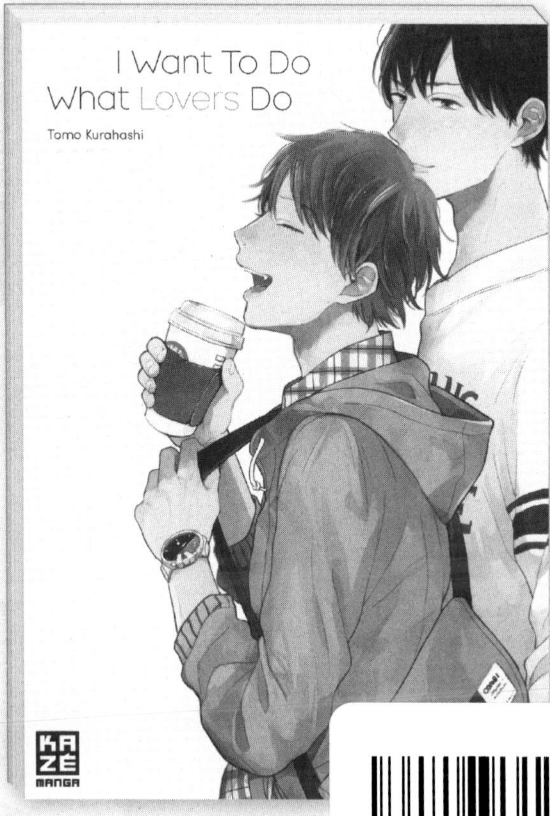

Freundschaft ist mir nicht genug

Tomo Kurahashi

Akiras Herz ist in Aufruhr: Seit Jahren ist er in seinen besten Freund Yuto verliebt, mit dem er sogar zusammenwohnt. Den nächsten Schritt zu gehen, wagt er aus Sorge um die Freundschaft jedoch nicht. Als ihm sein angetrunkener Schwarm eines Abends plötzlich an die Wäsche will, müsste Akira sich eigentlich freuen, doch stattdessen steigt Wut in ihm auf. Seine Gefühle sind zu aufrichtig für solche Späße! Doch hatte Yuto wirklich nur Spaß im Sinn?

www.kaze-online.de Kaze.Deutschland KazeDeutschland

HELLO MORNING STAR

libre

First published in Japan in 2018 by Libre Inc.,Tokyo.
German translation rights arranged with Libre Inc., Tokyo
through Tuttle-Mori Agency, Inc., Tokyo

Aus dem Japanischen von Ekaterina Mikulich

Redaktion: Katharina Altreuther
Herstellung: Sonja Lesch
Deutsche Logo- und Covergestaltung: Jenifer Hüttmann
Lettering: Datagrafix, Inc.
Druck und Bindung: GGP Media GmbH, Pößneck

ISBN 978-2-88921-374-0

HELLO MORNING STAR

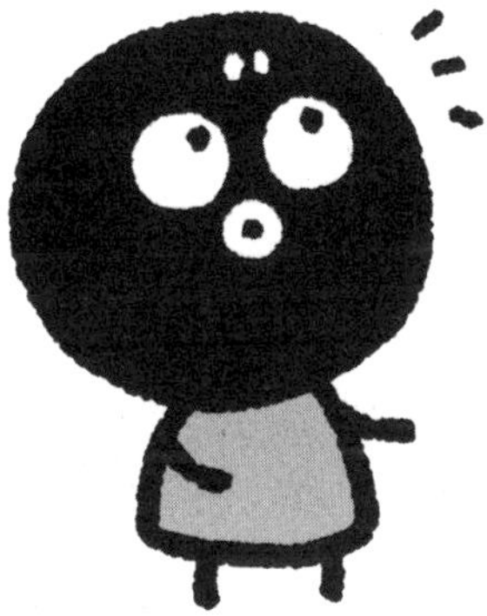

Tomo Kurahashi

geboren am 9. April

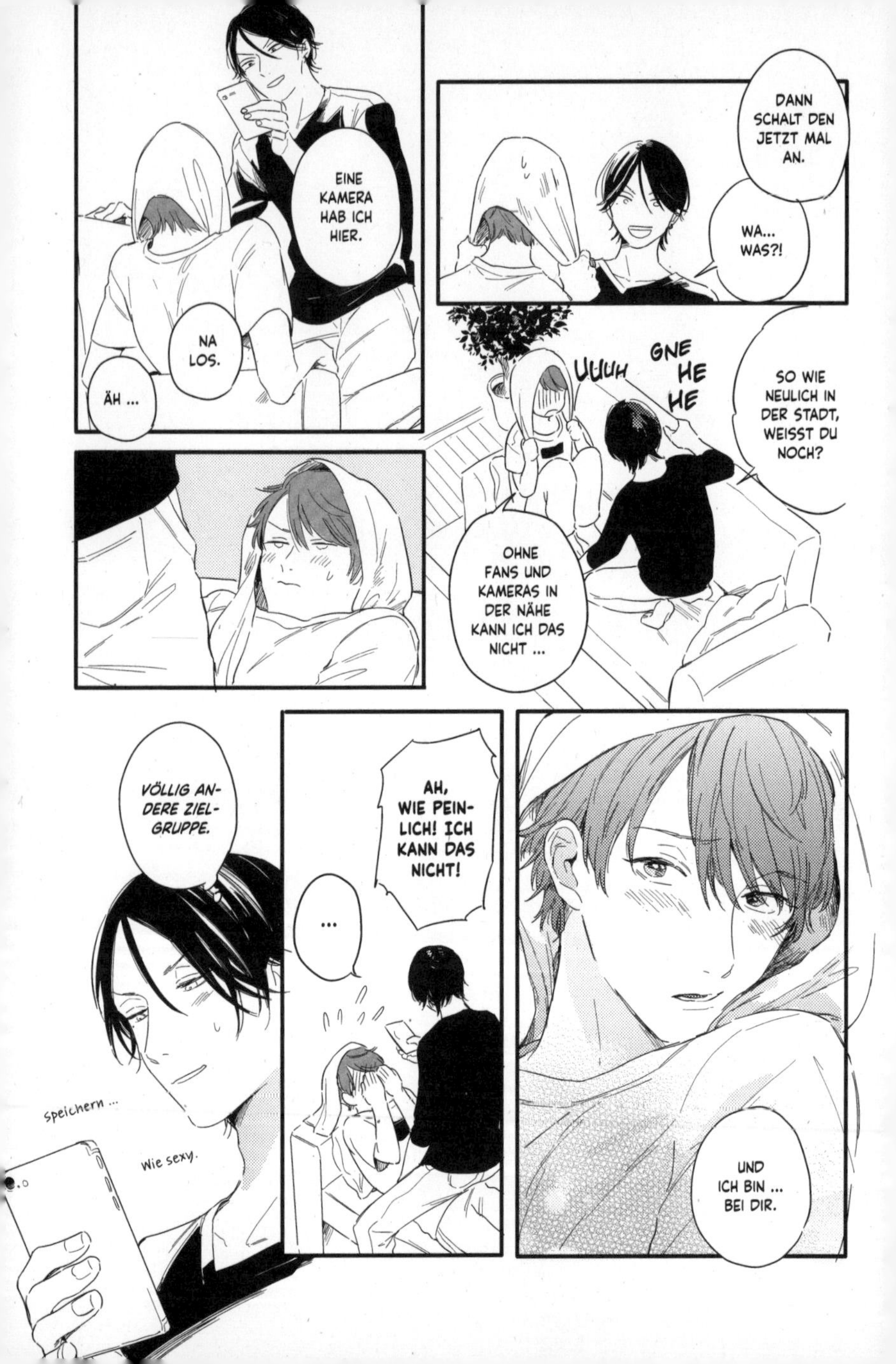

DANN SCHALT DEN JETZT MAL AN.
WA... WAS?!
EINE KAMERA HAB ICH HIER.
NA LOS.
ÄH ...
SO WIE NEULICH IN DER STADT, WEISST DU NOCH?
GNE HE HE
UUUH
OHNE FANS UND KAMERAS IN DER NÄHE KANN ICH DAS NICHT ...
UND ICH BIN ... BEI DIR.
AH, WIE PEINLICH! ICH KANN DAS NICHT!
...
VÖLLIG ANDERE ZIELGRUPPE.
Speichern ...
Wie sexy.

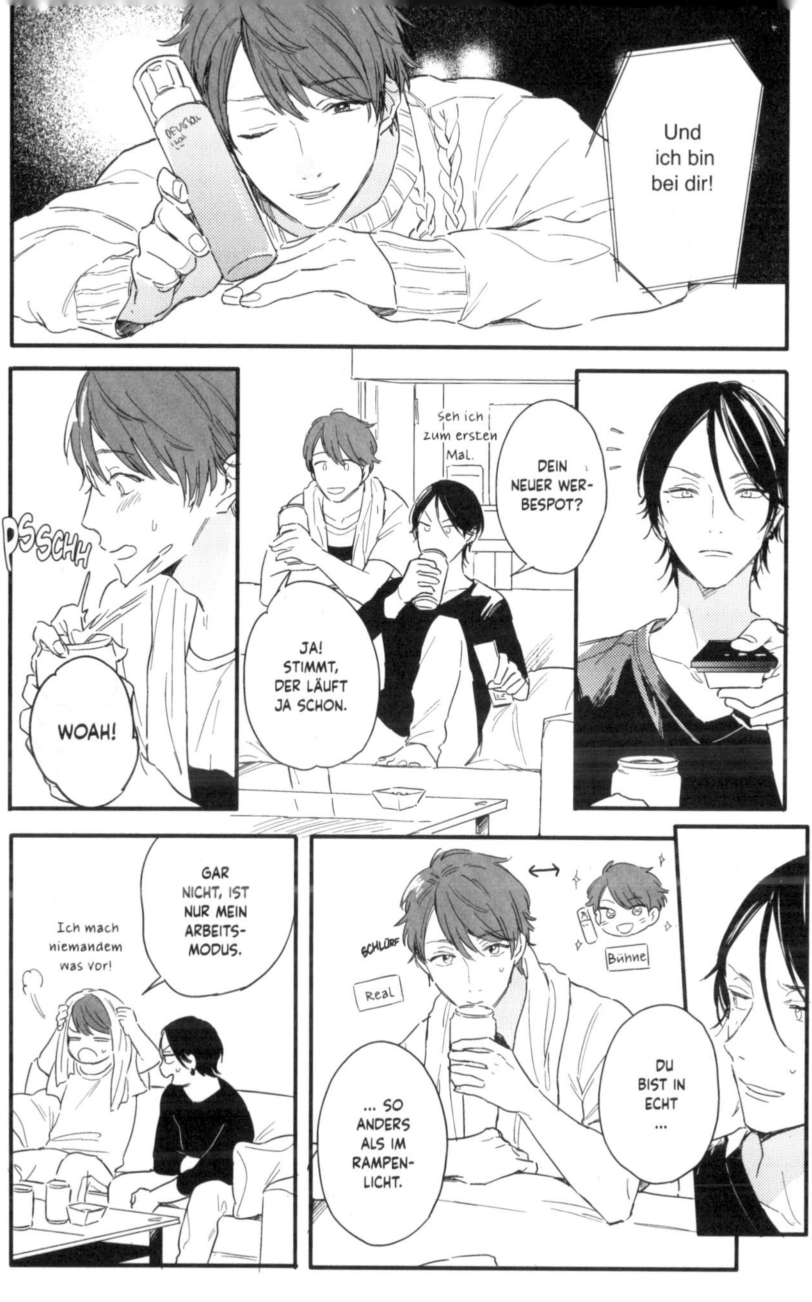
Und ich bin bei dir!
Seh ich zum ersten Mal.
DEIN NEUER WERBESPOT?
JA! STIMMT, DER LÄUFT JA SCHON.
PSSCHH
WOAH!
DU BIST IN ECHT ...
... SO ANDERS ALS IM RAMPENLICHT.
SCHLÜRF
Real
Bühne
GAR NICHT, IST NUR MEIN ARBEITSMODUS.
Ich mach niemandem was vor!

NACHWORT

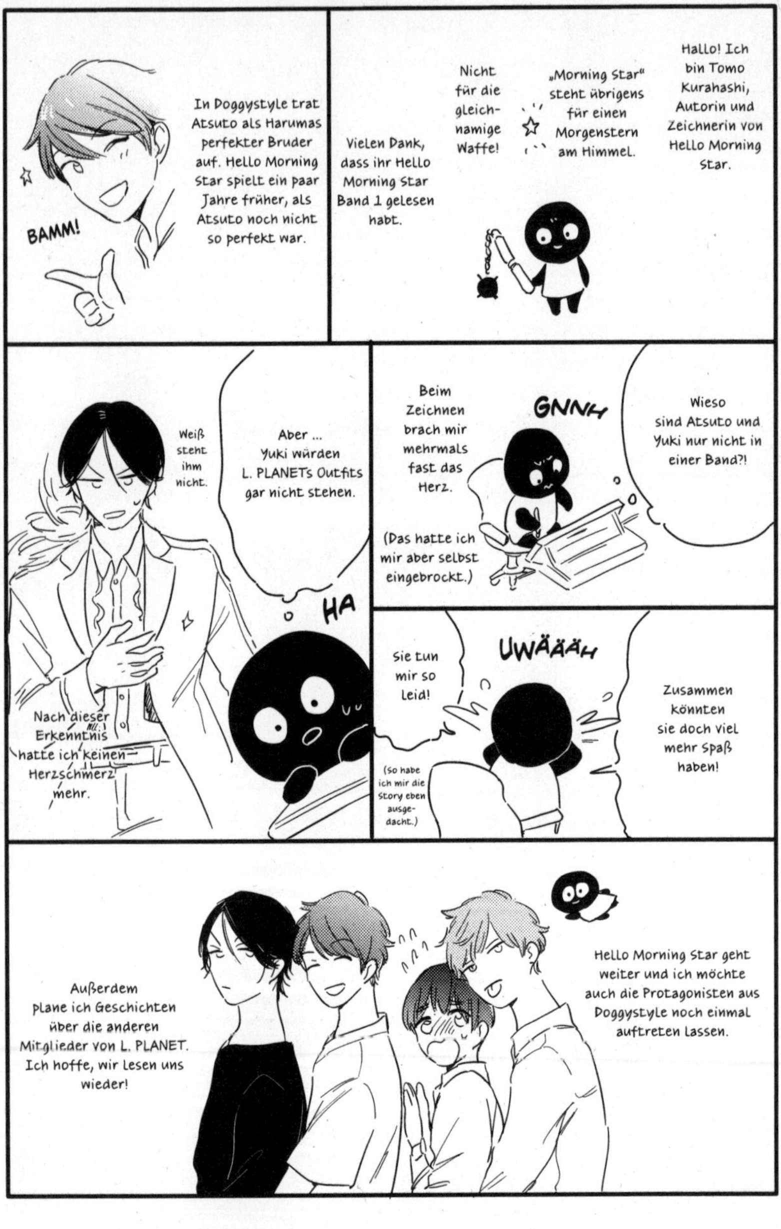
Hallo! Ich bin Tomo Kurahashi, Autorin und Zeichnerin von Hello Morning Star.
„Morning Star“ steht übrigens für einen Morgenstern am Himmel.
Nicht für die gleichnamige Waffe!
Vielen Dank, dass ihr Hello Morning Star Band 1 gelesen habt.
In Doggystyle trat Atsuto als Harumas perfekter Bruder auf. Hello Morning Star spielt ein paar Jahre früher, als Atsuto noch nicht so perfekt war.
BAMM!
Wieso sind Atsuto und Yuki nur nicht in einer Band?!
GNNH
Beim Zeichnen brach mir mehrmals fast das Herz.
(Das hatte ich mir aber selbst eingebrockt.)
Zusammen könnten sie doch viel mehr Spaß haben!
UWÄÄÄH
Sie tun mir so leid!
(So habe ich mir die Story eben ausgedacht.)
Aber ... Yuki würden L. PLANETs Outfits gar nicht stehen.
Weiß steht ihm nicht.
HA
Nach dieser Erkenntnis hatte ich keinen Herzschmerz mehr.
Hello Morning Star geht weiter und ich möchte auch die Protagonisten aus Doggystyle noch einmal auftreten lassen.
Außerdem plane ich Geschichten über die anderen Mitglieder von L. PLANET. Ich hoffe, wir lesen uns wieder!

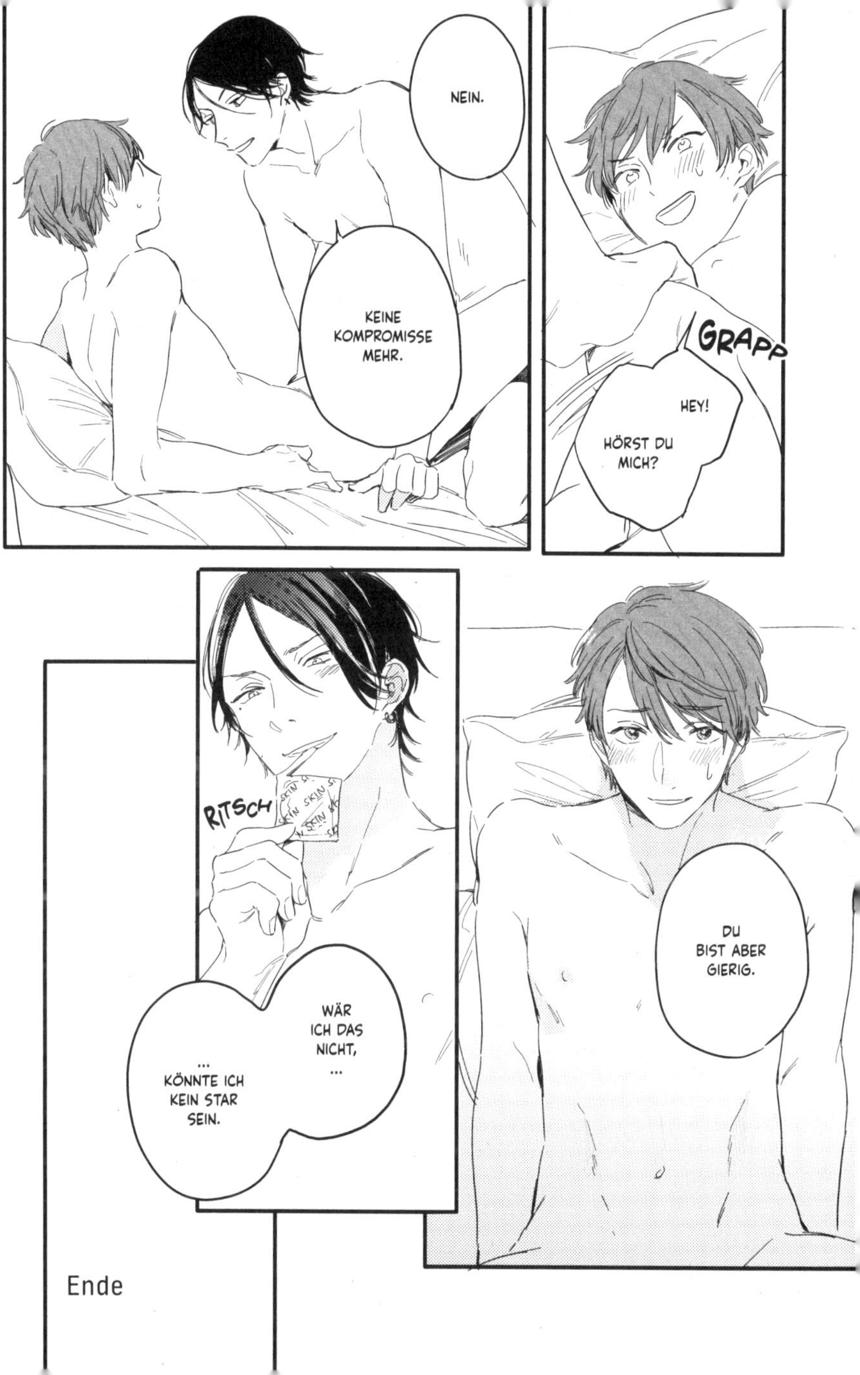
GRAPP
HEY!
HÖRST DU MICH?
NEIN.
KEINE KOMPROMISSE MEHR.
DU BIST ABER GIERIG.
RITSCH
WÄR ICH DAS NICHT, ...
... KÖNNTE ICH KEIN STAR SEIN.
Ende

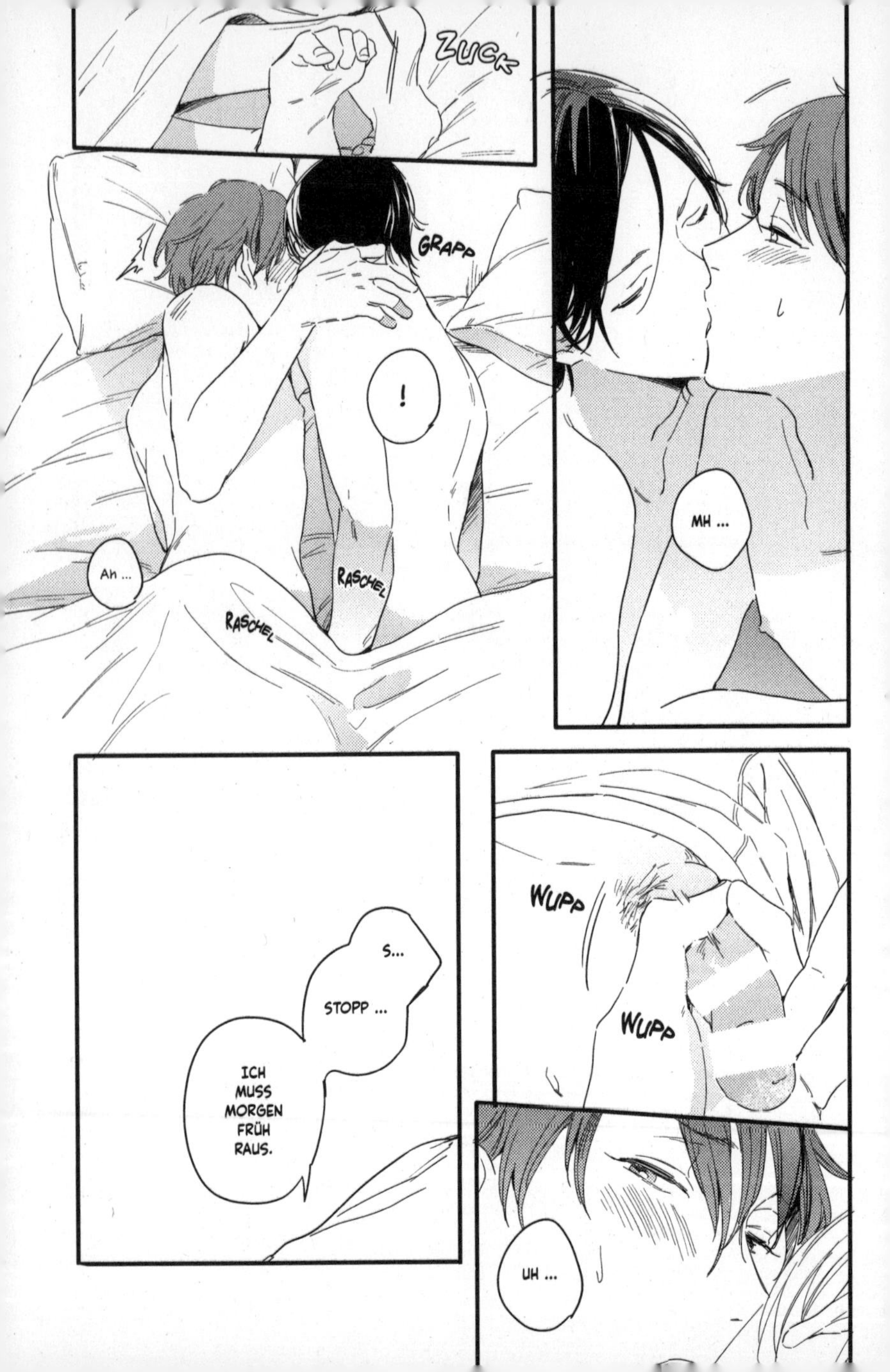
MH ...
ZUCK
GRAPP
!
RASCHEL
RASCHEL
Ah ...
WUPP
WUPP
UH ...
S...
STOPP ...
ICH MUSS MORGEN FRÜH RAUS.

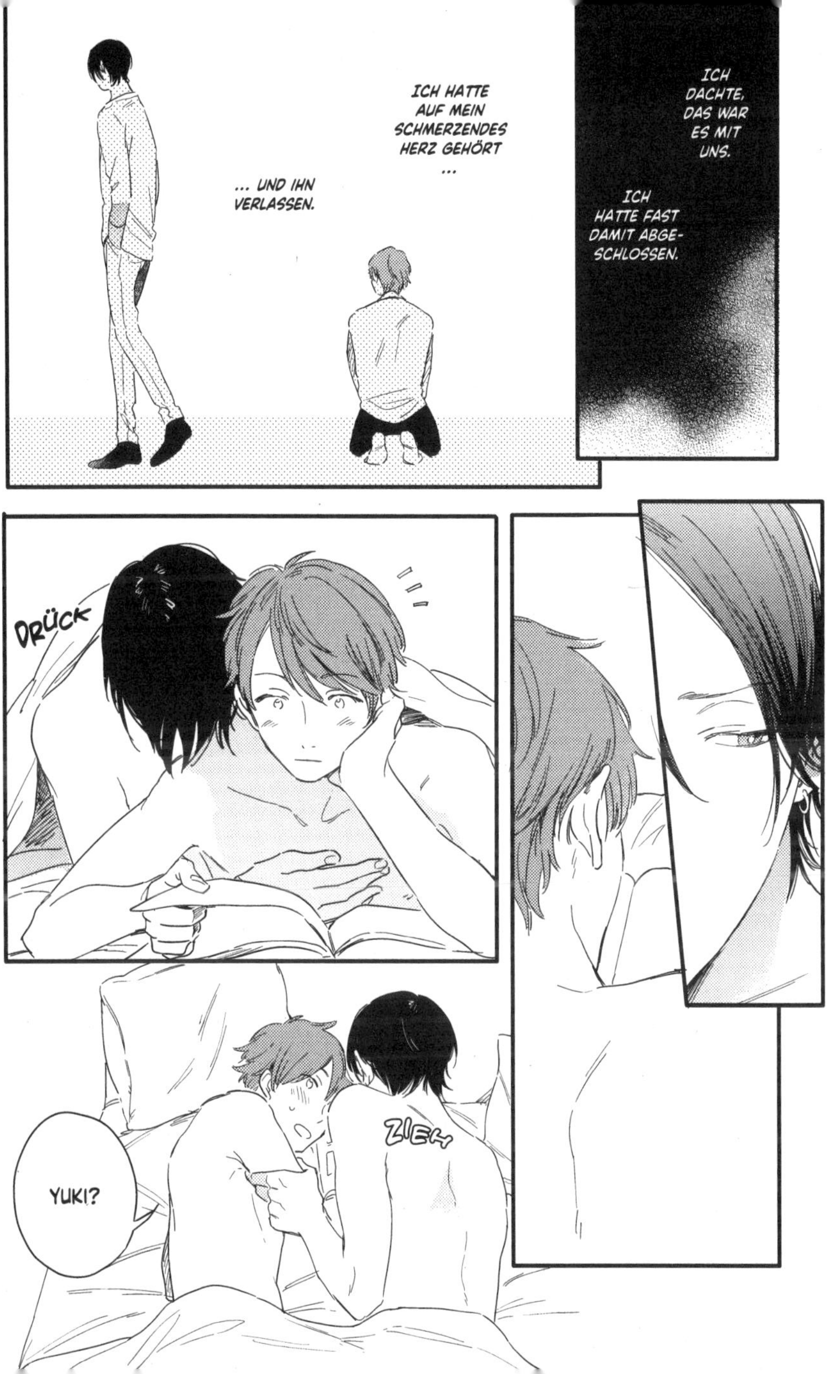
ICH DACHTE, DAS WAR ES MIT UNS.
ICH HATTE FAST DAMIT ABGE-SCHLOSSEN.
ICH HATTE AUF MEIN SCHMERZENDES HERZ GEHÖRT ...
... UND IHN VERLASSEN.
DRÜCK
ZIEH
YUKI?

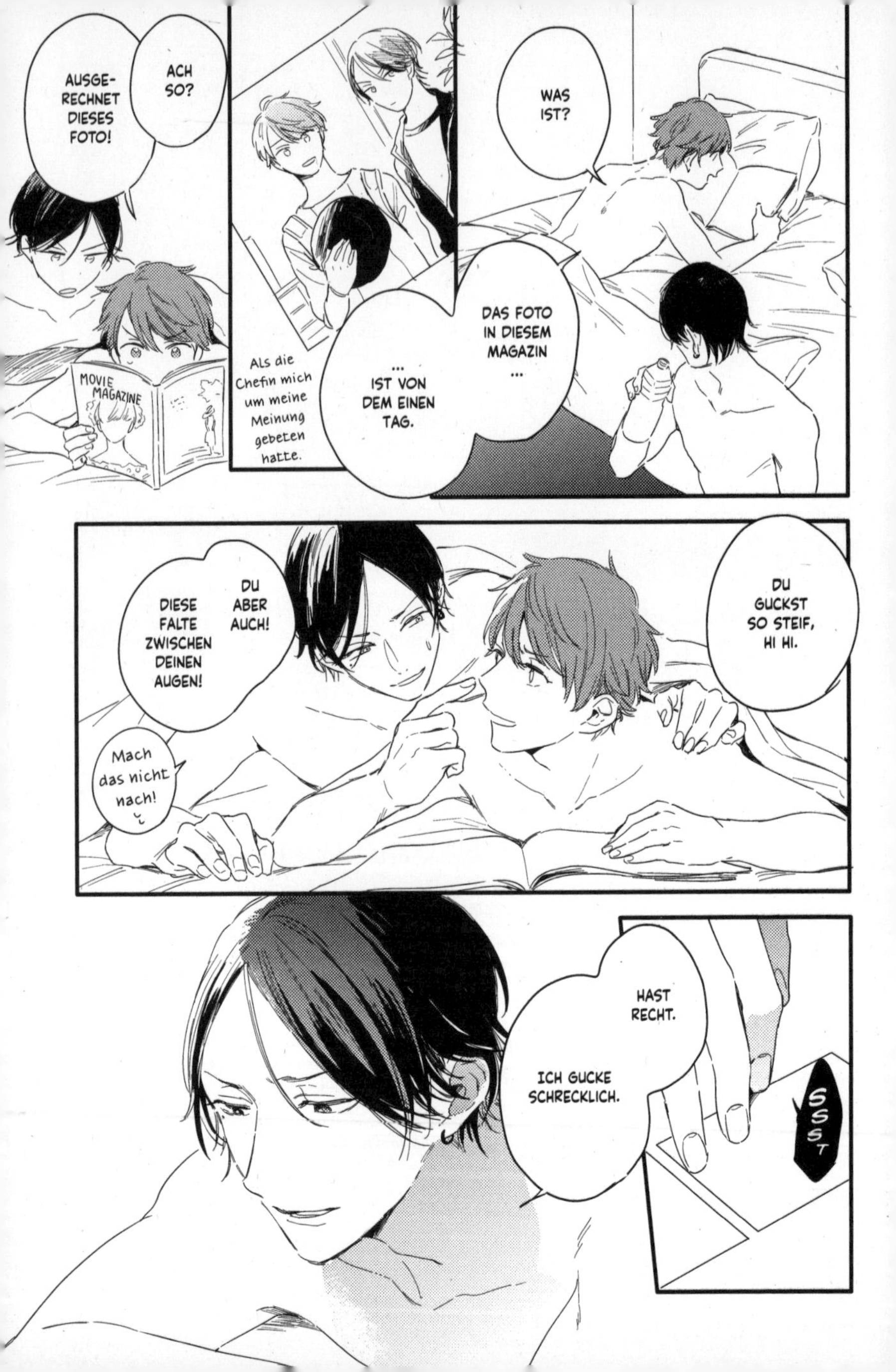
WAS IST?
DAS FOTO IN DIESEM MAGAZIN ...
... IST VON DEM EINEN TAG.
Als die Chefin mich um meine Meinung gebeten hatte.
ACH SO?
AUSGE-RECHNET DIESES FOTO!
MOVIE MAGAZINE
DU GUCKST SO STEIF, HI HI.
DU ABER AUCH!
DIESE FALTE ZWISCHEN DEINEN AUGEN!
Mach das nicht nach!
SSST
HAST RECHT.
ICH GUCKE SCHRECKLICH.

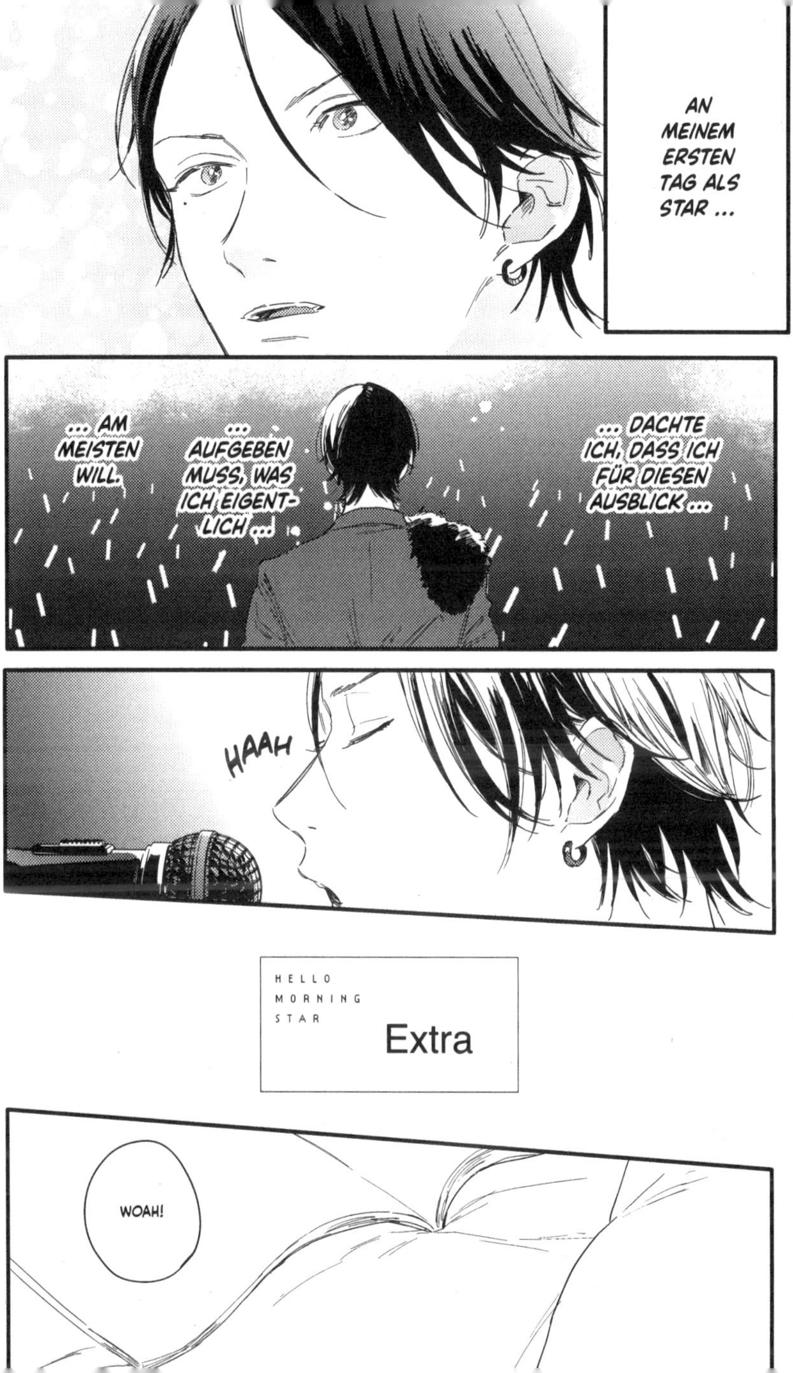
AN MEINEM ERSTEN TAG ALS STAR ...
... DACHTE ICH, DASS ICH FÜR DIESEN AUSBLICK ...
... AUFGEBEN MUSS, WAS ICH EIGENT-LICH ...
... AM MEISTEN WILL.
HAAH
HELLO MORNING STAR Extra
WOAH!

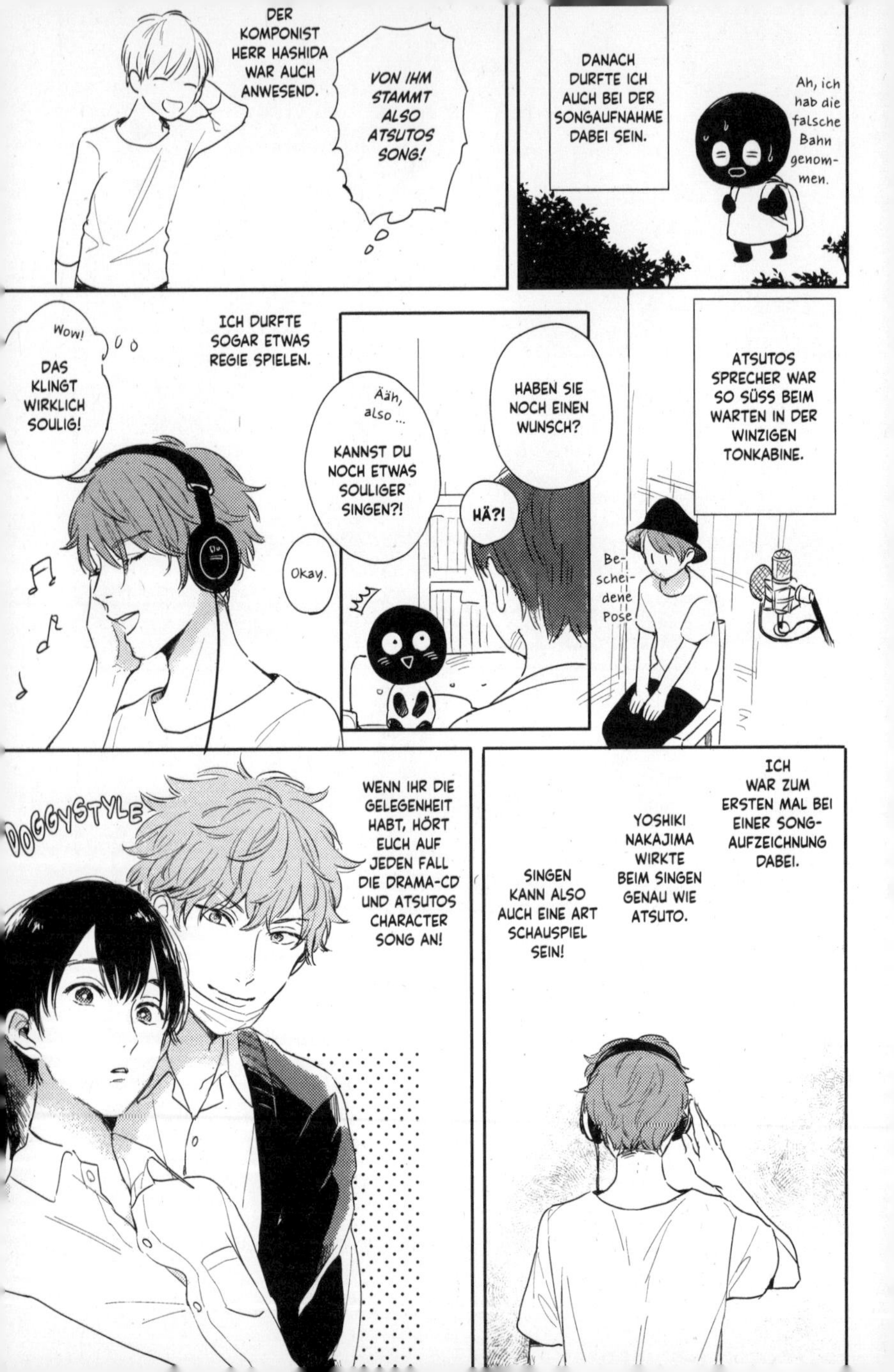
DANACH DURFTE ICH AUCH BEI DER SONGAUFNAHME DABEI SEIN.
Ah, ich hab die falsche Bahn genommen.
DER KOMPONIST HERR HASHIDA WAR AUCH ANWESEND.
VON IHM STAMMT ALSO ATSUTOS SONG!
ATSUTOS SPRECHER WAR SO SÜSS BEIM WARTEN IN DER WINZIGEN TONKABINE.
Be-schei-dene Pose
HABEN SIE NOCH EINEN WUNSCH?
HÄ?!
Ääh, also ... KANNST DU NOCH ETWAS SOULIGER SINGEN?!
Okay.
ICH DURFTE SOGAR ETWAS REGIE SPIELEN.
Wow! DAS KLINGT WIRKLICH SOULIG!
ICH WAR ZUM ERSTEN MAL BEI EINER SONG-AUFZEICHNUNG DABEI.
YOSHIKI NAKAJIMA WIRKTE BEIM SINGEN GENAU WIE ATSUTO.
SINGEN KANN ALSO AUCH EINE ART SCHAUSPIEL SEIN!
WENN IHR DIE GELEGENHEIT HABT, HÖRT EUCH AUF JEDEN FALL DIE DRAMA-CD UND ATSUTOS CHARACTER SONG AN!
DOGGYSTYLE

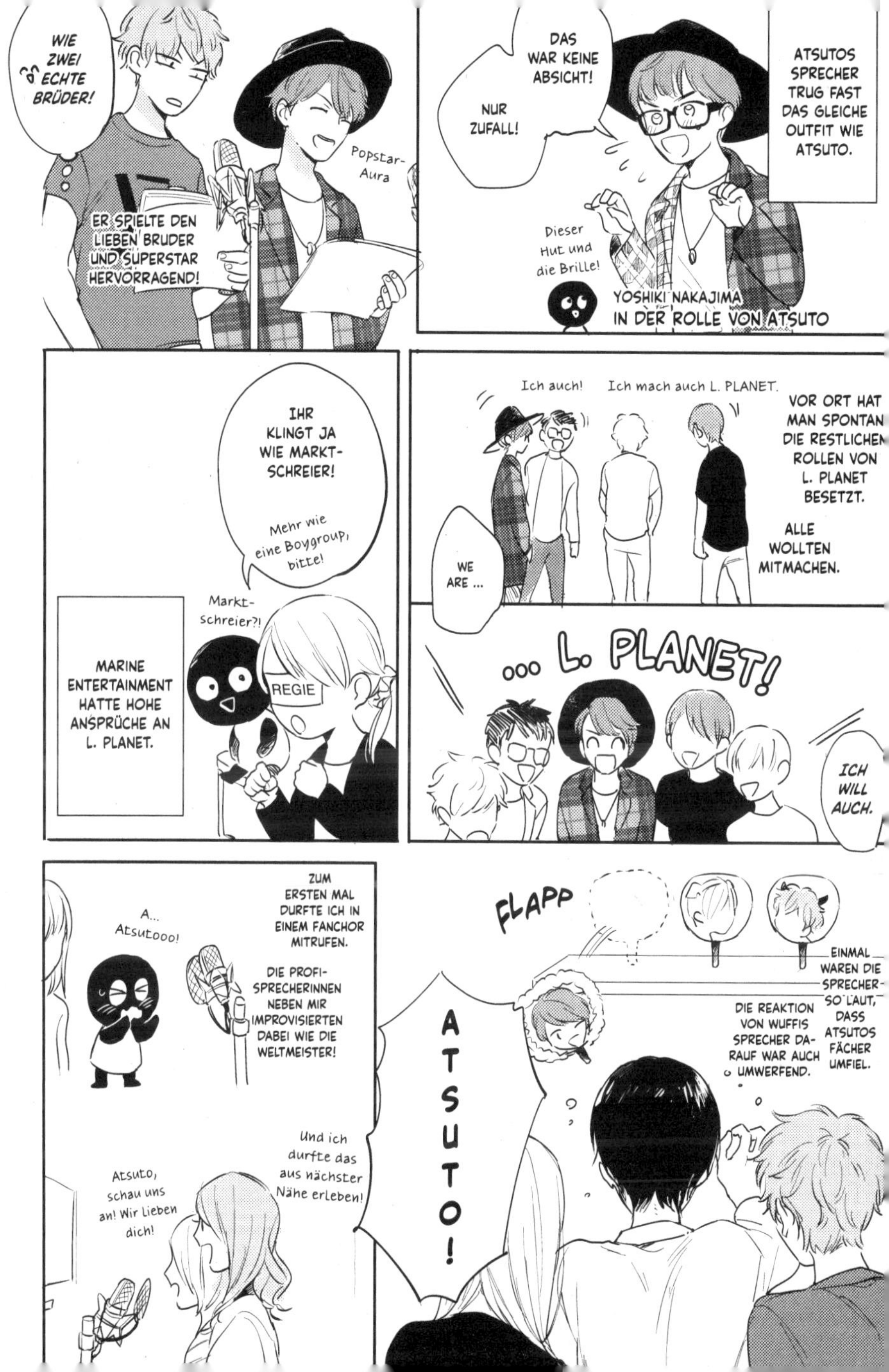
ATSUTOS SPRECHER TRUG FAST DAS GLEICHE OUTFIT WIE ATSUTO.
DAS WAR KEINE ABSICHT!
NUR ZUFALL!
Dieser Hut und die Brille!
YOSHIKI NAKAJIMA IN DER ROLLE VON ATSUTO
WIE ZWEI ECHTE BRÜDER!
Popstar-Aura
ER SPIELTE DEN LIEBEN BRUDER UND SUPERSTAR HERVORRAGEND!
VOR ORT HAT MAN SPONTAN DIE RESTLICHEN ROLLEN VON L. PLANET BESETZT.
ALLE WOLLTEN MITMACHEN.
Ich mach auch L. PLANET.
Ich auch!
WE ARE ...
... L. PLANET!
ICH WILL AUCH.
IHR KLINGT JA WIE MARKT-SCHREIER!
Mehr wie eine Boygroup, bitte!
REGIE
Markt-schreier?!
MARINE ENTERTAINMENT HATTE HOHE ANSPRÜCHE AN L. PLANET.
EINMAL WAREN DIE SPRECHER SO LAUT, DASS ATSUTOS FÄCHER UMFIEL.
DIE REAKTION VON WUFFIS SPRECHER DARAUF WAR AUCH UMWERFEND.
FLAPP
ATSUTO!
ZUM ERSTEN MAL DURFTE ICH IN EINEM FANCHOR MITRUFEN.
DIE PROFI-SPRECHERINNEN NEBEN MIR IMPROVISIERTEN DABEI WIE DIE WELTMEISTER!
A... Atsutooo!
Und ich durfte das aus nächster Nähe erleben!
Atsuto, schau uns an! Wir lieben dich!

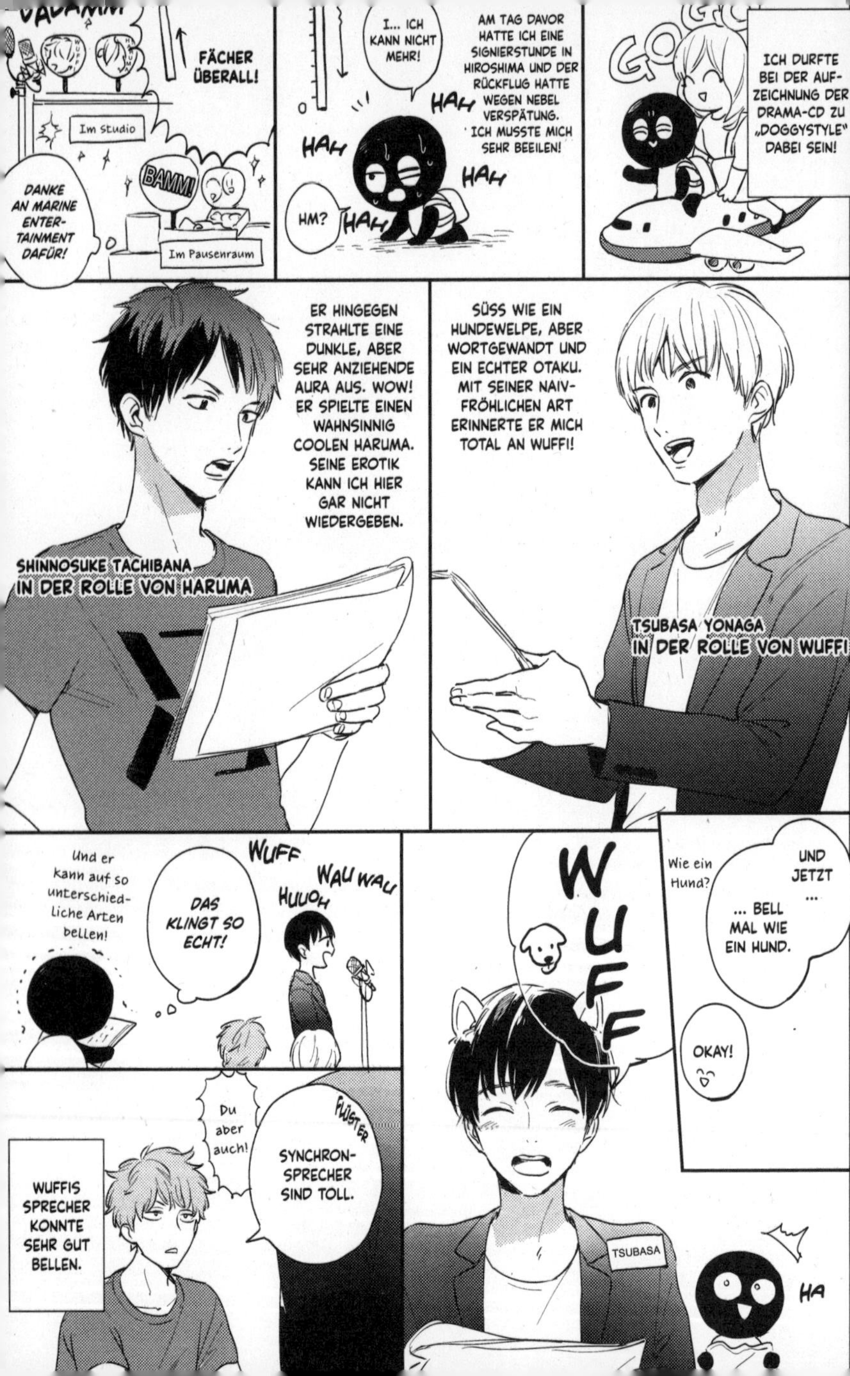

DOGGYSTYLE DRAMA-CD* REPORT

* NUR IN JAPAN ERHÄLTLICH

[CHARACTER SETTING]

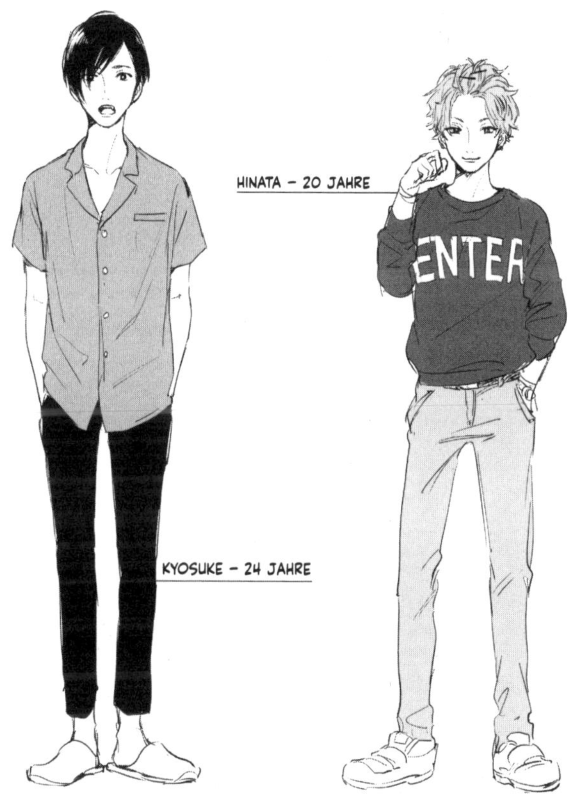

[CHARACTER SETTING]

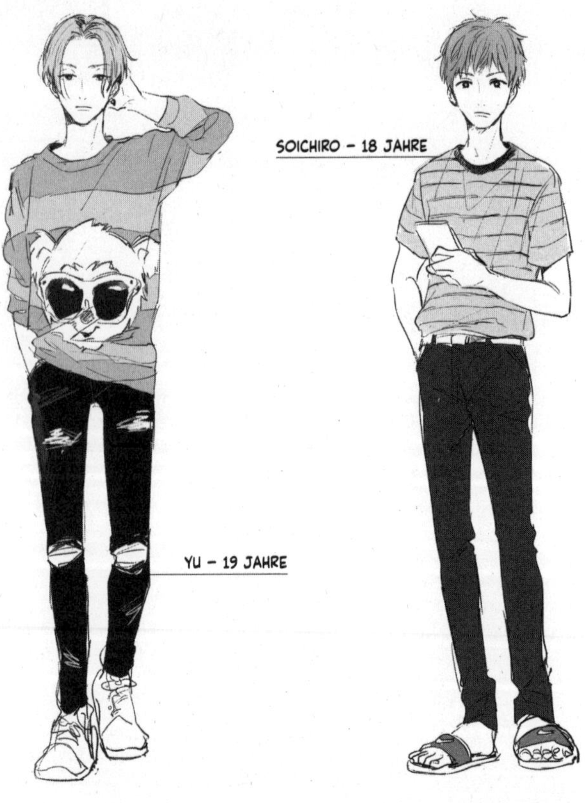

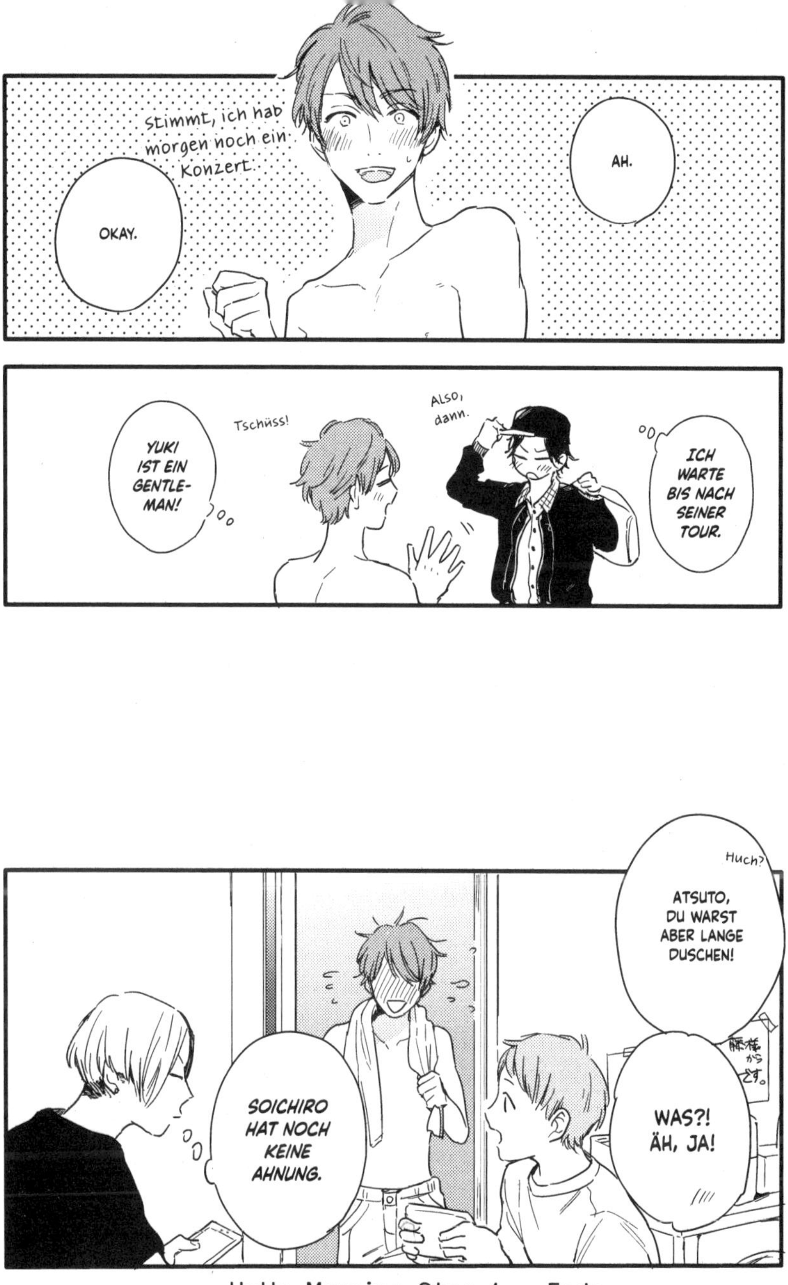

Hello Morning Star 1 – Ende

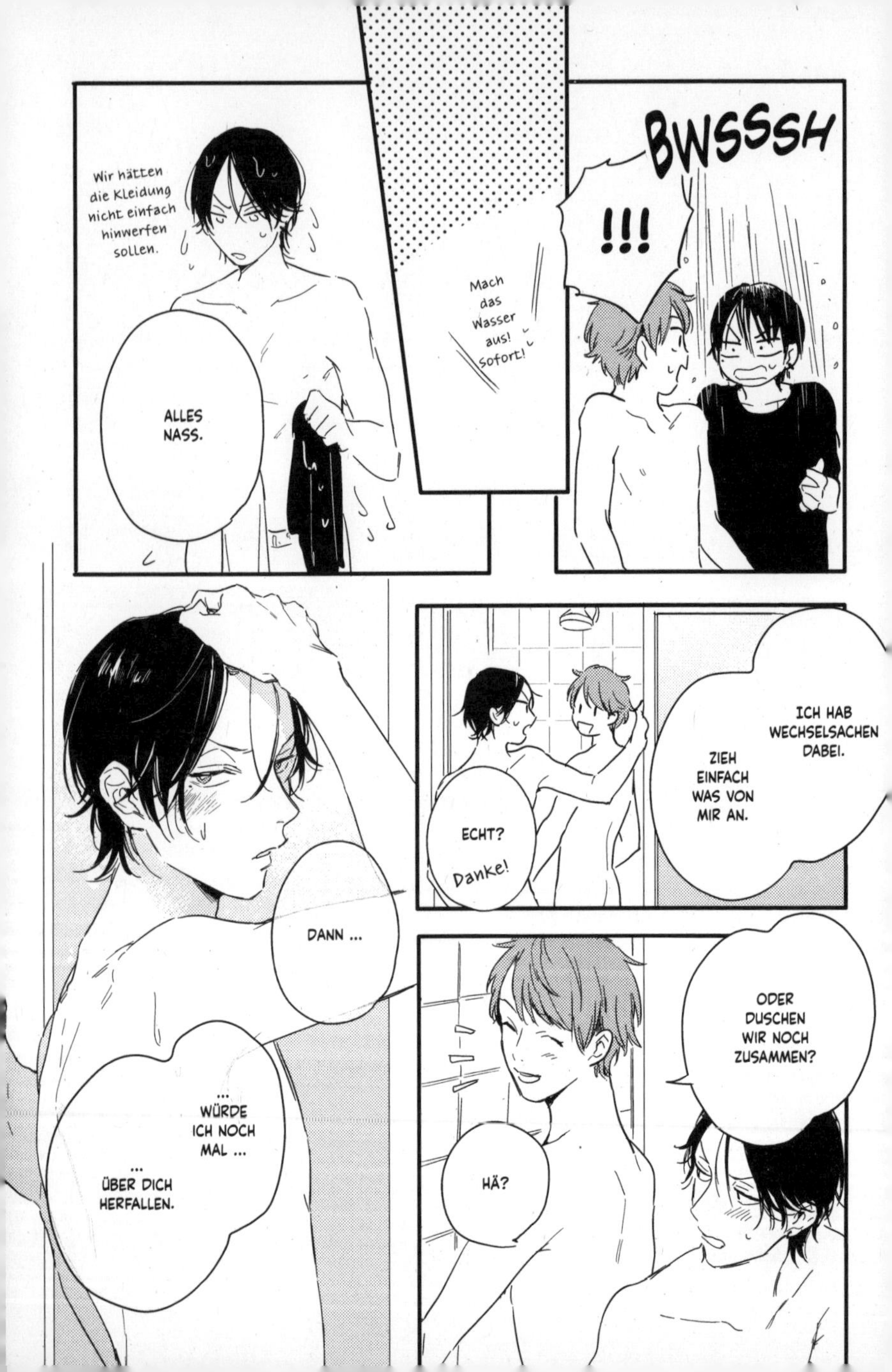
BWSSSH
!!!
Mach das Wasser aus! Sofort!
Wir hätten die Kleidung nicht einfach hinwerfen sollen.
ALLES NASS.
ICH HAB WECHSELSACHEN DABEI.
ZIEH EINFACH WAS VON MIR AN.
ECHT? Danke!
DANN ...
... WÜRDE ICH NOCH MAL ...
... ÜBER DICH HERFALLEN.
ODER DUSCHEN WIR NOCH ZUSAMMEN?
HÄ?

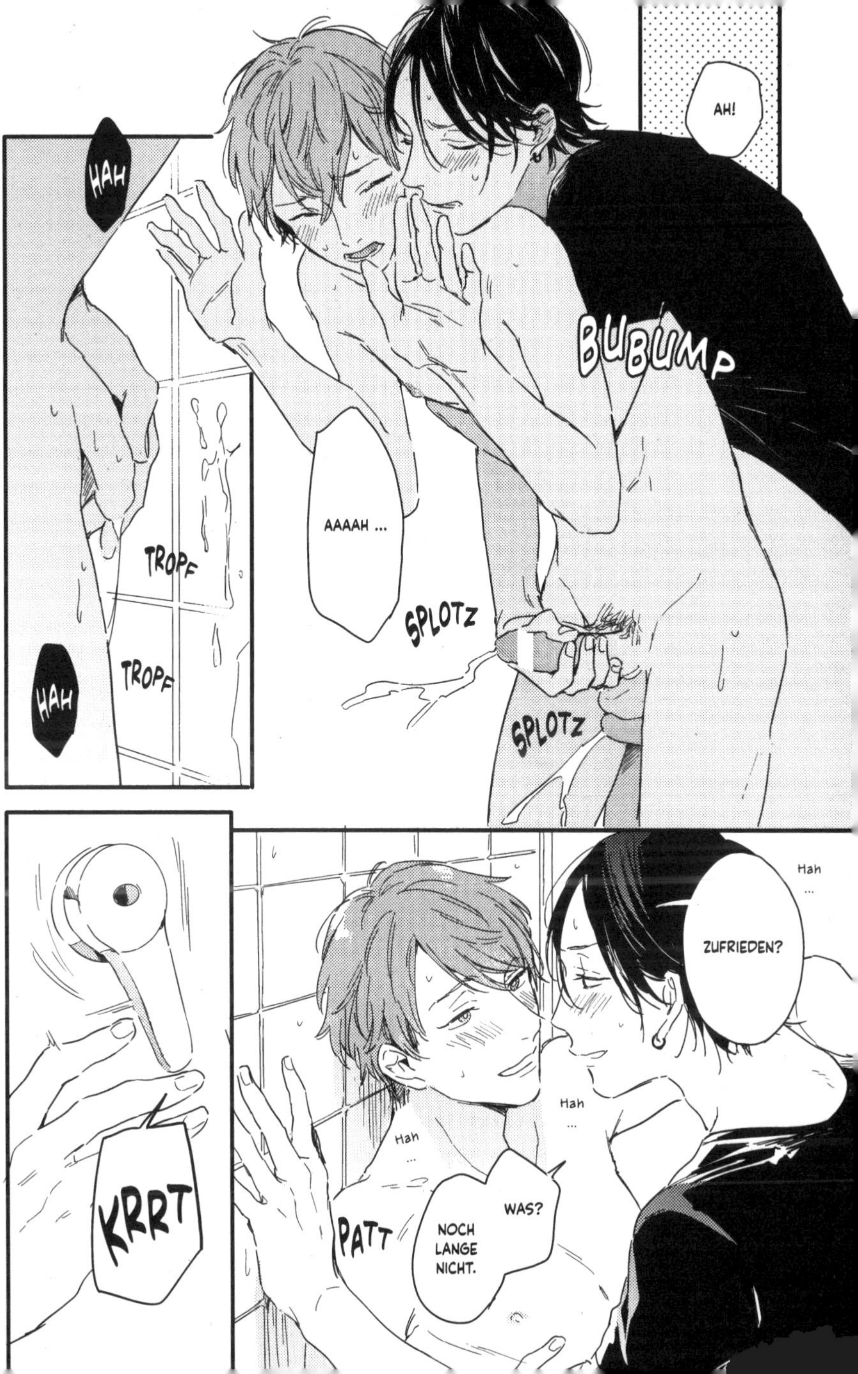
AH!
HAH
BUBUMP
AAAAH ...
SPLOTZ
SPLOTZ
TROPF
TROPF
HAH
Hah ...
ZUFRIEDEN?
Hah ...
Hah ...
WAS?
NOCH LANGE NICHT.
PATT
KRRT

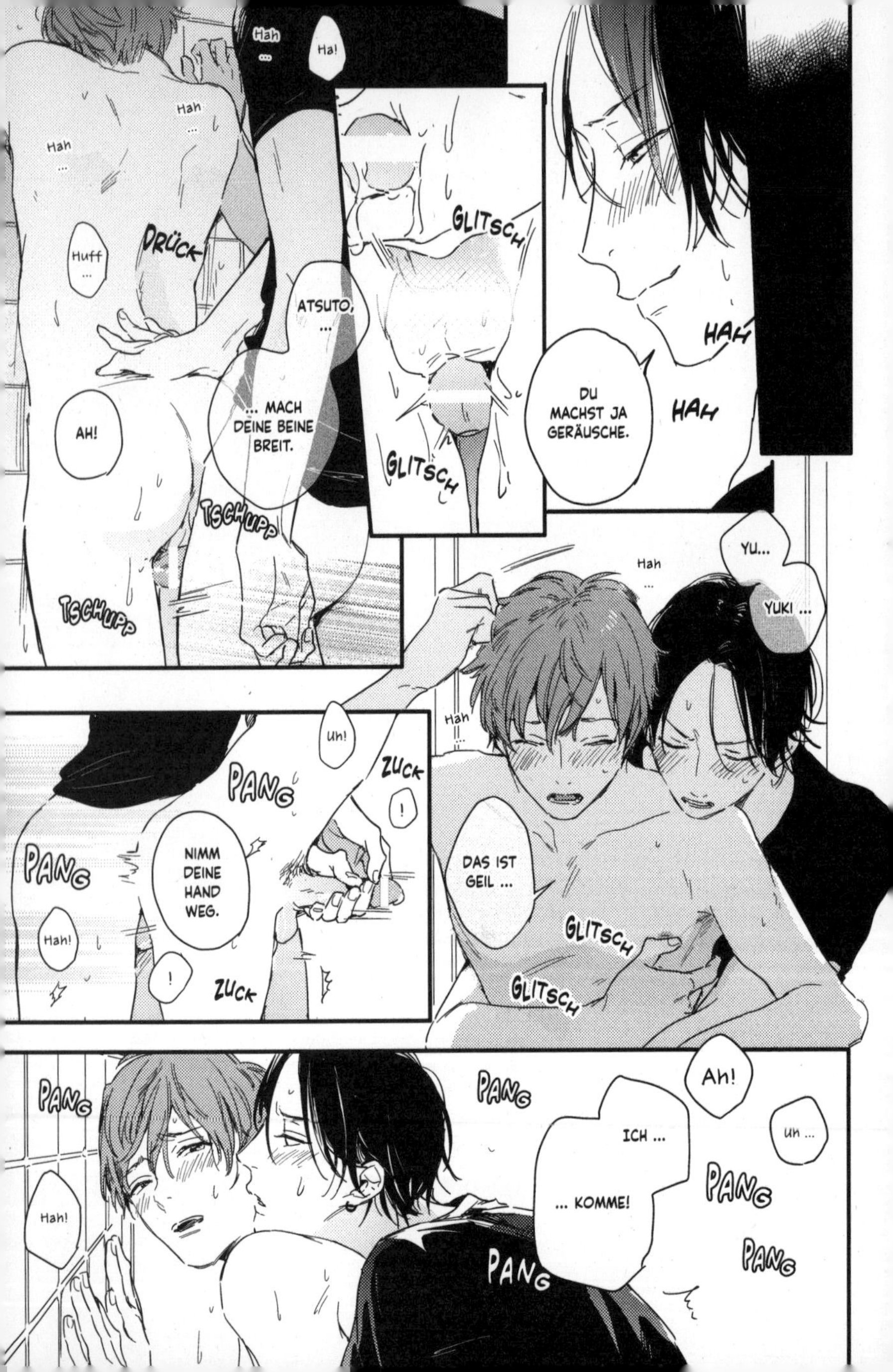
HAH
HAH
DU MACHST JA GERÄUSCHE.
GLITSCH
GLITSCH
Hah …
Ha!
Hah …
Hah …
Huff …
DRÜCK
ATSUTO, …
… MACH DEINE BEINE BREIT.
AH!
TSCHUPP
TSCHUPP
YU…
YUKI …
Hah …
Hah …
DAS IST GEIL …
GLITSCH
GLITSCH
Uh!
ZUCK
!
PANG
PANG
NIMM DEINE HAND WEG.
Hah!
!
ZUCK
Ah!
Uh …
ICH …
… KOMME!
PANG
PANG
PANG
PANG
PANG
Hah!

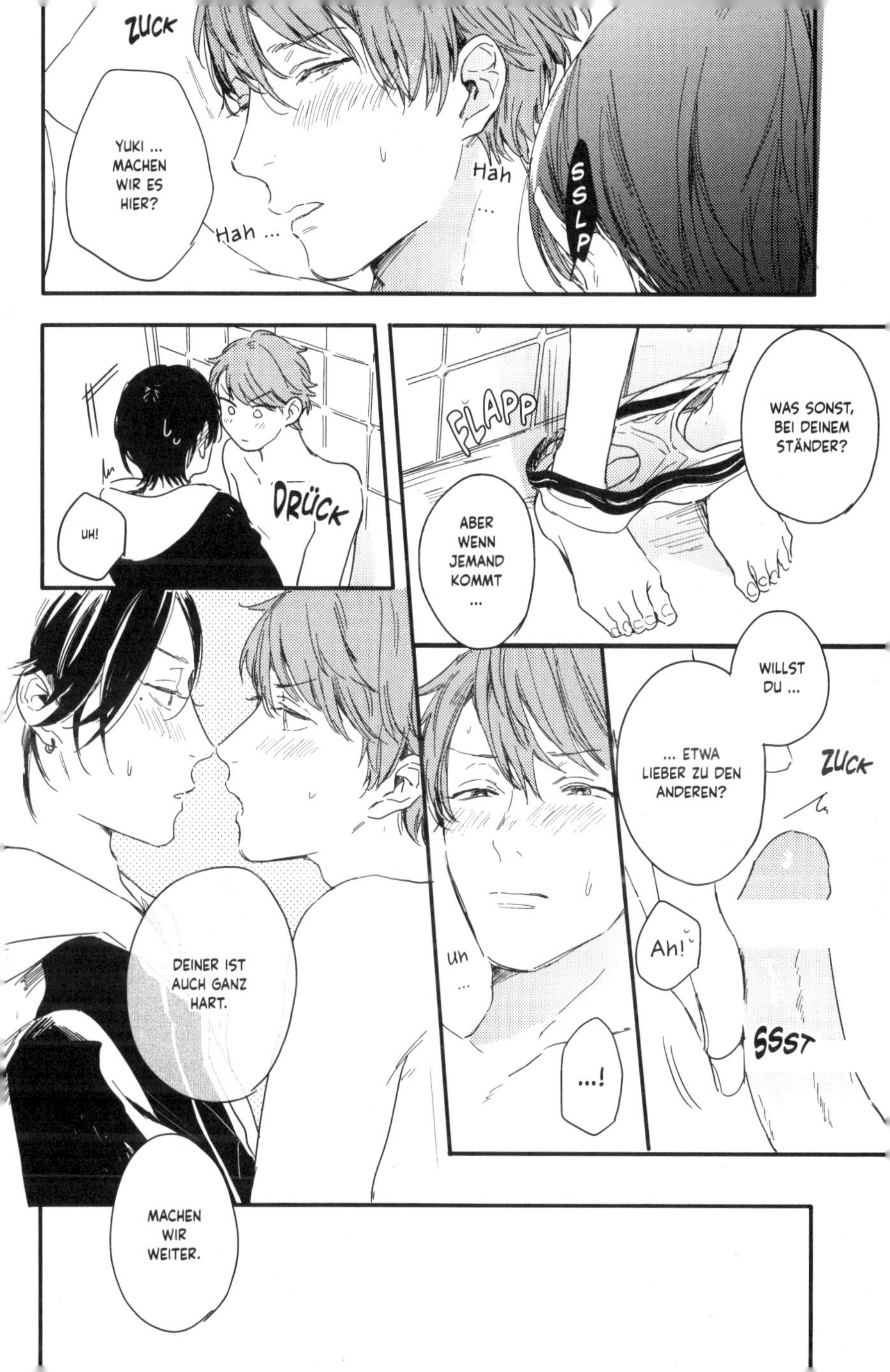
SSLP
Hah ...
ZUCK
YUKI ... MACHEN WIR ES HIER?
Hah ...
WAS SONST, BEI DEINEM STÄNDER?
FLAPP
ABER WENN JEMAND KOMMT ...
DRÜCK
UH!
WILLST DU ...
... ETWA LIEBER ZU DEN ANDEREN?
ZUCK
Ah!
SSST
Uh ...
...!
DEINER IST AUCH GANZ HART.
MACHEN WIR WEITER.

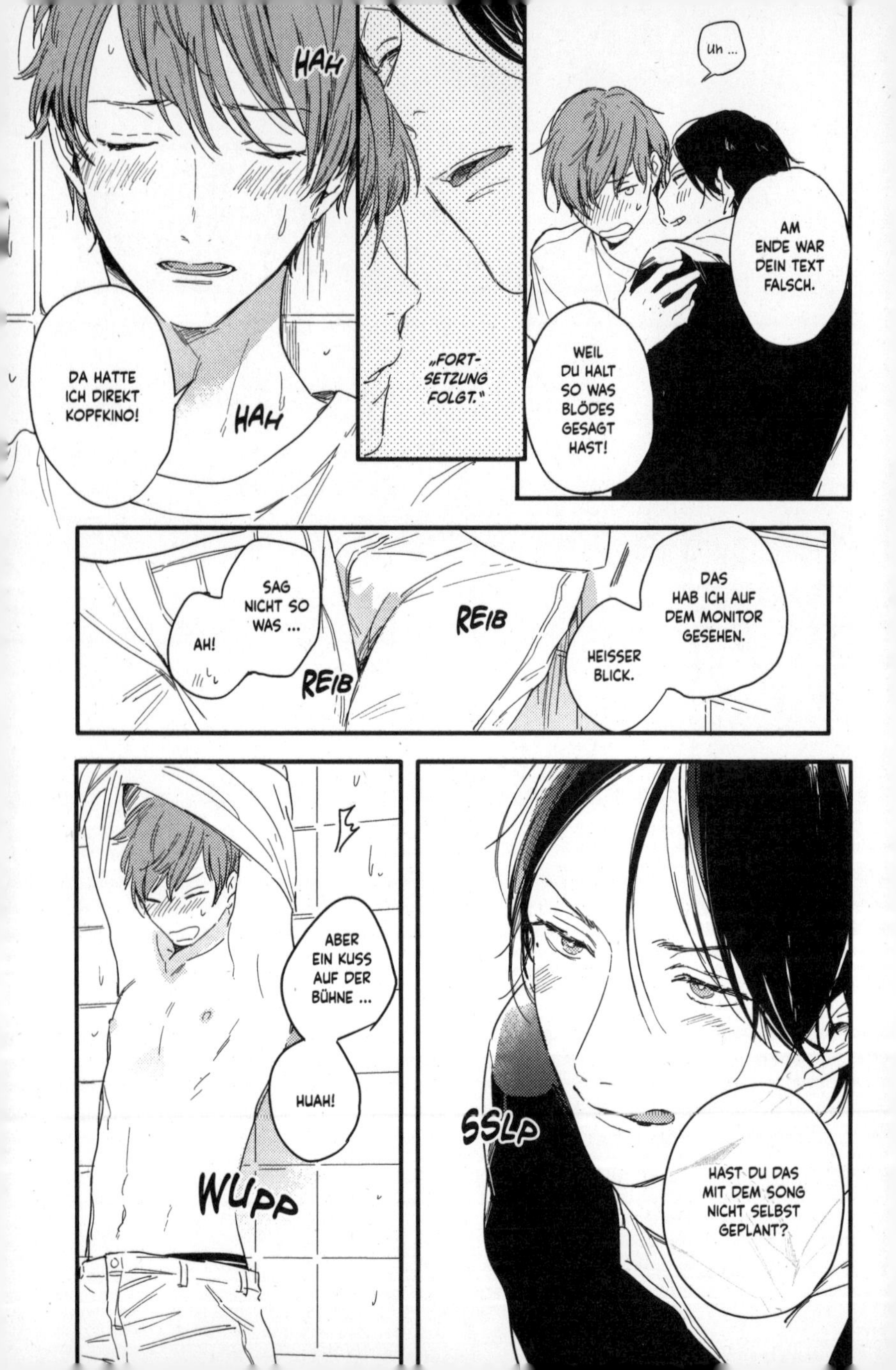
Un ...
AM ENDE WAR DEIN TEXT FALSCH.
WEIL DU HALT SO WAS BLÖDES GESAGT HAST!
„FORT-SETZUNG FOLGT."
HAH
DA HATTE ICH DIREKT KOPFKINO!
HAH
DAS HAB ICH AUF DEM MONITOR GESEHEN.
HEISSER BLICK.
REIB
REIB
SAG NICHT SO WAS ...
AH!
SSLP
HAST DU DAS MIT DEM SONG NICHT SELBST GEPLANT?
ABER EIN KUSS AUF DER BÜHNE ...
HUAH!
WUPP

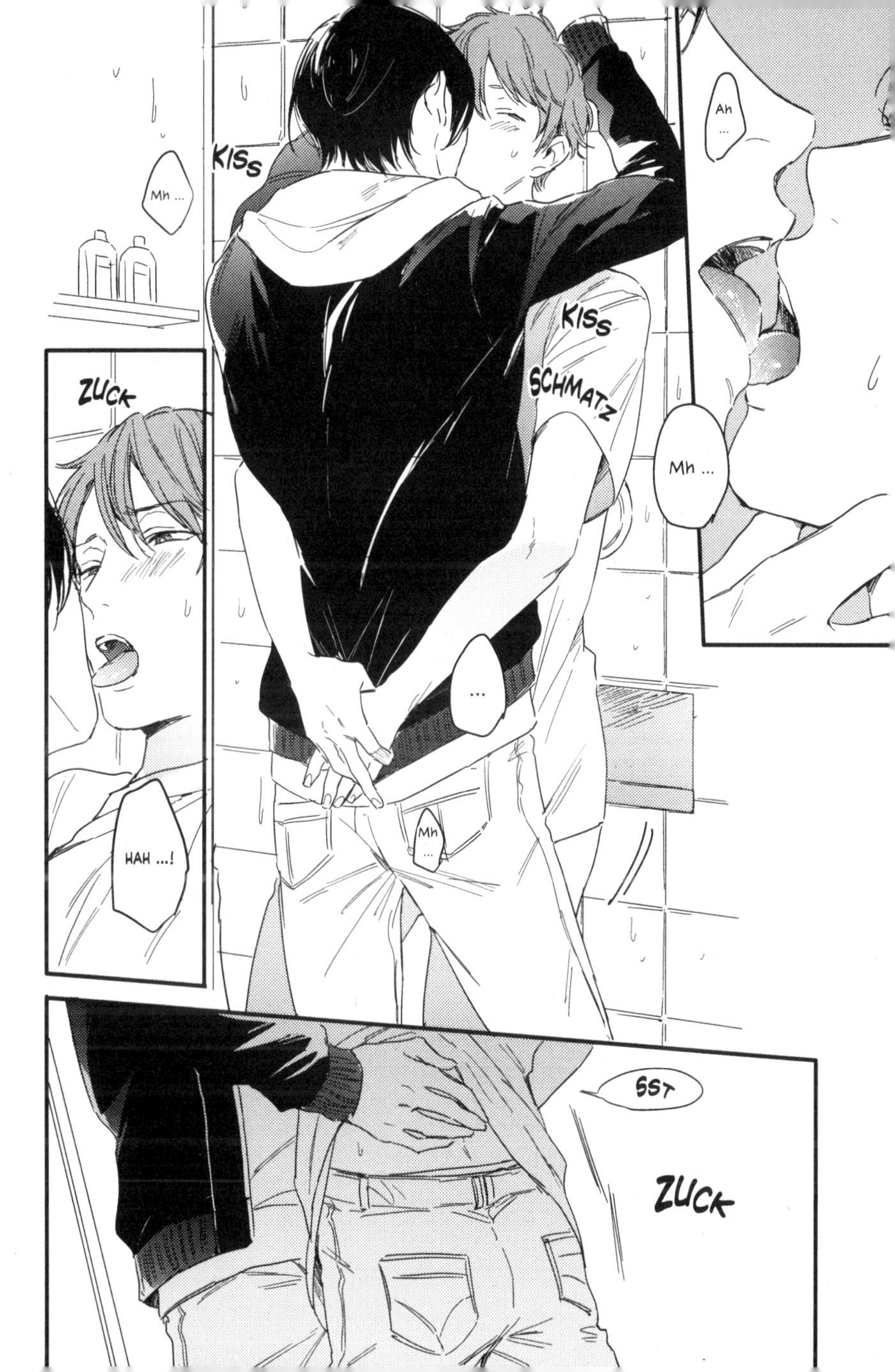

Ah ...
Mh ...
KISS
Mh ...
KISS
SCHMATZ
...
Mh ...
ZUCK
HAH ...!
SST
ZUCK

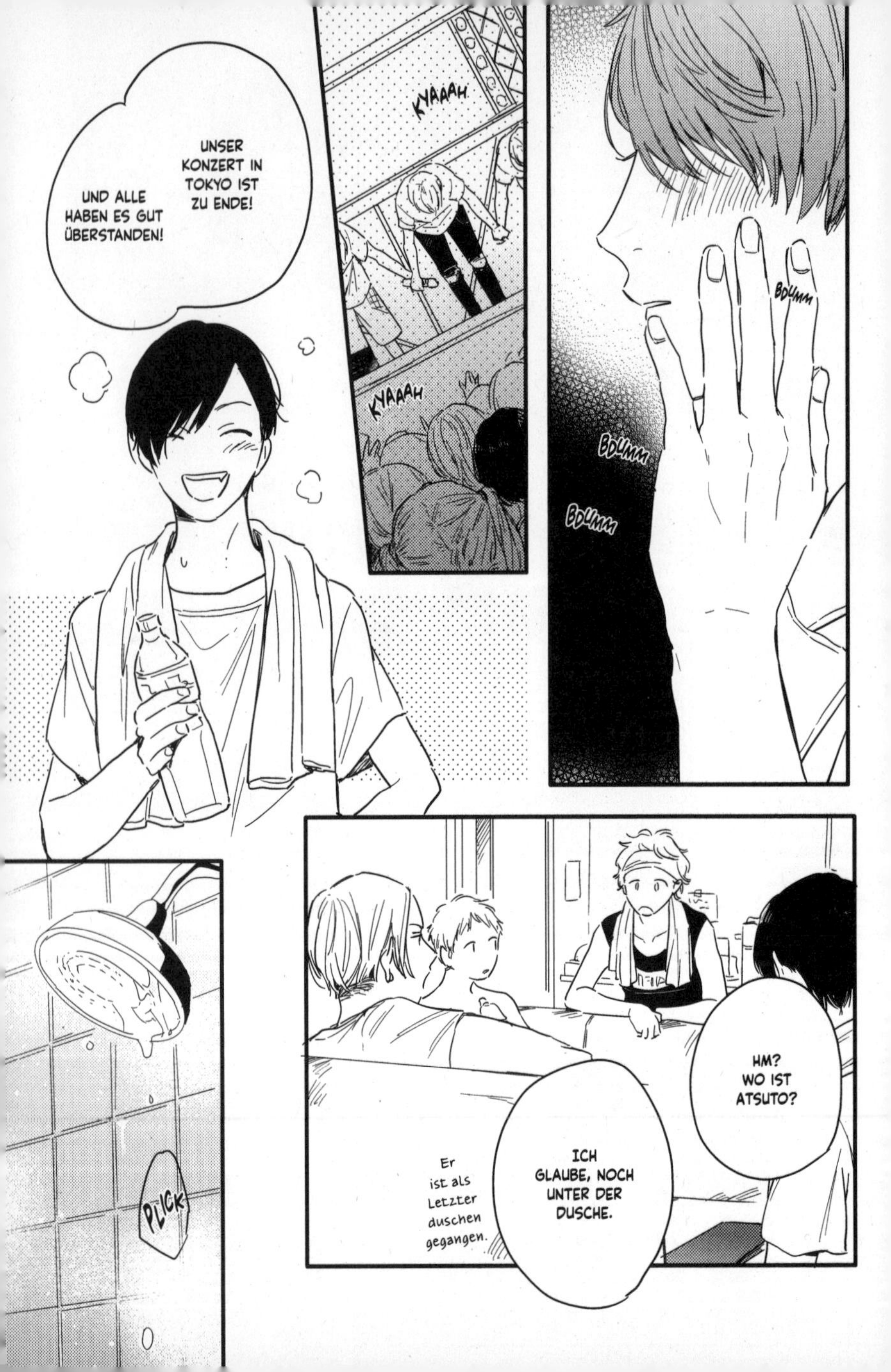
BDUMM
BDUMM
BDUMM
KYAAAH
KYAAAH
UNSER KONZERT IN TOKYO IST ZU ENDE!
UND ALLE HABEN ES GUT ÜBERSTANDEN!
HM? WO IST ATSUTO?
ICH GLAUBE, NOCH UNTER DER DUSCHE.
Er ist als Letzter duschen gegangen.
PLICK

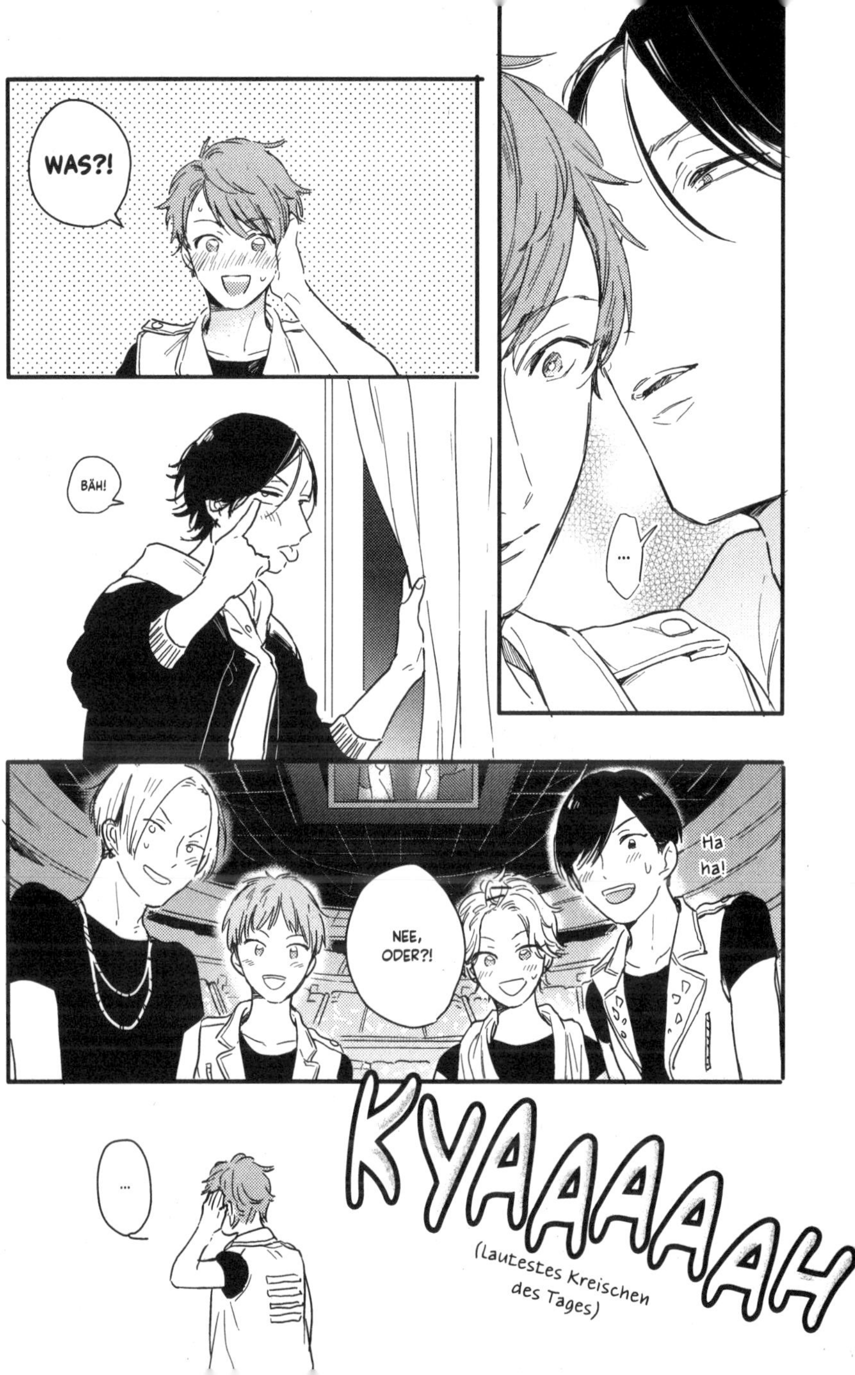
...
WAS?!
BÄH!
Ha ha!
NEE, ODER?!
KYAAAAAAH
(Lautestes Kreischen des Tages)
...

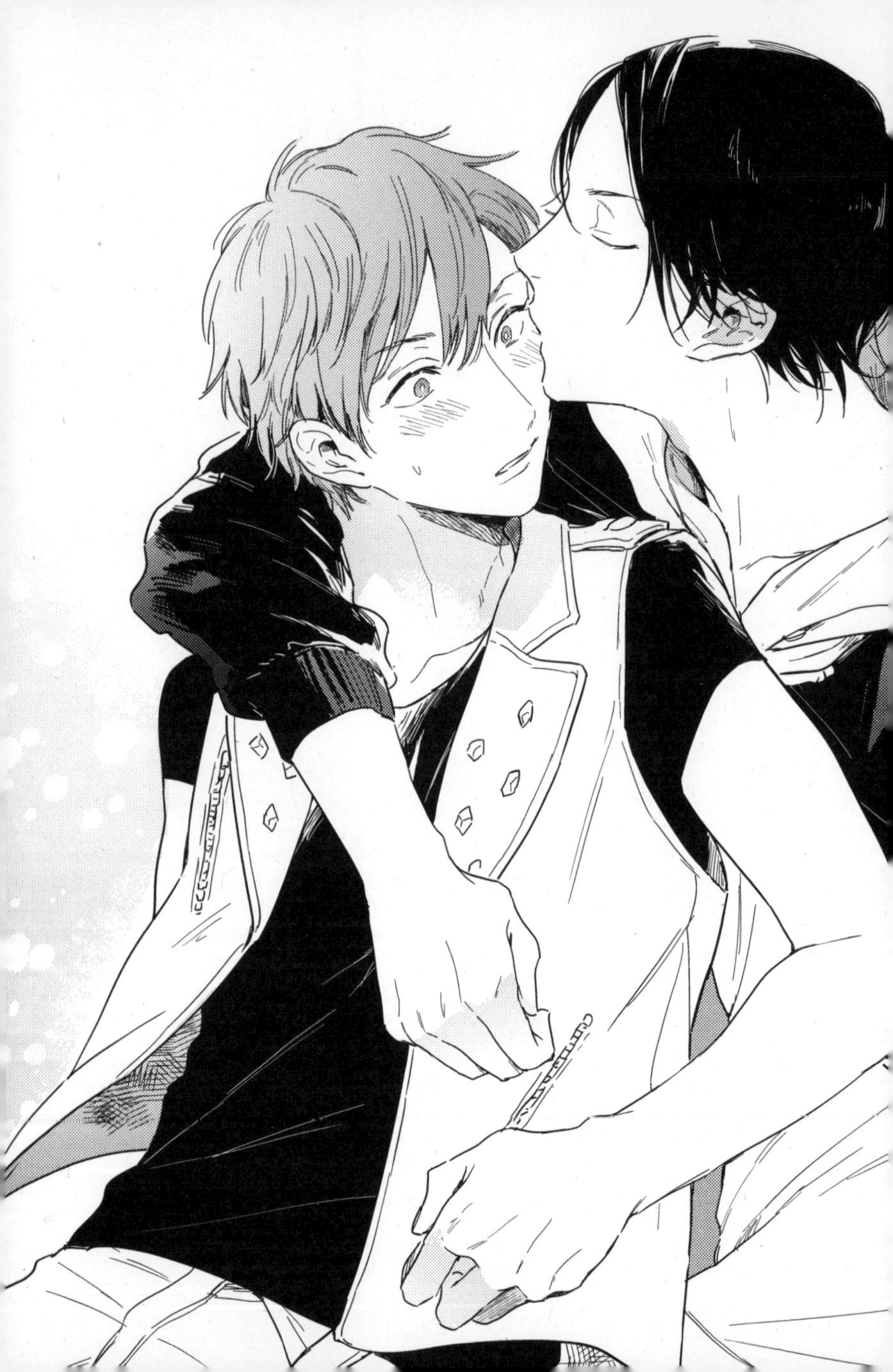

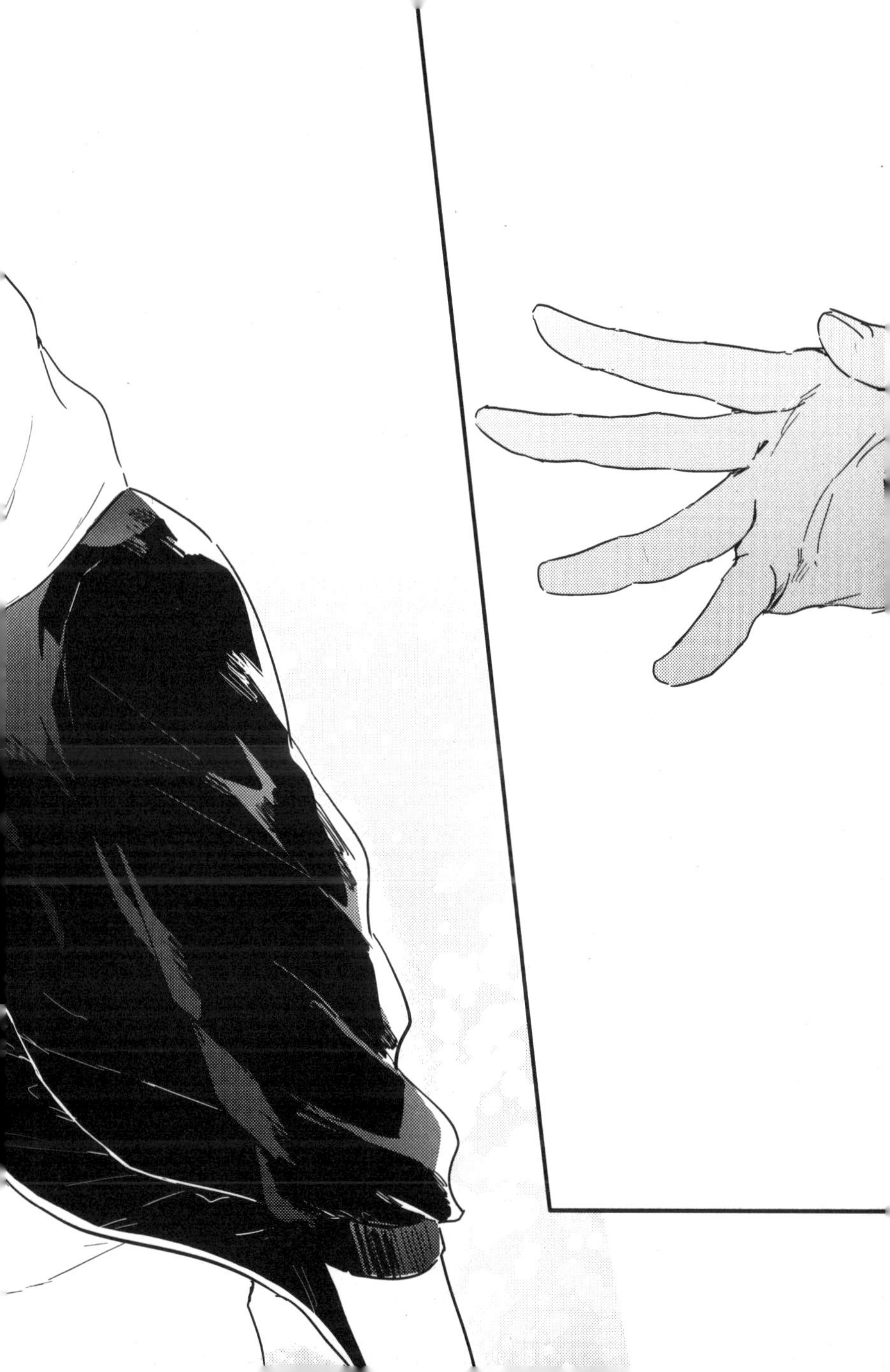

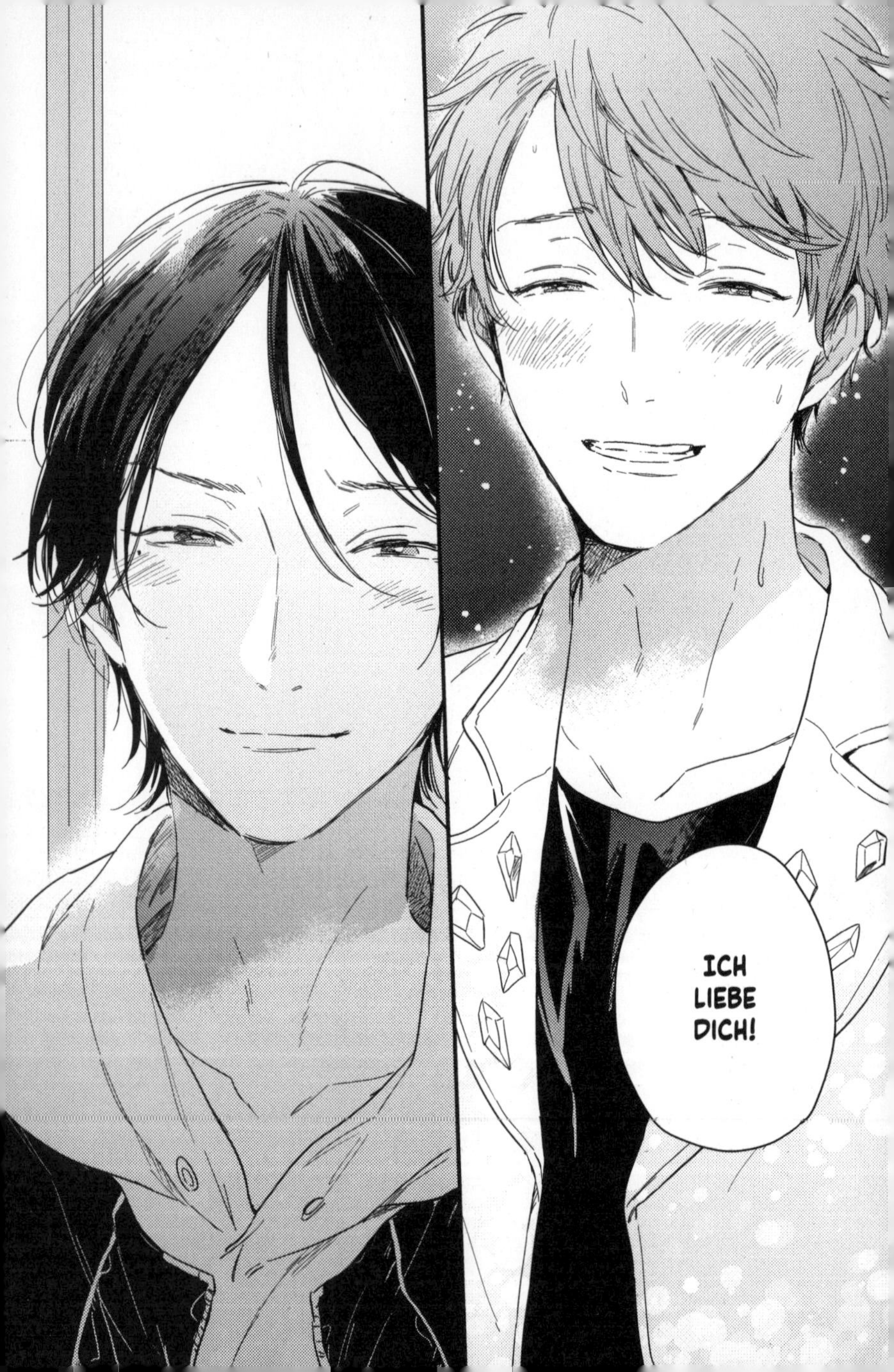
ICH LIEBE DICH!

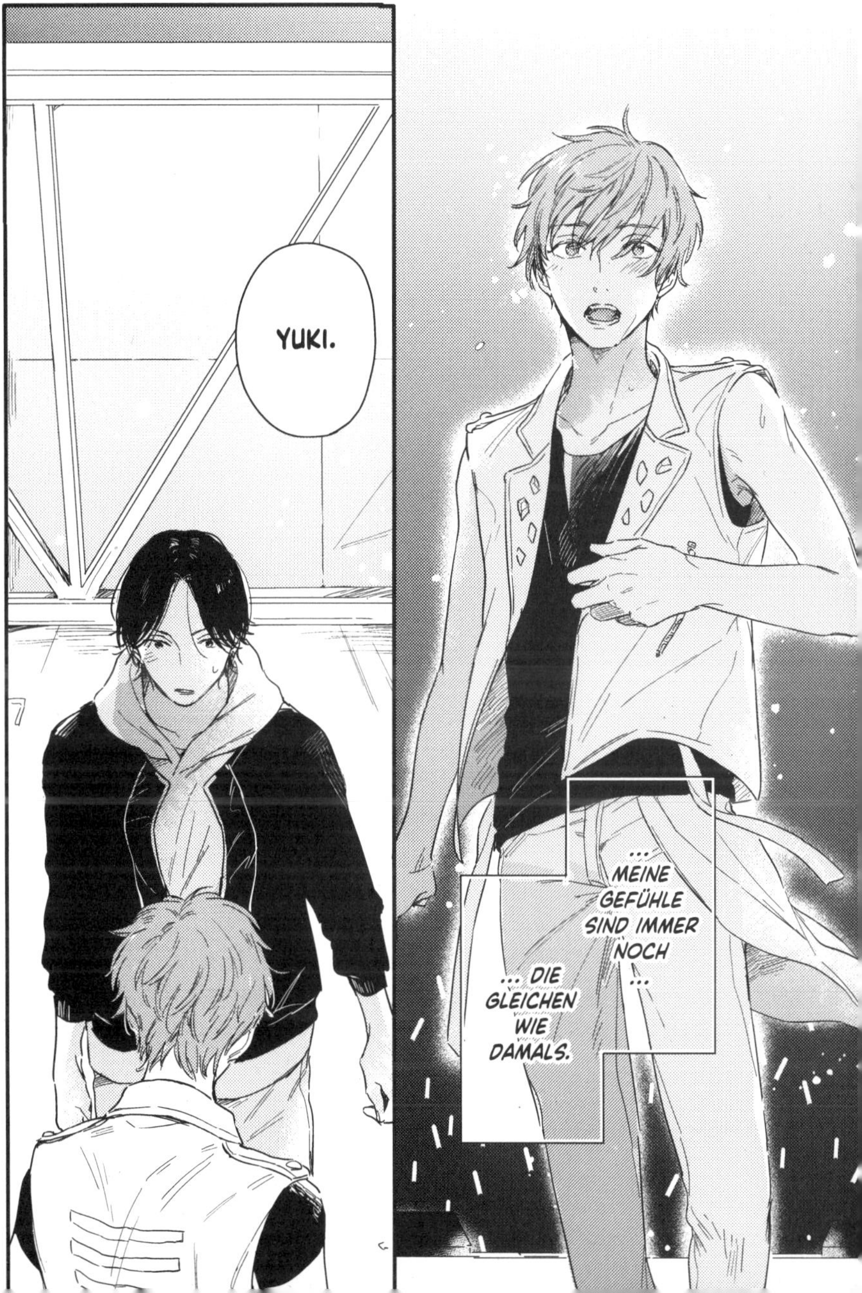
... MEINE GEFÜHLE SIND IMMER NOCH ...
... DIE GLEICHEN WIE DAMALS.
YUKI.

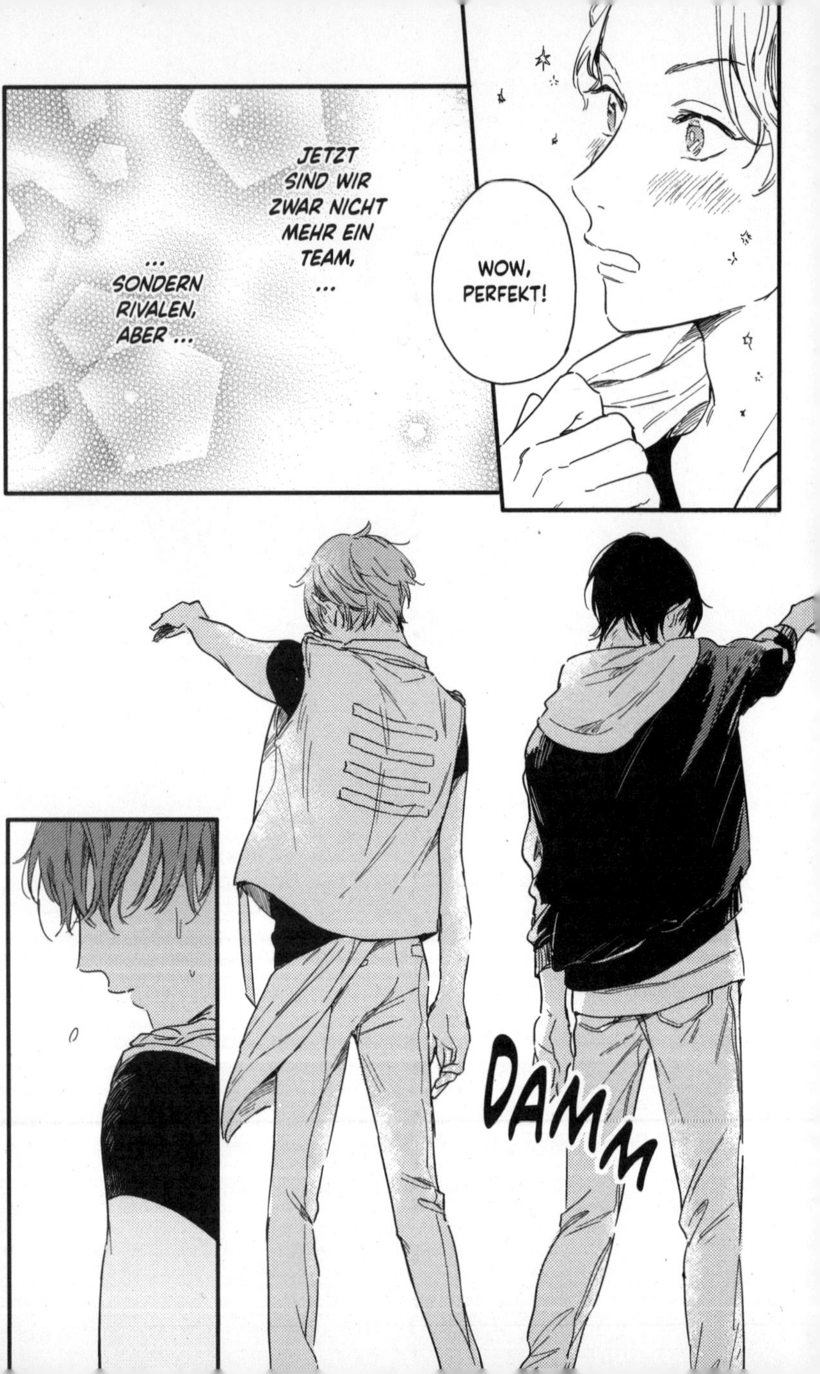
WOW, PERFEKT!
JETZT SIND WIR ZWAR NICHT MEHR EIN TEAM, ...
... SONDERN RIVALEN, ABER ...
DAMM

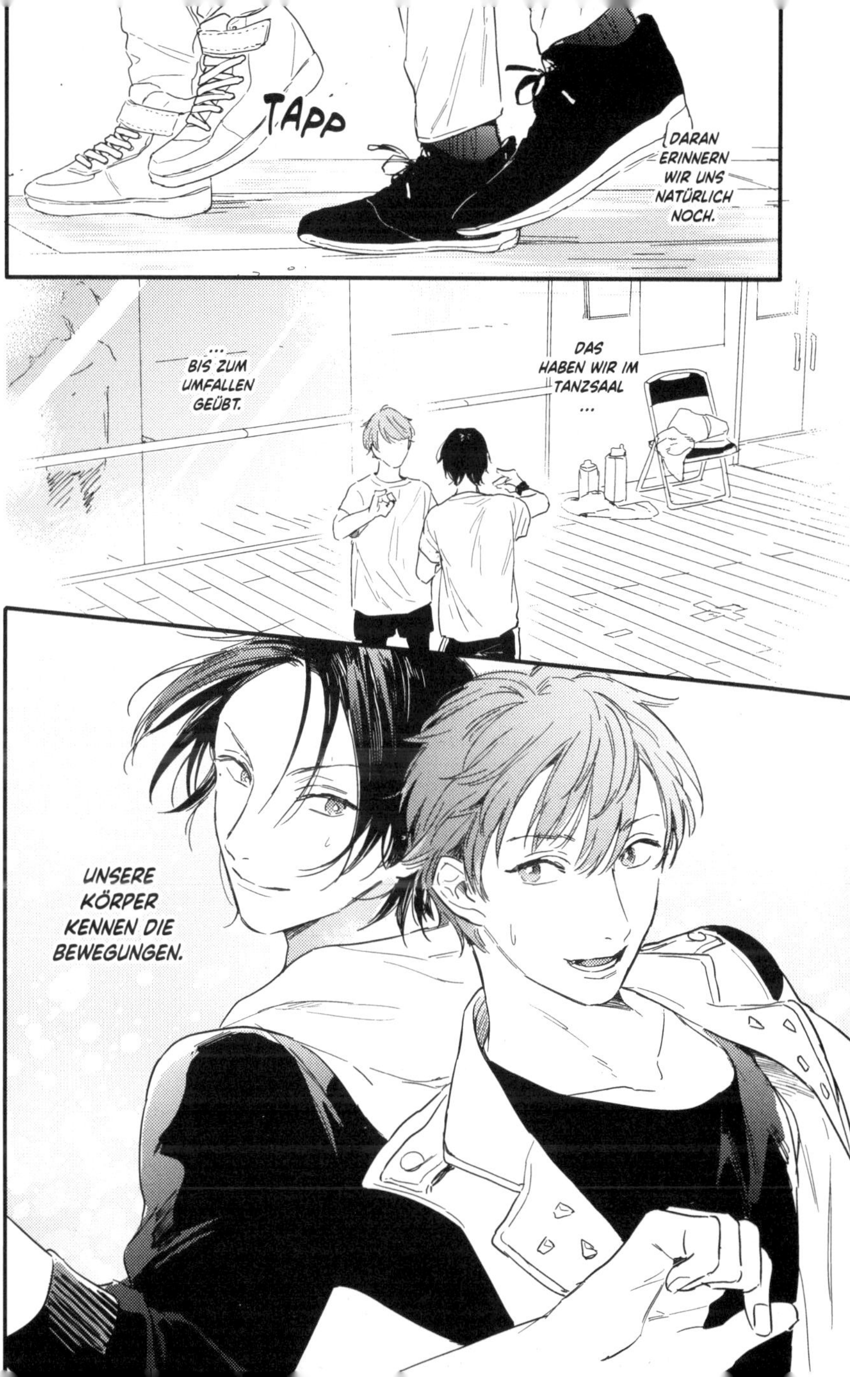
TAPP
DARAN ERINNERN WIR UNS NATÜRLICH NOCH.
DAS HABEN WIR IM TANZSAAL ...
... BIS ZUM UMFALLEN GEÜBT.
UNSERE KÖRPER KENNEN DIE BEWEGUNGEN.

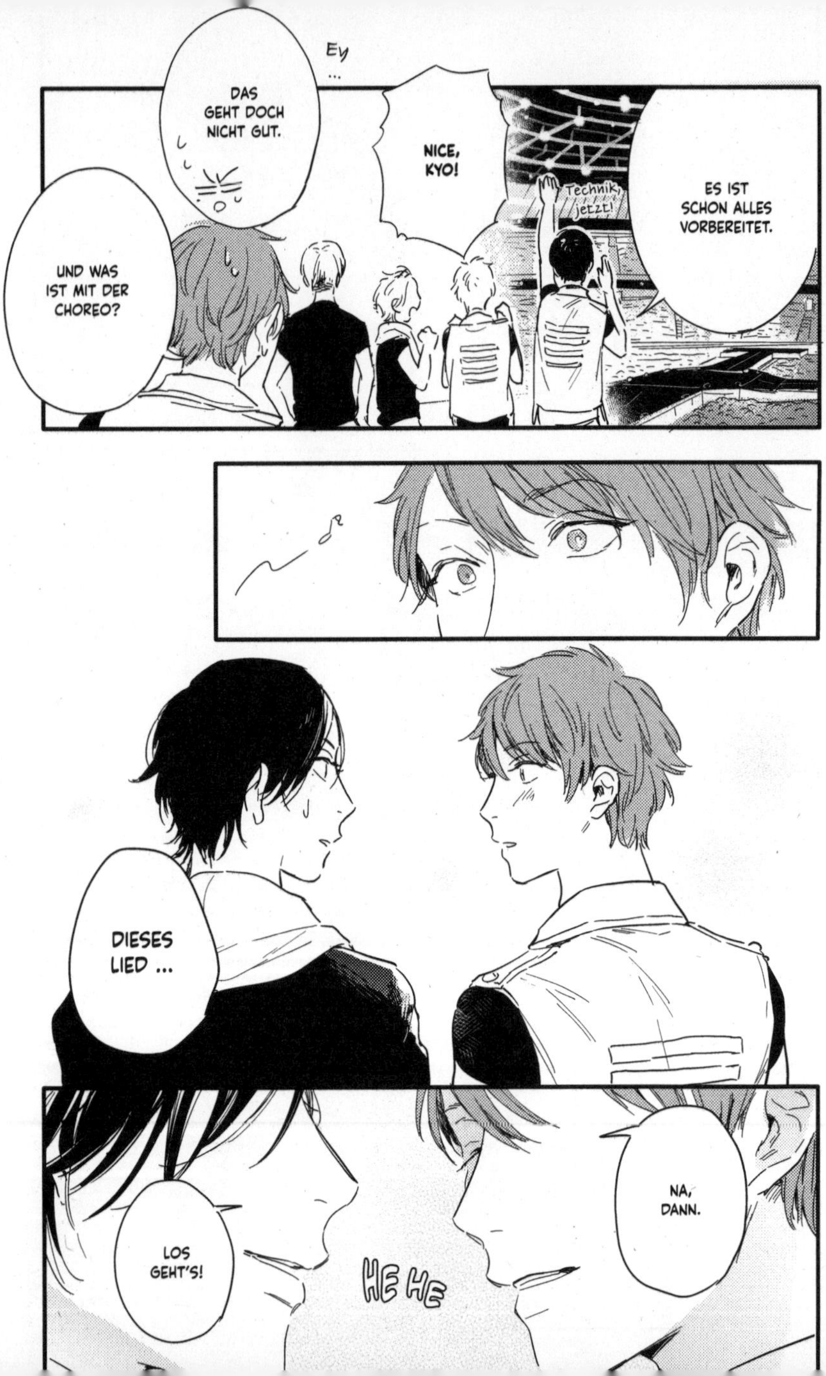
ES IST SCHON ALLES VORBEREITET.
Technik, jetzt!
NICE, KYO!
Ey ...
DAS GEHT DOCH NICHT GUT.
UND WAS IST MIT DER CHOREO?
DIESES LIED ...
NA, DANN.
HE HE
LOS GEHT'S!

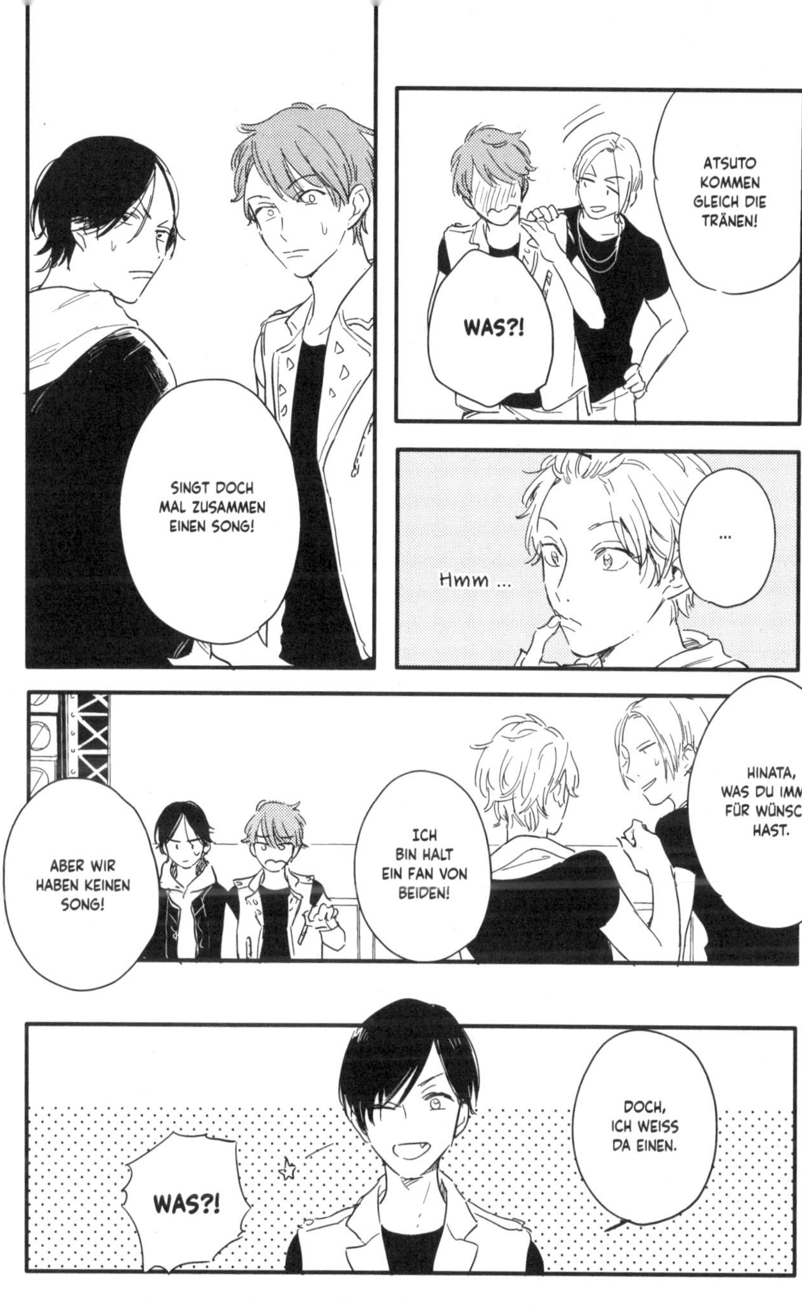
ATSUTO KOMMEN GLEICH DIE TRÄNEN!
WAS?!
...
Hmm ...
SINGT DOCH MAL ZUSAMMEN EINEN SONG!
HINATA, WAS DU IMMER FÜR WÜNSCHE HAST.
ICH BIN HALT EIN FAN VON BEIDEN!
ABER WIR HABEN KEINEN SONG!
DOCH, ICH WEISS DA EINEN.
WAS?!

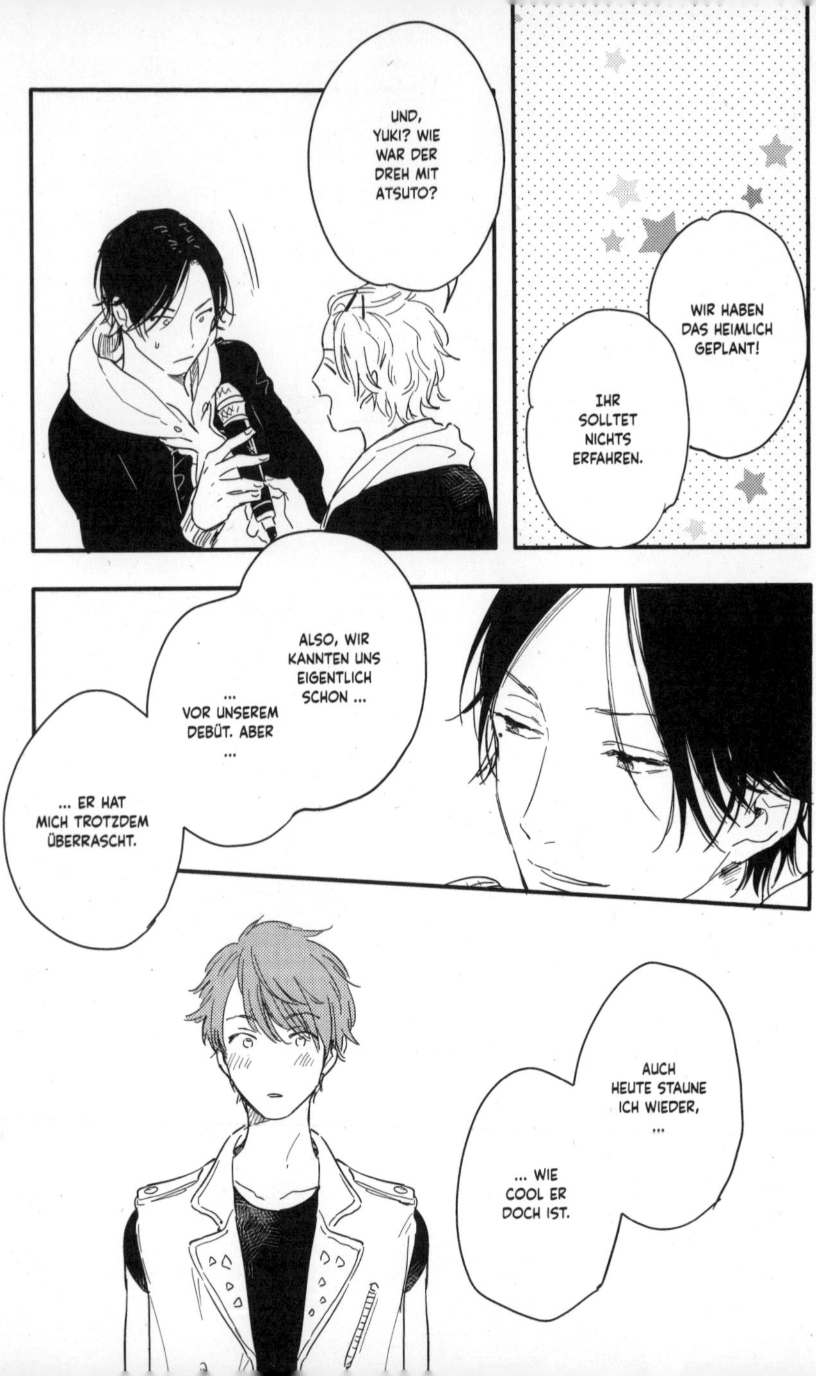
WIR HABEN DAS HEIMLICH GEPLANT!
IHR SOLLTET NICHTS ERFAHREN.
UND, YUKI? WIE WAR DER DREH MIT ATSUTO?
ALSO, WIR KANNTEN UNS EIGENTLICH SCHON ...
... VOR UNSEREM DEBÜT. ABER ...
... ER HAT MICH TROTZDEM ÜBERRASCHT.
AUCH HEUTE STAUNE ICH WIEDER, ...
... WIE COOL ER DOCH IST.

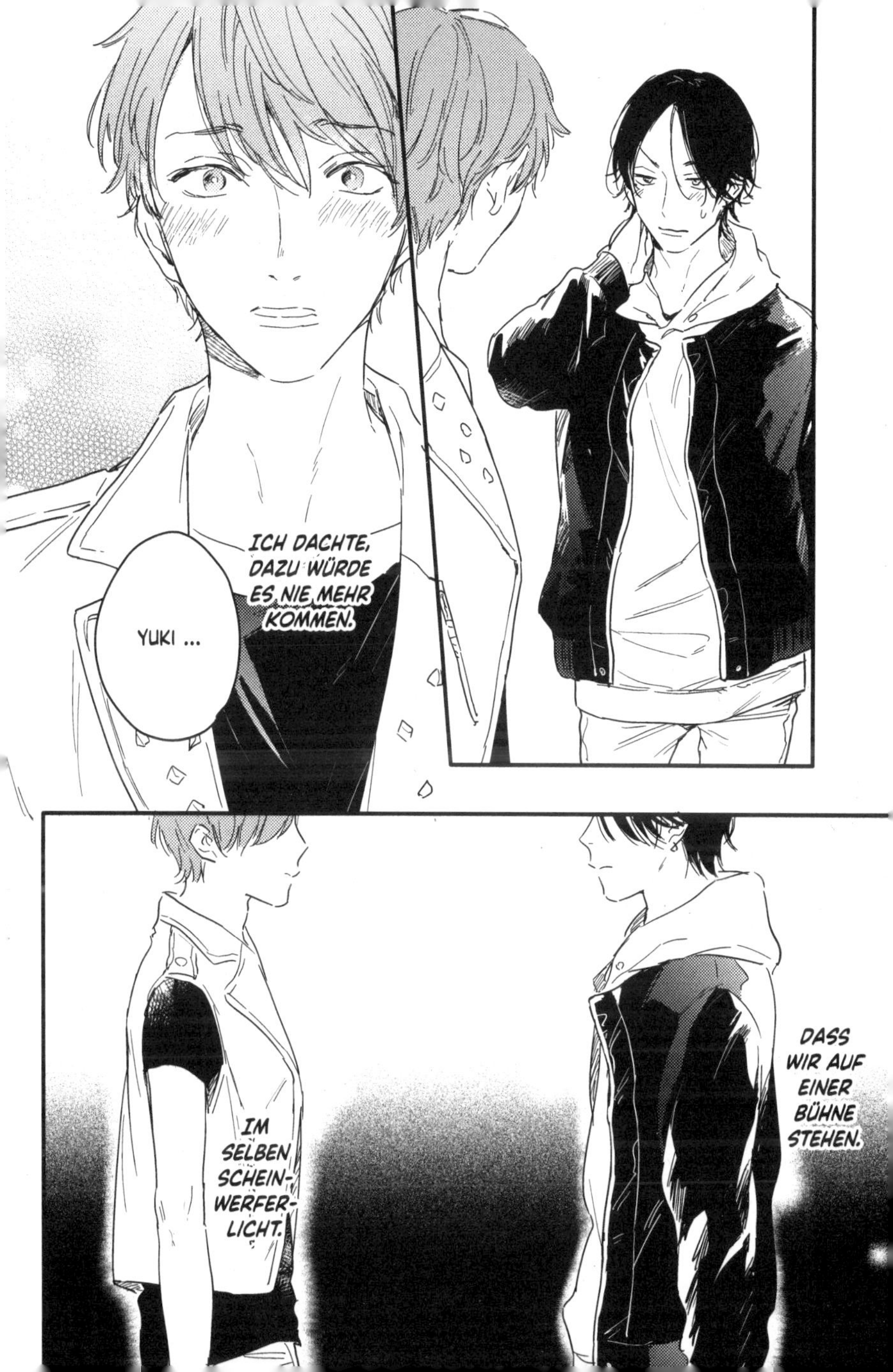
ICH DACHTE, DAZU WÜRDE ES NIE MEHR KOMMEN.
YUKI ...
DASS WIR AUF EINER BÜHNE STEHEN.
IM SELBEN SCHEIN-WERFER-LICHT.

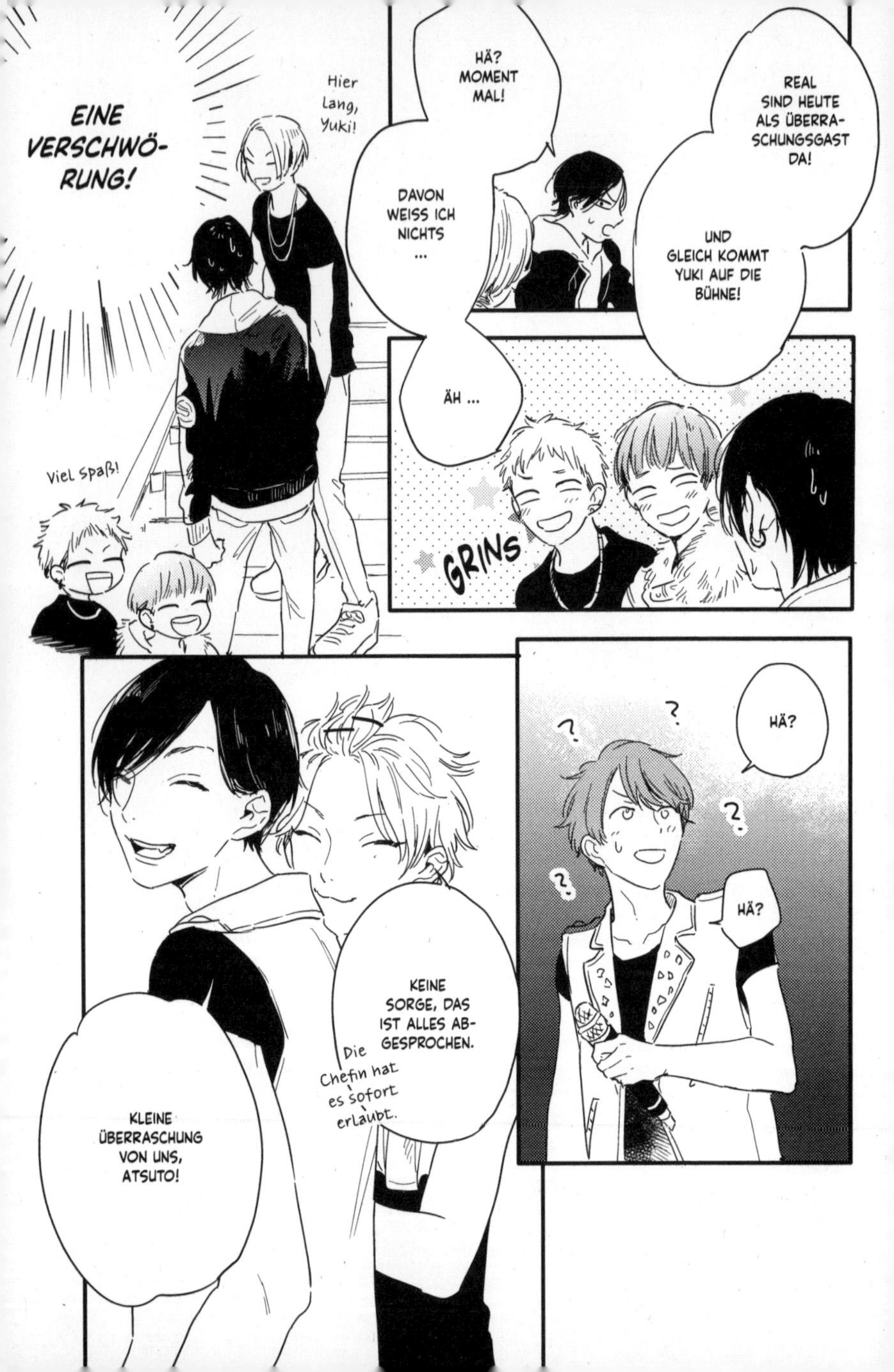
REAL SIND HEUTE ALS ÜBERRA-SCHUNGSGAST DA!
UND GLEICH KOMMT YUKI AUF DIE BÜHNE!
HÄ? MOMENT MAL!
DAVON WEISS ICH NICHTS ...
ÄH ...
GRINS
Hier lang, Yuki!
EINE VERSCHWÖ-RUNG!
Viel Spaß!
HÄ?
HÄ?
KEINE SORGE, DAS IST ALLES AB-GESPROCHEN.
Die Chefin hat es sofort erlaubt.
KLEINE ÜBERRASCHUNG VON UNS, ATSUTO!

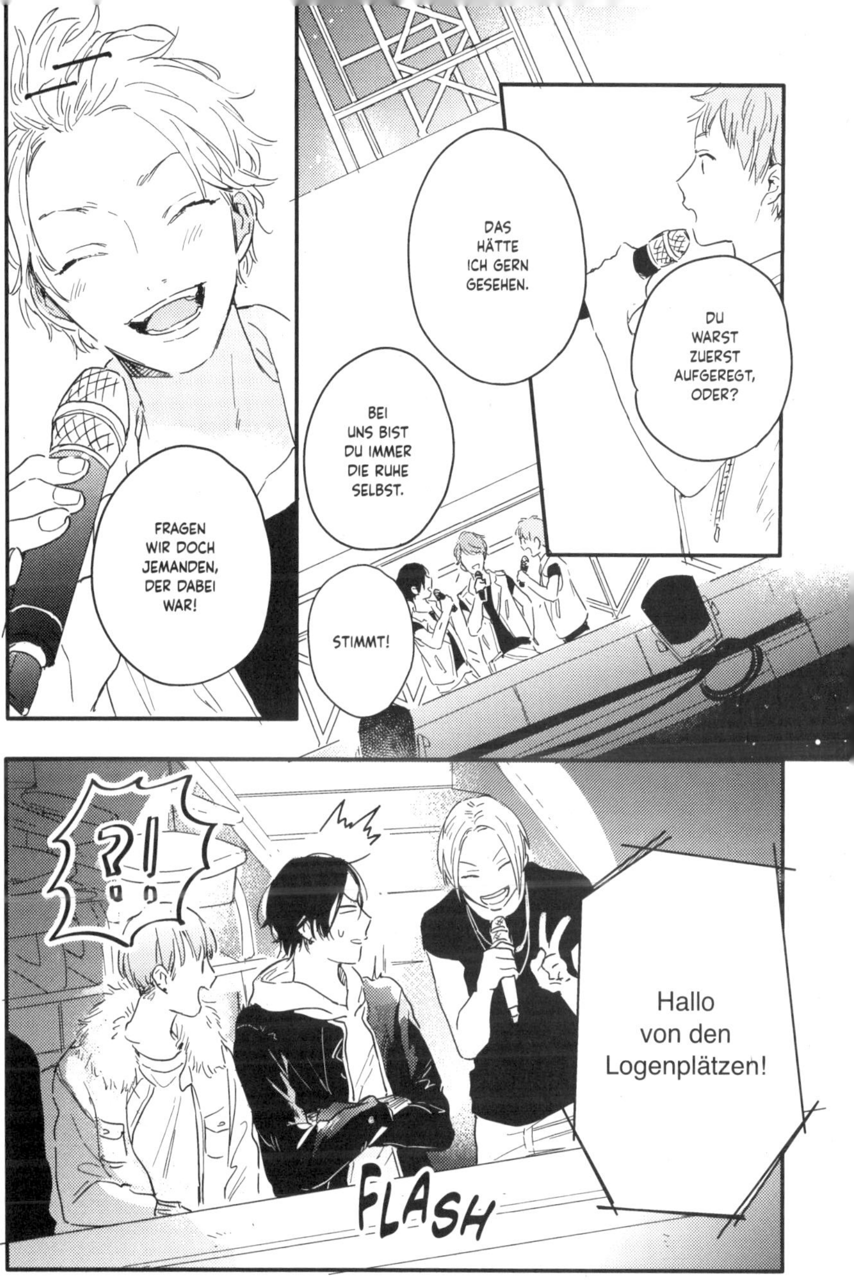
DAS HÄTTE ICH GERN GESEHEN.
DU WARST ZUERST AUFGEREGT, ODER?
BEI UNS BIST DU IMMER DIE RUHE SELBST.
STIMMT!
FRAGEN WIR DOCH JEMANDEN, DER DABEI WAR!
Hallo von den Logenplätzen!
?!
FLASH

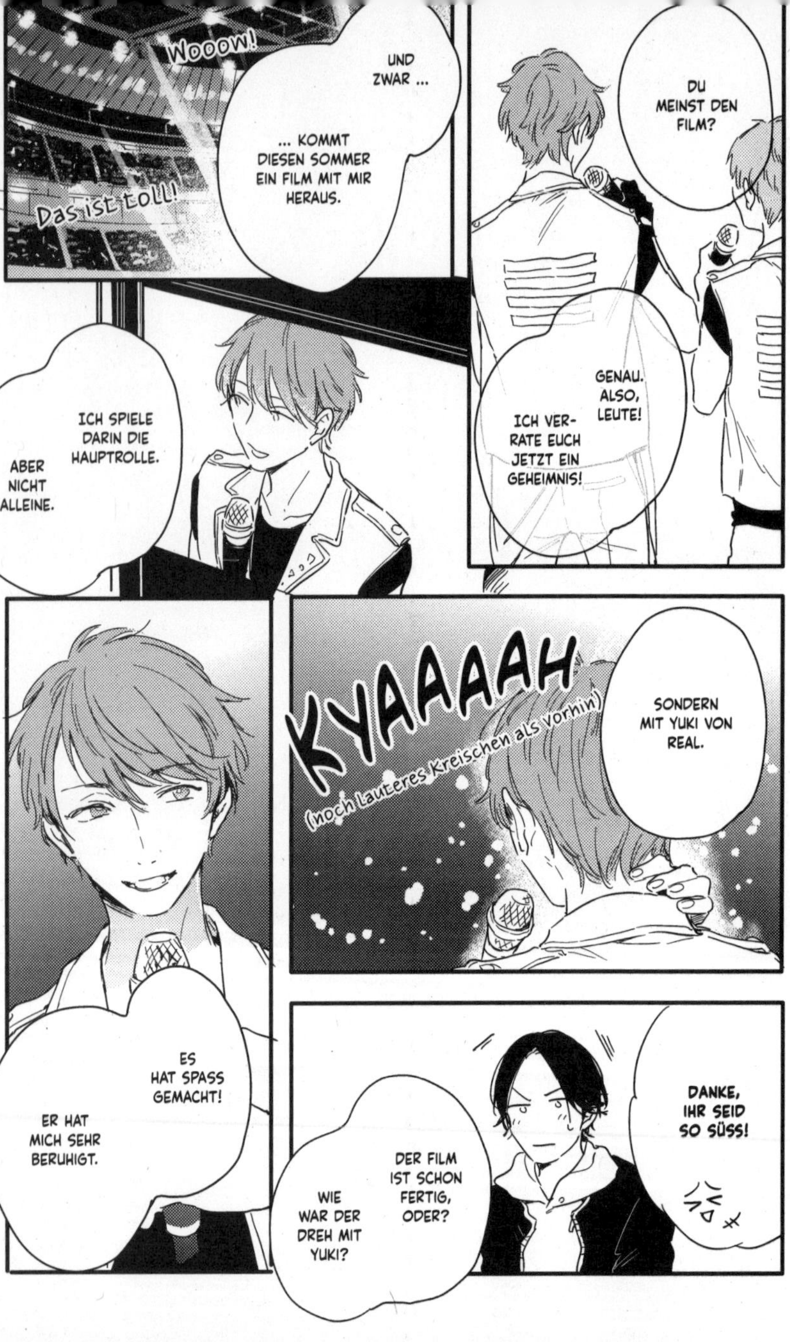
DU MEINST DEN FILM?
GENAU. ALSO, LEUTE!
ICH VERRATE EUCH JETZT EIN GEHEIMNIS!
UND ZWAR ...
... KOMMT DIESEN SOMMER EIN FILM MIT MIR HERAUS.
Wooow!
Das ist toll!
ICH SPIELE DARIN DIE HAUPTROLLE.
ABER NICHT ALLEINE.
SONDERN MIT YUKI VON REAL.
KYAAAAH
(noch lauteres Kreischen als vorhin)
DANKE, IHR SEID SO SÜSS!
DER FILM IST SCHON FERTIG, ODER?
WIE WAR DER DREH MIT YUKI?
ES HAT SPASS GEMACHT!
ER HAT MICH SEHR BERUHIGT.

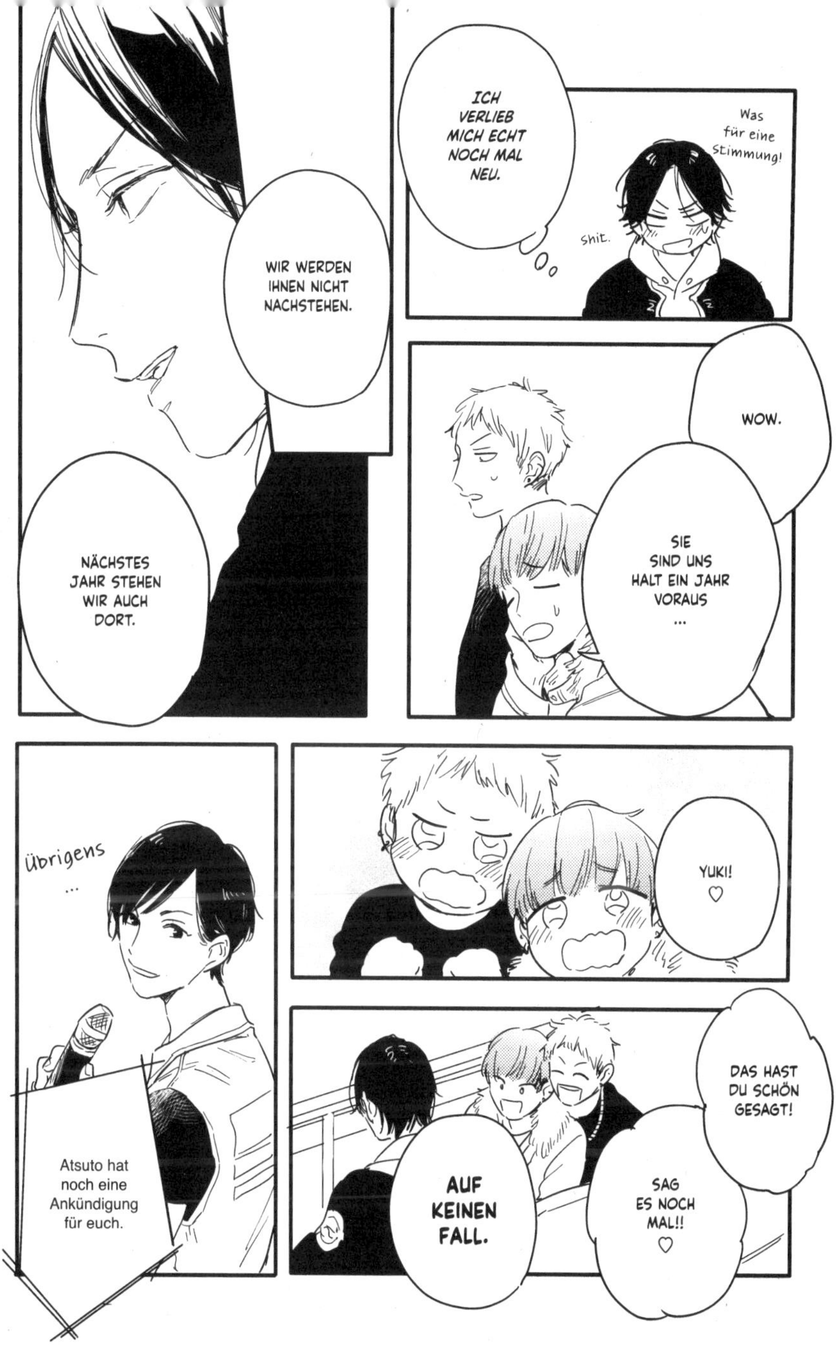
WIR WERDEN IHNEN NICHT NACHSTEHEN.
NÄCHSTES JAHR STEHEN WIR AUCH DORT.
ICH VERLIEB MICH ECHT NOCH MAL NEU.
Was für eine Stimmung!
Shit.
WOW.
SIE SIND UNS HALT EIN JAHR VORAUS ...
YUKI! ♡
DAS HAST DU SCHÖN GESAGT!
SAG ES NOCH MAL!! ♡
AUF KEINEN FALL.
Übrigens ...
Atsuto hat noch eine Ankündigung für euch.

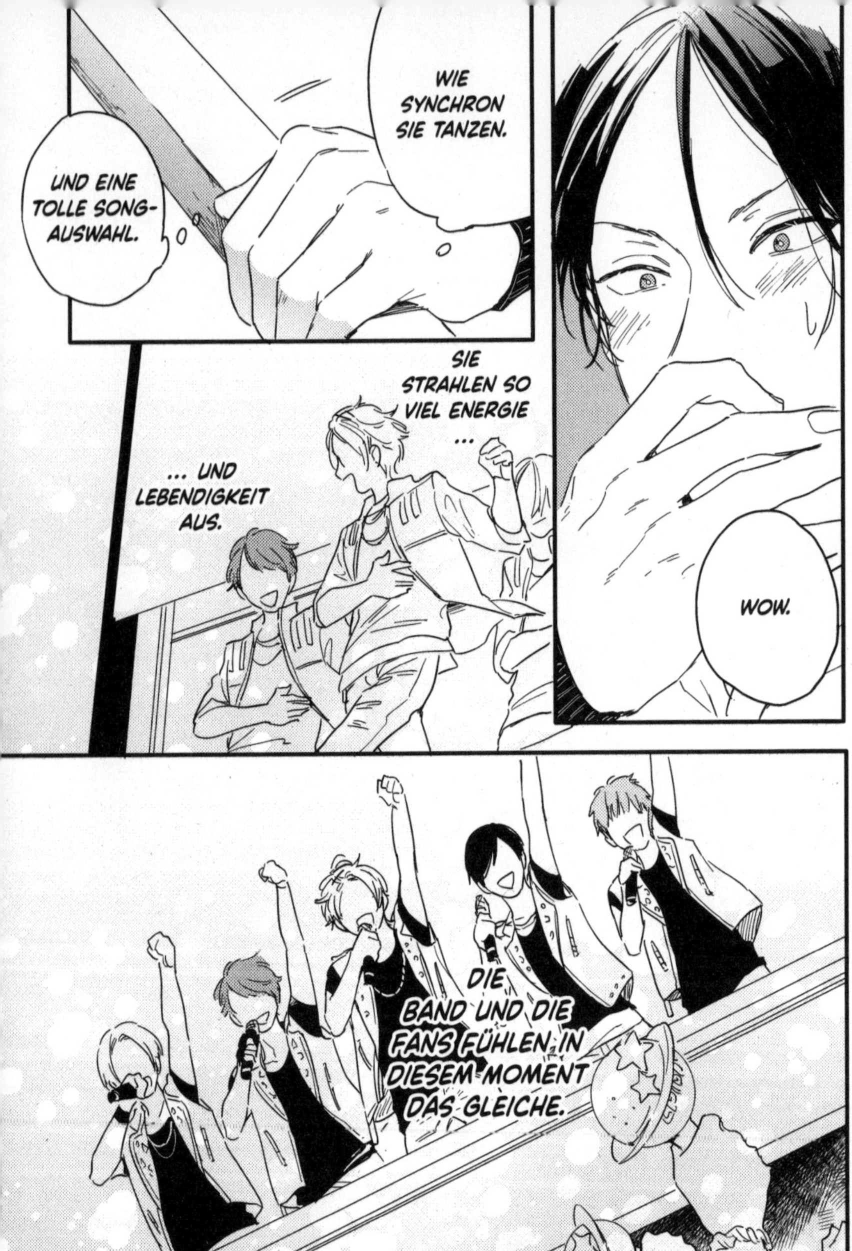
WIE SYNCHRON SIE TANZEN.
UND EINE TOLLE SONG-AUSWAHL.
WOW.
SIE STRAHLEN SO VIEL ENERGIE ...
... UND LEBENDIGKEIT AUS.
DIE BAND UND DIE FANS FÜHLEN IN DIESEM MOMENT DAS GLEICHE.

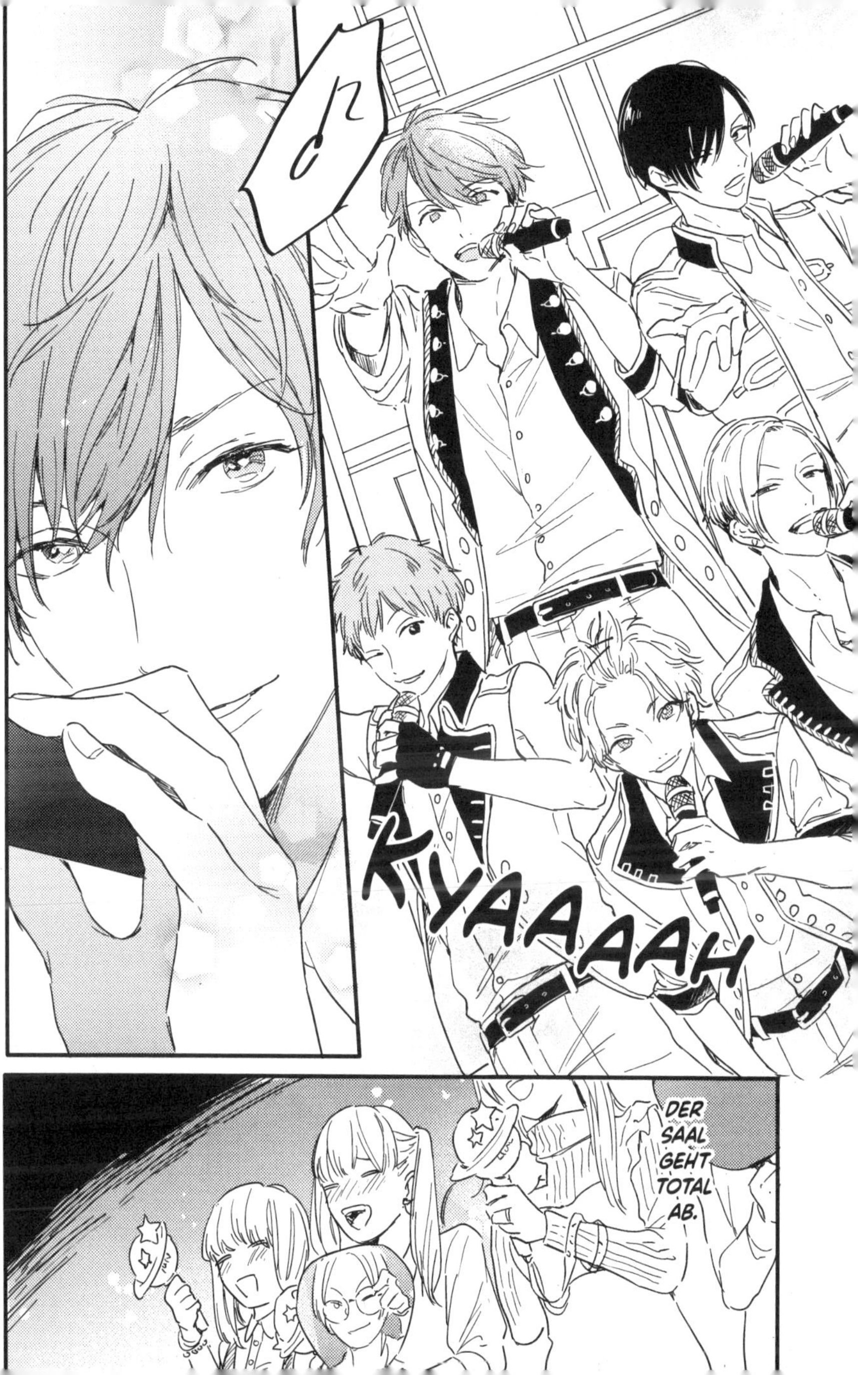
♪
KYAAAAH
DER SAAL GEHT TOTAL AB.

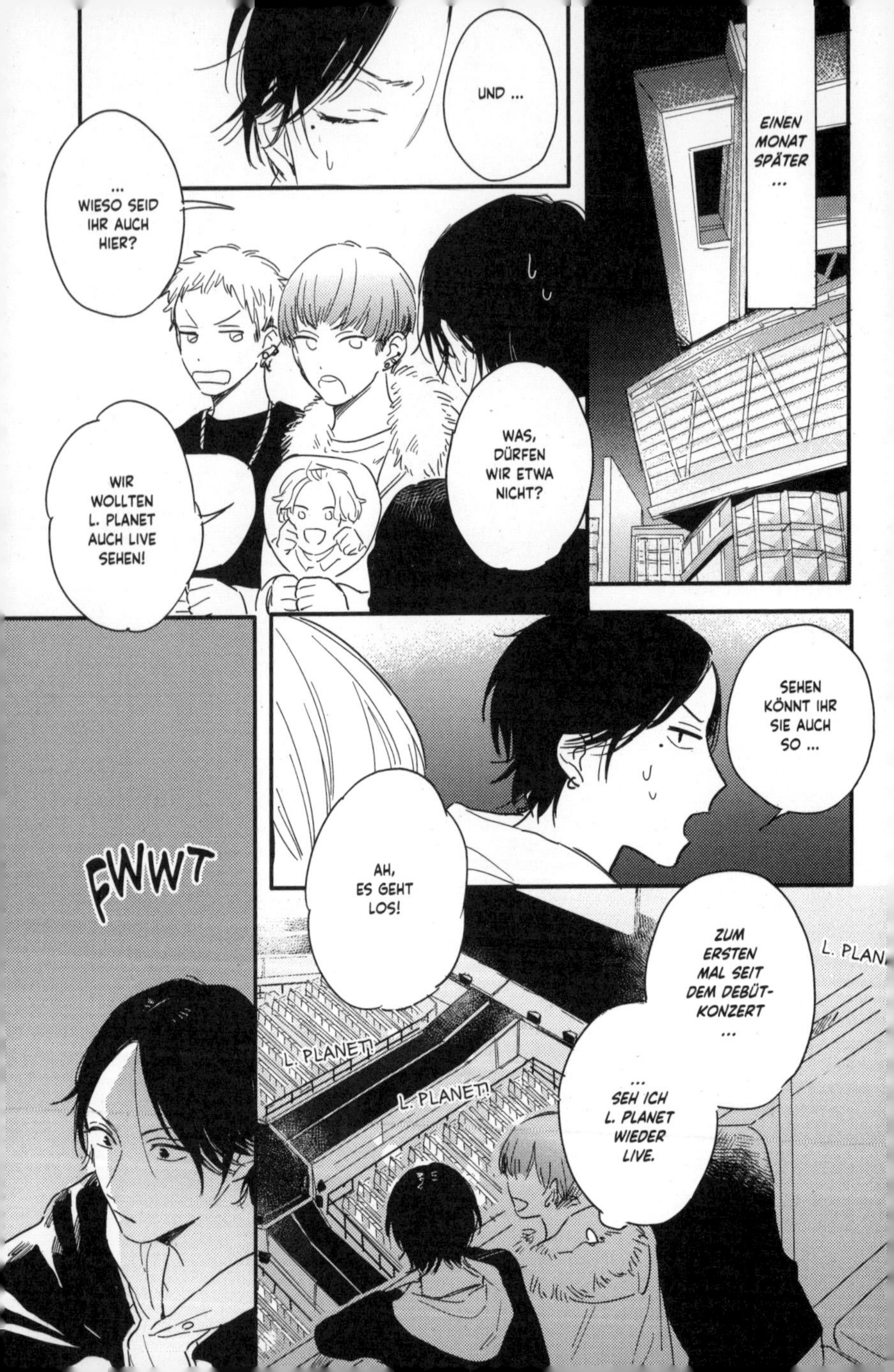
EINEN MONAT SPÄTER ...
UND ...
... WIESO SEID IHR AUCH HIER?
WAS, DÜRFEN WIR ETWA NICHT?
WIR WOLLTEN L. PLANET AUCH LIVE SEHEN!
SEHEN KÖNNT IHR SIE AUCH SO ...
AH, ES GEHT LOS!
FWWT
L. PLAN
L. PLANET!
L. PLANET!
ZUM ERSTEN MAL SEIT DEM DEBÜT-KONZERT ...
... SEH ICH L. PLANET WIEDER LIVE.

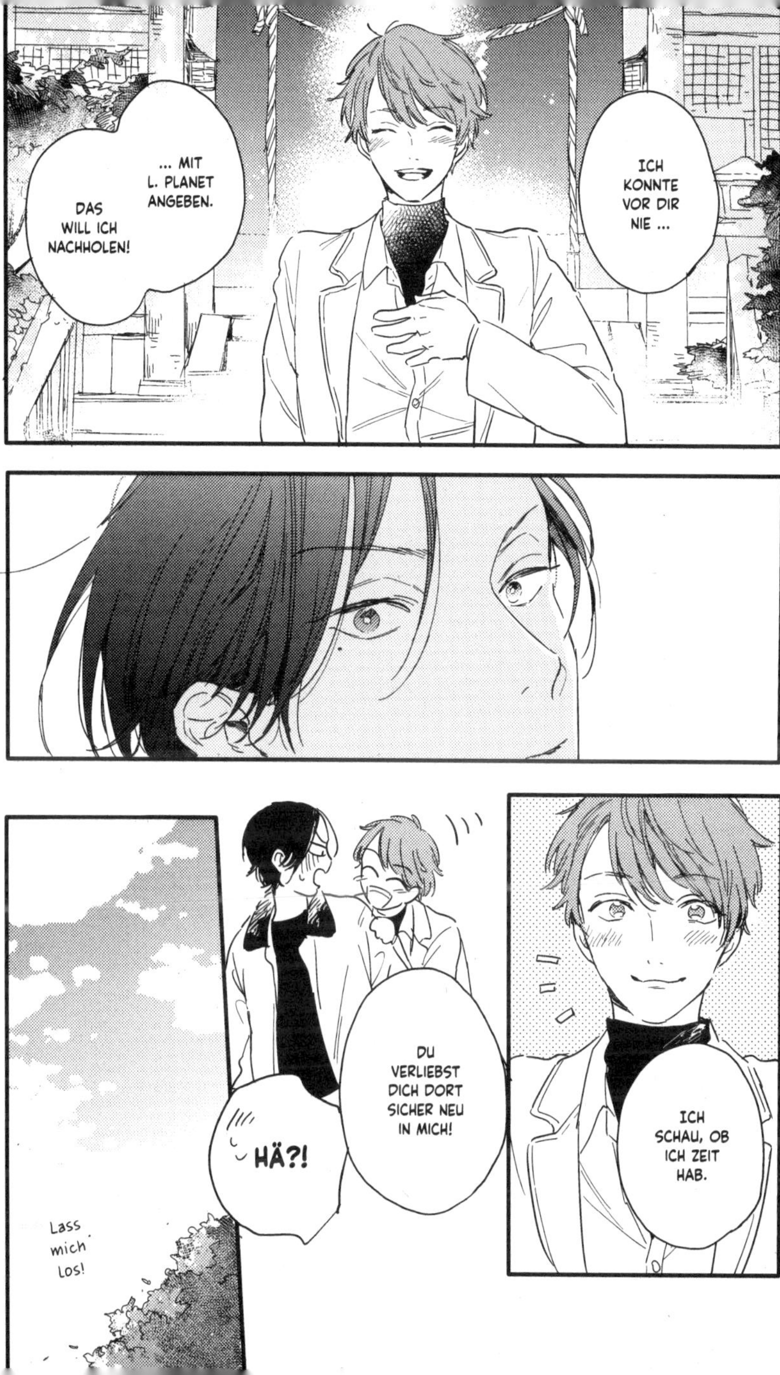
ICH KONNTE VOR DIR NIE ...
... MIT L. PLANET ANGEBEN.
DAS WILL ICH NACHHOLEN!
ICH SCHAU, OB ICH ZEIT HAB.
DU VERLIEBST DICH DORT SICHER NEU IN MICH!
HÄ?!
Lass mich los!

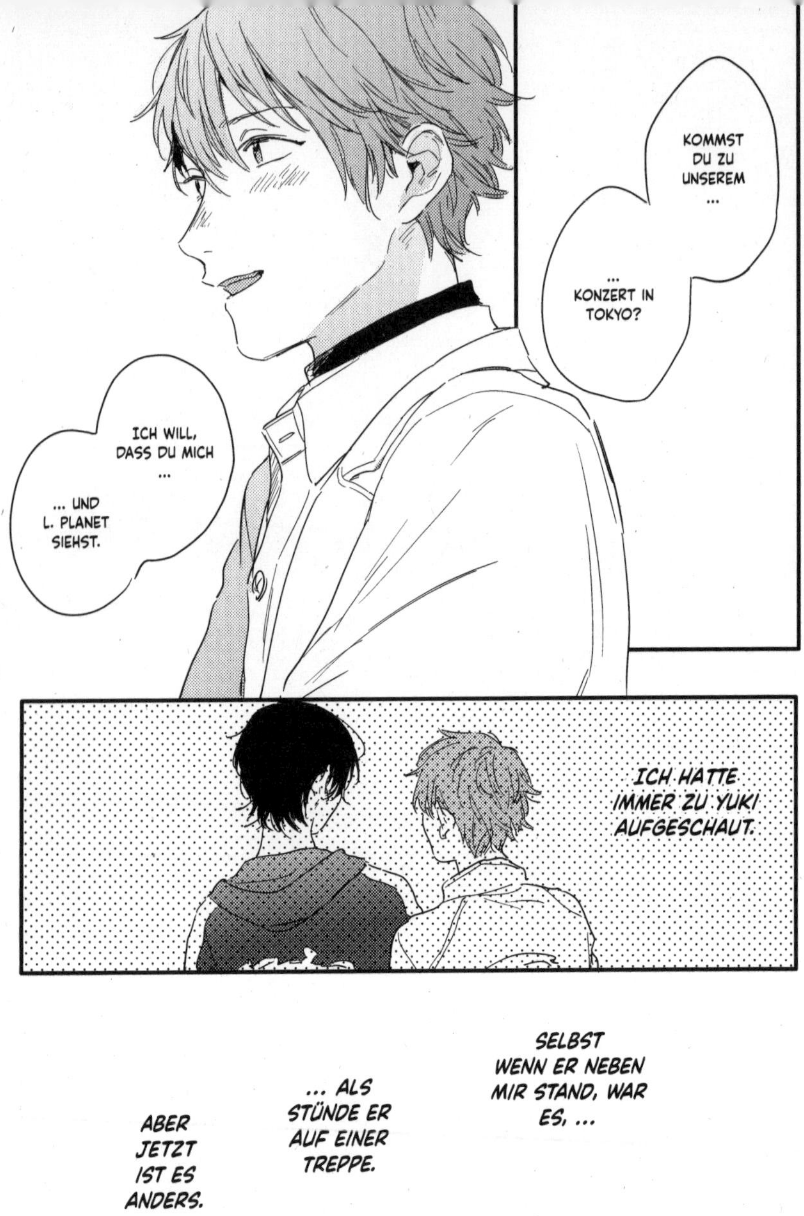
KOMMST DU ZU UNSEREM ...
... KONZERT IN TOKYO?
ICH WILL, DASS DU MICH ...
... UND L. PLANET SIEHST.
ICH HATTE IMMER ZU YUKI AUFGESCHAUT.
SELBST WENN ER NEBEN MIR STAND, WAR ES, ...
... ALS STÜNDE ER AUF EINER TREPPE.
ABER JETZT IST ES ANDERS.

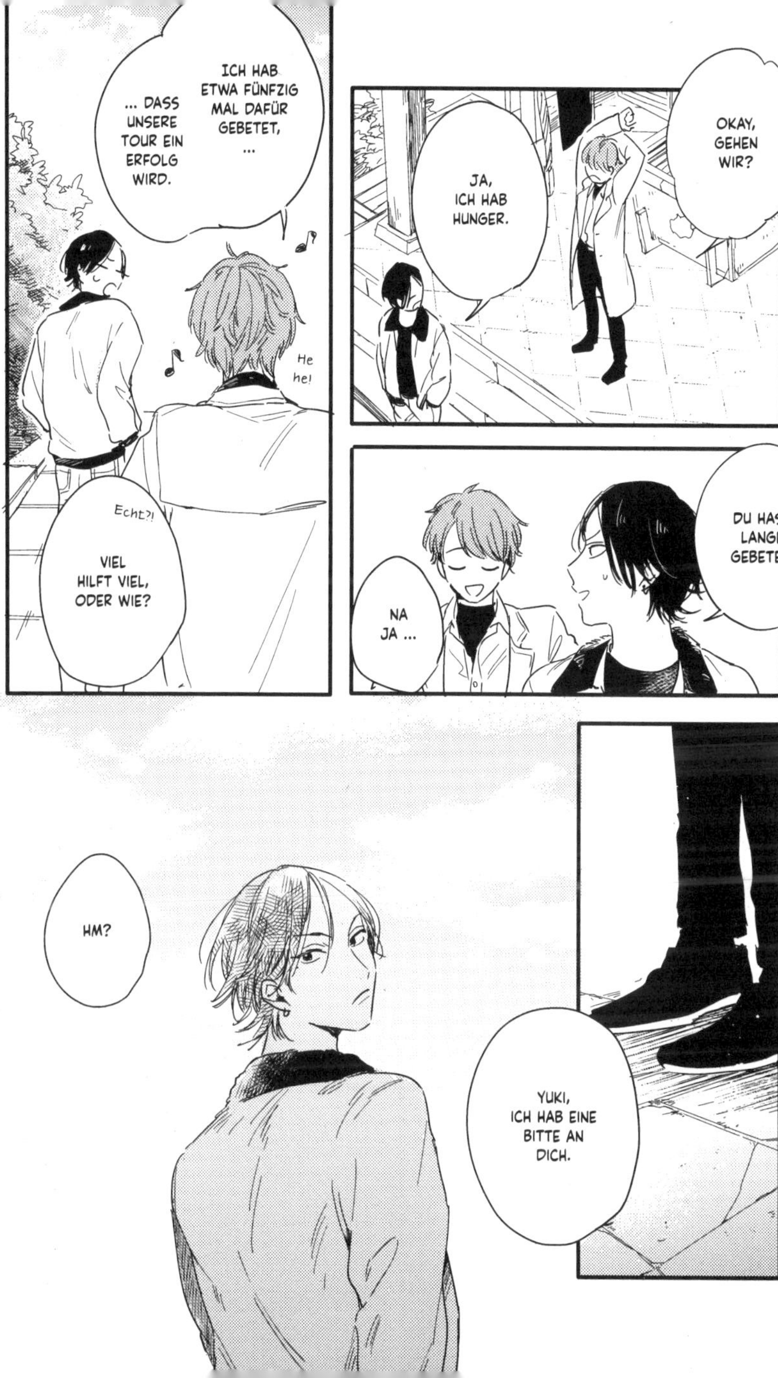
OKAY, GEHEN WIR?
JA, ICH HAB HUNGER.
DU HAST LANGE GEBETET.
NA JA ...
ICH HAB ETWA FÜNFZIG MAL DAFÜR GEBETET, ...
... DASS UNSERE TOUR EIN ERFOLG WIRD.
He he!
Echt?!
VIEL HILFT VIEL, ODER WIE?
YUKI, ICH HAB EINE BITTE AN DICH.
HM?

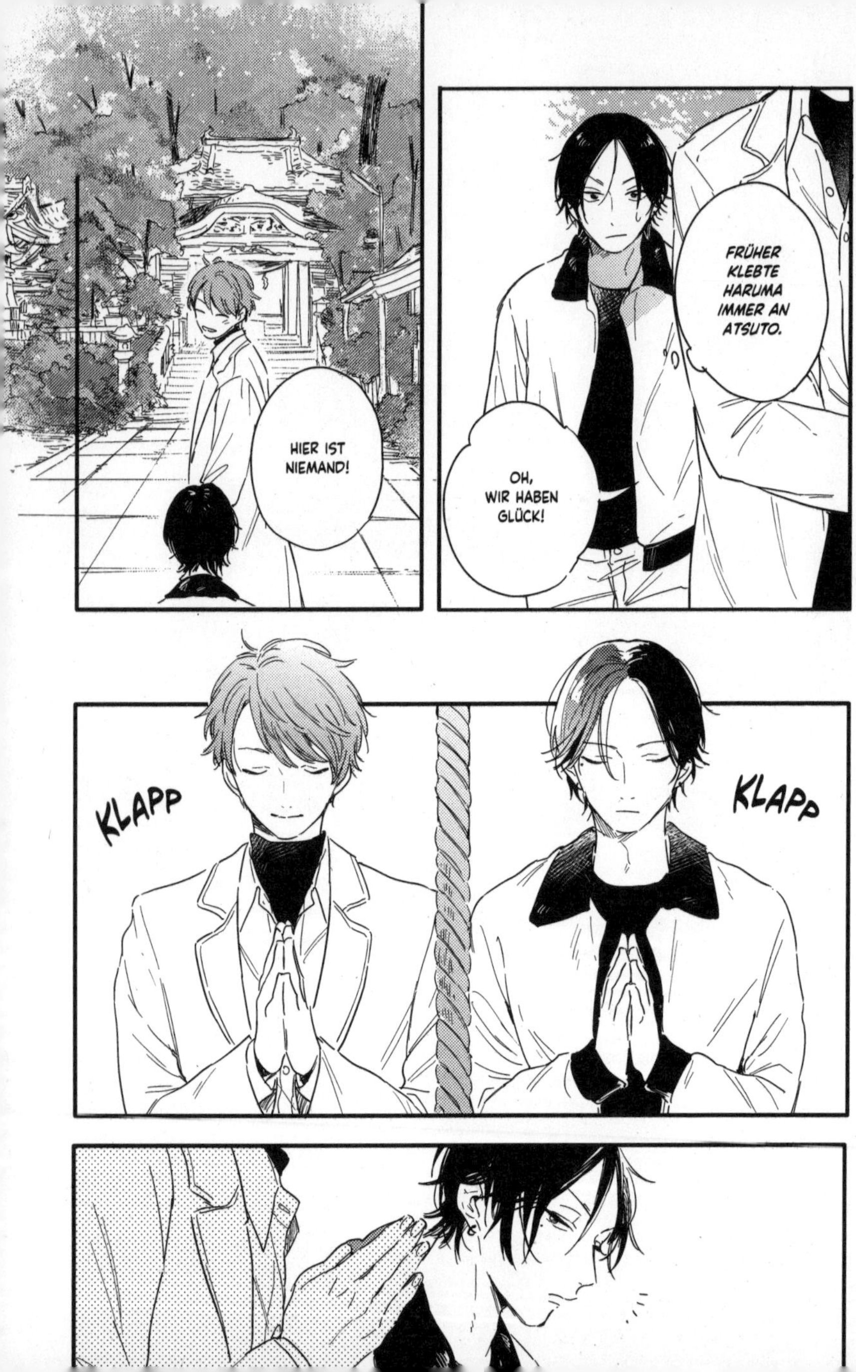
FRÜHER KLEBTE HARUMA IMMER AN ATSUTO.
OH, WIR HABEN GLÜCK!
HIER IST NIEMAND!
KLAPP
KLAPP

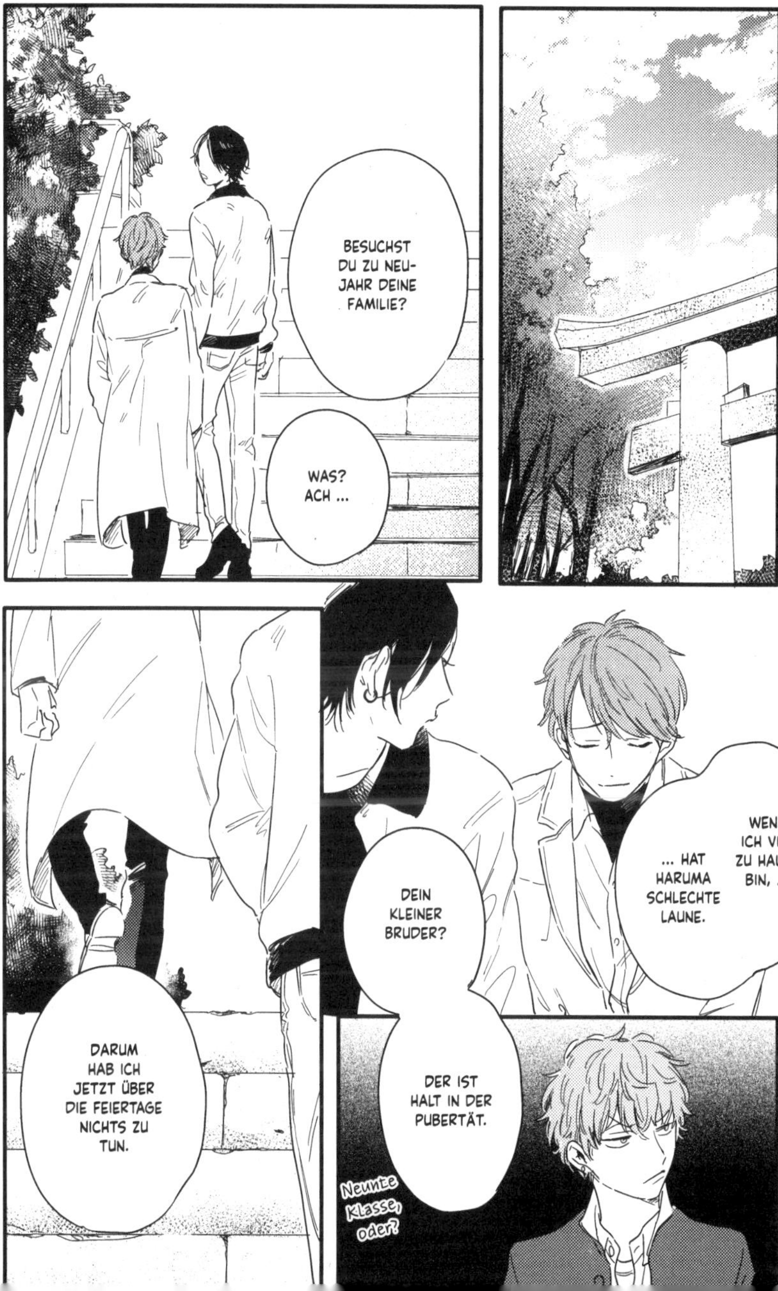
BESUCHST DU ZU NEUJAHR DEINE FAMILIE?
WAS? ACH ...
WENN ICH VIEL ZU HAUSE BIN, ...
... HAT HARUMA SCHLECHTE LAUNE.
DEIN KLEINER BRUDER?
DER IST HALT IN DER PUBERTÄT.
Neunte Klasse, oder?
DARUM HAB ICH JETZT ÜBER DIE FEIERTAGE NICHTS ZU TUN.

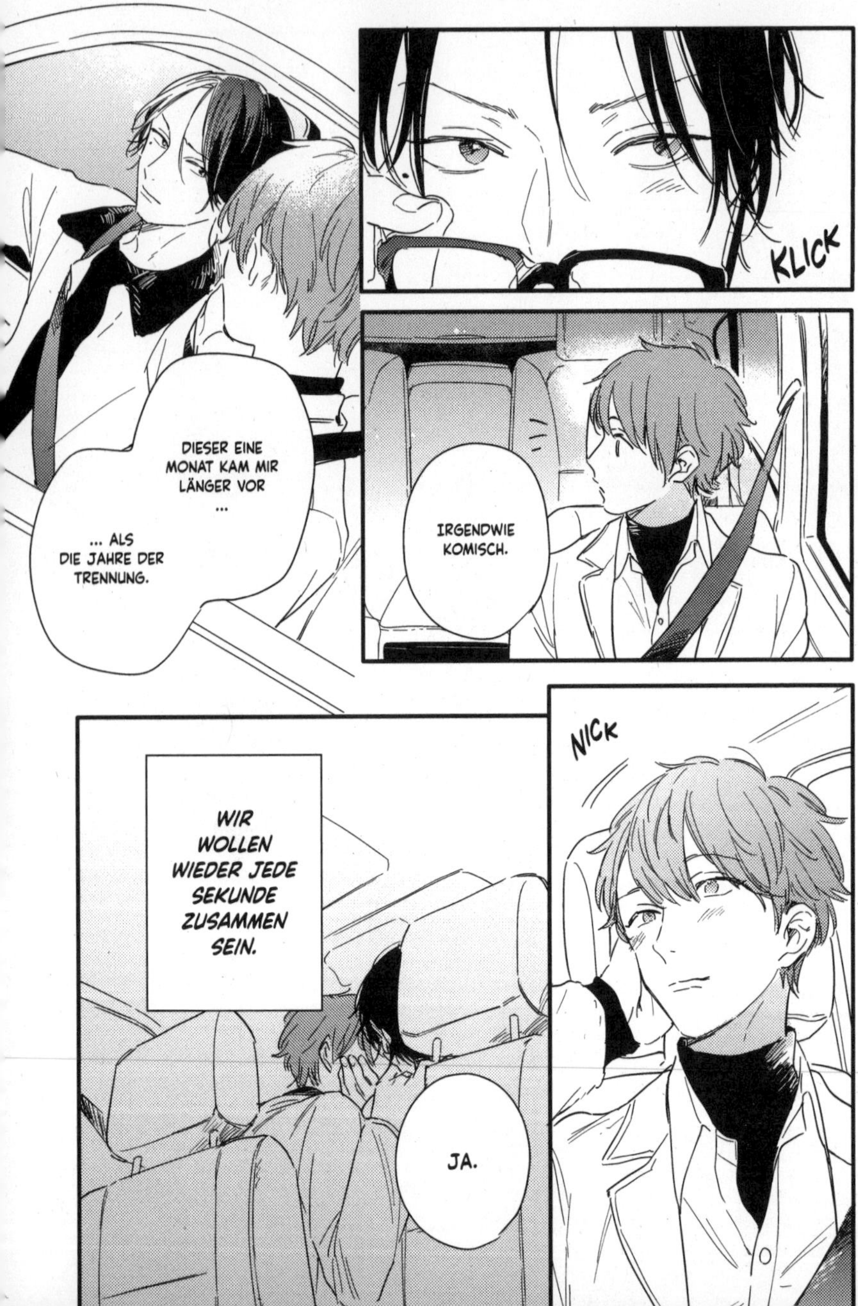
KLICK
DIESER EINE MONAT KAM MIR LÄNGER VOR ...
... ALS DIE JAHRE DER TRENNUNG.
IRGENDWIE KOMISCH.
NICK
WIR WOLLEN WIEDER JEDE SEKUNDE ZUSAMMEN SEIN.
JA.

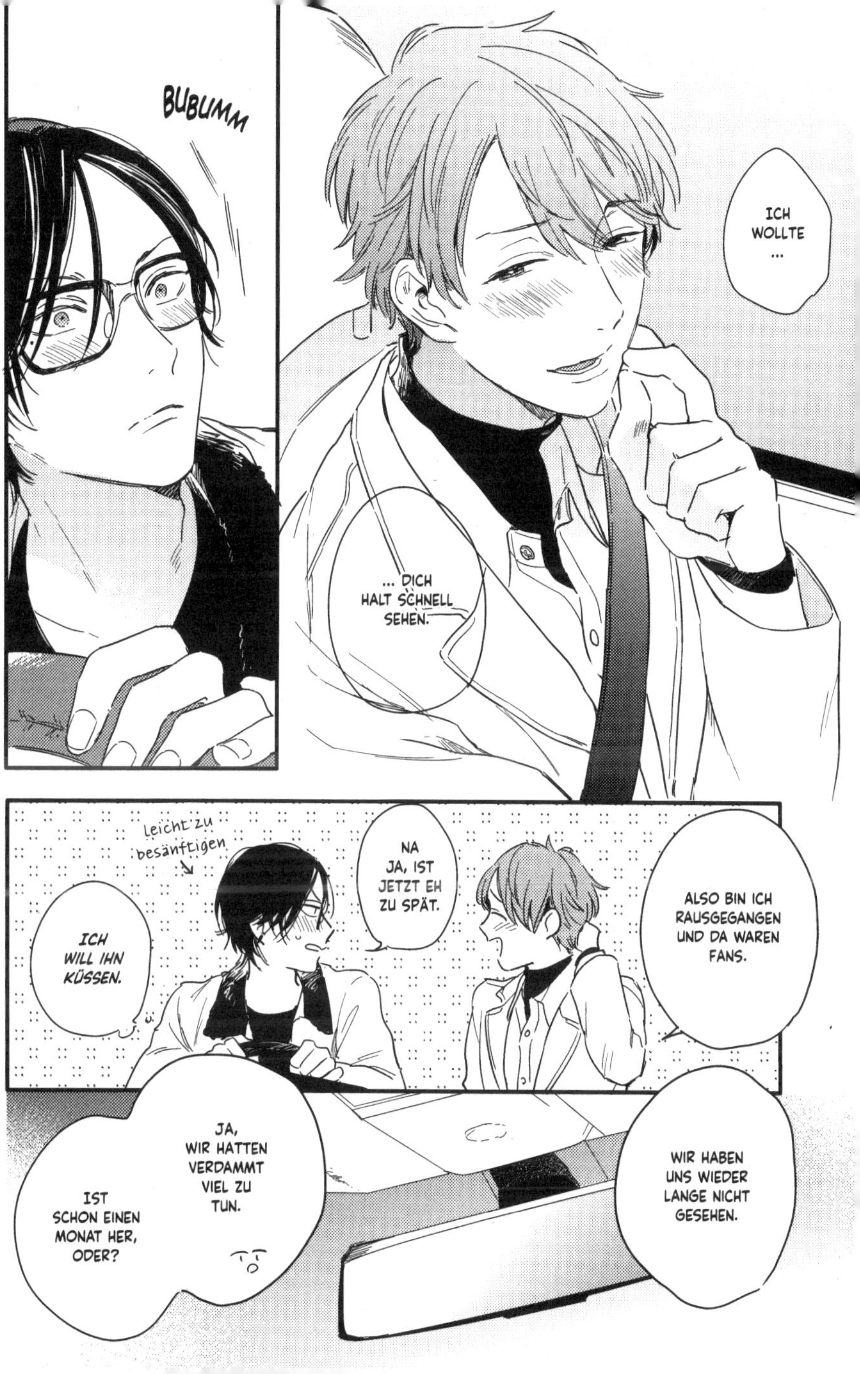
ICH WOLLTE ...
... DICH HALT SCHNELL SEHEN.
BUBUMM
ALSO BIN ICH RAUSGEGANGEN UND DA WAREN FANS.
NA JA, IST JETZT EH ZU SPÄT.
leicht zu besänftigen
ICH WILL IHN KÜSSEN.
WIR HABEN UNS WIEDER LANGE NICHT GESEHEN.
JA, WIR HATTEN VERDAMMT VIEL ZU TUN.
IST SCHON EINEN MONAT HER, ODER?

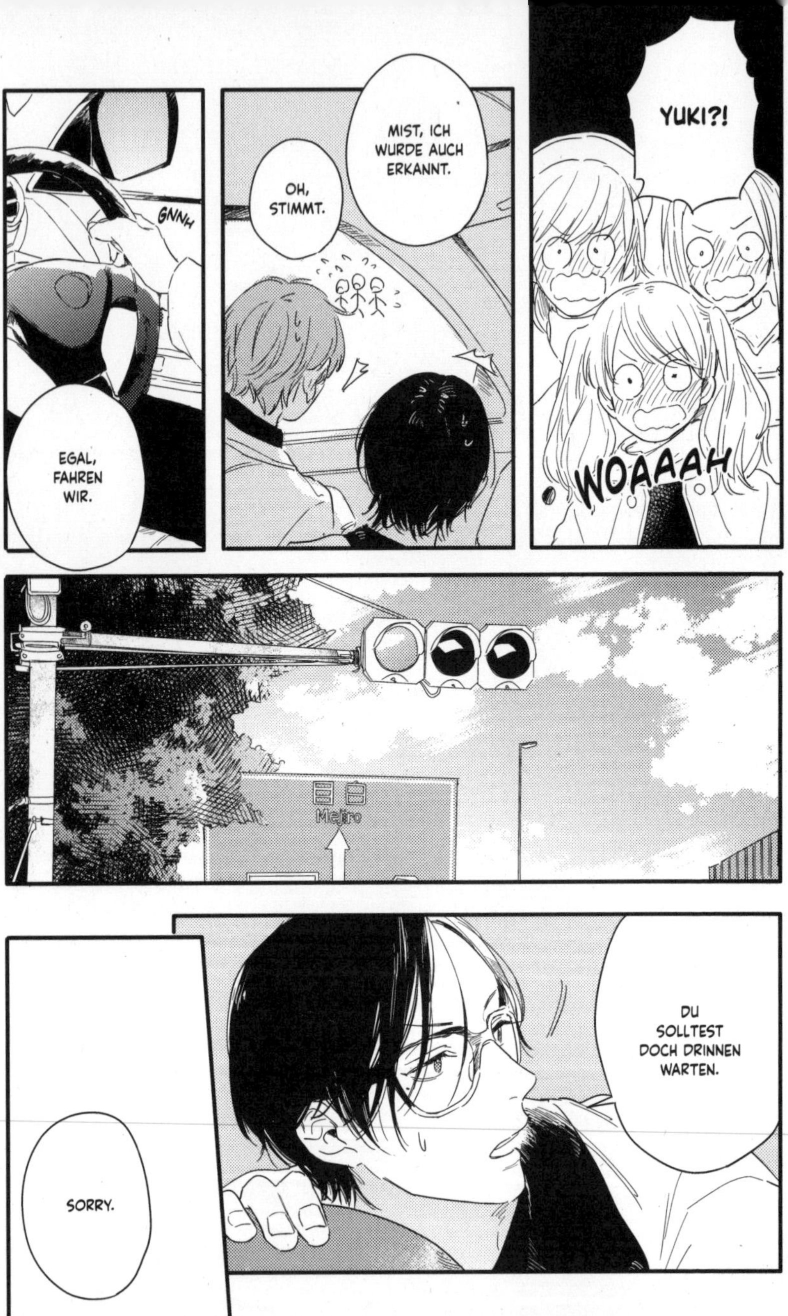
YUKI?!
WOAAAH
MIST, ICH WURDE AUCH ERKANNT.
OH, STIMMT.
GNNH
EGAL, FAHREN WIR.
Mejiro
DU SOLLTEST DOCH DRINNEN WARTEN.
SORRY.

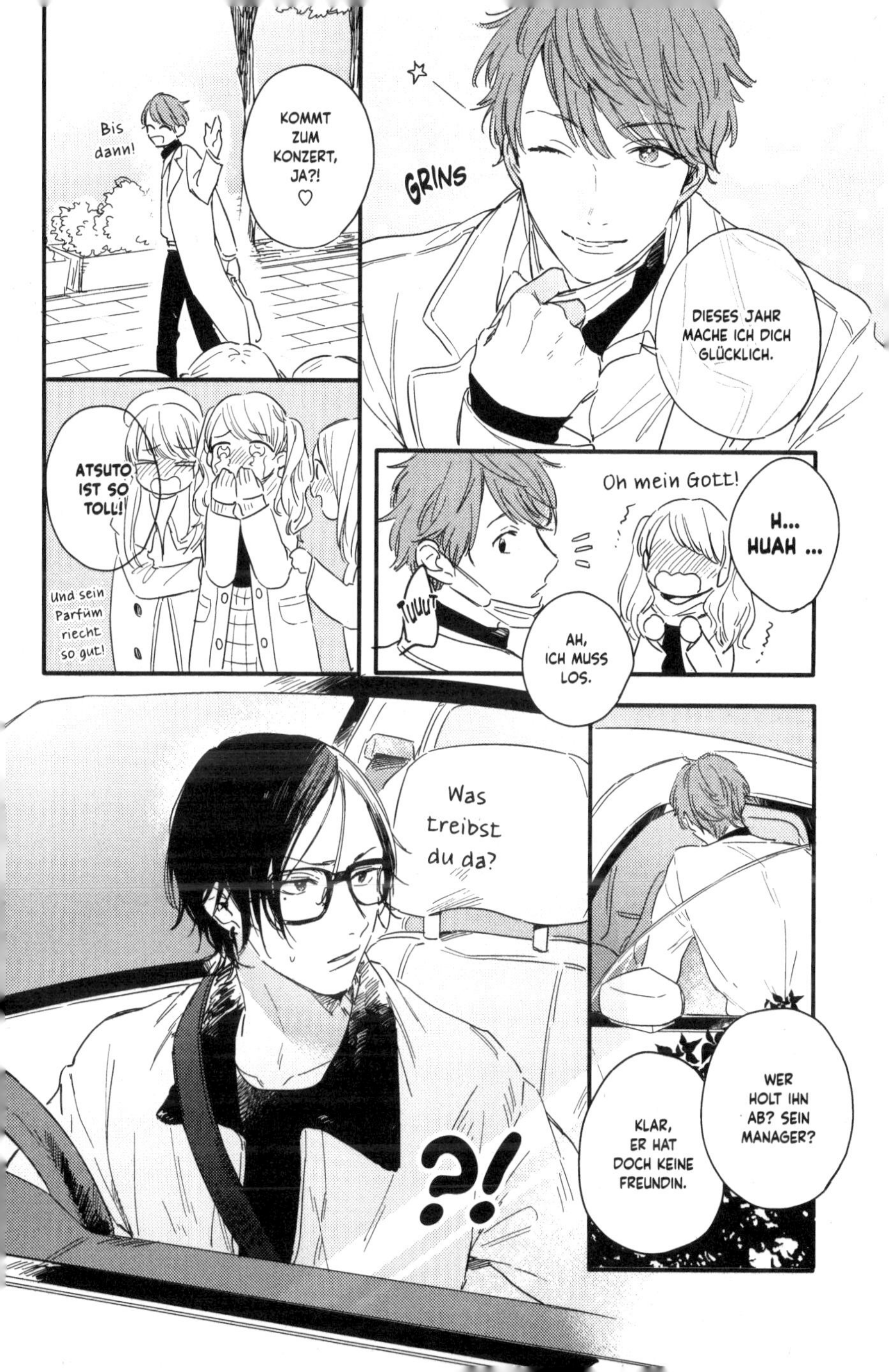
GRINS
DIESES JAHR MACHE ICH DICH GLÜCKLICH.
KOMMT ZUM KONZERT, JA?! ♡
Bis dann!
ATSUTO IST SO TOLL!
Und sein Parfüm riecht so gut!
Oh mein Gott!
H... HUAH ...
TUUUT
AH, ICH MUSS LOS.
WER HOLT IHN AB? SEIN MANAGER?
KLAR, ER HAT DOCH KEINE FREUNDIN.
Was treibst du da?
?!

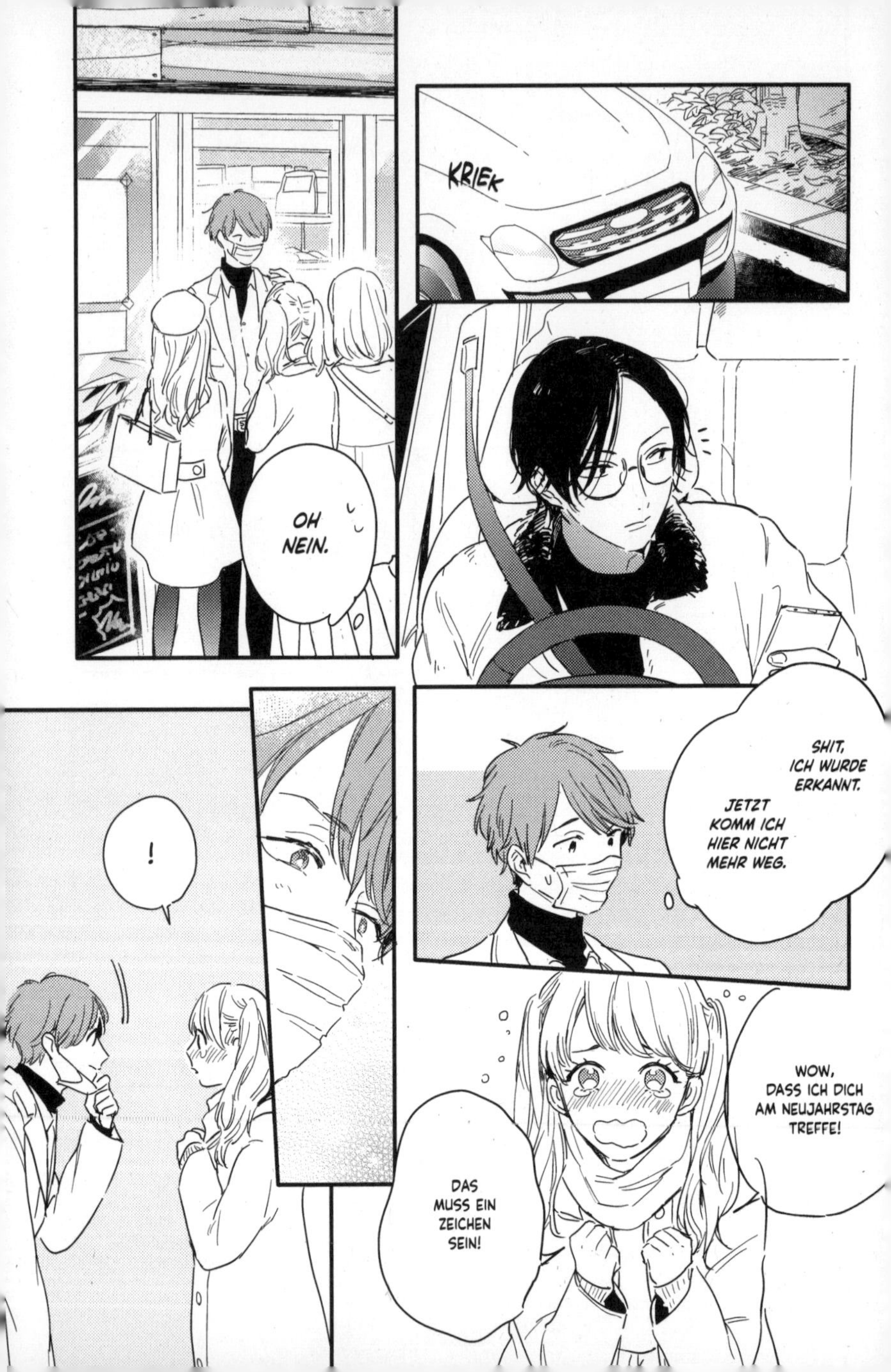
KRIEK
OH NEIN.
SHIT, ICH WURDE ERKANNT.
JETZT KOMM ICH HIER NICHT MEHR WEG.
!
WOW, DASS ICH DICH AM NEUJAHRSTAG TREFFE!
DAS MUSS EIN ZEICHEN SEIN!

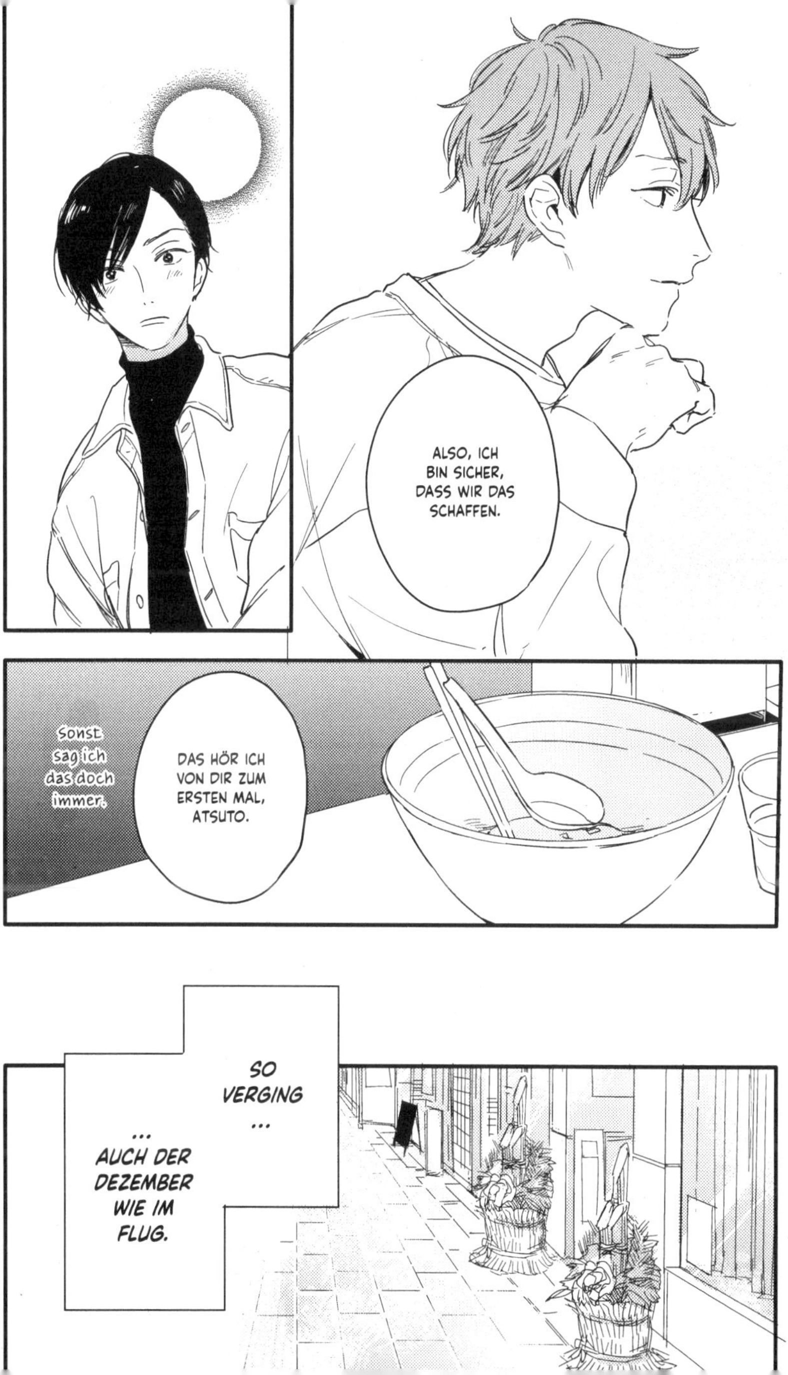
ALSO, ICH BIN SICHER, DASS WIR DAS SCHAFFEN.
DAS HÖR ICH VON DIR ZUM ERSTEN MAL, ATSUTO.
Sonst sag ich das doch immer.
SO VERGING ...
... AUCH DER DEZEMBER WIE IM FLUG.

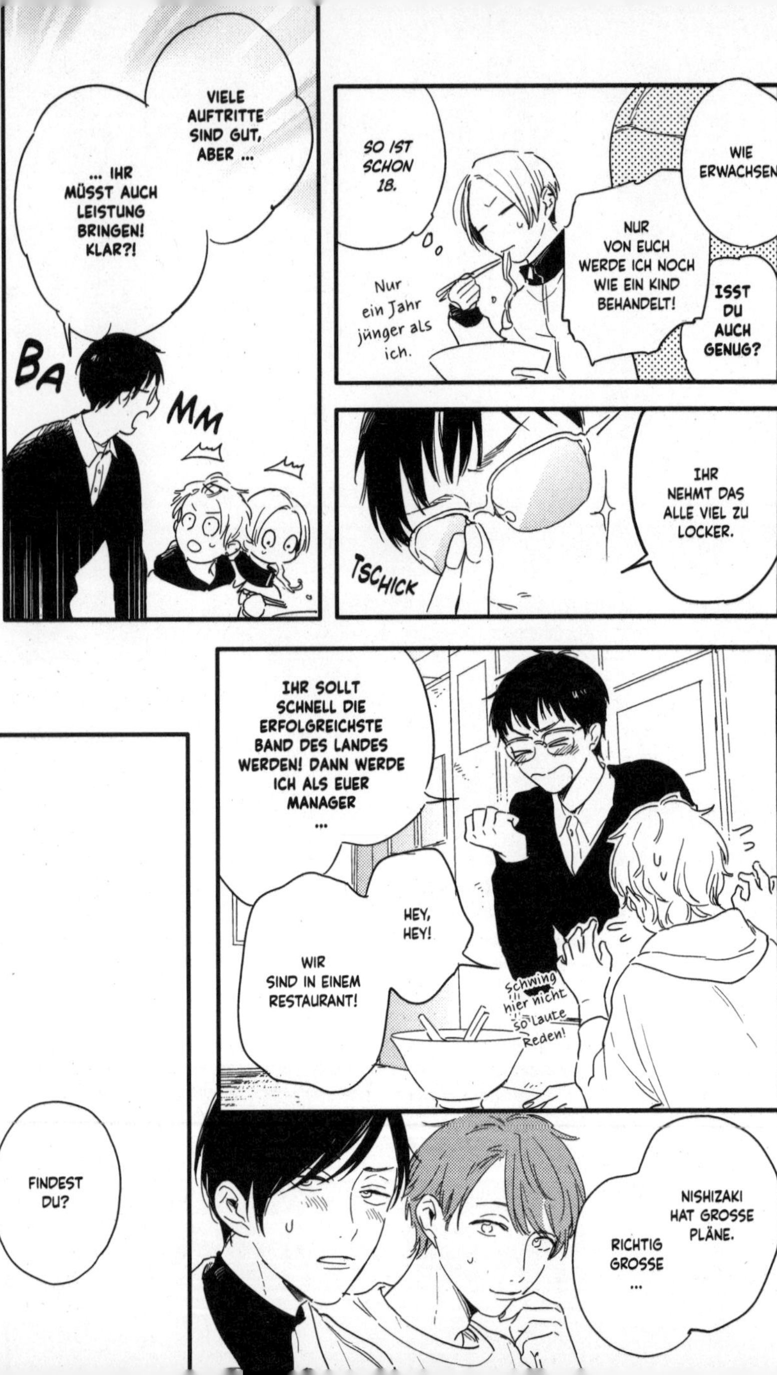

WIE ERWACHSEN!
NUR VON EUCH WERDE ICH NOCH WIE EIN KIND BEHANDELT!
ISST DU AUCH GENUG?
SO IST SCHON 18.
Nur ein Jahr jünger als ich.
IHR NEHMT DAS ALLE VIEL ZU LOCKER.
TSCHICK
VIELE AUFTRITTE SIND GUT, ABER ...
... IHR MÜSST AUCH LEISTUNG BRINGEN! KLAR?!
BAMM
IHR SOLLT SCHNELL DIE ERFOLGREICHSTE BAND DES LANDES WERDEN! DANN WERDE ICH ALS EUER MANAGER ...
HEY, HEY!
WIR SIND IN EINEM RESTAURANT!
Schwing hier nicht so laute Reden!
NISHIZAKI HAT GROSSE PLÄNE.
RICHTIG GROSSE ...
FINDEST DU?

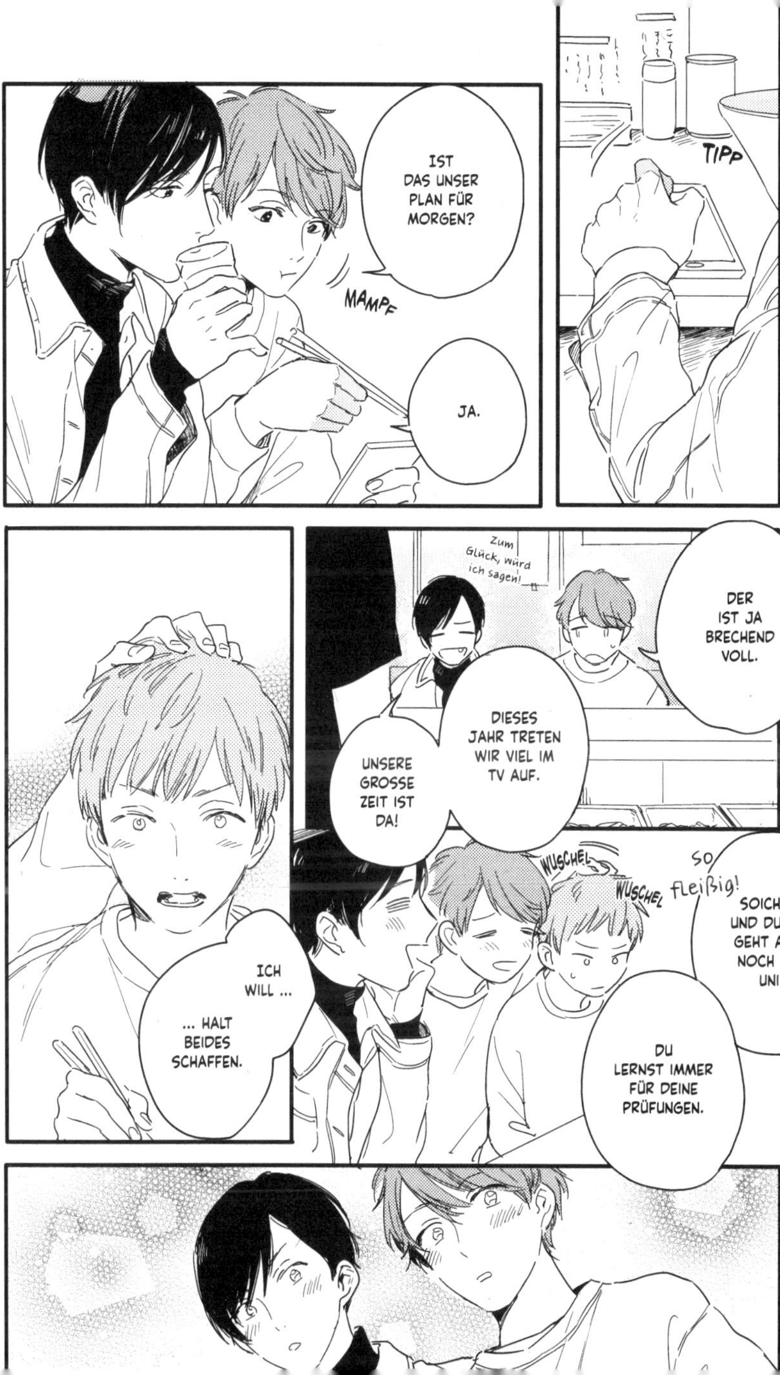
TIPP
IST DAS UNSER PLAN FÜR MORGEN?
MAMPF
JA.
DER IST JA BRECHEND VOLL.
Zum Glück, würd ich sagen!
DIESES JAHR TRETEN WIR VIEL IM TV AUF.
UNSERE GROSSE ZEIT IST DA!
SOICHIRO UND DU, IHR GEHT AUCH NOCH ZUR UNI!
So fleißig!
WUSCHEL
WUSCHEL
DU LERNST IMMER FÜR DEINE PRÜFUNGEN.
ICH WILL …
… HALT BEIDES SCHAFFEN.

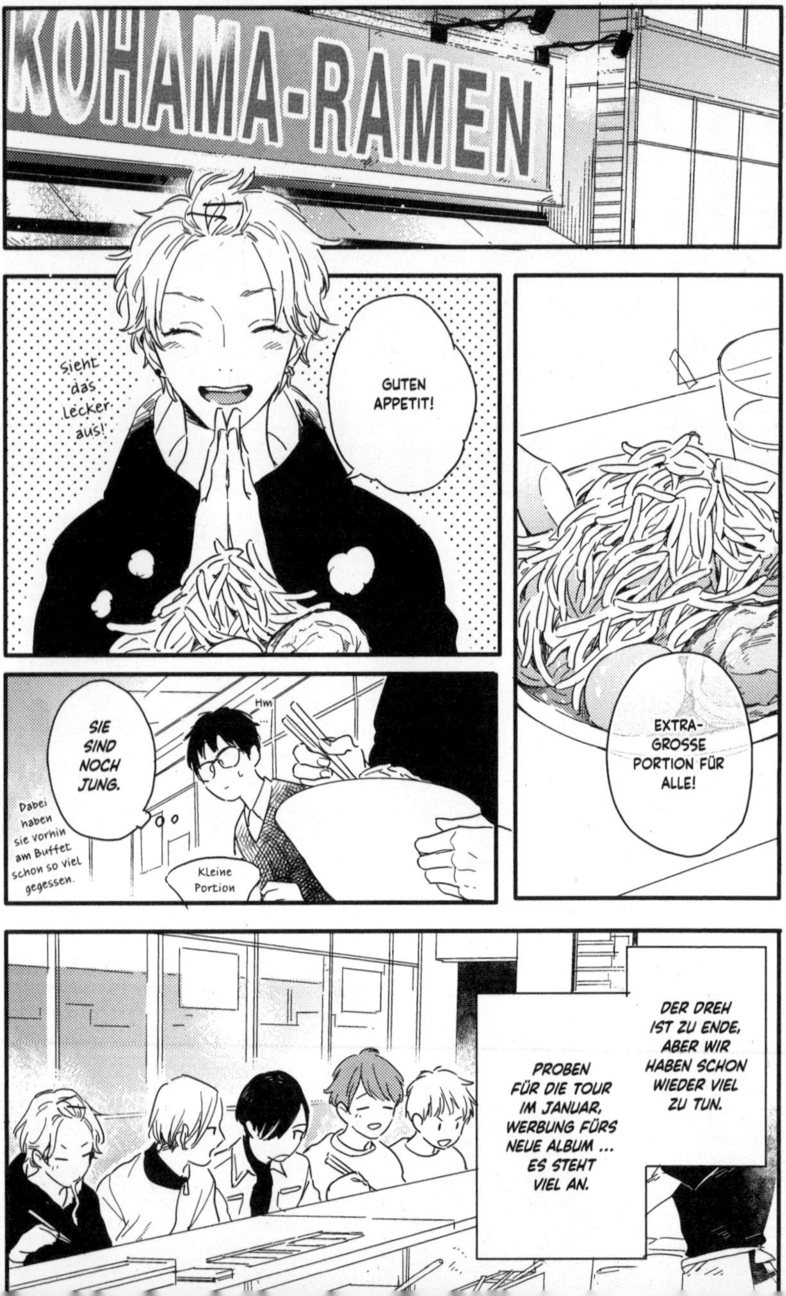
KOHAMA-RAMEN
GUTEN APPETIT!
Sieht das lecker aus!
EXTRA-GROSSE PORTION FÜR ALLE!
Hm …
SIE SIND NOCH JUNG.
Dabei haben sie vorhin am Buffet schon so viel gegessen.
Kleine Portion
DER DREH IST ZU ENDE, ABER WIR HABEN SCHON WIEDER VIEL ZU TUN.
PROBEN FÜR DIE TOUR IM JANUAR, WERBUNG FÜRS NEUE ALBUM … ES STEHT VIEL AN.

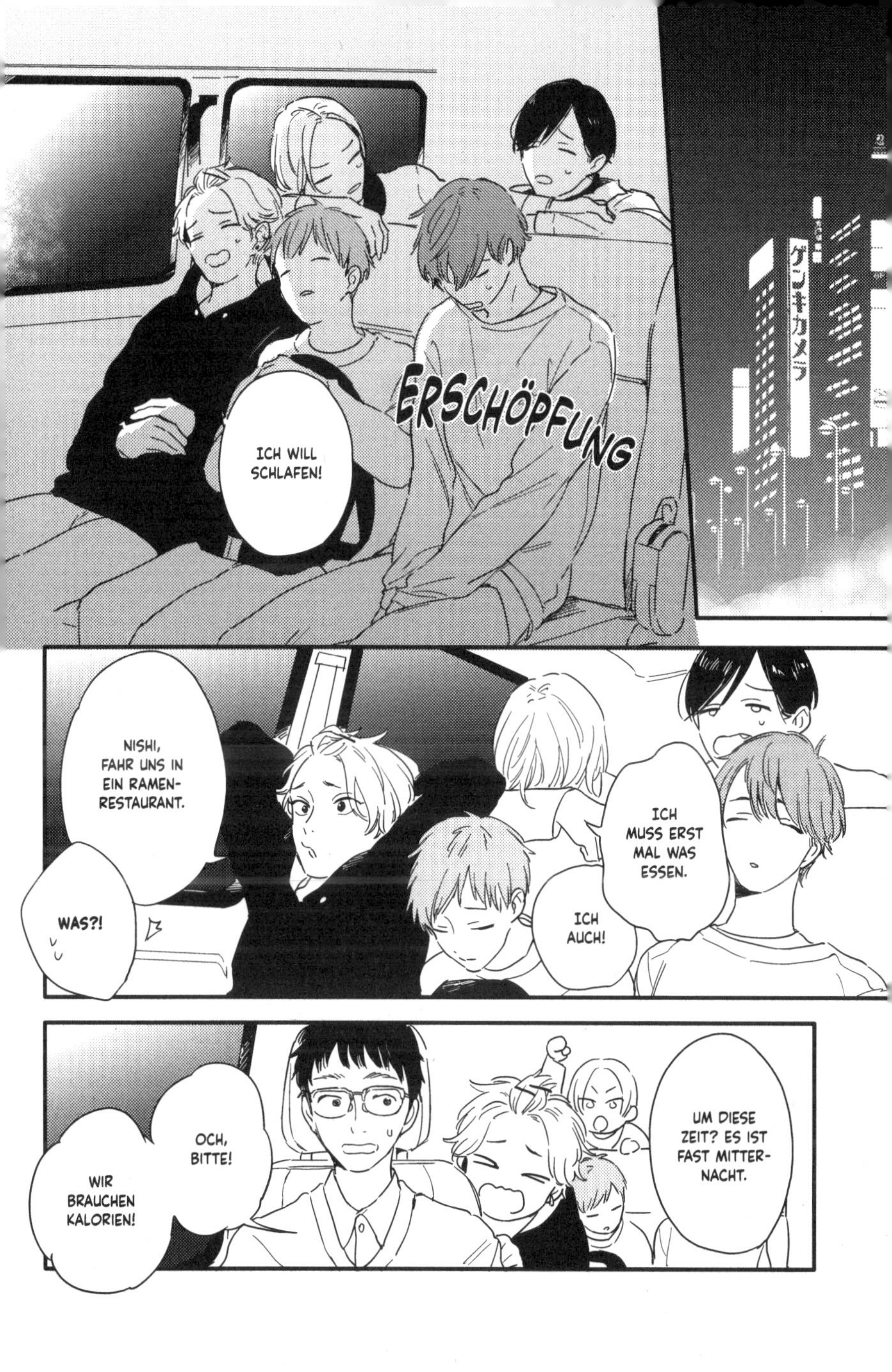
ゲンキカメラ
ERSCHÖPFUNG
ICH WILL SCHLAFEN!
ICH MUSS ERST MAL WAS ESSEN.
ICH AUCH!
NISHI, FAHR UNS IN EIN RAMEN-RESTAURANT.
WAS?!
UM DIESE ZEIT? ES IST FAST MITTER-NACHT.
OCH, BITTE!
WIR BRAUCHEN KALORIEN!

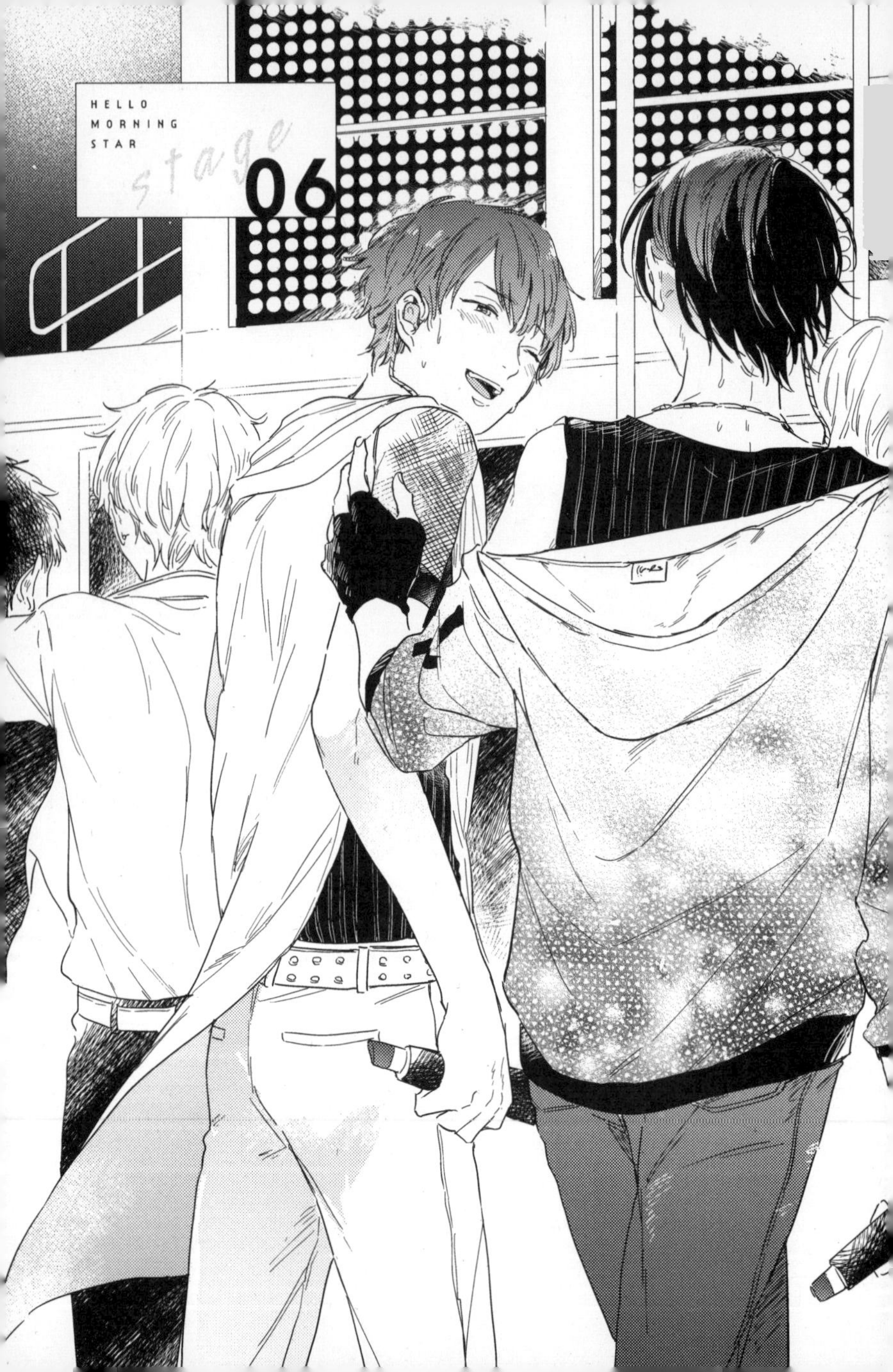
HELLO
MORNING
STAR
stage 06

[CHARACTER SETTING]

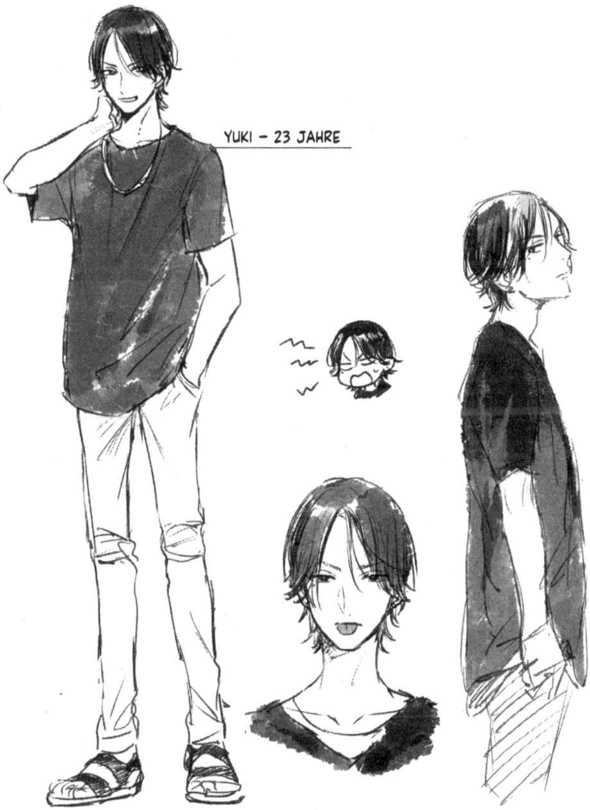

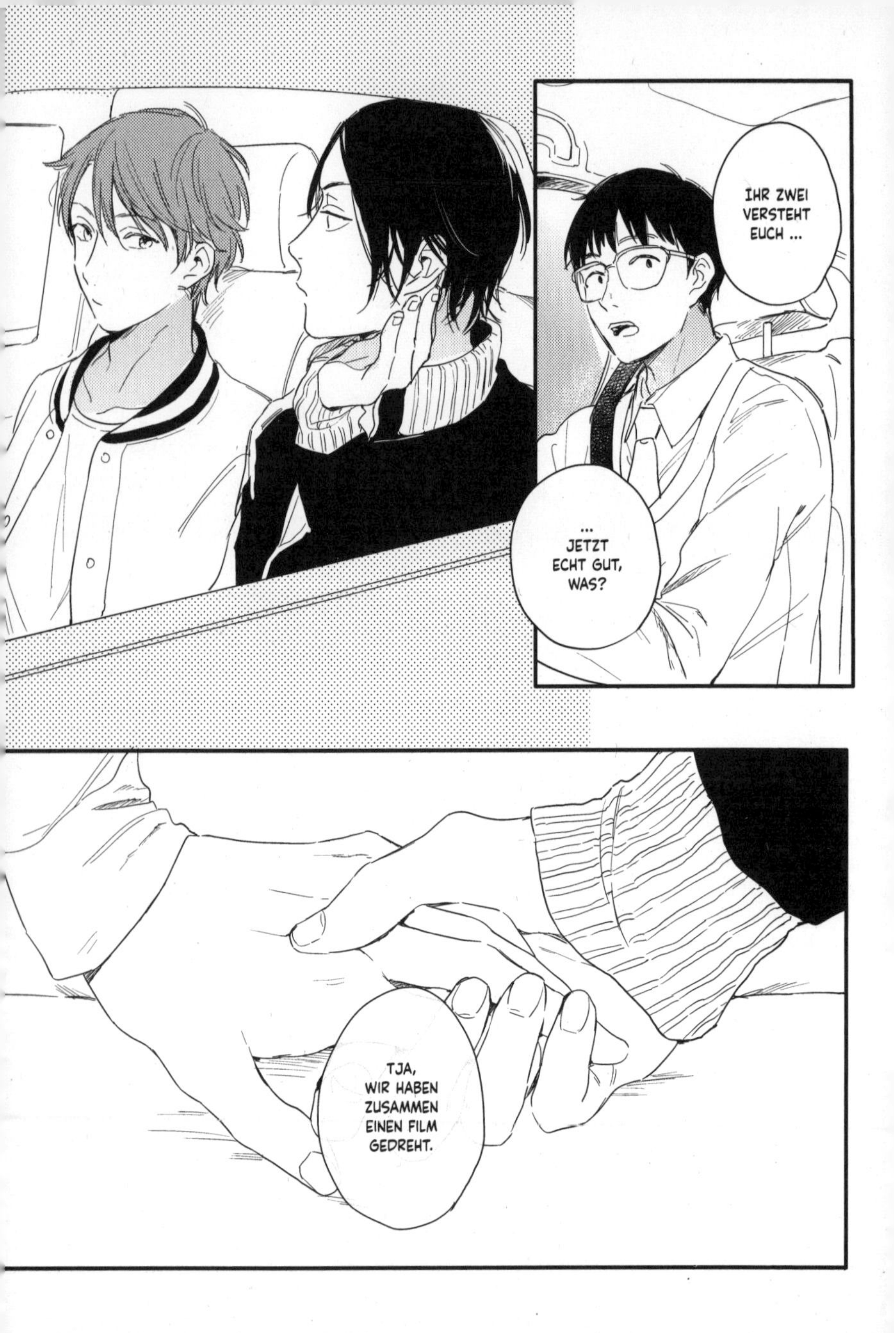
IHR ZWEI VERSTEHT EUCH ...
... JETZT ECHT GUT, WAS?
TJA, WIR HABEN ZUSAMMEN EINEN FILM GEDREHT.

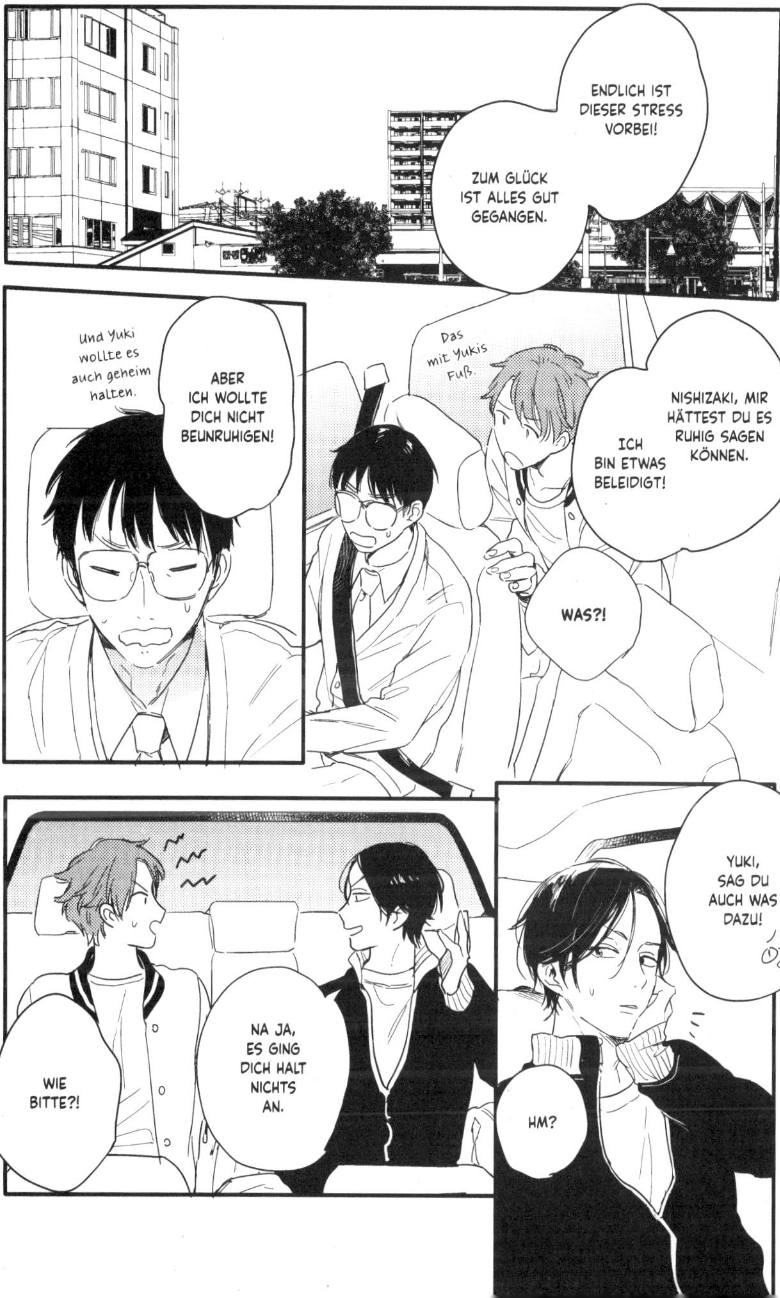
ENDLICH IST DIESER STRESS VORBEI!
ZUM GLÜCK IST ALLES GUT GEGANGEN.
NISHIZAKI, MIR HÄTTEST DU ES RUHIG SAGEN KÖNNEN.
ICH BIN ETWAS BELEIDIGT!
Das mit Yukis Fuß.
WAS?!
ABER ICH WOLLTE DICH NICHT BEUNRUHIGEN!
Und Yuki wollte es auch geheim halten.
YUKI, SAG DU AUCH WAS DAZU!
HM?
NA JA, ES GING DICH HALT NICHTS AN.
WIE BITTE?!

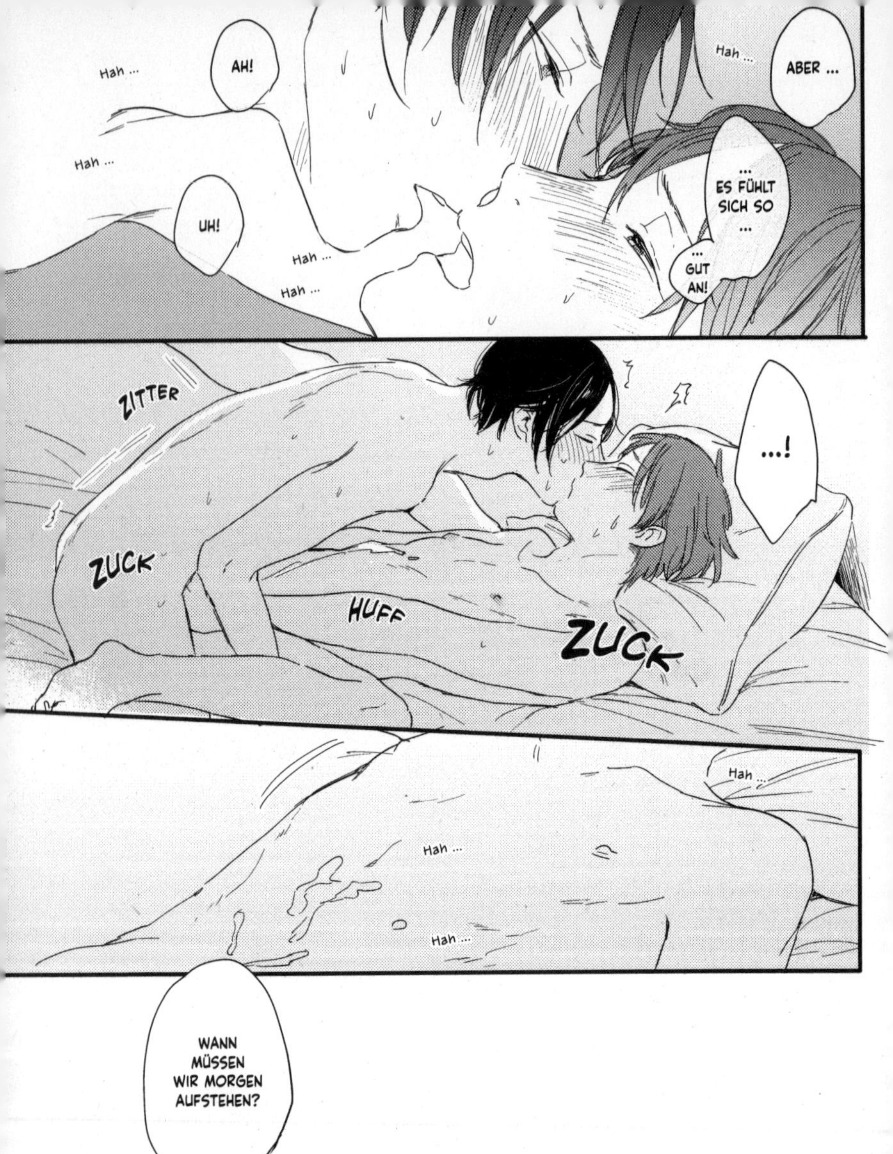
Hah ...
ABER ...
... ES FÜHLT SICH SO ...
... GUT AN!
AH!
Hah ...
Hah ...
UH!
Hah ...
Hah ...
...!
ZUCK
HUFF
ZUCK
ZITTER
Hah ...
Hah ...
Hah ...
WANN MÜSSEN WIR MORGEN AUFSTEHEN?

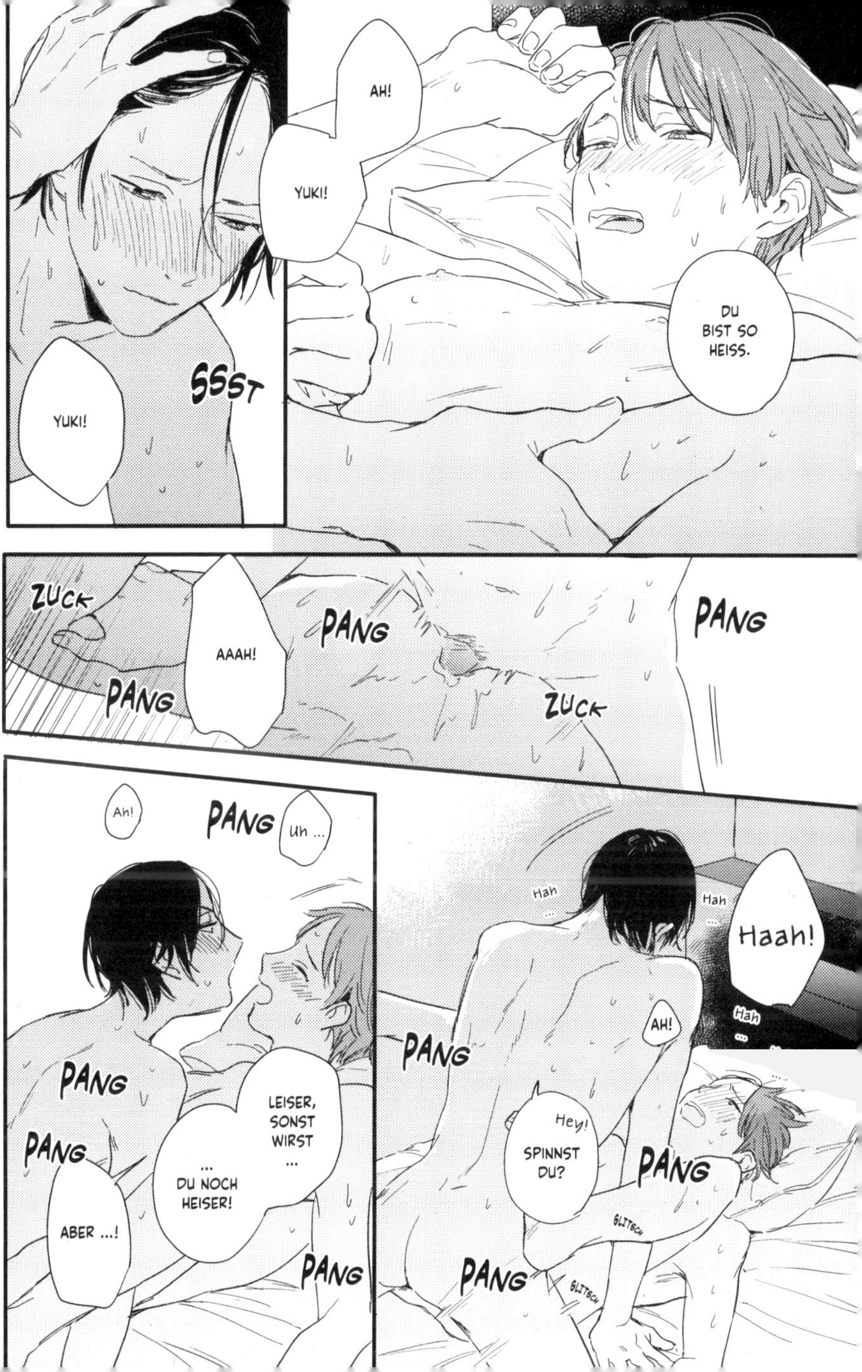
DU BIST SO HEISS.
YUKI!
AH!
SSST
YUKI!
PANG
ZUCK
PANG
AAAH!
PANG
ZUCK
Haah!
Hah ...
Hah ...
Hah ...
AH!
Hey! SPINNST DU?
PANG
PANG
GLITSCH
GLITSCH
PANG
Uh ...
PANG
Ah!
LEISER, SONST WIRST ...
... DU NOCH HEISER!
ABER ...!
PANG
PANG
PANG

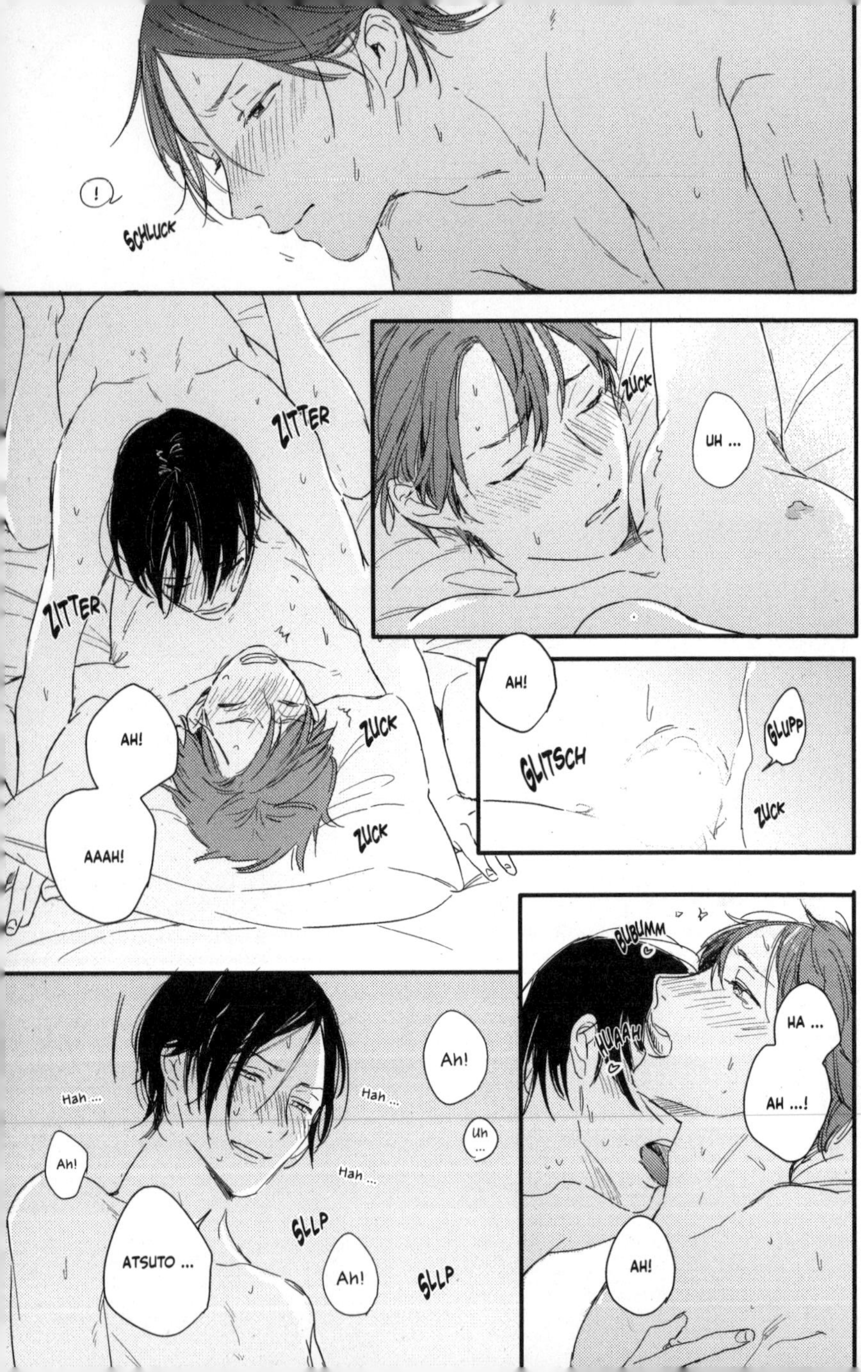
!
SCHLUCK
ZUCK
UH ...
ZITTER
ZITTER
ZUCK
AH!
AAAH!
ZUCK
AH!
GLUPP
GLITSCH
ZUCK
BUBUMM
HUAAH
HA ...
AH ...!
AH!
Ah!
Hah ...
Uh ...
Hah ...
Ah!
Hah ...
ATSUTO ...
SLLP
Ah!
SLLP

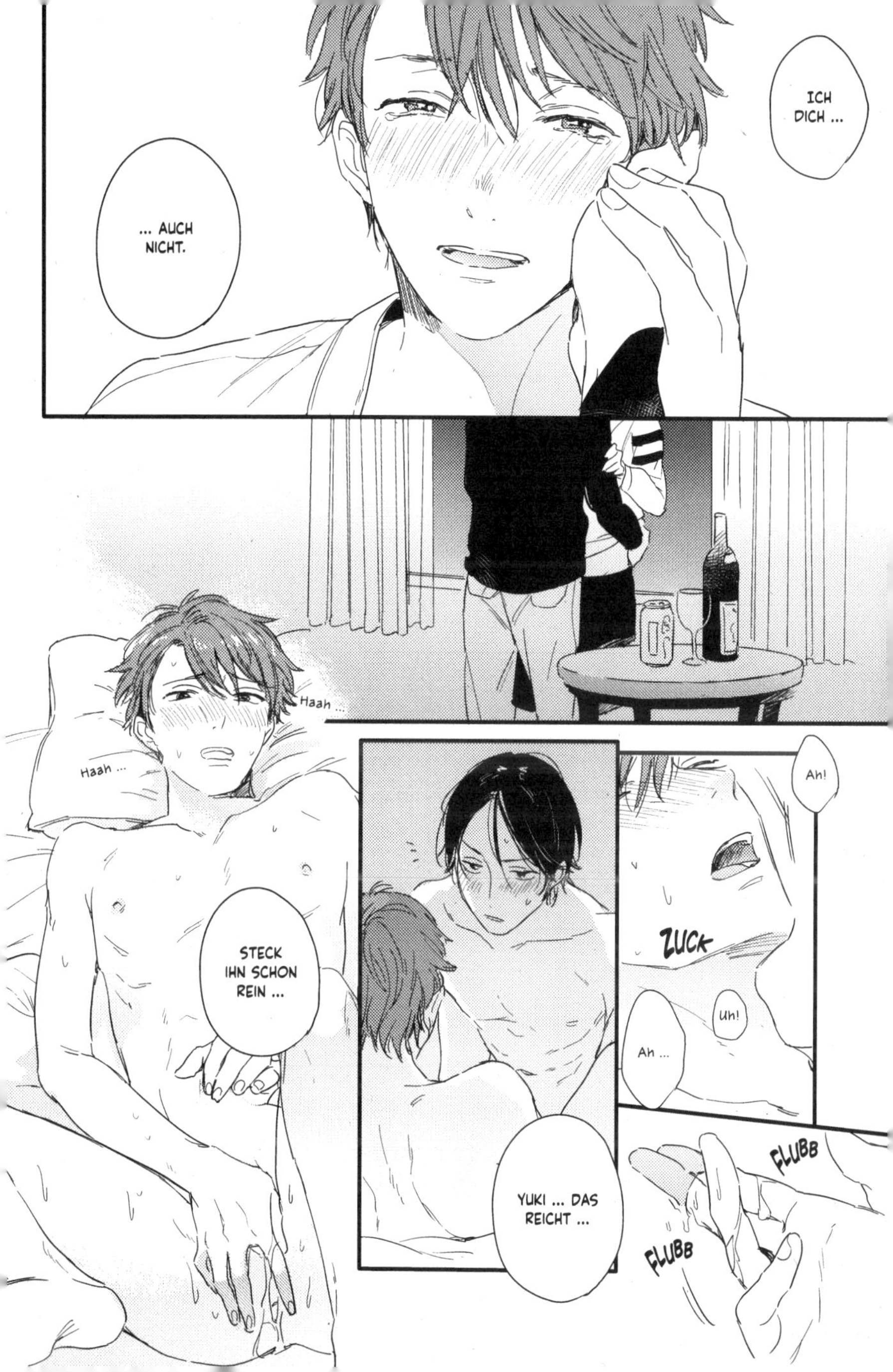
ICH DICH ...
... AUCH NICHT.
Haah ...
Haah ...
STECK IHN SCHON REIN ...
Ah!
ZUCK
Uh!
Ah ...
YUKI ... DAS REICHT ...
FLUBB
FLUBB

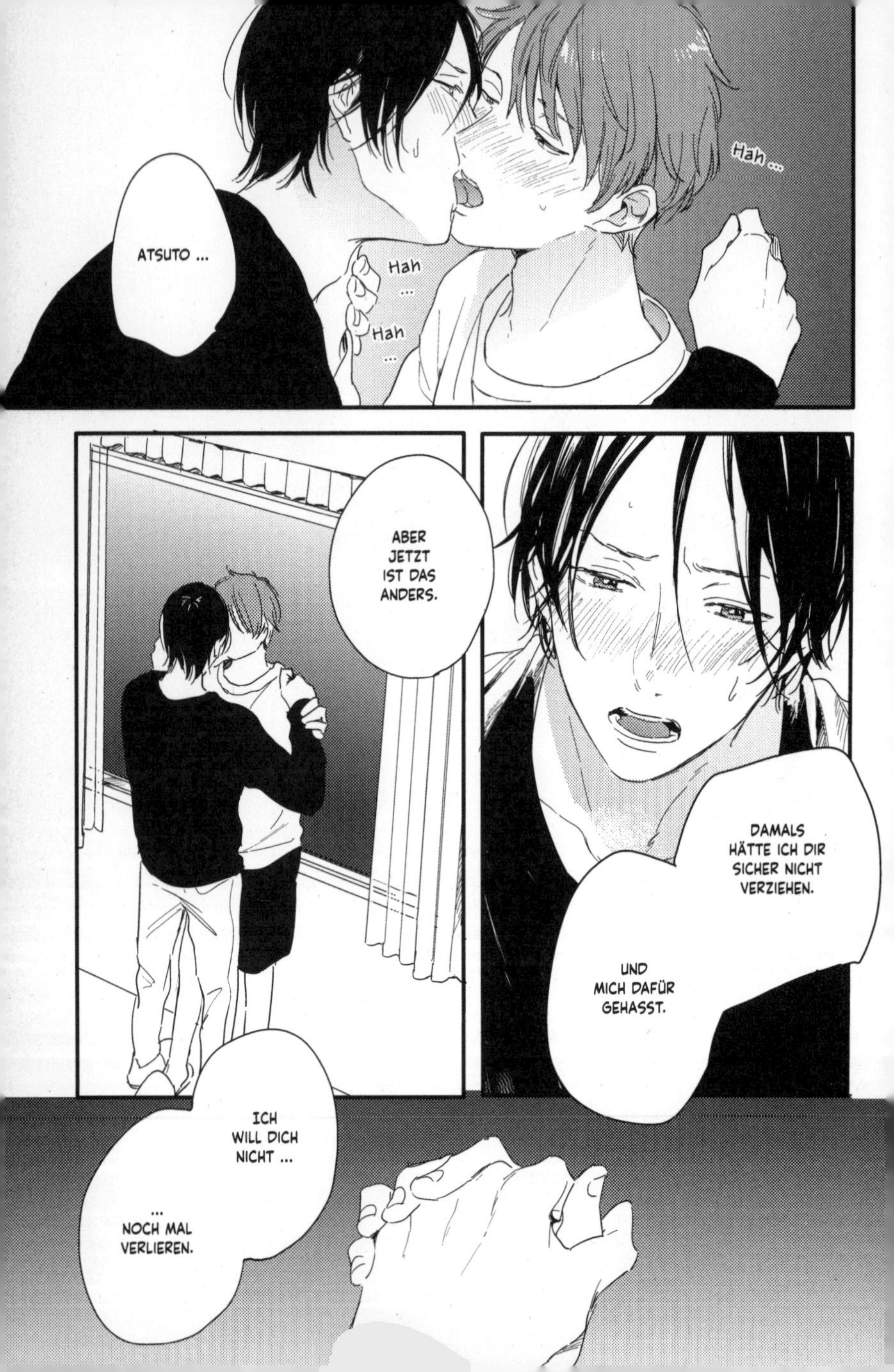
Hah ...
Hah ...
Hah ...
ATSUTO ...
DAMALS HÄTTE ICH DIR SICHER NICHT VERZIEHEN.
UND MICH DAFÜR GEHASST.
ABER JETZT IST DAS ANDERS.
ICH WILL DICH NICHT ...
... NOCH MAL VERLIEREN.

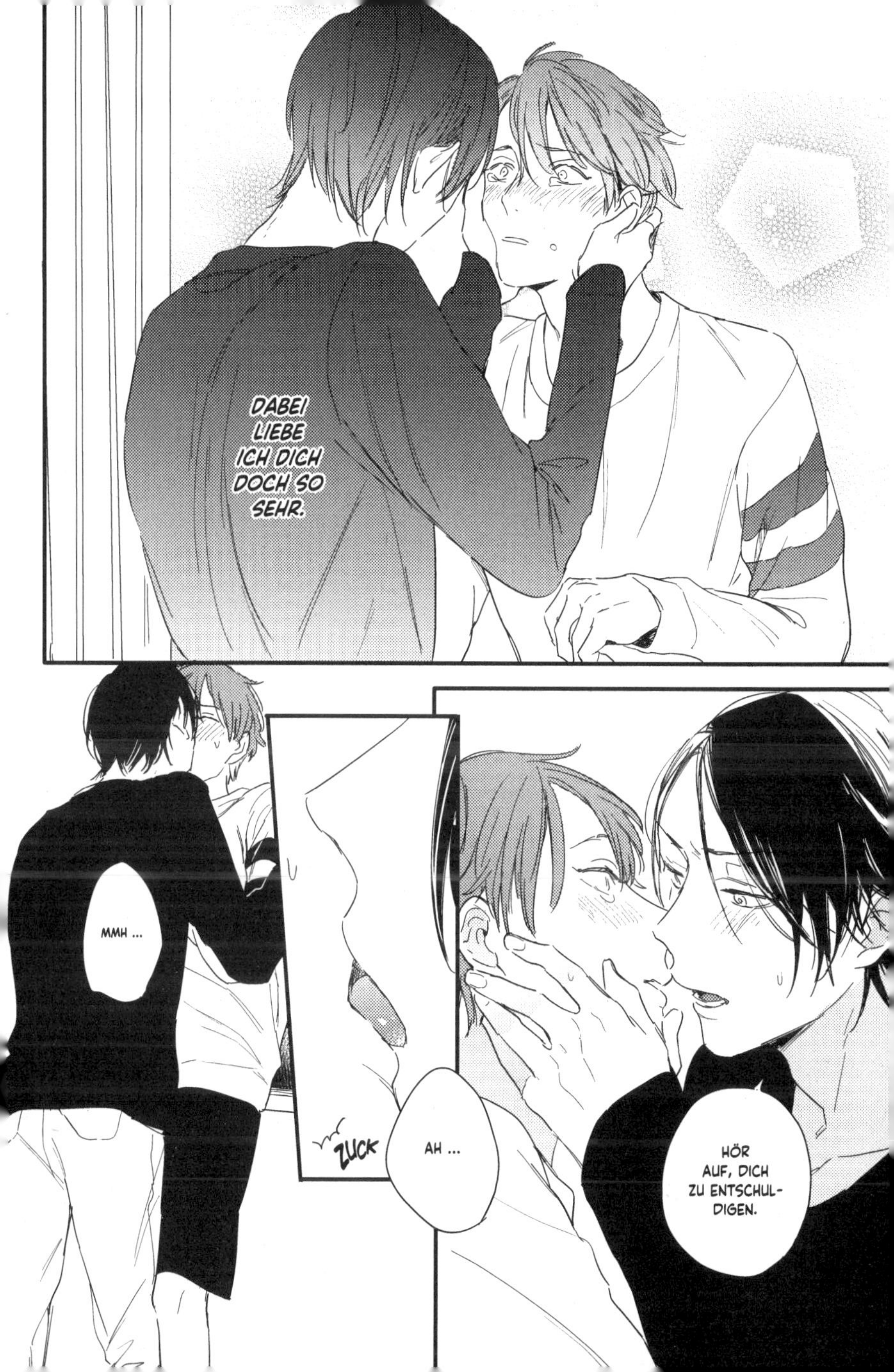
DABEI LIEBE ICH DICH DOCH SO SEHR.
HÖR AUF, DICH ZU ENTSCHUL-DIGEN.
AH ...
ZUCK
MMH ...

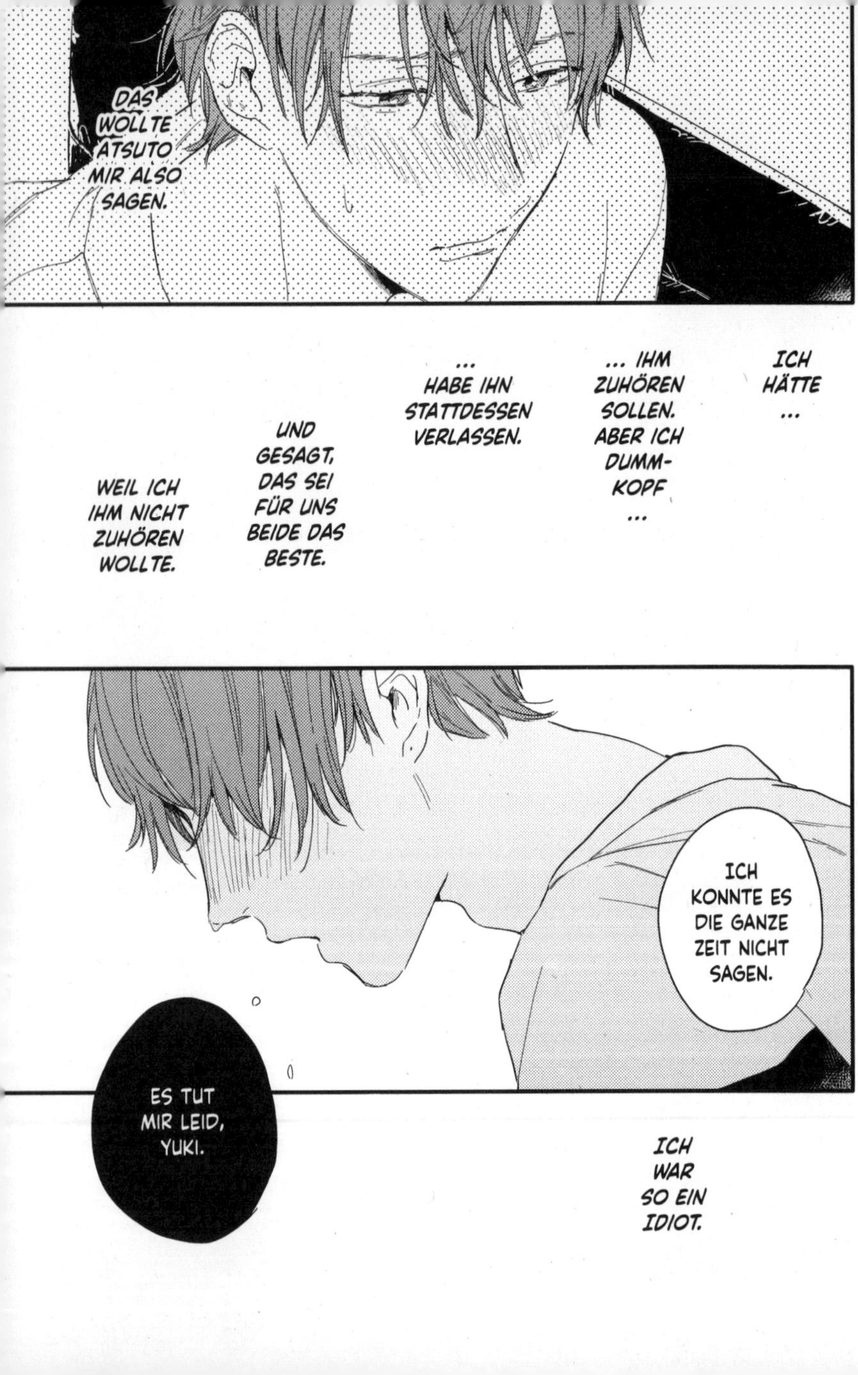
DAS WOLLTE ATSUTO MIR ALSO SAGEN.
ICH HÄTTE ...
... IHM ZUHÖREN SOLLEN. ABER ICH DUMM-KOPF ...
... HABE IHN STATTDESSEN VERLASSEN.
UND GESAGT, DAS SEI FÜR UNS BEIDE DAS BESTE.
WEIL ICH IHM NICHT ZUHÖREN WOLLTE.
ICH KONNTE ES DIE GANZE ZEIT NICHT SAGEN.
ICH WAR SO EIN IDIOT.
ES TUT MIR LEID, YUKI.

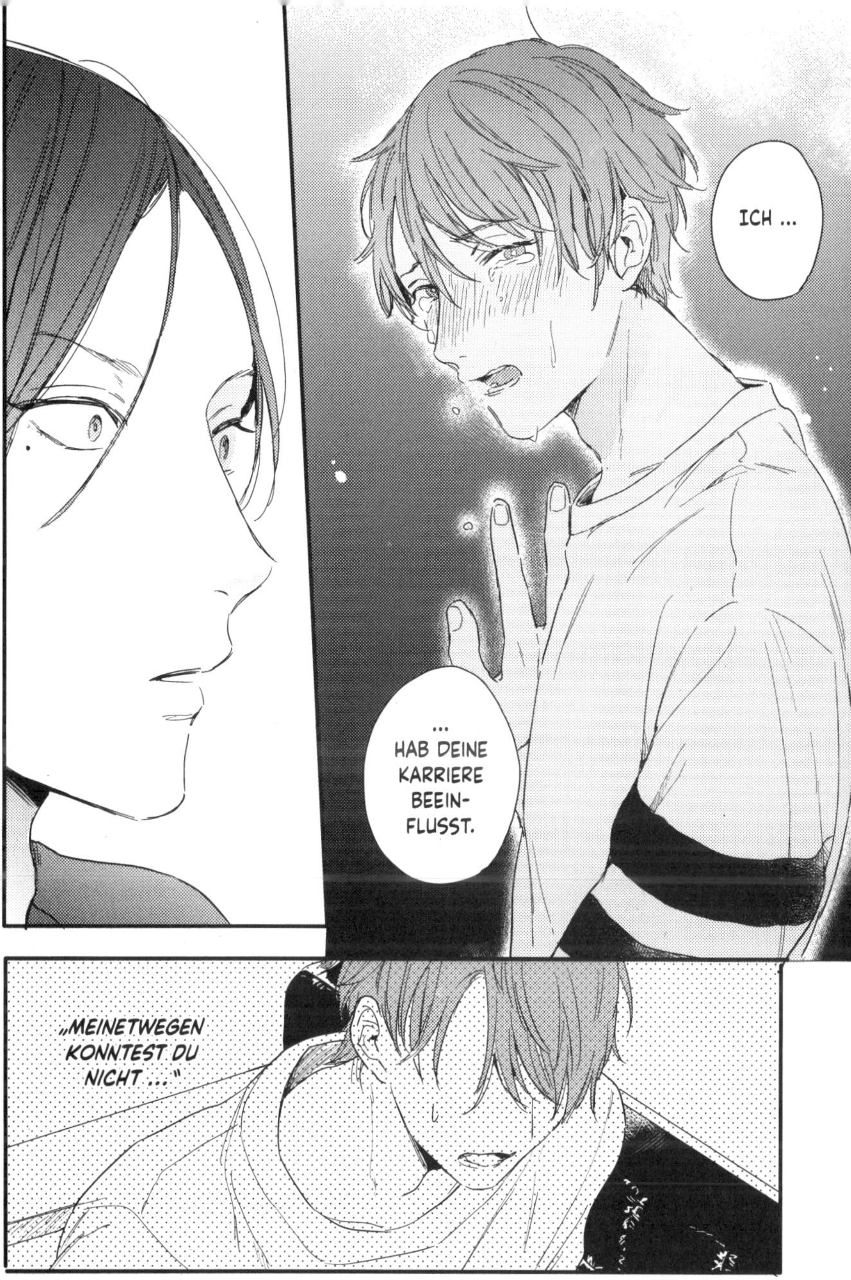
ICH ...
... HAB DEINE KARRIERE BEEIN-FLUSST.
„MEINETWEGEN KONNTEST DU NICHT ...“

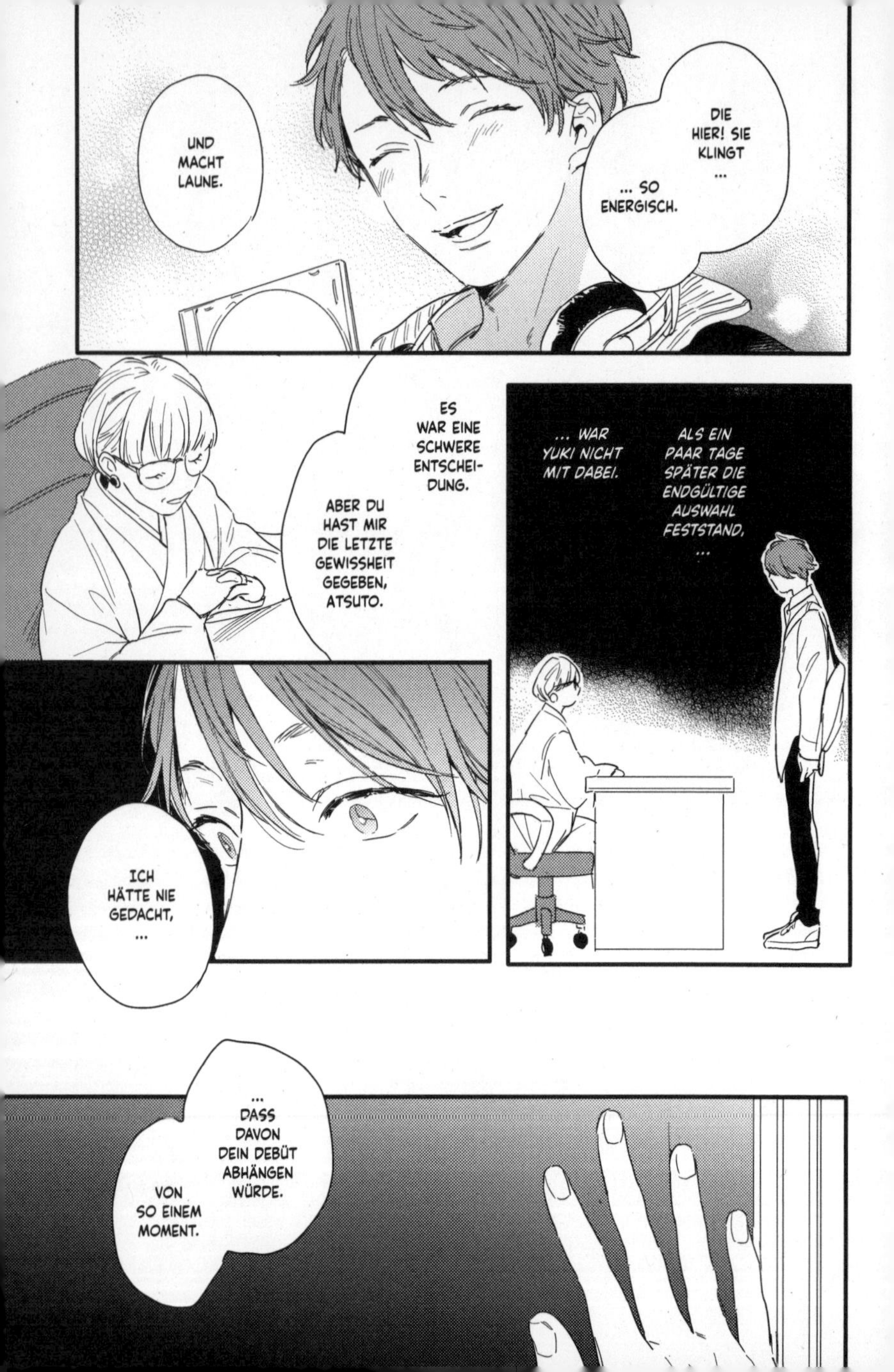
DIE HIER! SIE KLINGT ...
... SO ENERGISCH.
UND MACHT LAUNE.
ALS EIN PAAR TAGE SPÄTER DIE ENDGÜLTIGE AUSWAHL FESTSTAND, ...
... WAR YUKI NICHT MIT DABEI.
ES WAR EINE SCHWERE ENTSCHEIDUNG.
ABER DU HAST MIR DIE LETZTE GEWISSHEIT GEGEBEN, ATSUTO.
ICH HÄTTE NIE GEDACHT, ...
... DASS DAVON DEIN DEBÜT ABHÄNGEN WÜRDE.
VON SO EINEM MOMENT.

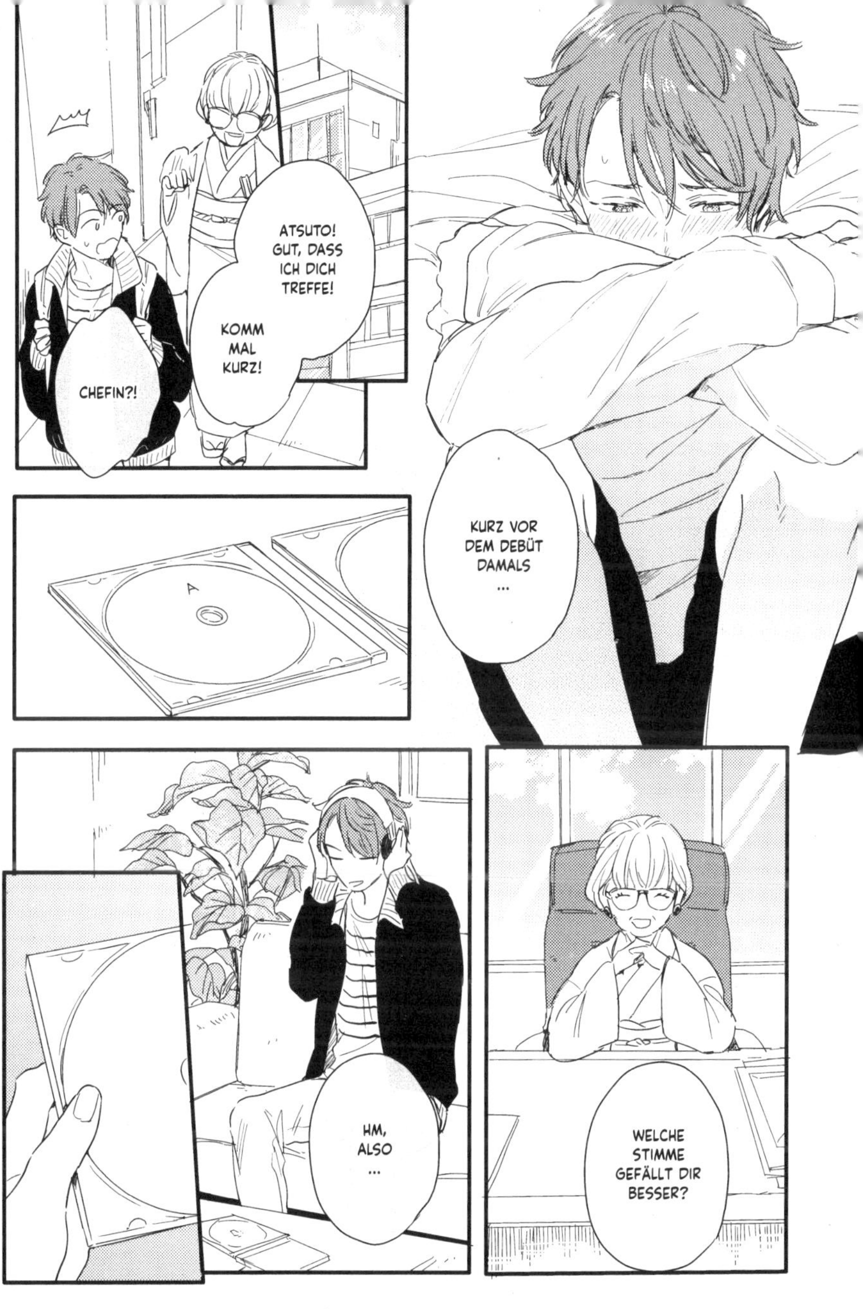
KURZ VOR DEM DEBÜT DAMALS ...
ATSUTO! GUT, DASS ICH DICH TREFFE!
KOMM MAL KURZ!
CHEFIN?!
A
WELCHE STIMME GEFÄLLT DIR BESSER?
HM, ALSO ...

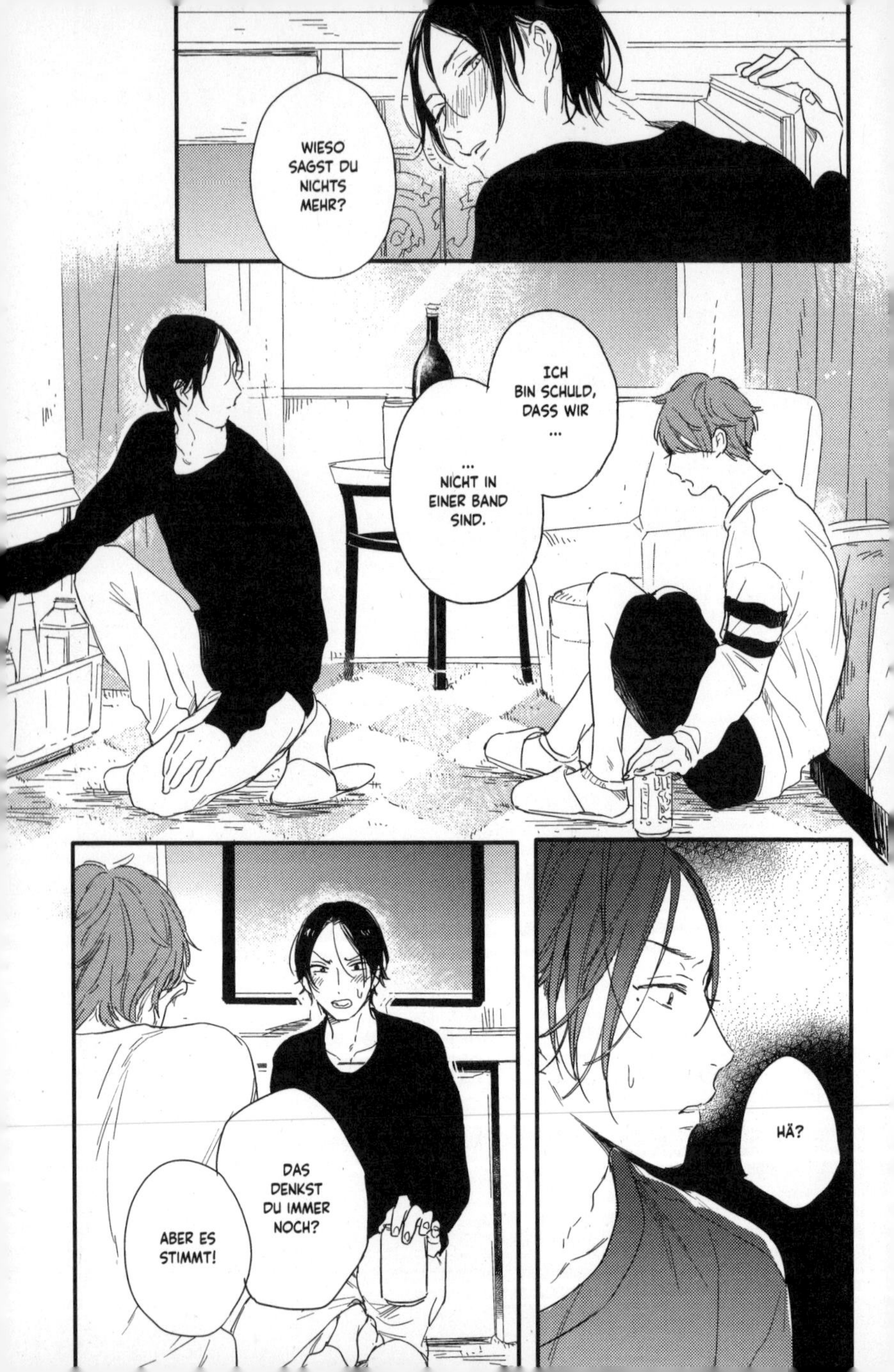
WIESO SAGST DU NICHTS MEHR?
ICH BIN SCHULD, DASS WIR ...
... NICHT IN EINER BAND SIND.
HÄ?
DAS DENKST DU IMMER NOCH?
ABER ES STIMMT!

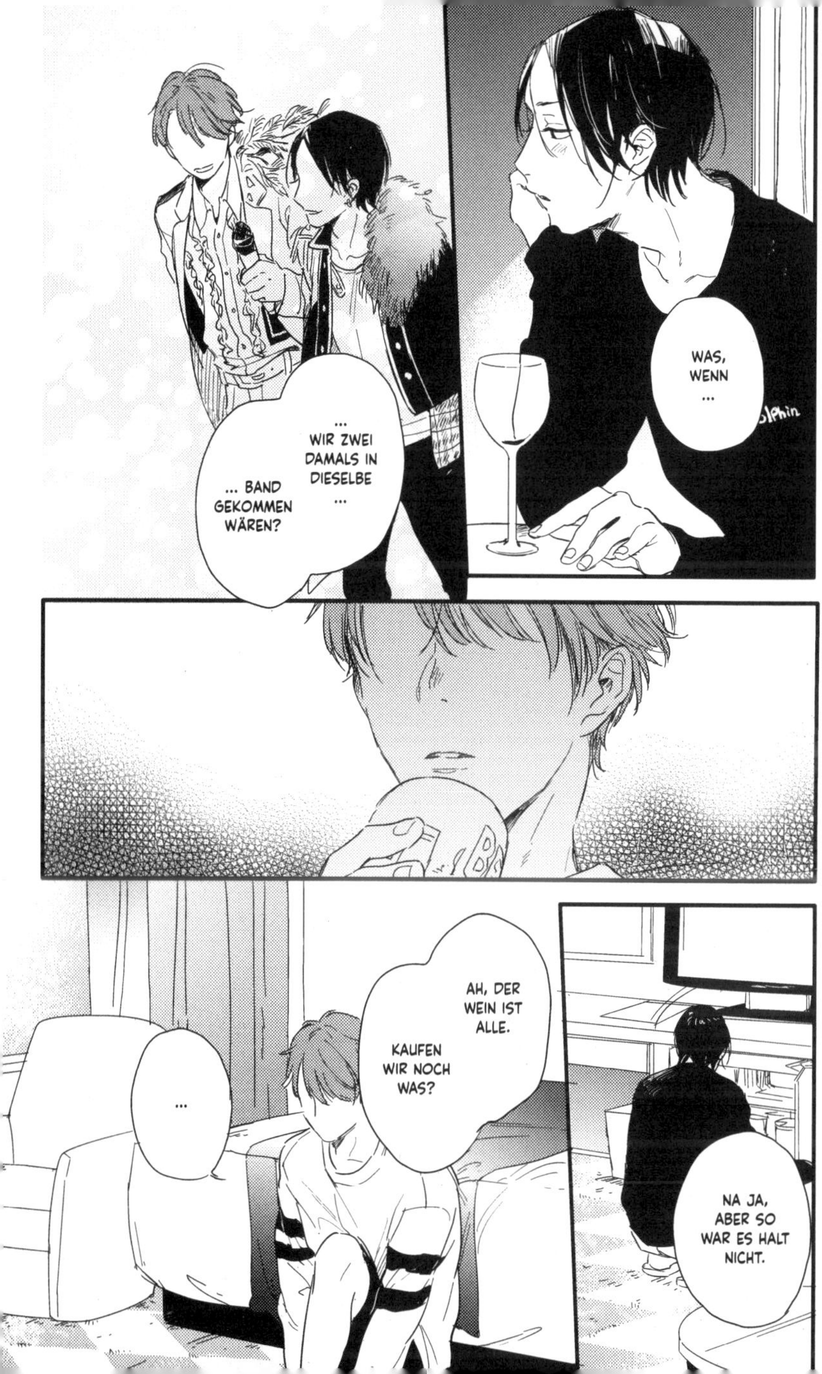
WAS, WENN ...
... WIR ZWEI DAMALS IN DIESELBE ...
... BAND GEKOMMEN WÄREN?
NA JA, ABER SO WAR ES HALT NICHT.
AH, DER WEIN IST ALLE.
KAUFEN WIR NOCH WAS?
...

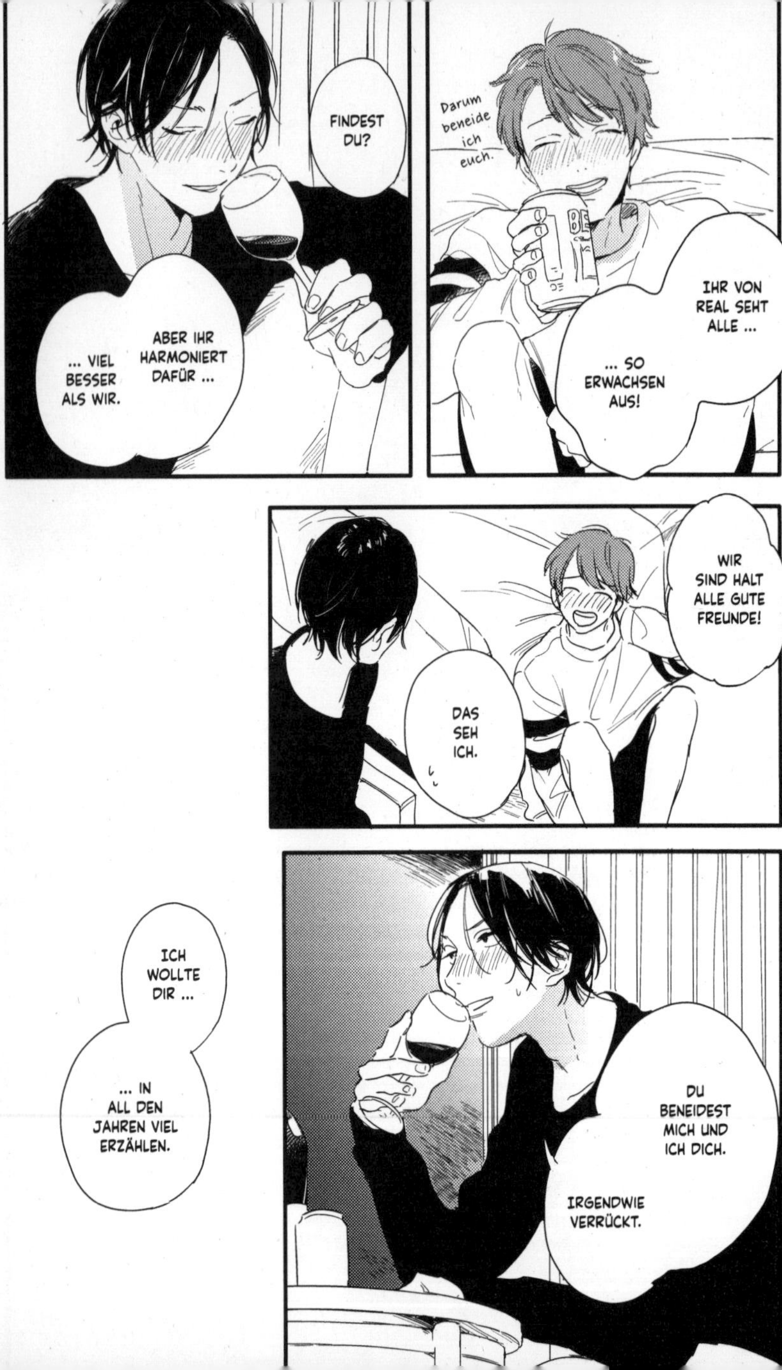
IHR VON REAL SEHT ALLE ...
... SO ERWACHSEN AUS!
Darum beneide ich euch.
FINDEST DU?
ABER IHR HARMONIERT DAFÜR ...
... VIEL BESSER ALS WIR.
WIR SIND HALT ALLE GUTE FREUNDE!
DAS SEH ICH.
DU BENEIDEST MICH UND ICH DICH.
IRGENDWIE VERRÜCKT.
ICH WOLLTE DIR ...
... IN ALL DEN JAHREN VIEL ERZÄHLEN.

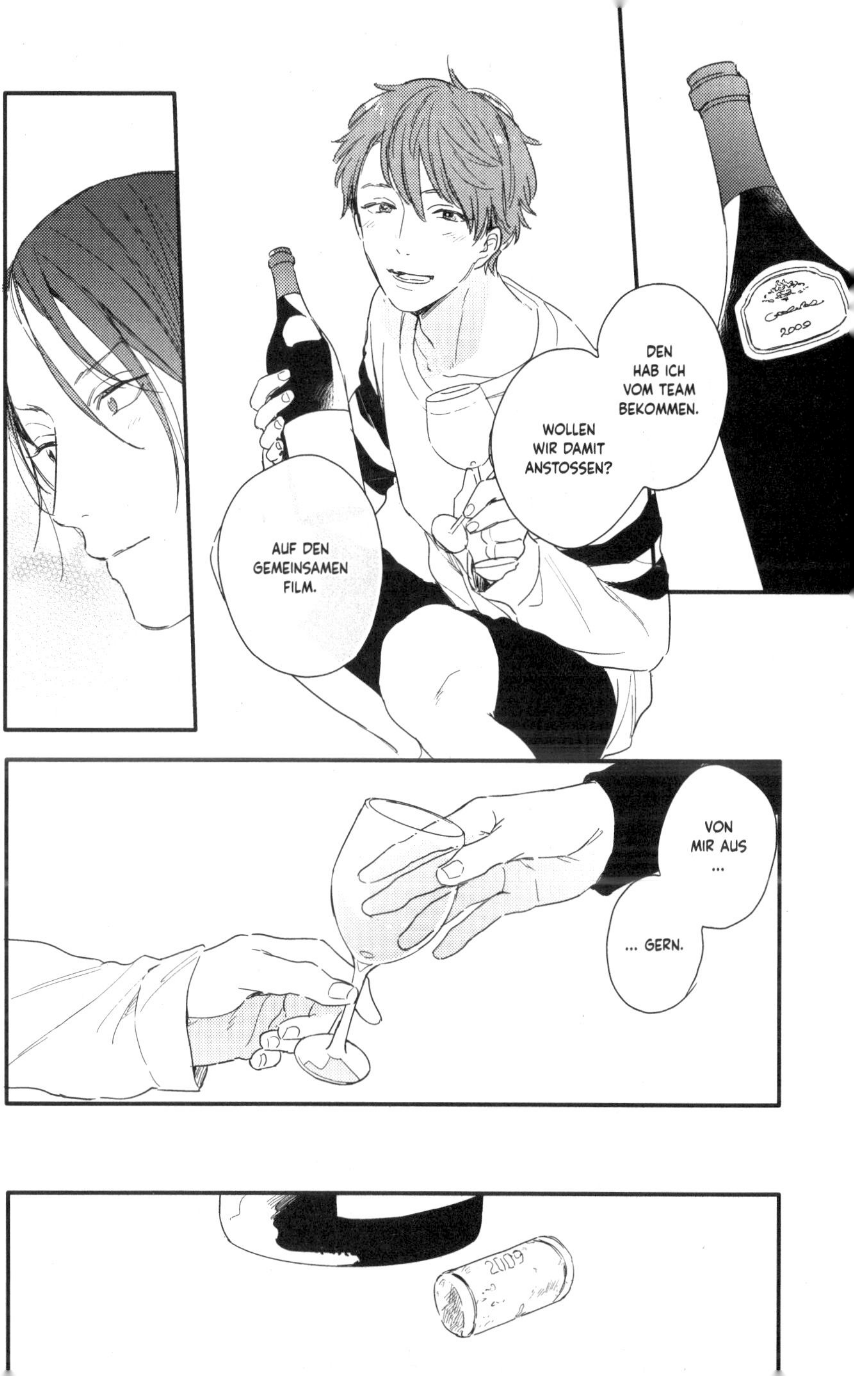
2009
DEN HAB ICH VOM TEAM BEKOMMEN.
WOLLEN WIR DAMIT ANSTOSSEN?
AUF DEN GEMEINSAMEN FILM.
VON MIR AUS ...
... GERN.
2009

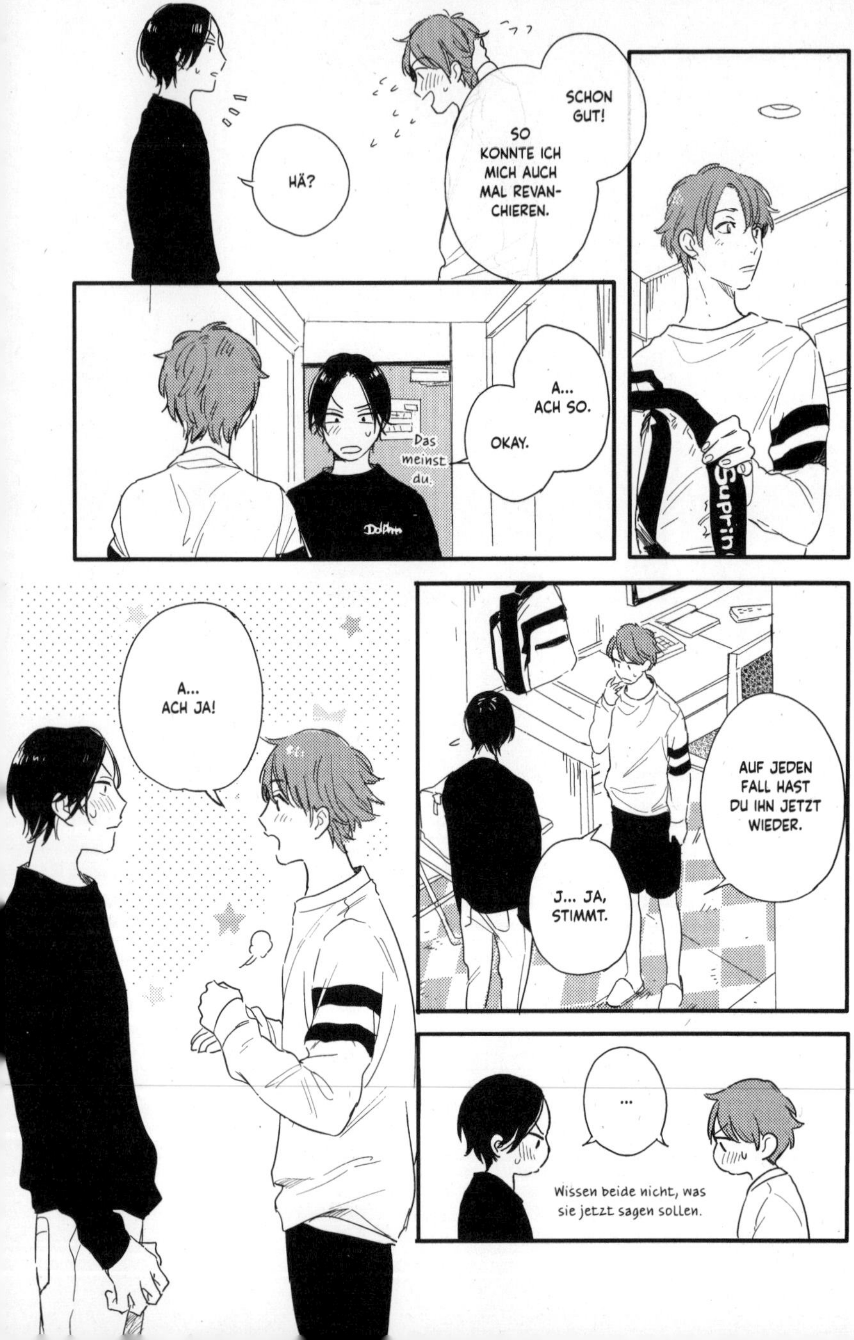
SCHON GUT!
SO KONNTE ICH MICH AUCH MAL REVANCHIEREN.
HÄ?
A... ACH SO.
OKAY.
Das meinst du.
AUF JEDEN FALL HAST DU IHN JETZT WIEDER.
J... JA, STIMMT.
A... ACH JA!
...
Wissen beide nicht, was sie jetzt sagen sollen.

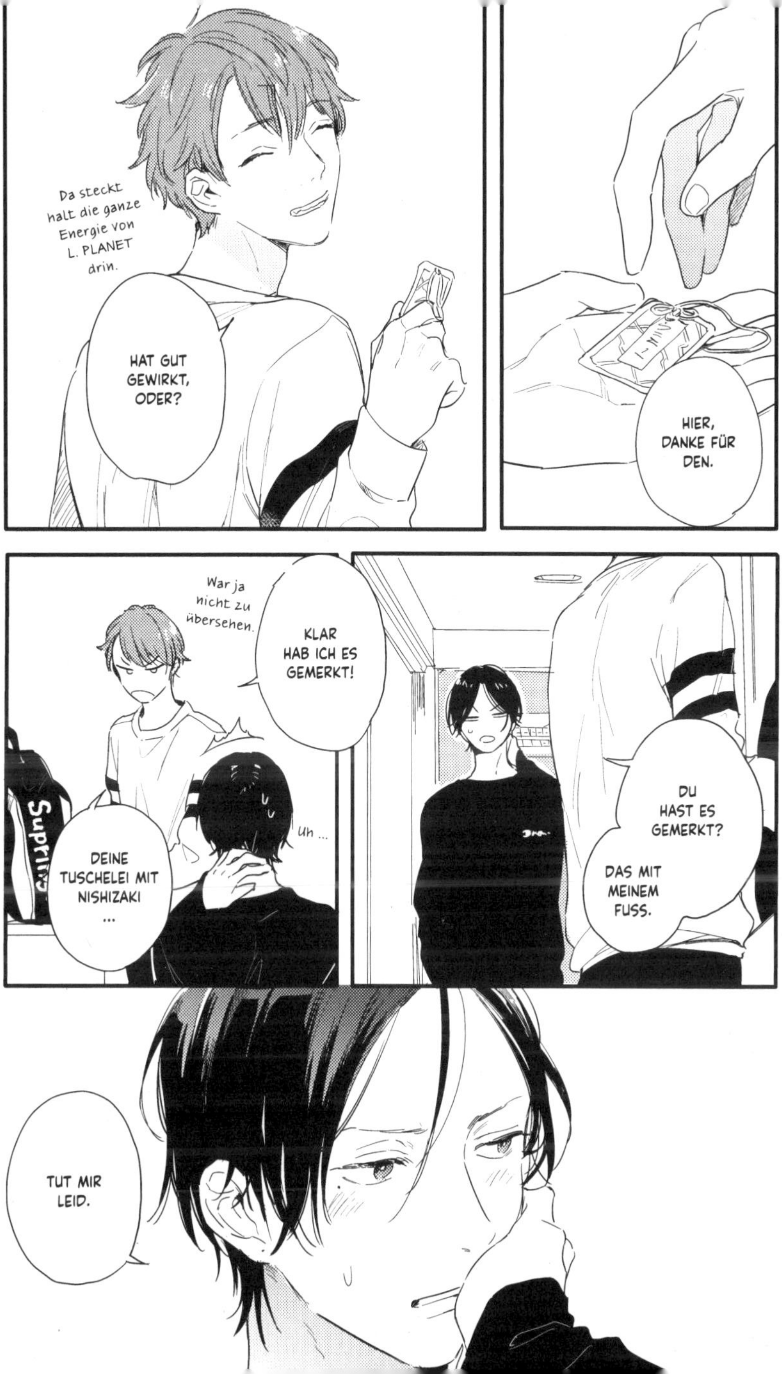
HIER, DANKE FÜR DEN.
HAT GUT GEWIRKT, ODER?
Da steckt halt die ganze Energie von L. PLANET drin.
DU HAST ES GEMERKT?
DAS MIT MEINEM FUSS.
KLAR HAB ICH ES GEMERKT!
War ja nicht zu übersehen.
DEINE TUSCHELEI MIT NISHIZAKI ...
Uh ...
TUT MIR LEID.

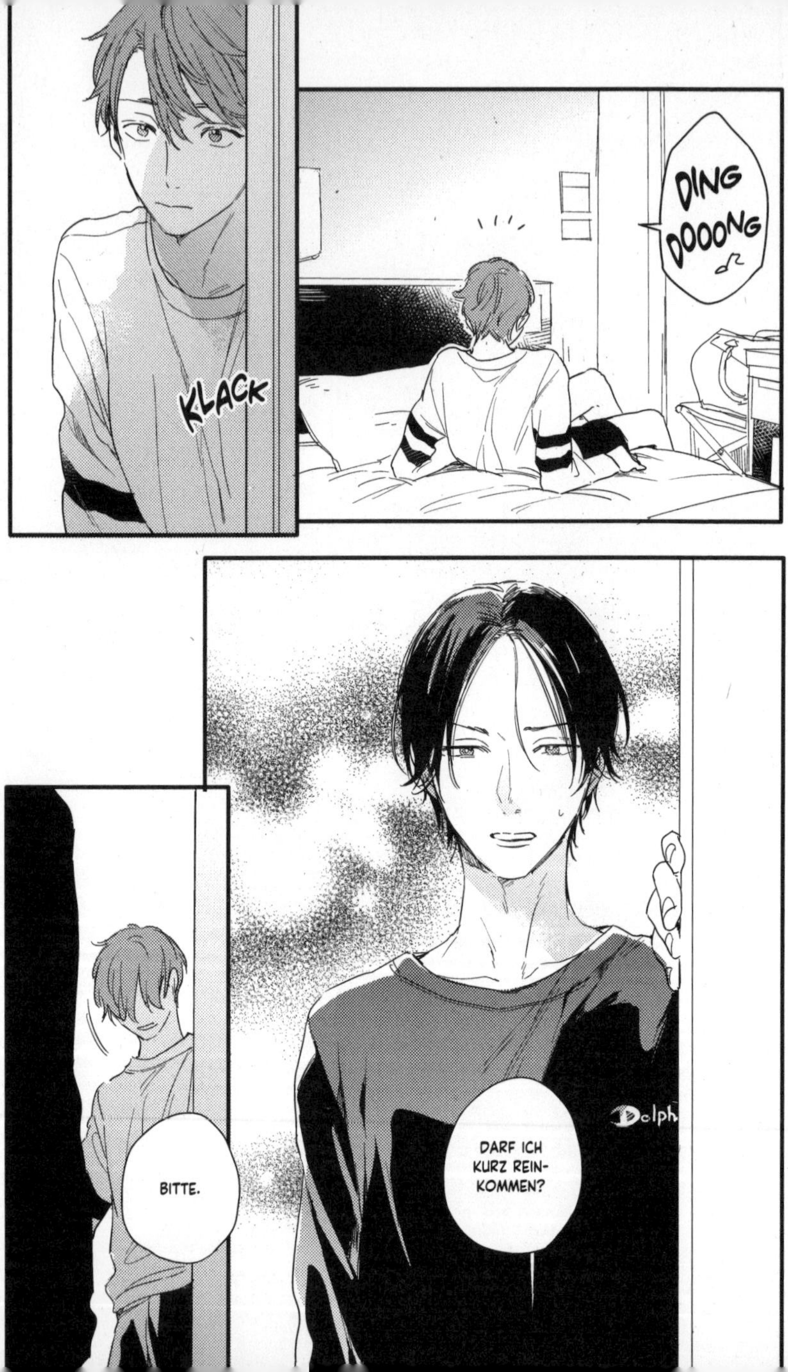
DING DOOONG
KLACK
DARF ICH KURZ REIN-KOMMEN?
BITTE.

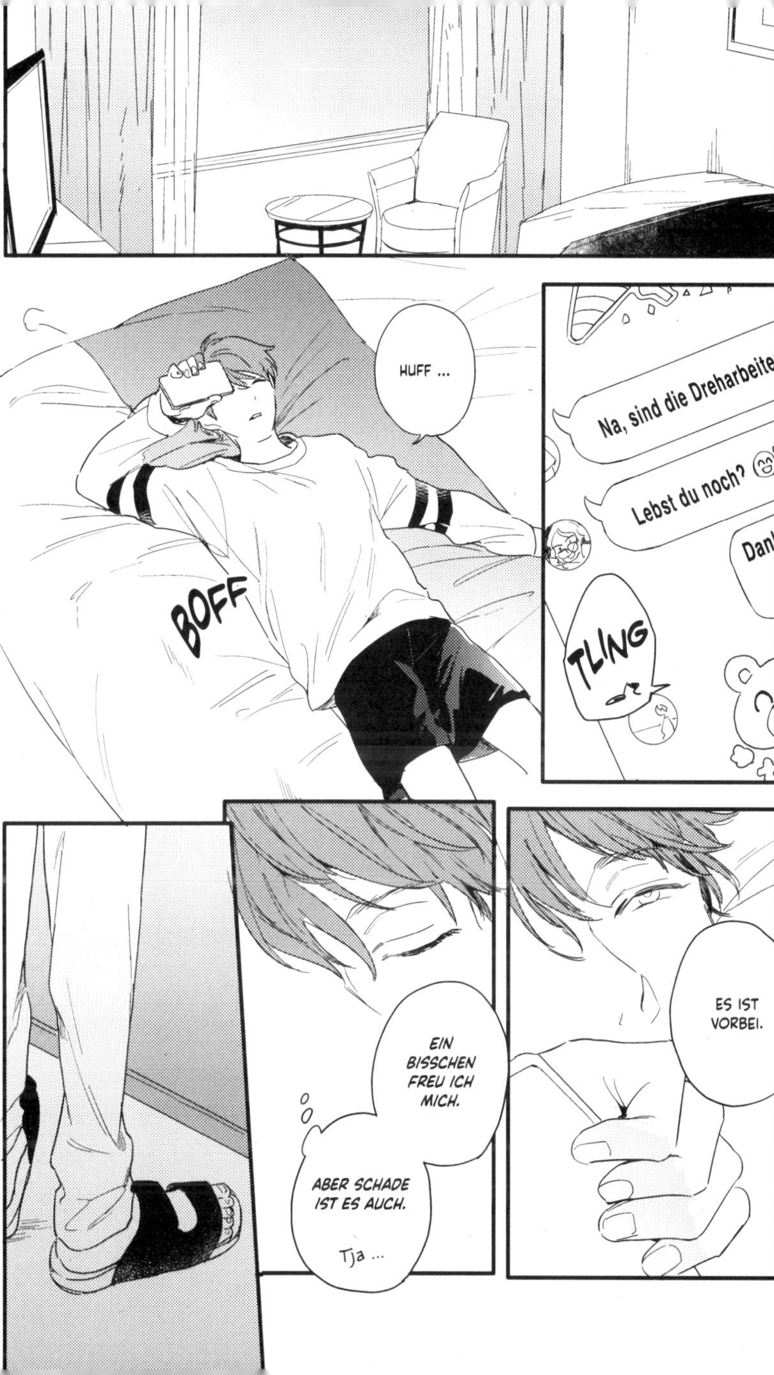
Na, sind die Dreharbeite
Lebst du noch?
Dank
TLING
HUFF ...
BOFF
ES IST VORBEI.
EIN BISSCHEN FREU ICH MICH.
ABER SCHADE IST ES AUCH.
Tja ...

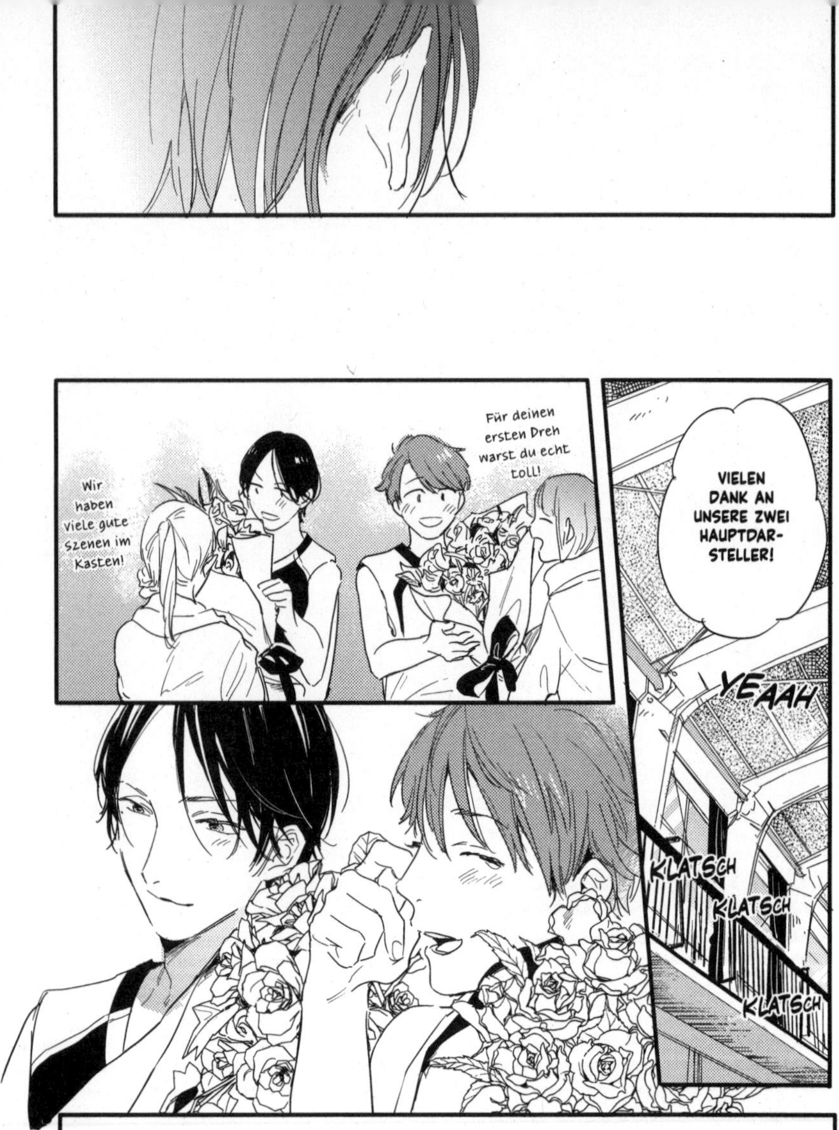
VIELEN DANK AN UNSERE ZWEI HAUPTDAR-STELLER!
YEAAH
KLATSCH
KLATSCH
KLATSCH
Für deinen ersten Dreh warst du echt toll!
Wir haben viele gute Szenen im Kasten!

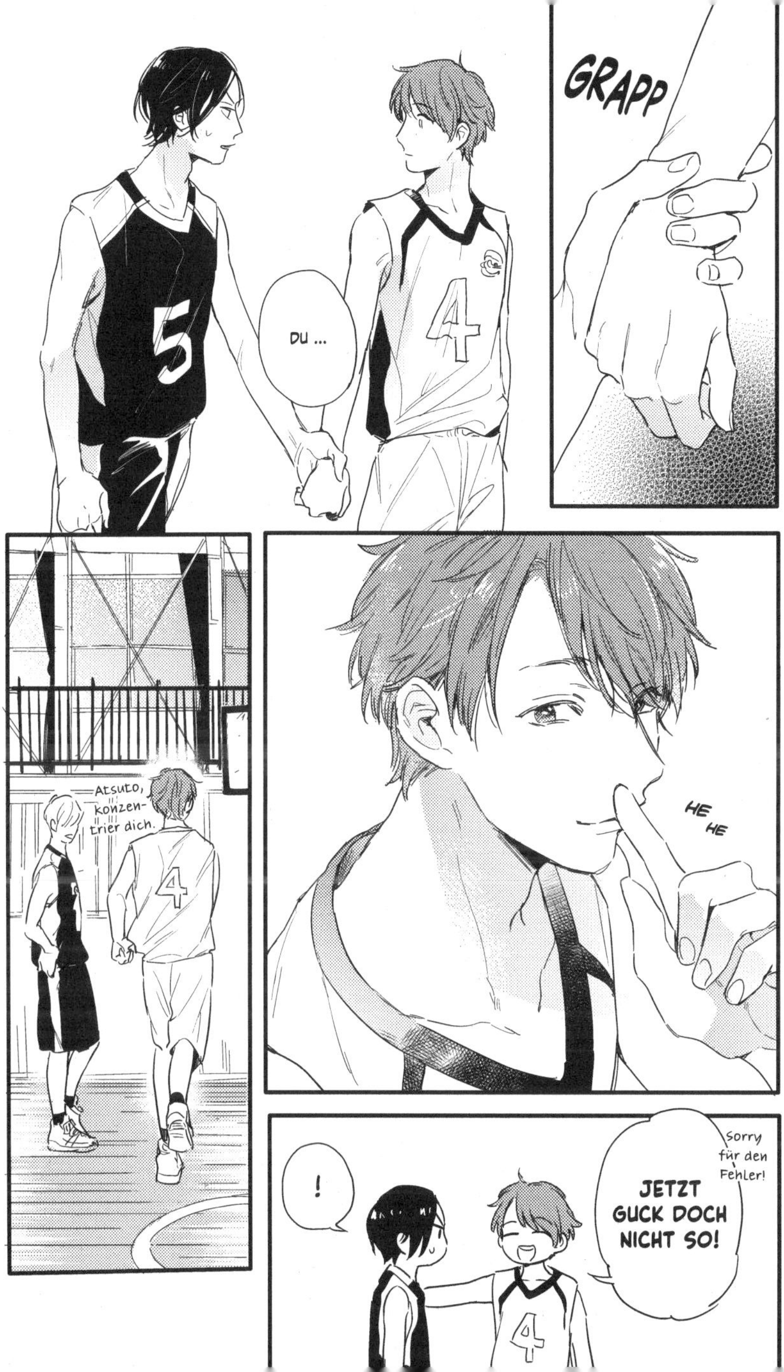
GRAPP
DU …
HE HE
Atsuto, konzen-trier dich.
JETZT GUCK DOCH NICHT SO!
Sorry für den Fehler!
!

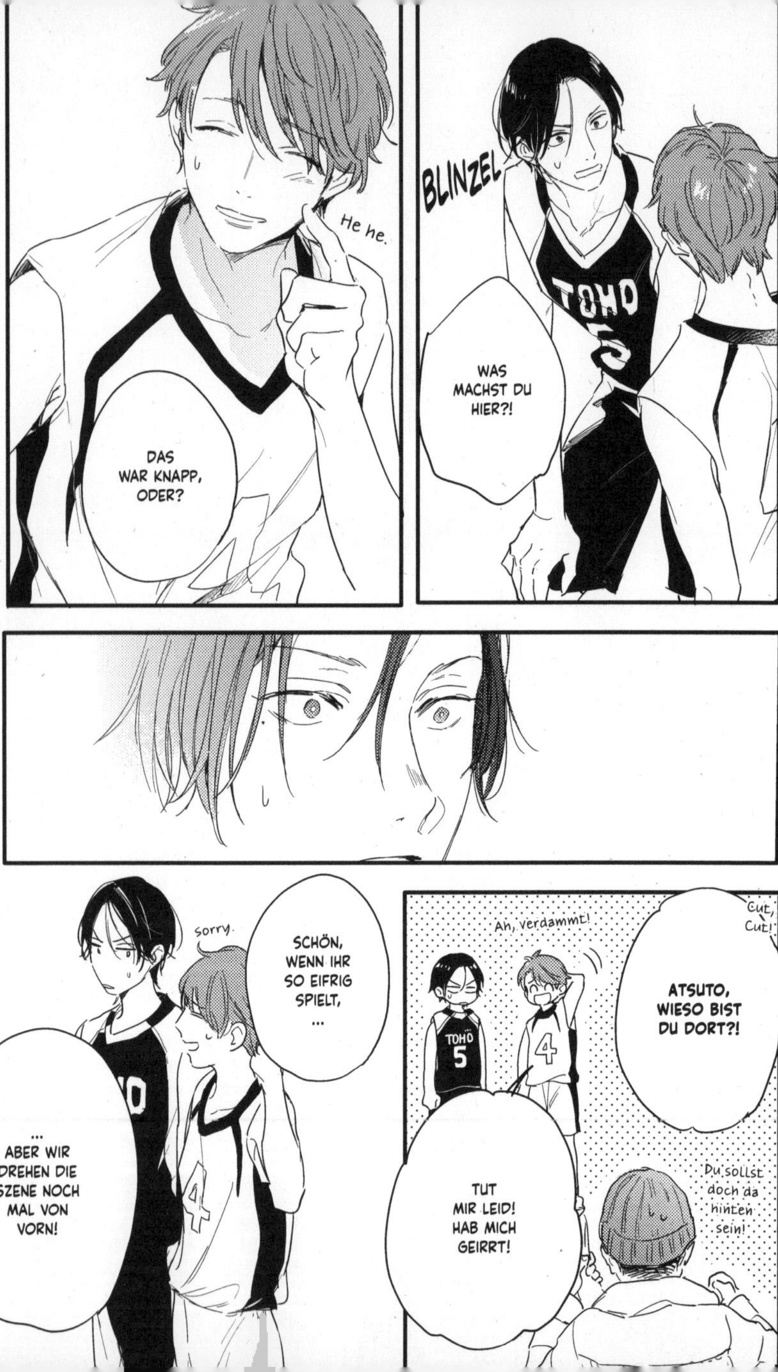
BLINZEL
WAS MACHST DU HIER?!
He he.
DAS WAR KNAPP, ODER?
Cut, Cut!
ATSUTO, WIESO BIST DU DORT?!
Ah, verdammt!
TUT MIR LEID! HAB MICH GEIRRT!
Du sollst doch da hinten sein!
SCHÖN, WENN IHR SO EIFRIG SPIELT, ...
Sorry.
... ABER WIR DREHEN DIE SZENE NOCH MAL VON VORN!

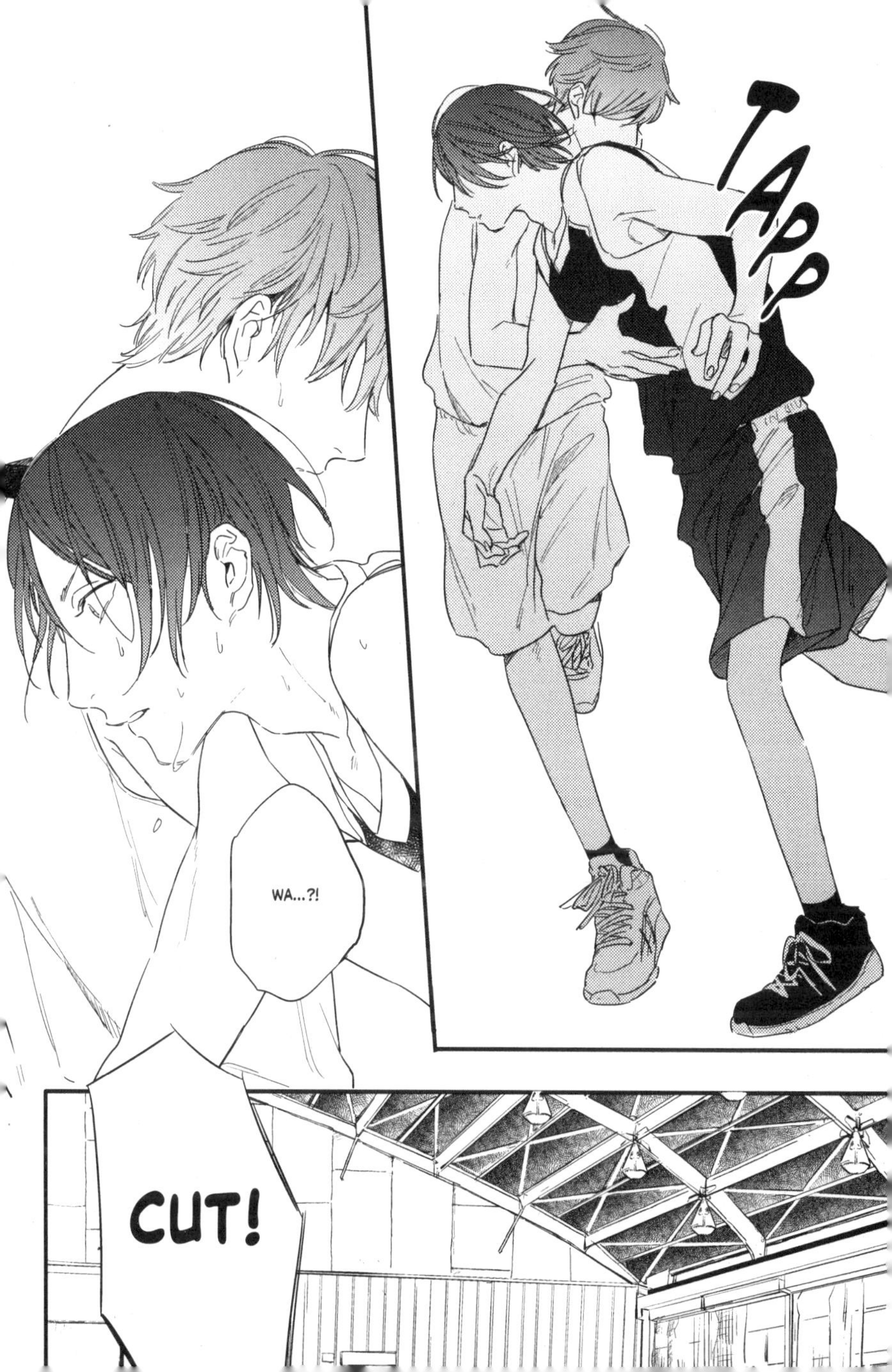
TAPP!
WA...?!
CUT!

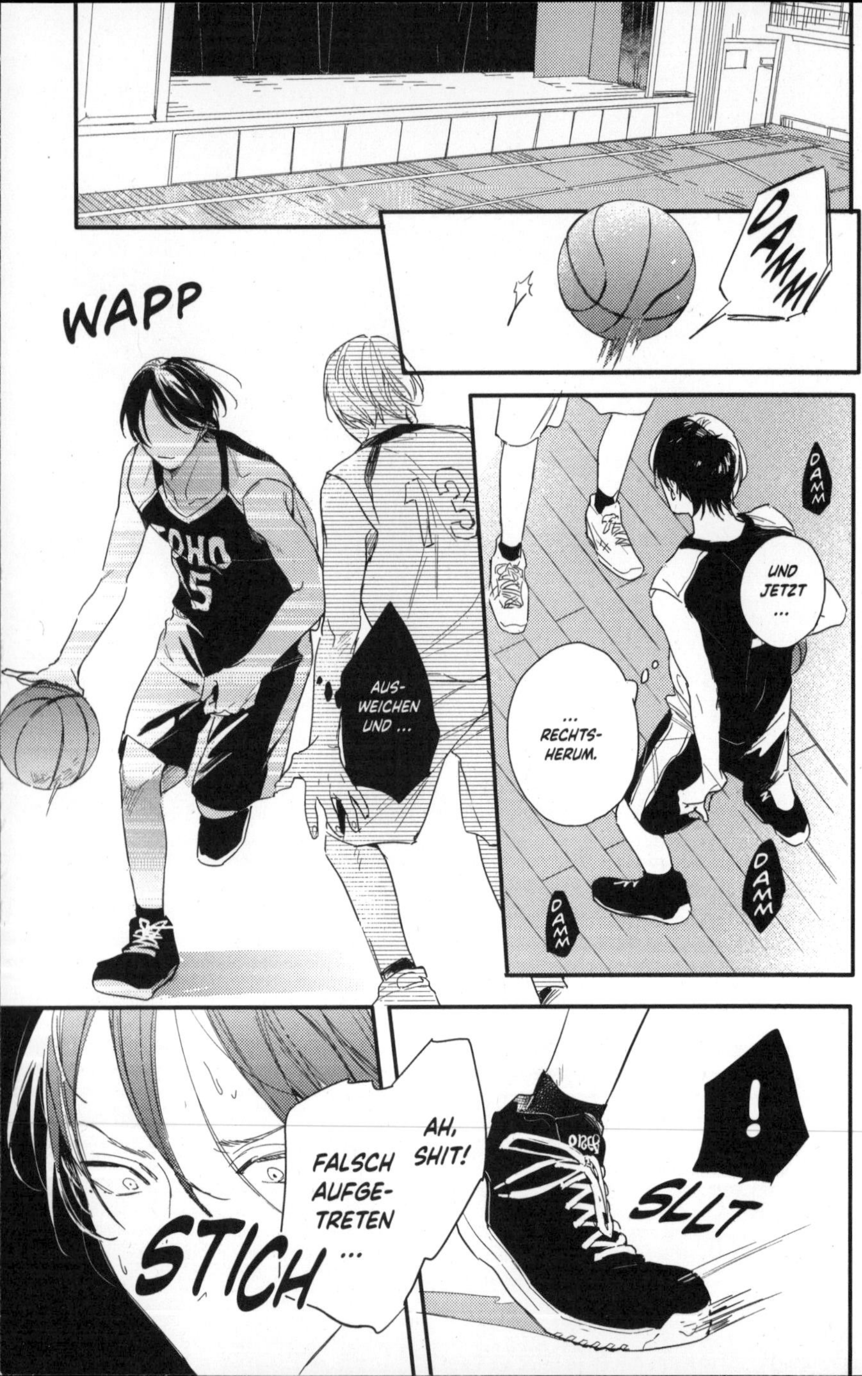
DAMM
DAMM
UND JETZT …
… RECHTS-HERUM.
DAMM
DAMM
WAPP
AUS-WEICHEN UND …
!
SLLT
AH, SHIT!
FALSCH AUFGE-TRETEN …
STICH

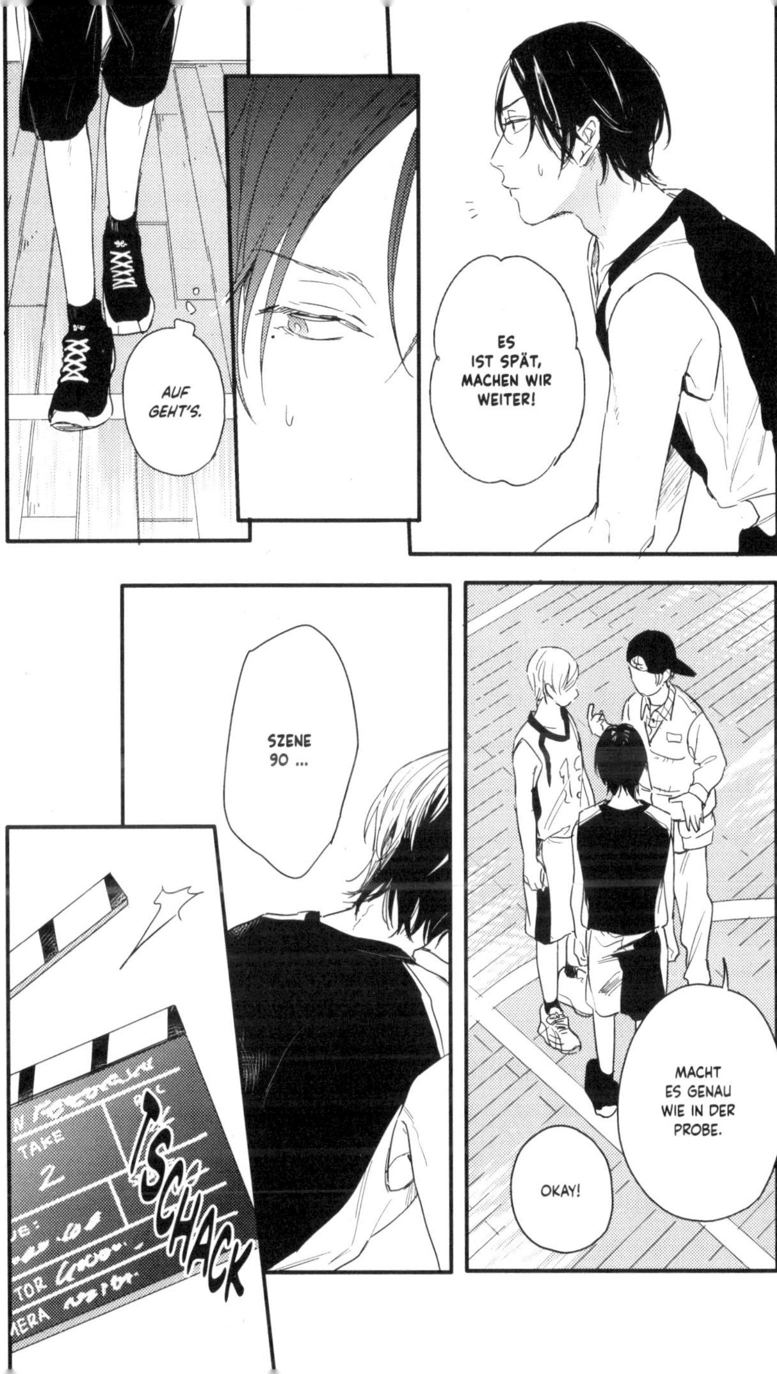
ES IST SPÄT, MACHEN WIR WEITER!
AUF GEHT'S.
MACHT ES GENAU WIE IN DER PROBE.
OKAY!
SZENE 90 ...
TAKE
2
TSCHACK

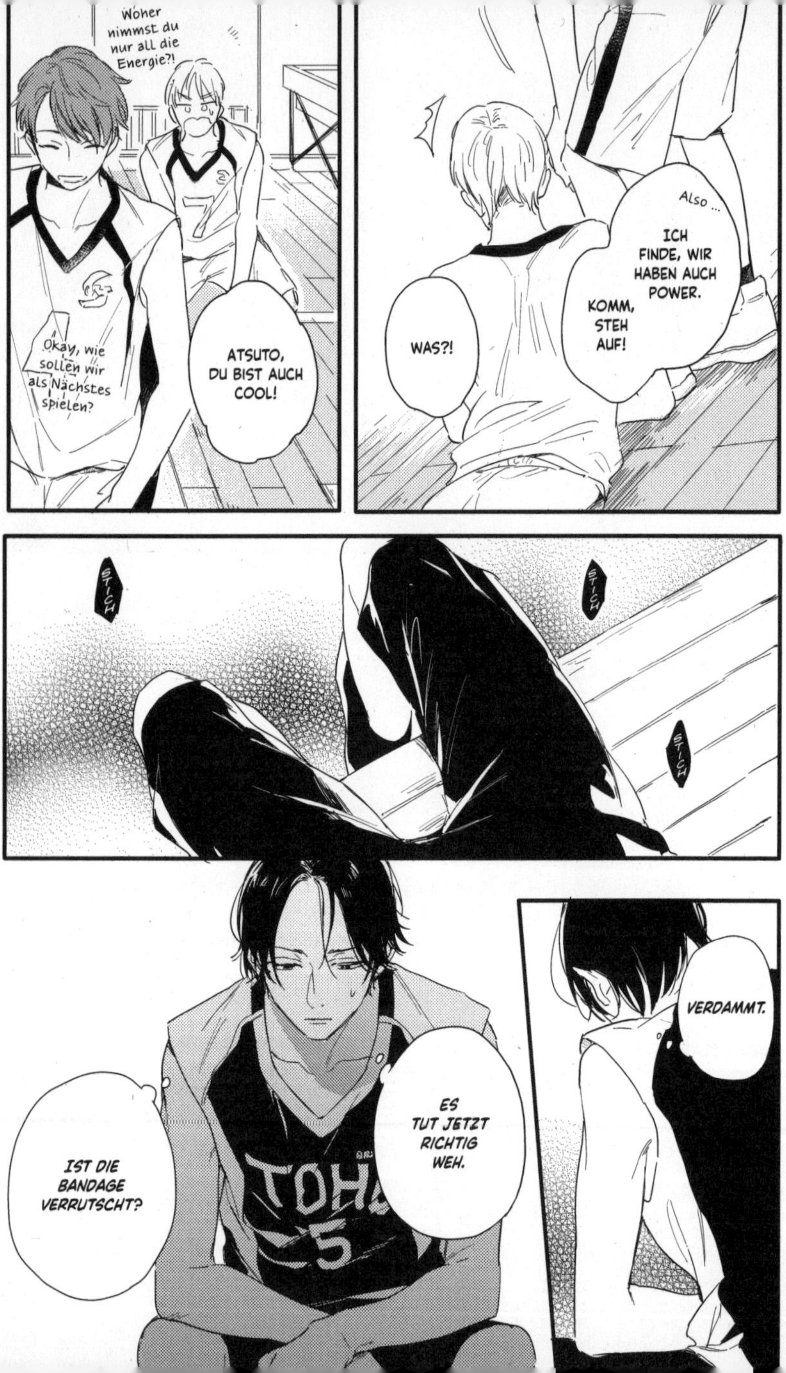

Also ...
ICH FINDE, WIR HABEN AUCH POWER.
KOMM, STEH AUF!
WAS?!
ATSUTO, DU BIST AUCH COOL!
Woher nimmst du nur all die Energie?!
Okay, wie sollen wir als Nächstes spielen?
STICH
STICH
STICH
VERDAMMT.
ES TUT JETZT RICHTIG WEH.
IST DIE BANDAGE VERRUTSCHT?

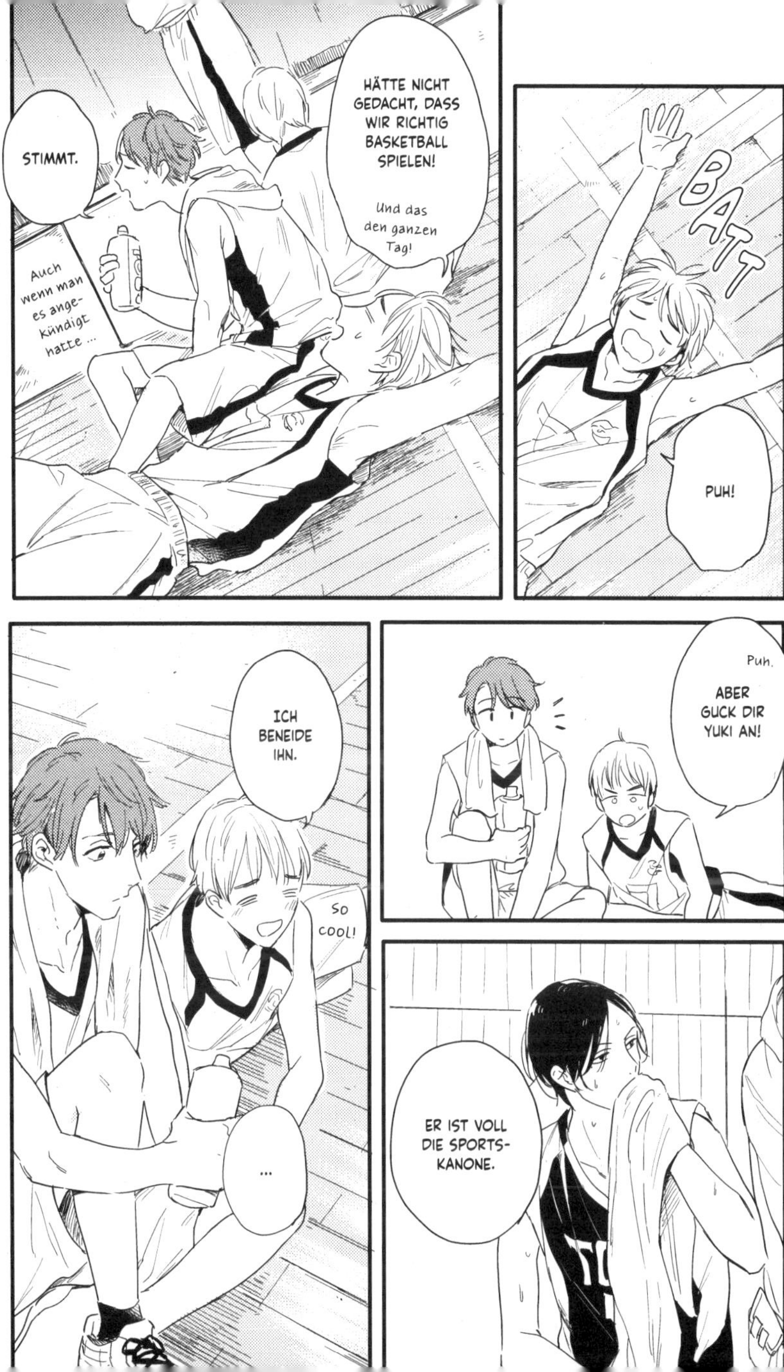
BATT
PUH!
HÄTTE NICHT GEDACHT, DASS WIR RICHTIG BASKETBALL SPIELEN!
Und das den ganzen Tag!
STIMMT.
Auch wenn man es angekündigt hatte ...
Puh.
ABER GUCK DIR YUKI AN!
ER IST VOLL DIE SPORTSKANONE.
ICH BENEIDE IHN.
SO COOL!
...

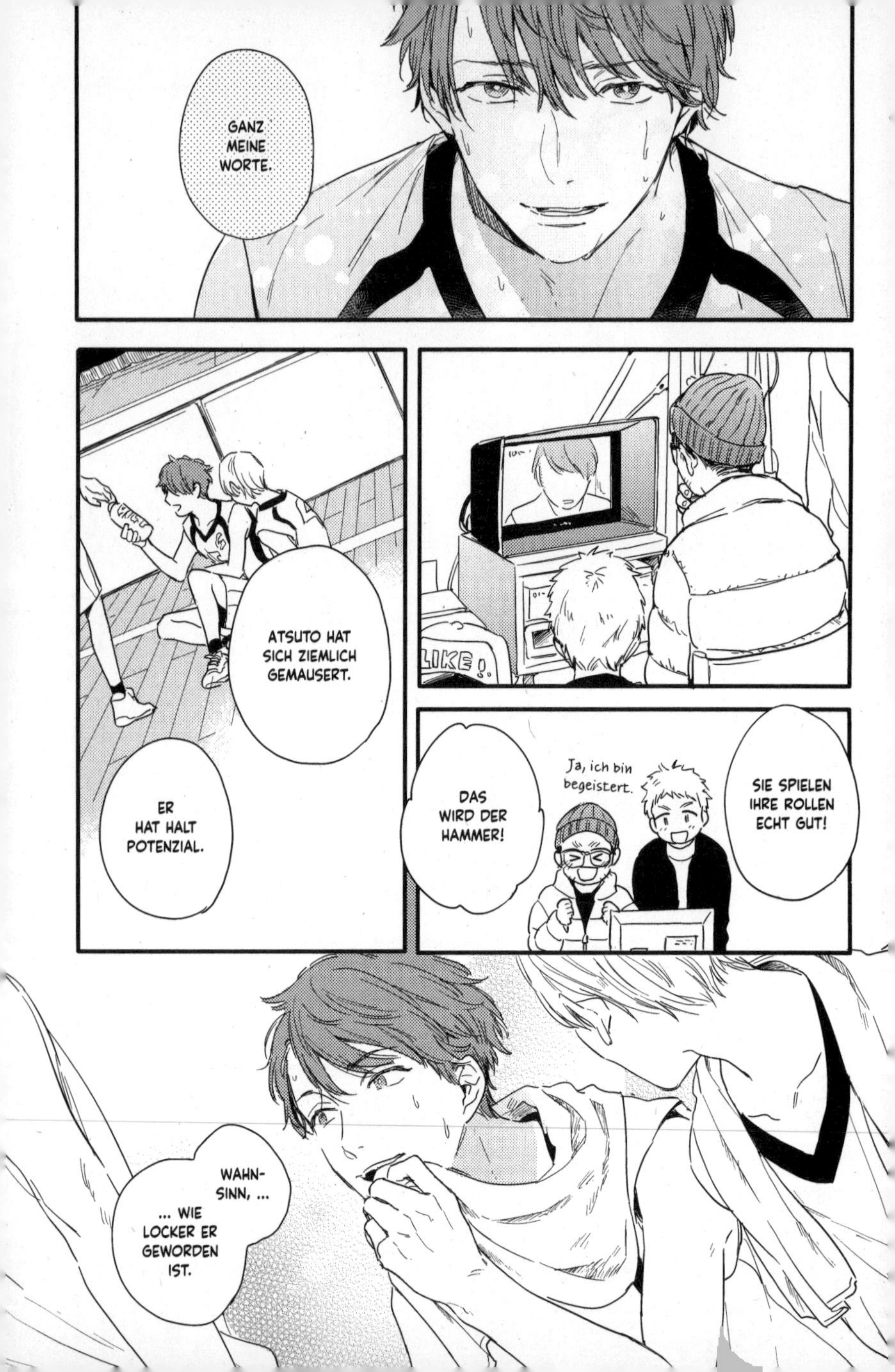
GANZ MEINE WORTE.
SIE SPIELEN IHRE ROLLEN ECHT GUT!
Ja, ich bin begeistert.
DAS WIRD DER HAMMER!
ATSUTO HAT SICH ZIEMLICH GEMAUSERT.
ER HAT HALT POTENZIAL.
WAHN-SINN, ...
... WIE LOCKER ER GEWORDEN IST.

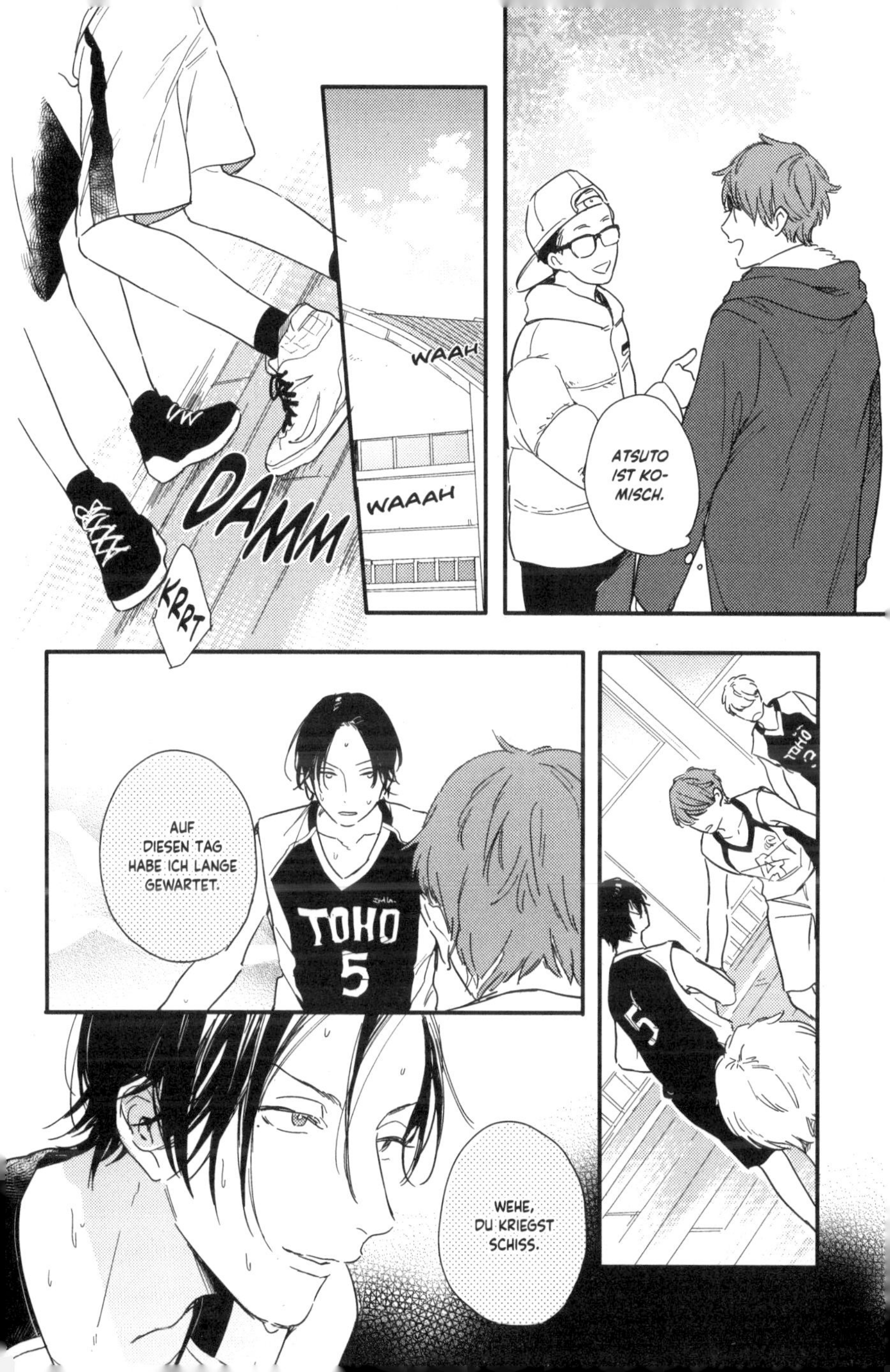
ATSUTO IST KOMISCH.
WAAH
WAAAH
DAMM
KRRT
AUF DIESEN TAG HABE ICH LANGE GEWARTET.
TOHO 5
WEHE, DU KRIEGST SCHISS.

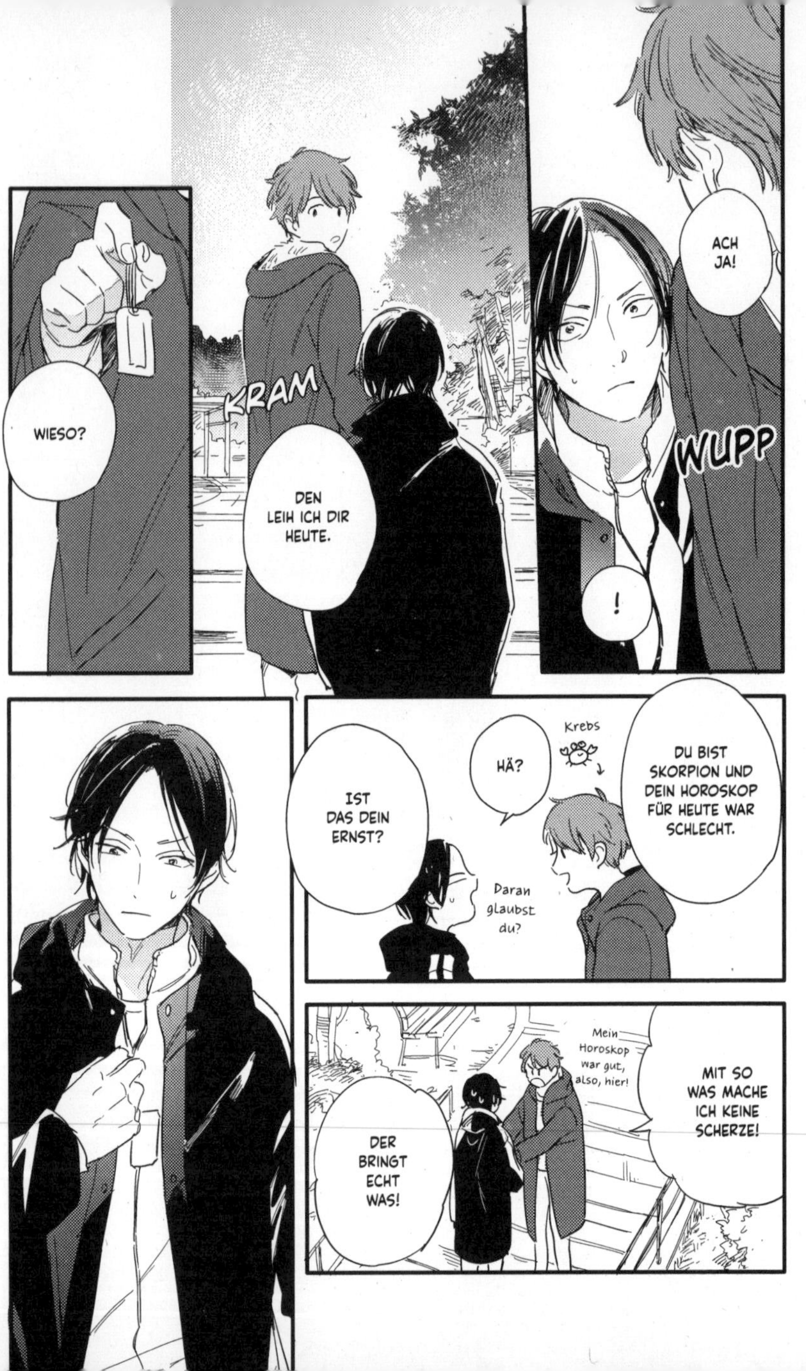
ACH JA!
WUPP
!
KRAM
DEN LEIH ICH DIR HEUTE.
WIESO?
DU BIST SKORPION UND DEIN HOROSKOP FÜR HEUTE WAR SCHLECHT.
Krebs
HÄ?
Daran glaubst du?
IST DAS DEIN ERNST?
MIT SO WAS MACHE ICH KEINE SCHERZE!
Mein Horoskop war gut, also, hier!
DER BRINGT ECHT WAS!

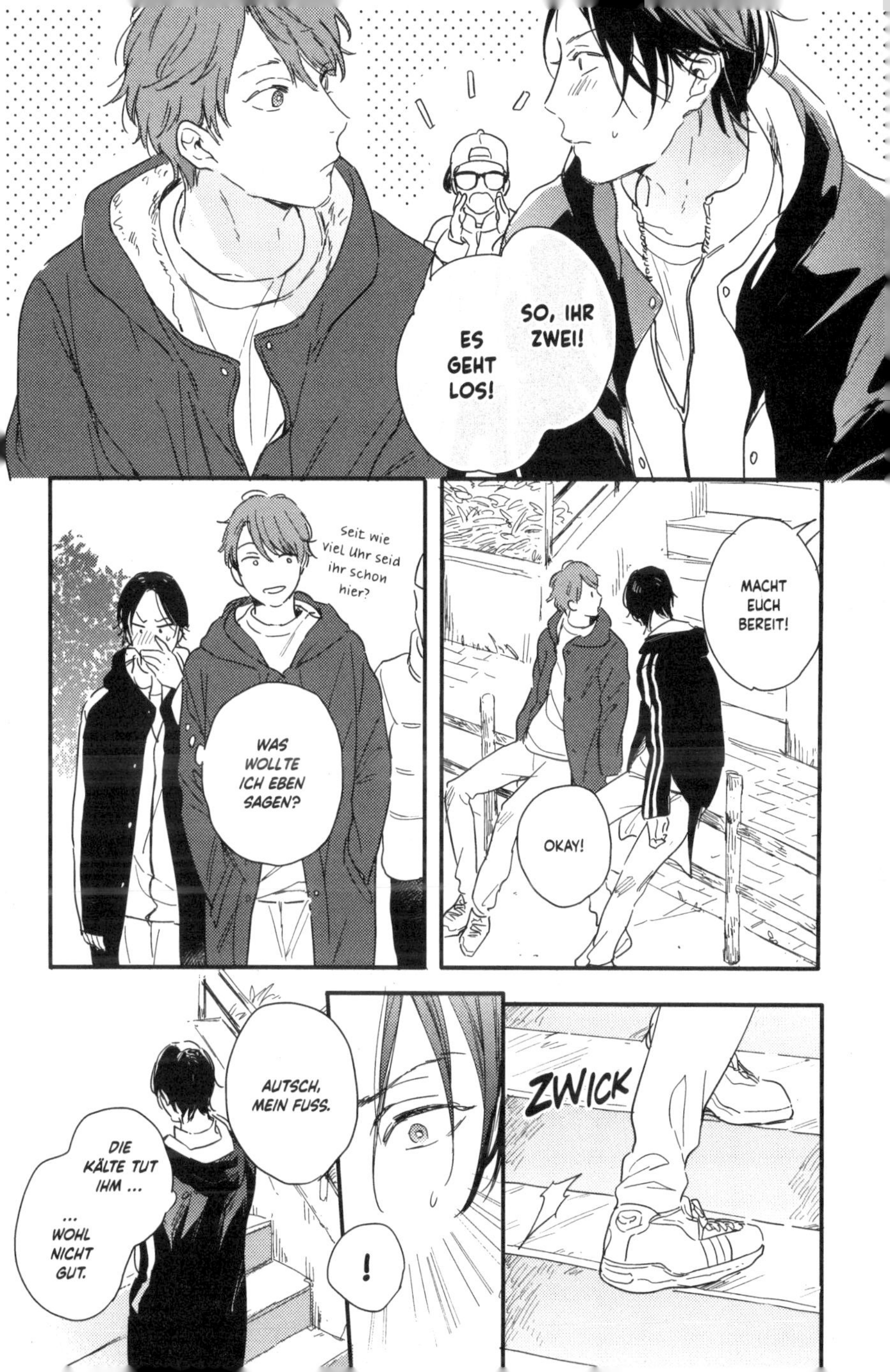
SO, IHR ZWEI!
ES GEHT LOS!
MACHT EUCH BEREIT!
OKAY!
Seit wie viel Uhr seid ihr schon hier?
WAS WOLLTE ICH EBEN SAGEN?
ZWICK
AUTSCH, MEIN FUSS.
!
DIE KÄLTE TUT IHM ...
... WOHL NICHT GUT.

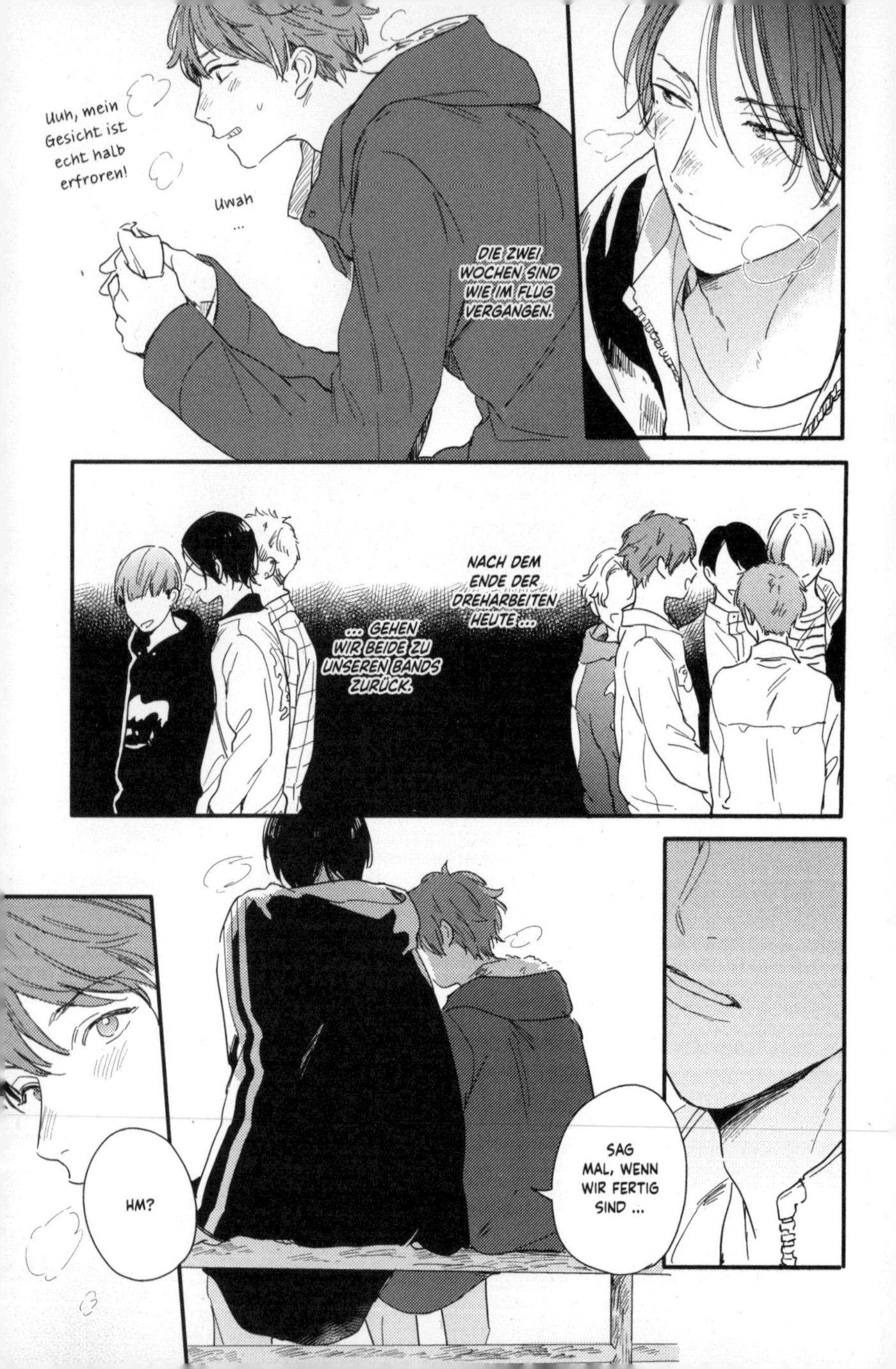
Die zwei Wochen sind wie im Flug vergangen.
Uwah ...
Uuh, mein Gesicht ist echt halb erfroren!
Nach dem Ende der Dreharbeiten heute ...
... gehen wir beide zu unseren Bands zurück.
Sag mal, wenn wir fertig sind ...
Hm?

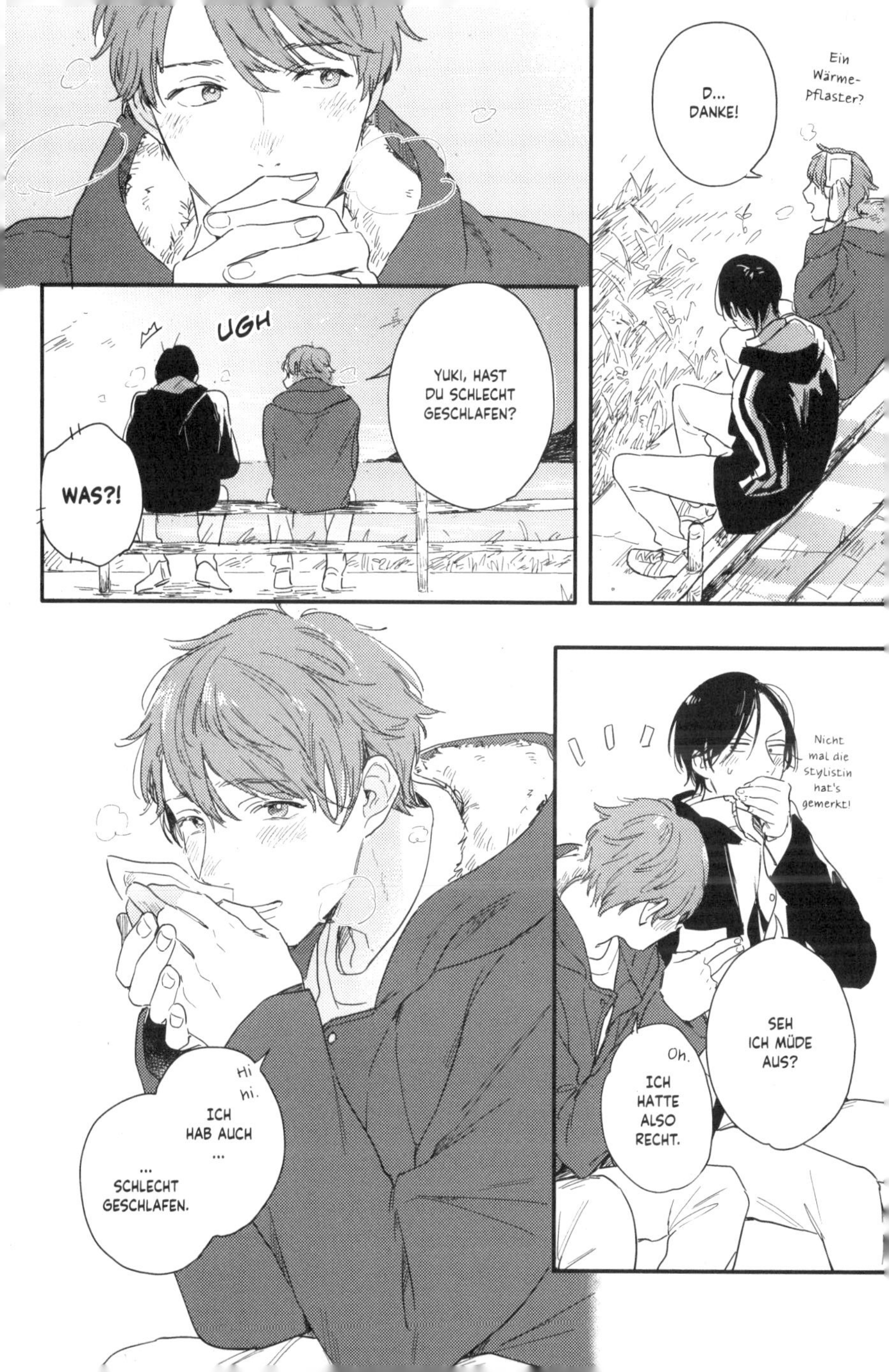
Ein Wärme-Pflaster?
D... DANKE!
UGH
YUKI, HAST DU SCHLECHT GESCHLAFEN?
WAS?!
Nicht mal die Stylistin hat's gemerkt!
SEH ICH MÜDE AUS?
Oh.
ICH HATTE ALSO RECHT.
Hi hi.
ICH HAB AUCH ...
... SCHLECHT GESCHLAFEN.

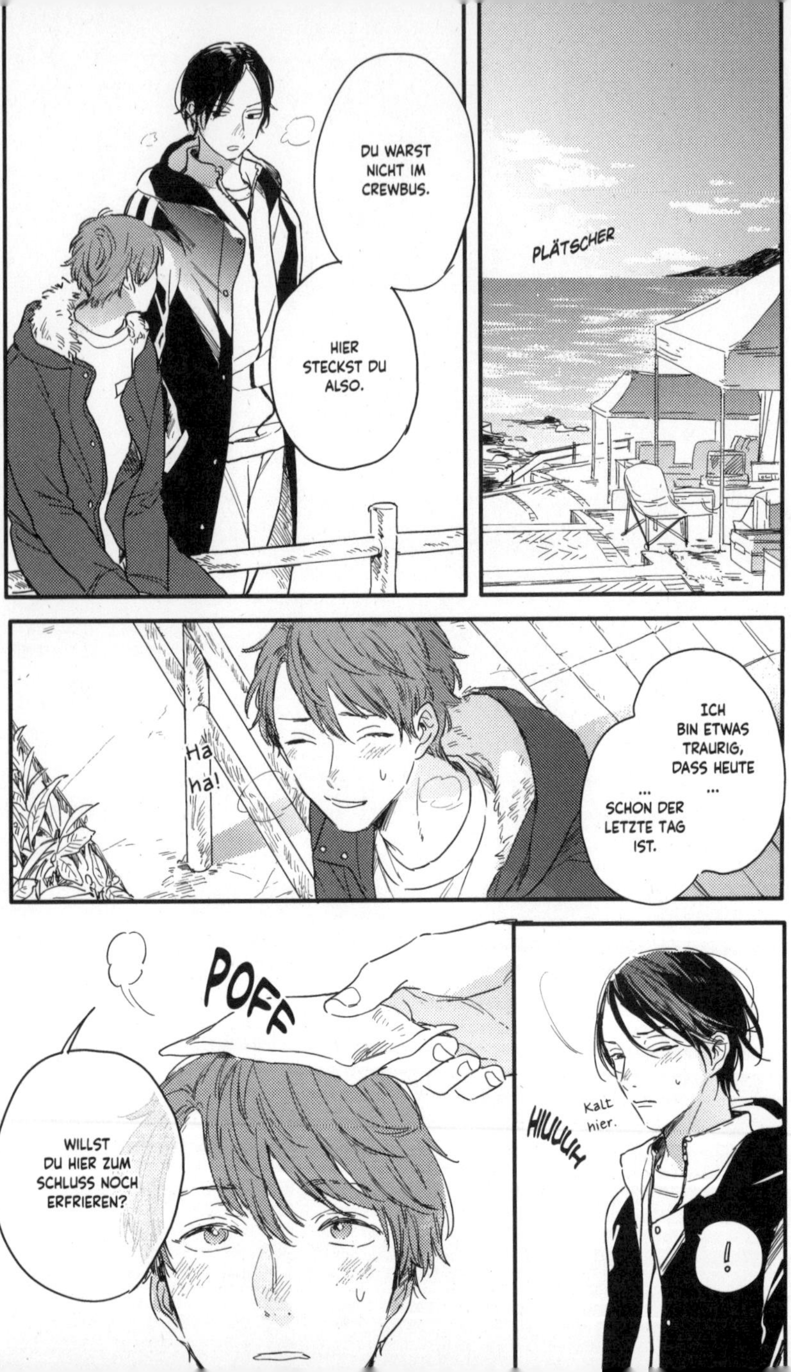
PLÄTSCHER
DU WARST NICHT IM CREWBUS.
HIER STECKST DU ALSO.
ICH BIN ETWAS TRAURIG, DASS HEUTE ...
... SCHON DER LETZTE TAG IST.
Ha ha!
Kalt hier.
HIUUUH
!
POFF
WILLST DU HIER ZUM SCHLUSS NOCH ERFRIEREN?

HELLO MORNING STAR

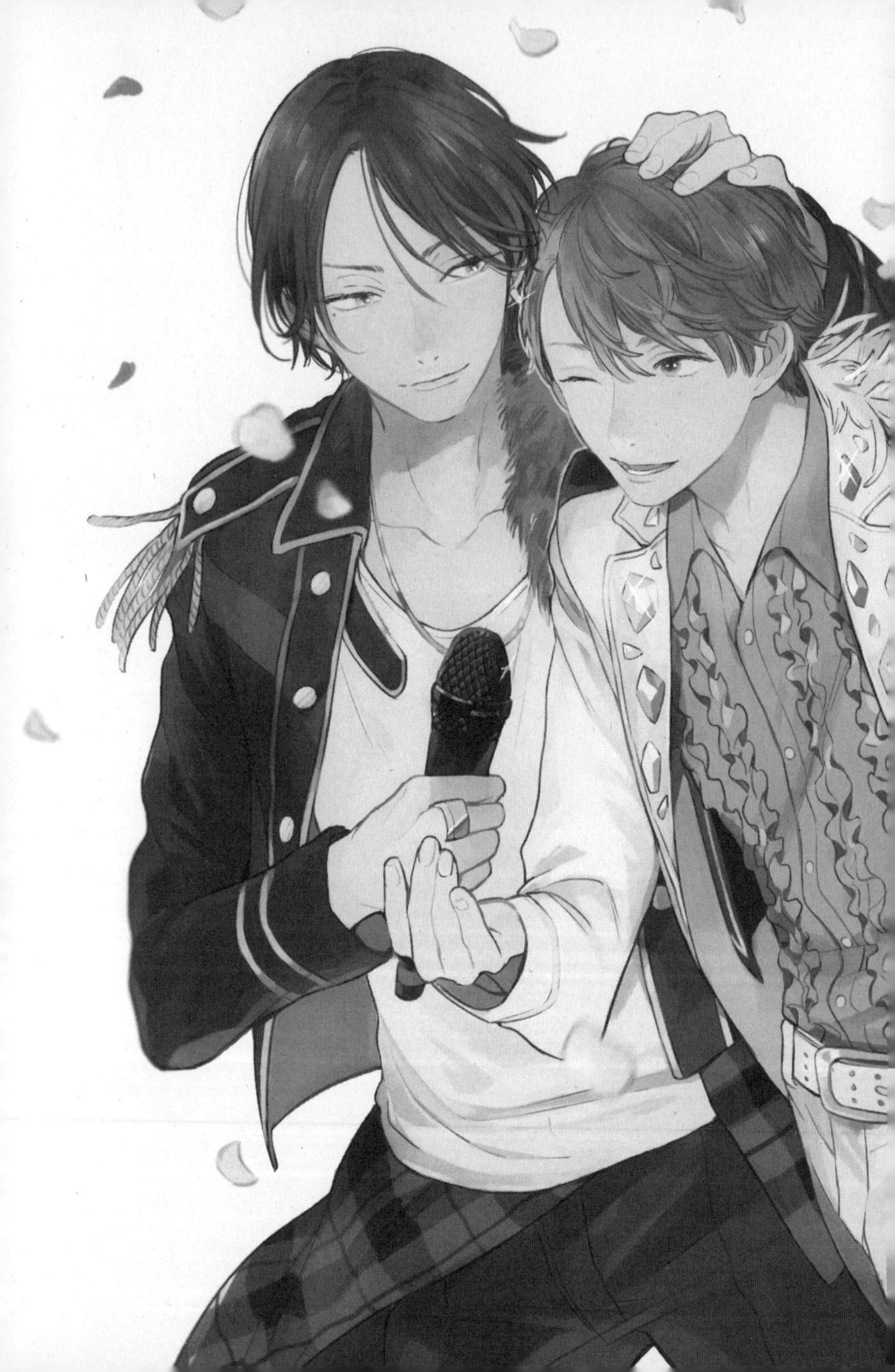

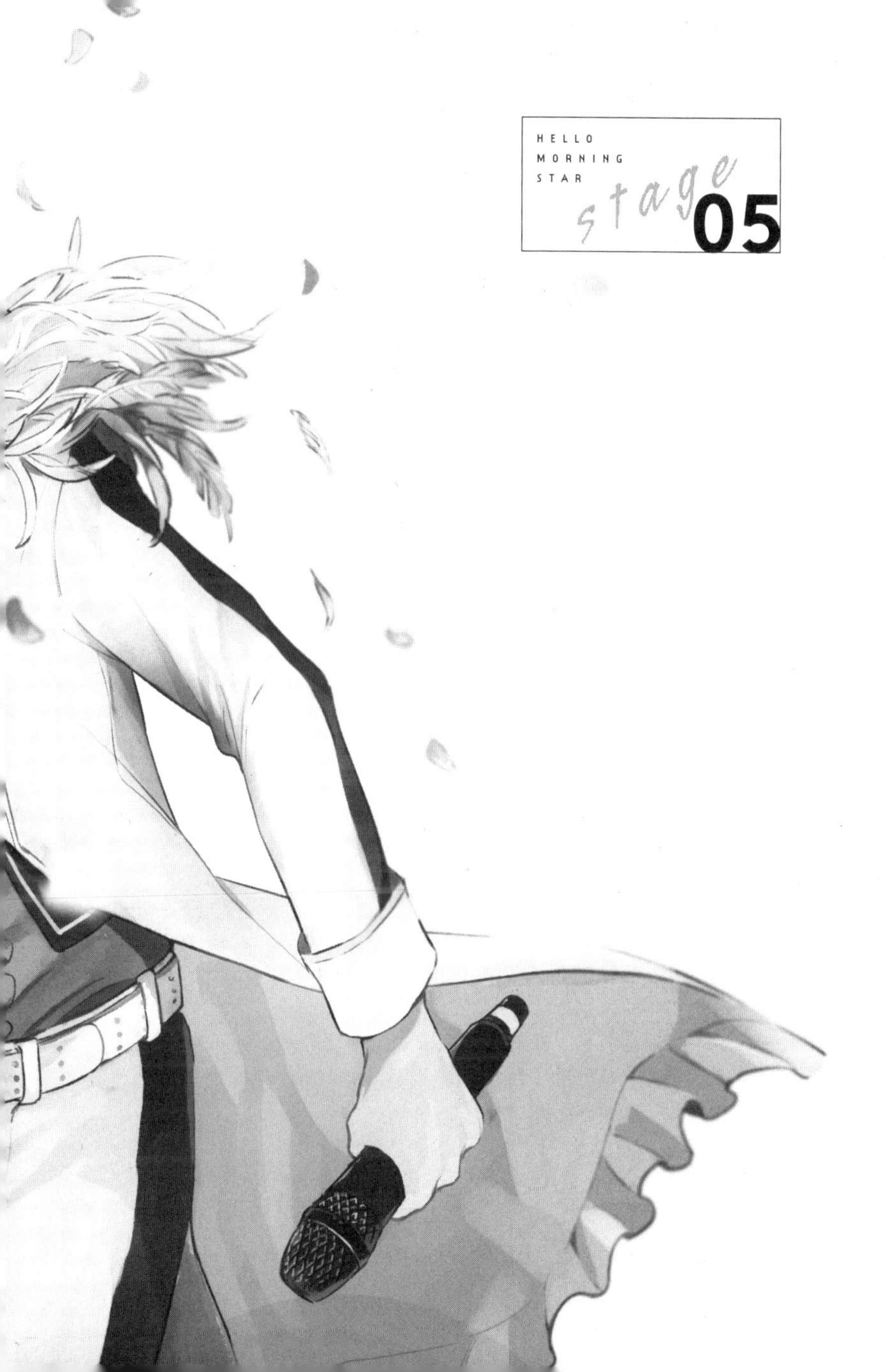
HELLO
MORNING
STAR
stage 05

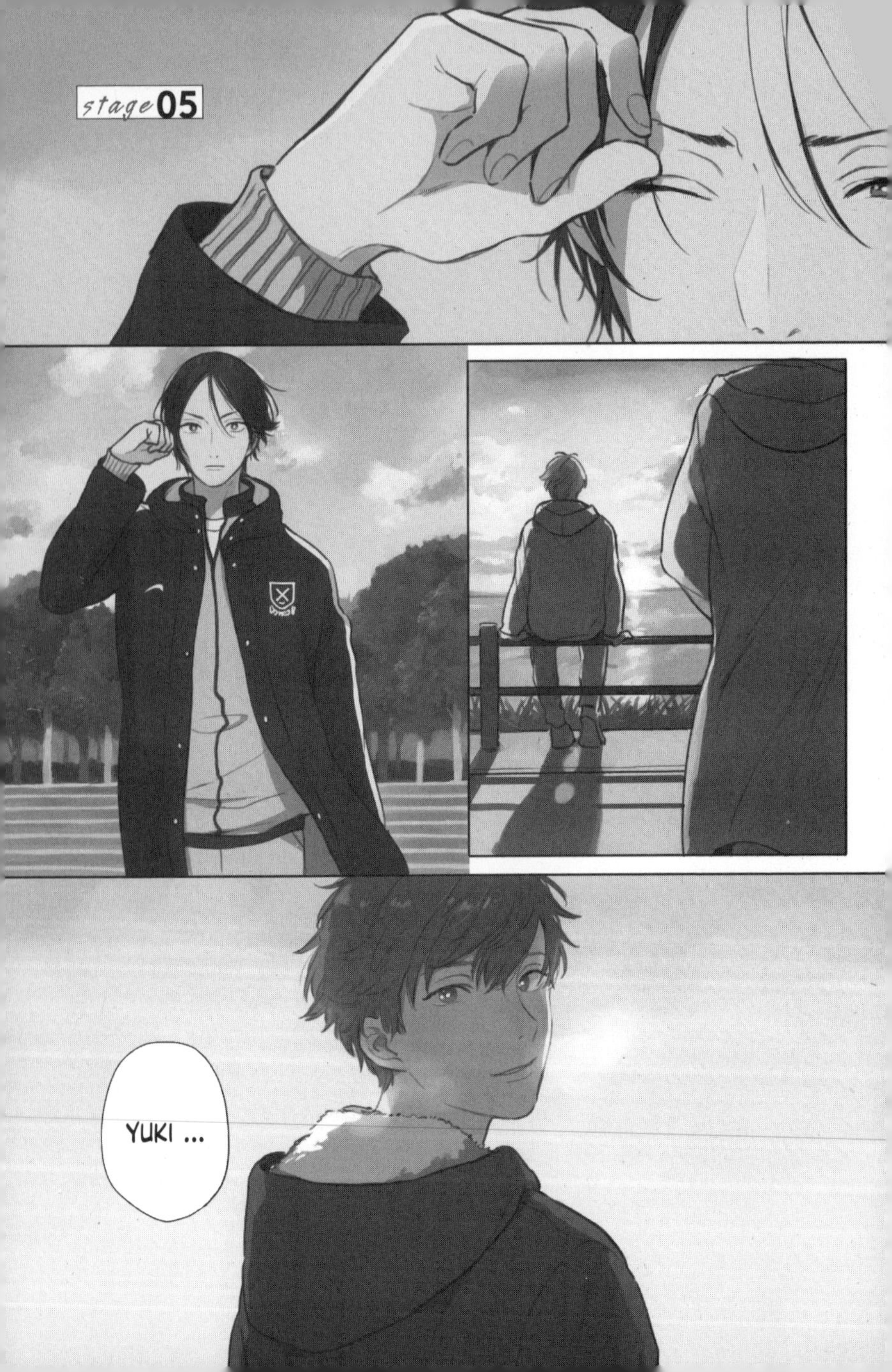
stage 05
YUKI ...

HELLO MORNING STAR

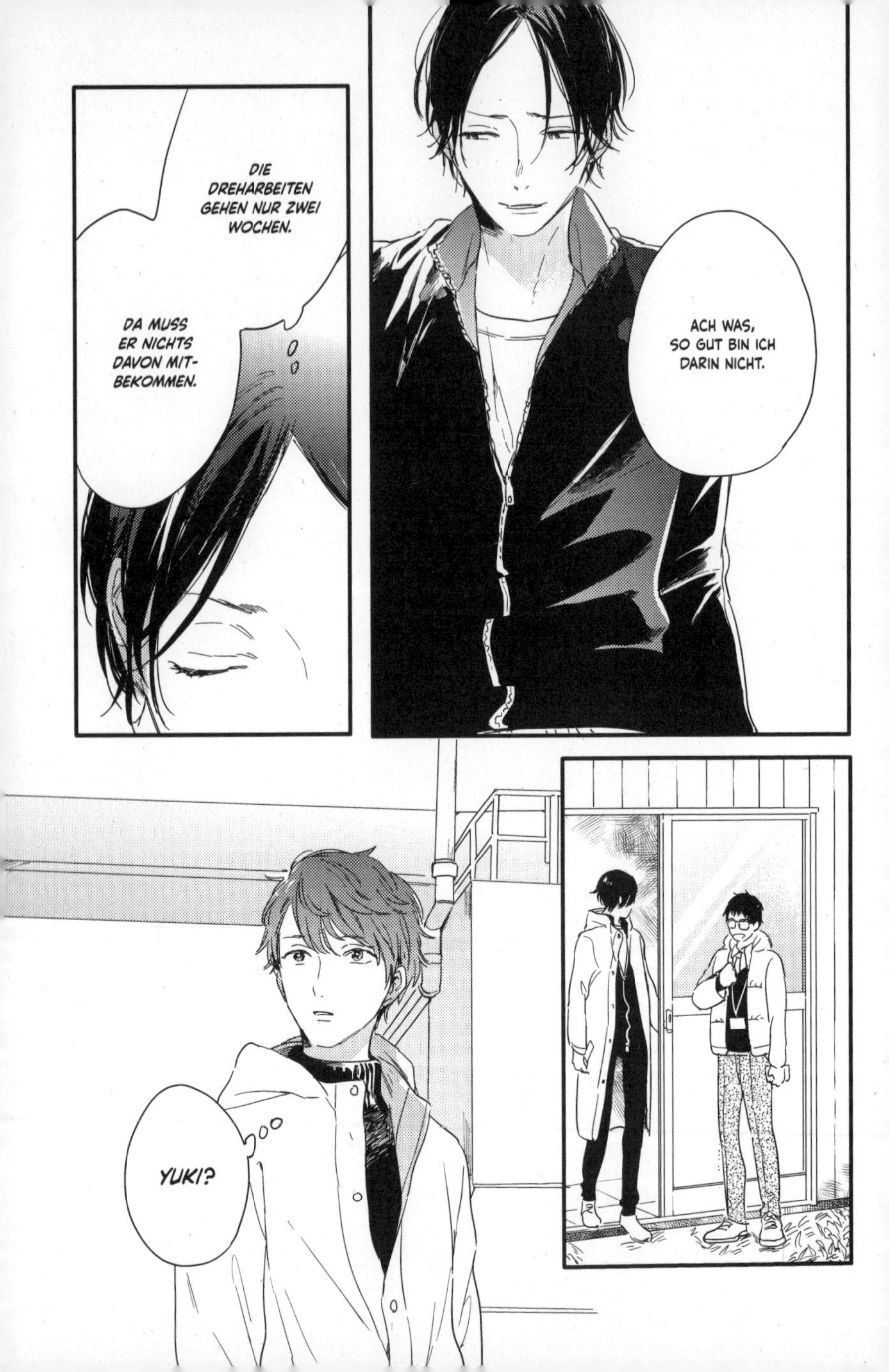
ACH WAS, SO GUT BIN ICH DARIN NICHT.
DIE DREHARBEITEN GEHEN NUR ZWEI WOCHEN.
DA MUSS ER NICHTS DAVON MIT-BEKOMMEN.
YUKI?

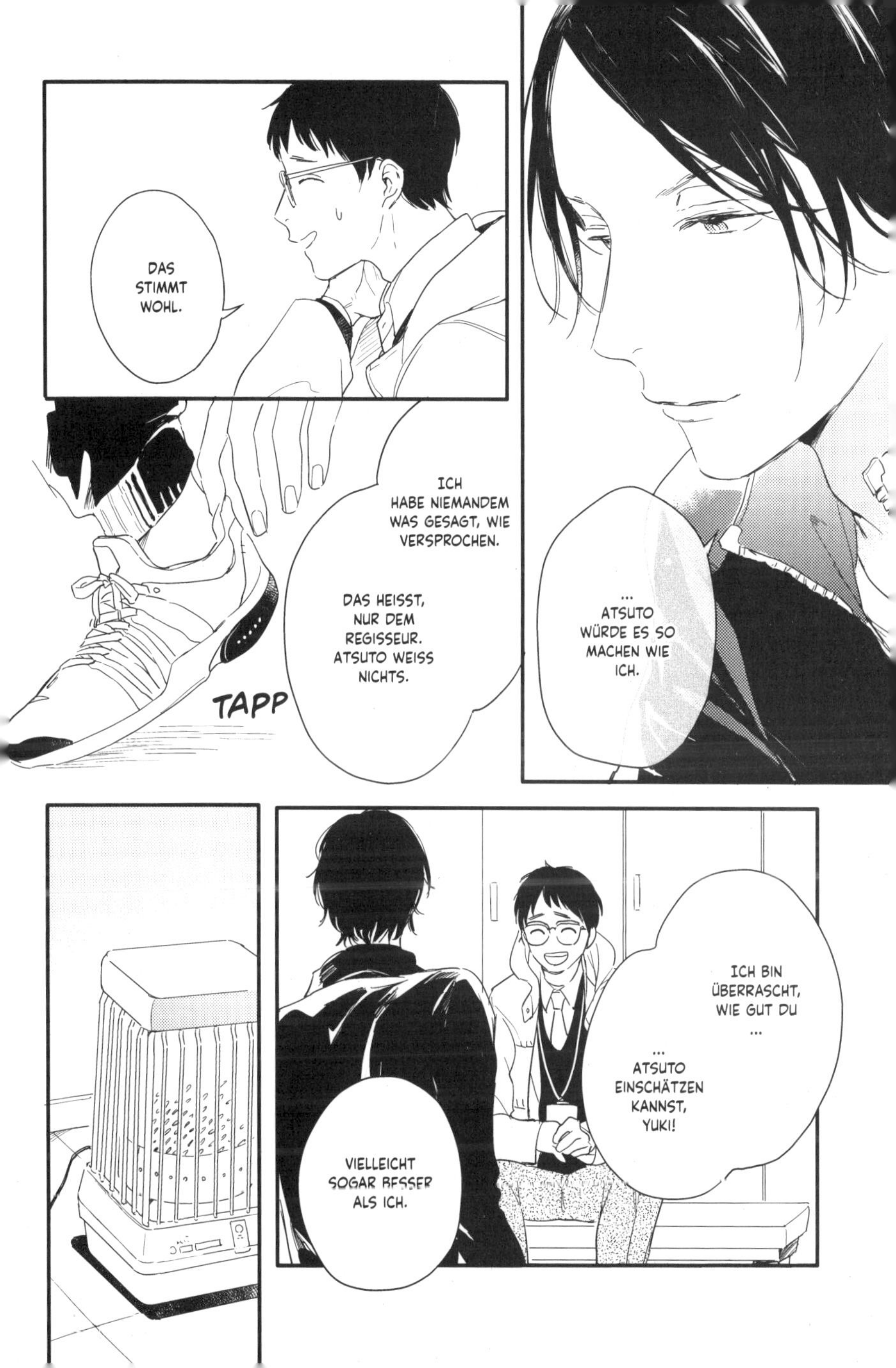
DAS STIMMT WOHL.
ICH HABE NIEMANDEM WAS GESAGT, WIE VERSPROCHEN.
DAS HEISST, NUR DEM REGISSEUR. ATSUTO WEISS NICHTS.
TAPP
... ATSUTO WÜRDE ES SO MACHEN WIE ICH.
ICH BIN ÜBERRASCHT, WIE GUT DU ...
... ATSUTO EINSCHÄTZEN KANNST, YUKI!
VIELLEICHT SOGAR BESSER ALS ICH.

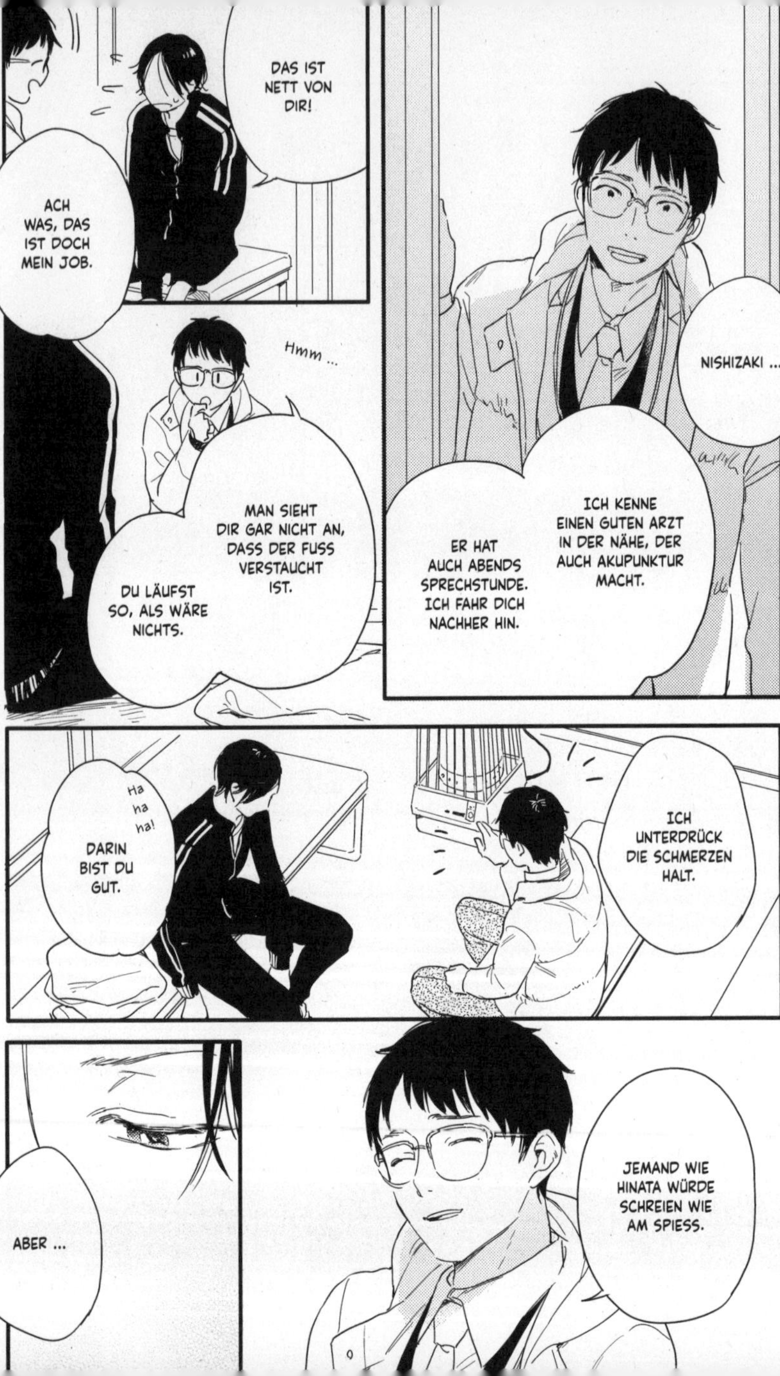
NISHIZAKI ...
ICH KENNE EINEN GUTEN ARZT IN DER NÄHE, DER AUCH AKUPUNKTUR MACHT.
ER HAT AUCH ABENDS SPRECHSTUNDE. ICH FAHR DICH NACHHER HIN.
DAS IST NETT VON DIR!
ACH WAS, DAS IST DOCH MEIN JOB.
Hmm ...
MAN SIEHT DIR GAR NICHT AN, DASS DER FUSS VERSTAUCHT IST.
DU LÄUFST SO, ALS WÄRE NICHTS.
ICH UNTERDRÜCK DIE SCHMERZEN HALT.
Ha ha ha!
DARIN BIST DU GUT.
JEMAND WIE HINATA WÜRDE SCHREIEN WIE AM SPIESS.
ABER ...

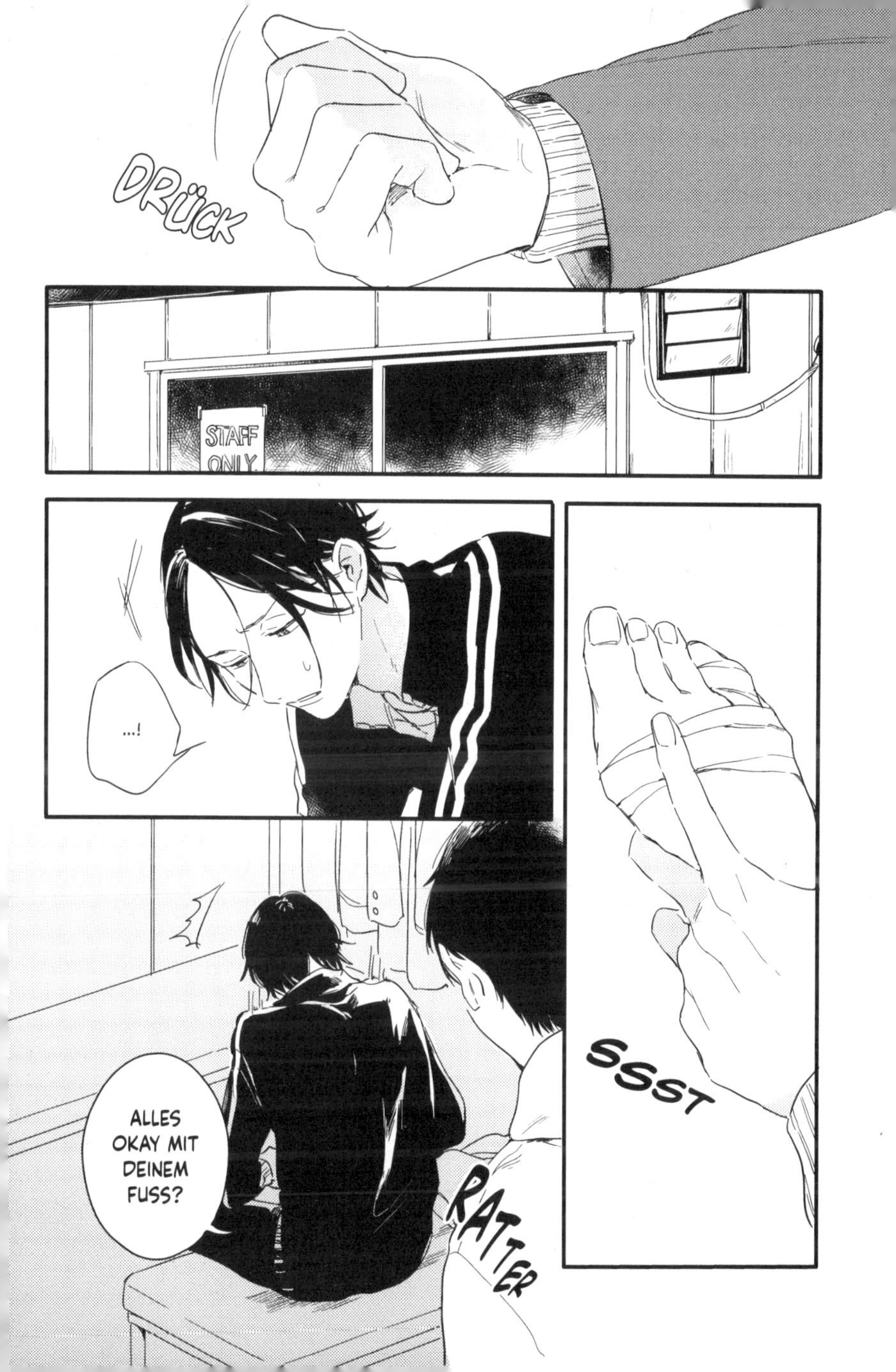
DRÜCK
STAFF ONLY
...!
SSST
RATTER
ALLES OKAY MIT DEINEM FUSS?

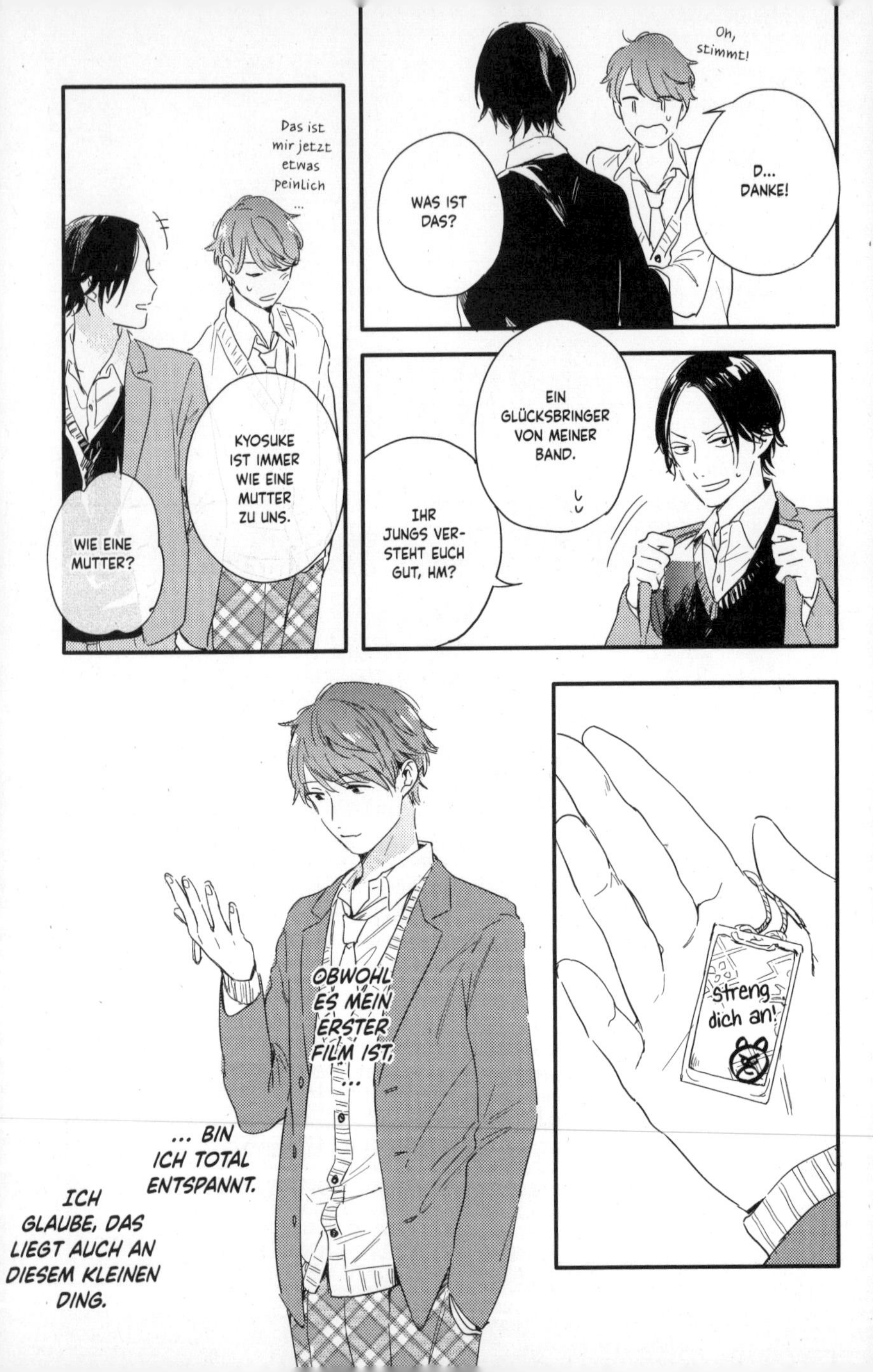
Oh, stimmt!
D... DANKE!
WAS IST DAS?
EIN GLÜCKSBRINGER VON MEINER BAND.
IHR JUNGS VERSTEHT EUCH GUT, HM?
Das ist mir jetzt etwas peinlich ...
KYOSUKE IST IMMER WIE EINE MUTTER ZU UNS.
WIE EINE MUTTER?
Streng dich an!
OBWOHL ES MEIN ERSTER FILM IST, ...
... BIN ICH TOTAL ENTSPANNT.
ICH GLAUBE, DAS LIEGT AUCH AN DIESEM KLEINEN DING.

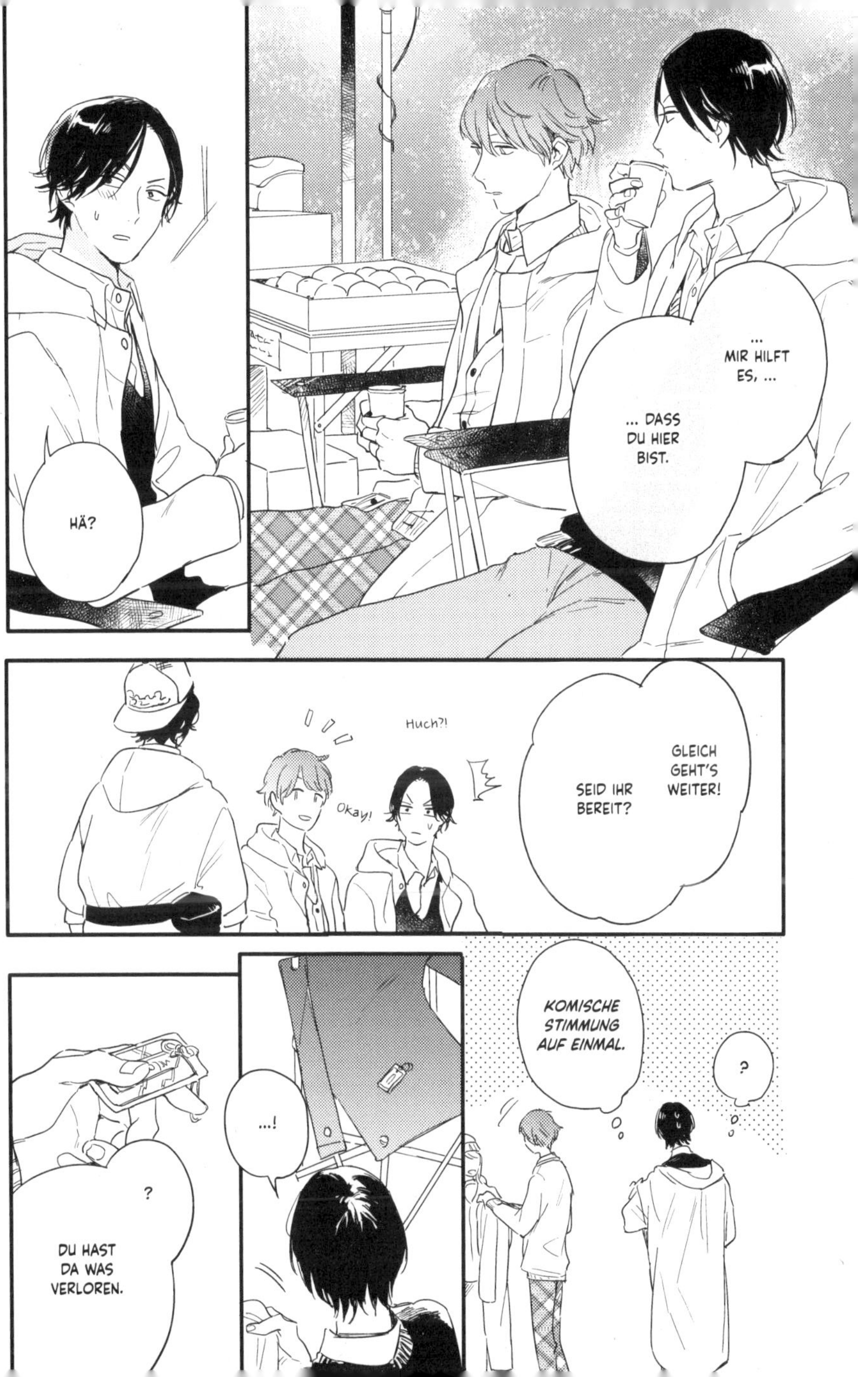

... MIR HILFT ES, ...
... DASS DU HIER BIST.
HÄ?
GLEICH GEHT'S WEITER!
SEID IHR BEREIT?
Huch?!
Okay!
KOMISCHE STIMMUNG AUF EINMAL.
?
...!
?
DU HAST DA WAS VERLOREN.

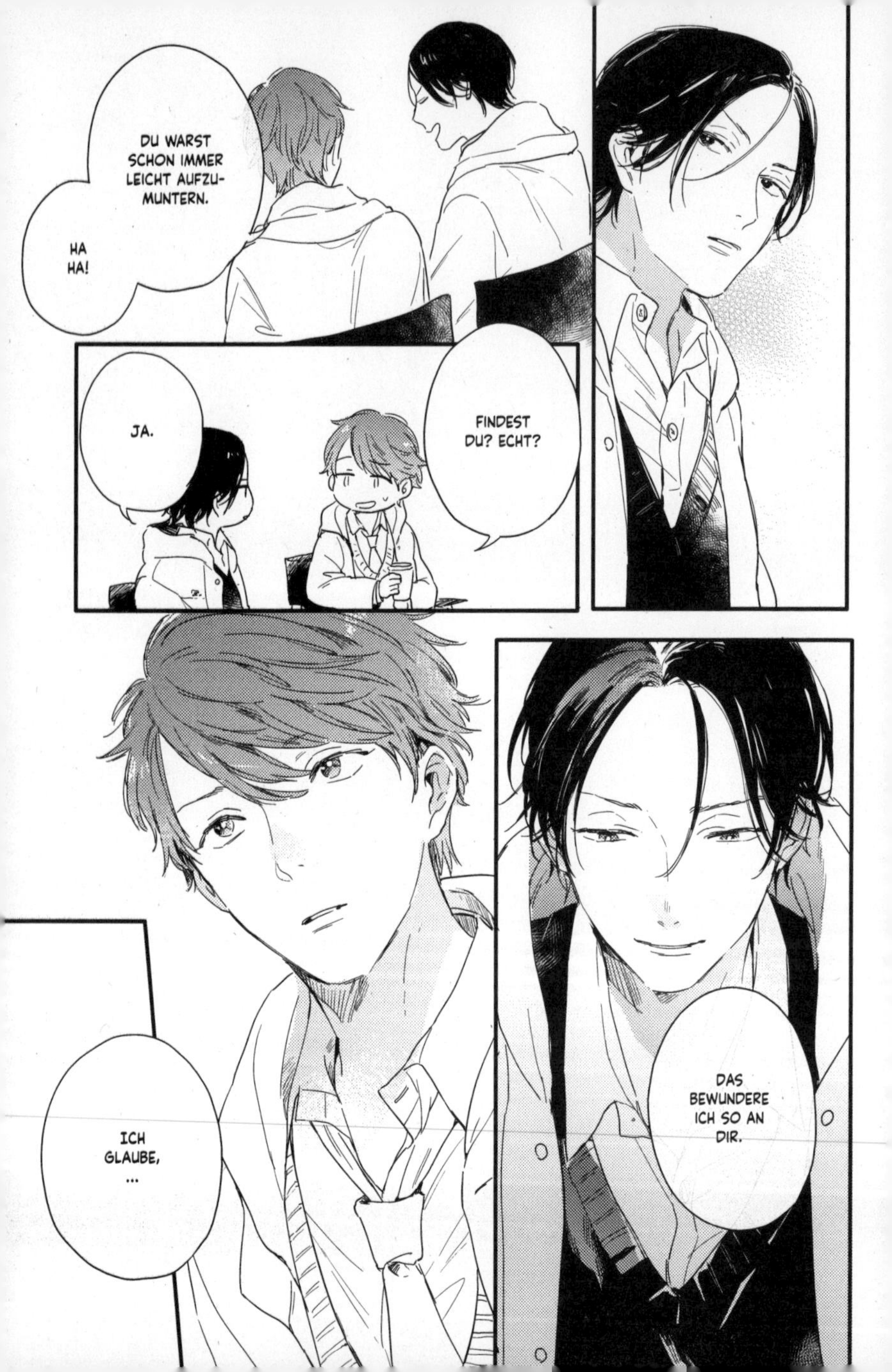
DU WARST SCHON IMMER LEICHT AUFZU-MUNTERN.
HA HA!
FINDEST DU? ECHT?
JA.
DAS BEWUNDERE ICH SO AN DIR.
ICH GLAUBE, ...

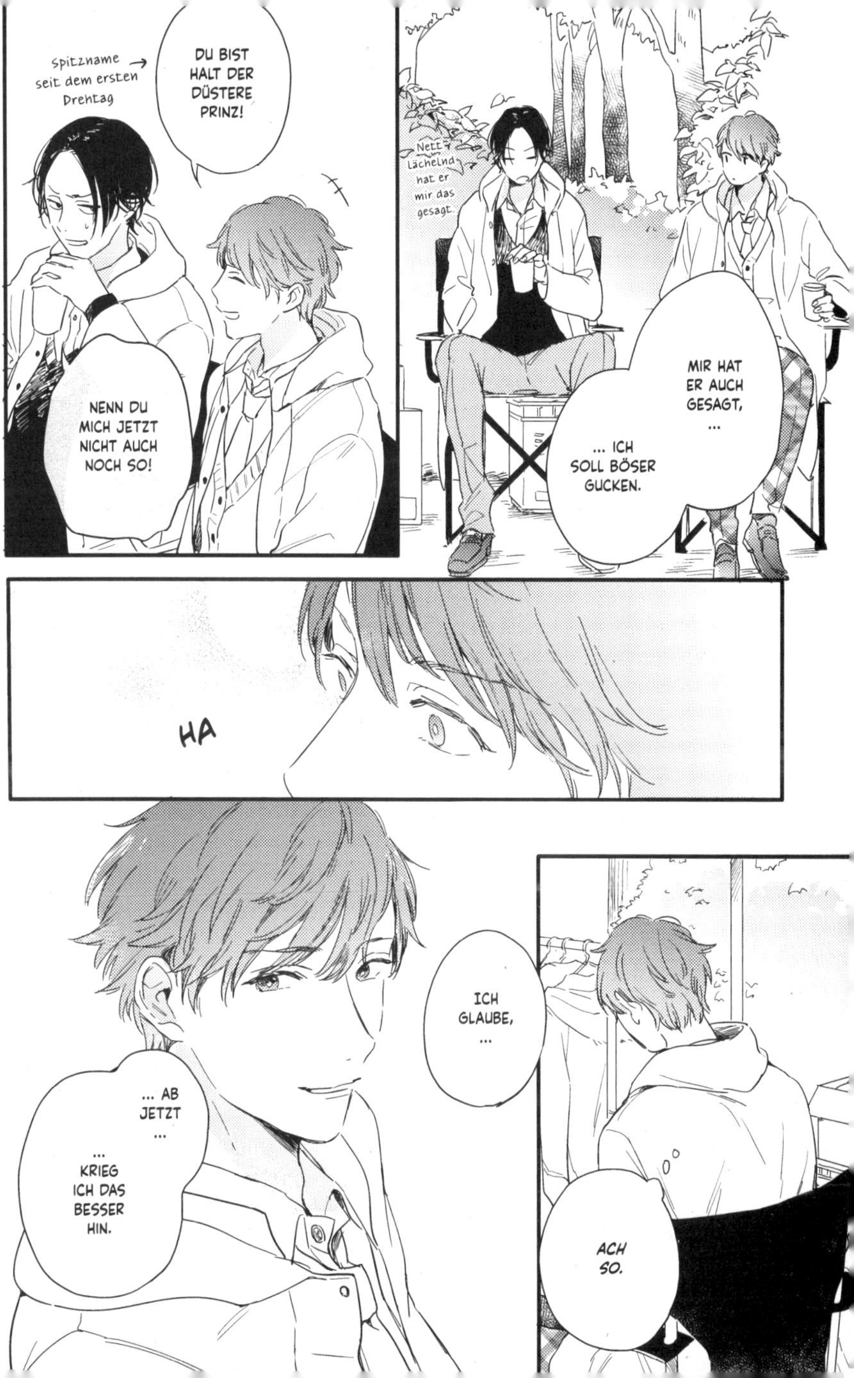
DU BIST HALT DER DÜSTERE PRINZ!
Spitzname seit dem ersten Drehtag
NENN DU MICH JETZT NICHT AUCH NOCH SO!
Nett lächelnd hat er mir das gesagt.
MIR HAT ER AUCH GESAGT, ...
... ICH SOLL BÖSER GUCKEN.
HA
ICH GLAUBE, ...
... AB JETZT ...
... KRIEG ICH DAS BESSER HIN.
ACH SO.

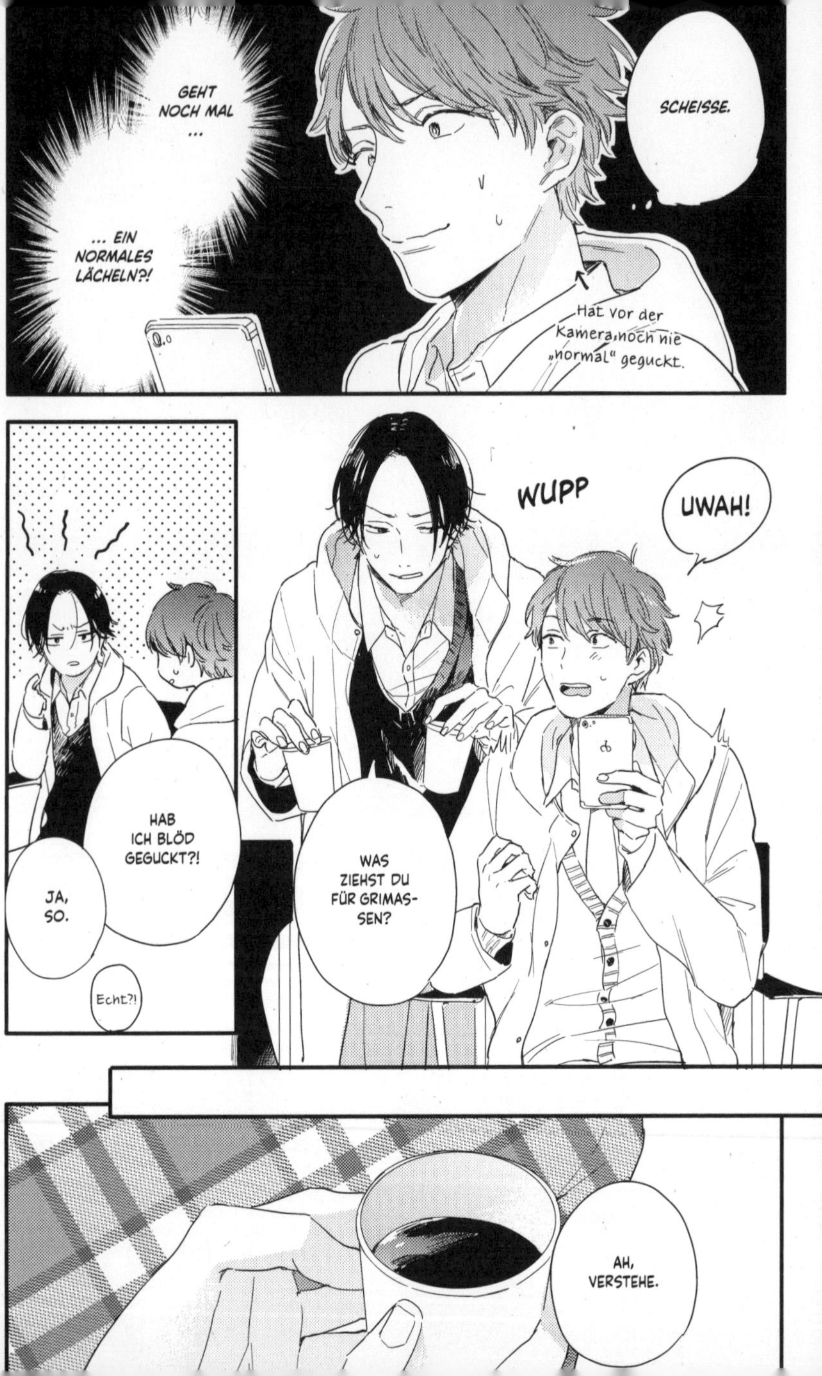
SCHEISSE.
GEHT NOCH MAL …
… EIN NORMALES LÄCHELN?!
Hat vor der Kamera noch nie „normal“ geguckt.
UWAH!
WUPP
WAS ZIEHST DU FÜR GRIMAS-SEN?
HAB ICH BLÖD GEGUCKT?!
JA, SO.
Echt?!
AH, VERSTEHE.

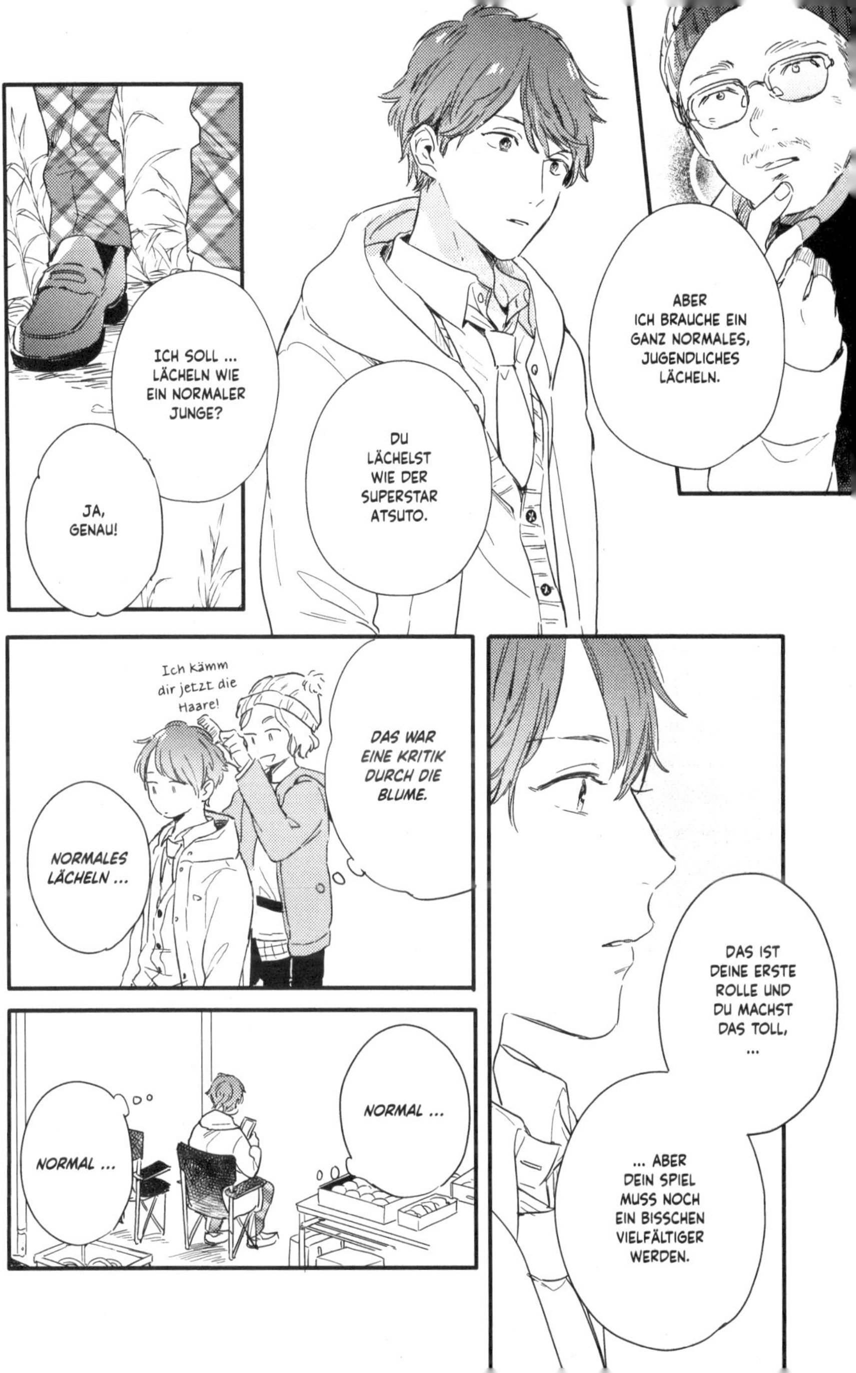
ABER ICH BRAUCHE EIN GANZ NORMALES, JUGENDLICHES LÄCHELN.
DU LÄCHELST WIE DER SUPERSTAR ATSUTO.
ICH SOLL ... LÄCHELN WIE EIN NORMALER JUNGE?
JA, GENAU!
DAS IST DEINE ERSTE ROLLE UND DU MACHST DAS TOLL, ...
... ABER DEIN SPIEL MUSS NOCH EIN BISSCHEN VIELFÄLTIGER WERDEN.
DAS WAR EINE KRITIK DURCH DIE BLUME.
Ich kämm dir jetzt die Haare!
NORMALES LÄCHELN ...
NORMAL ...
NORMAL ...

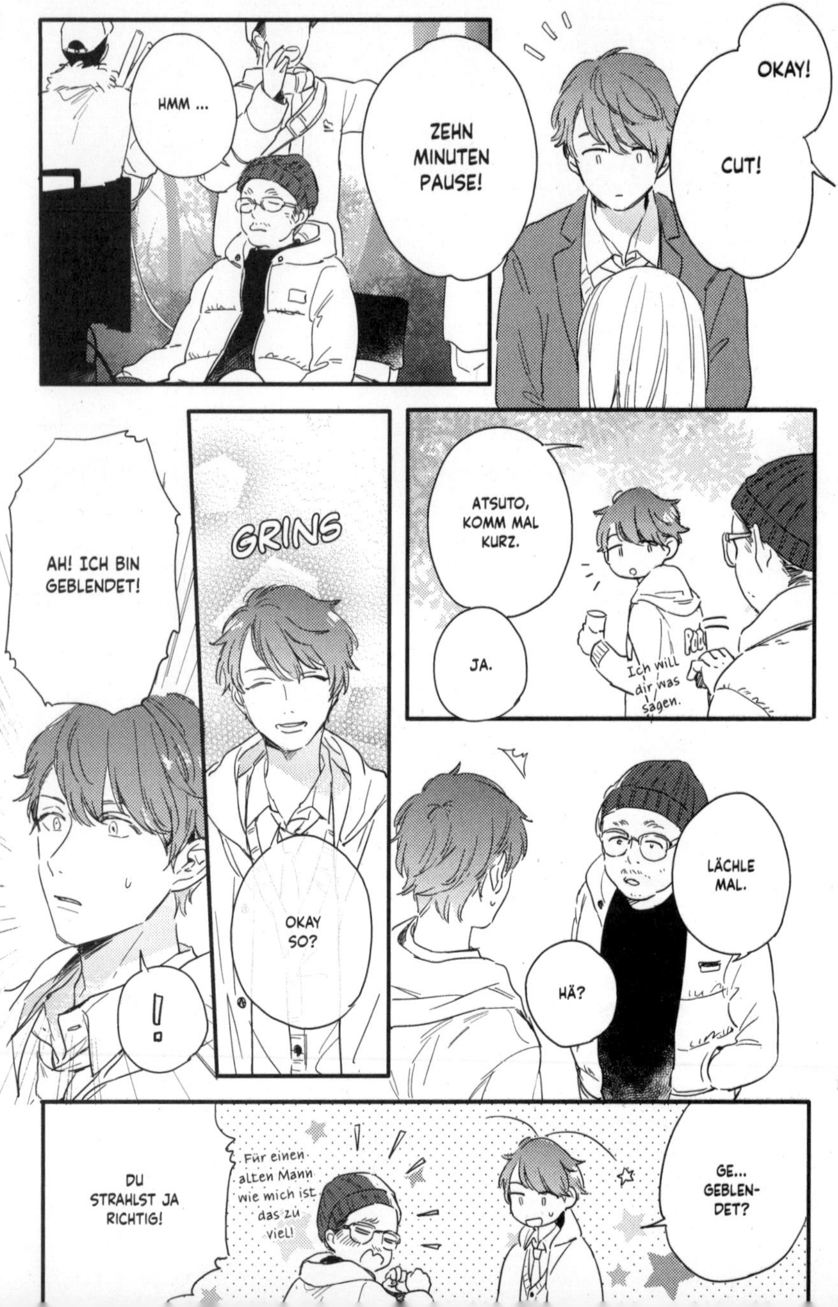
OKAY!
CUT!
ZEHN MINUTEN PAUSE!
HMM ...
ATSUTO, KOMM MAL KURZ.
JA.
Ich will dir was sagen.
LÄCHLE MAL.
HÄ?
GRINS
OKAY SO?
!
AH! ICH BIN GEBLENDET!
GE... GEBLEN-DET?
Für einen alten Mann wie mich ist das zu viel!
DU STRAHLST JA RICHTIG!

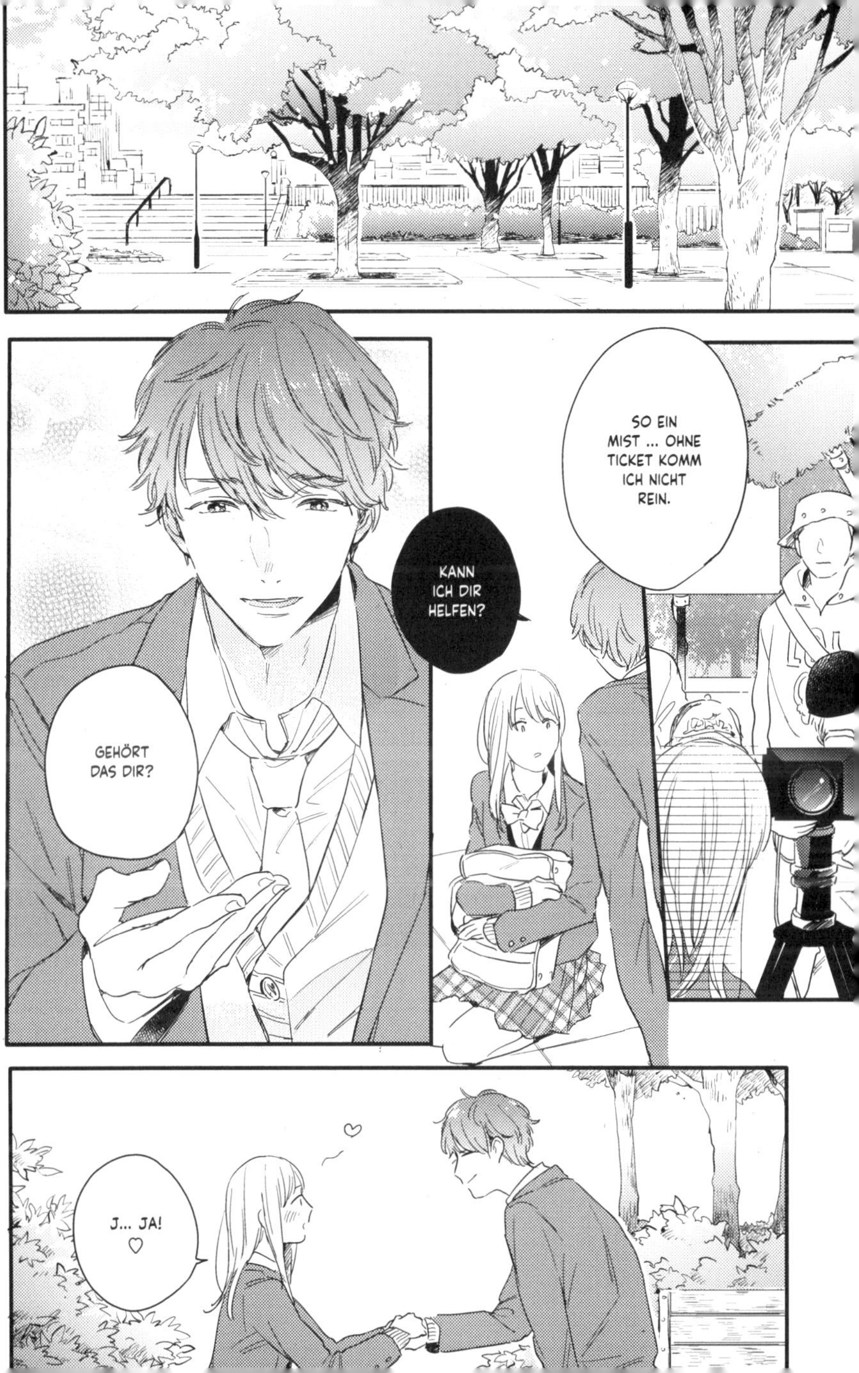
SO EIN MIST ... OHNE TICKET KOMM ICH NICHT REIN.
KANN ICH DIR HELFEN?
GEHÖRT DAS DIR?
J... JA! ♡

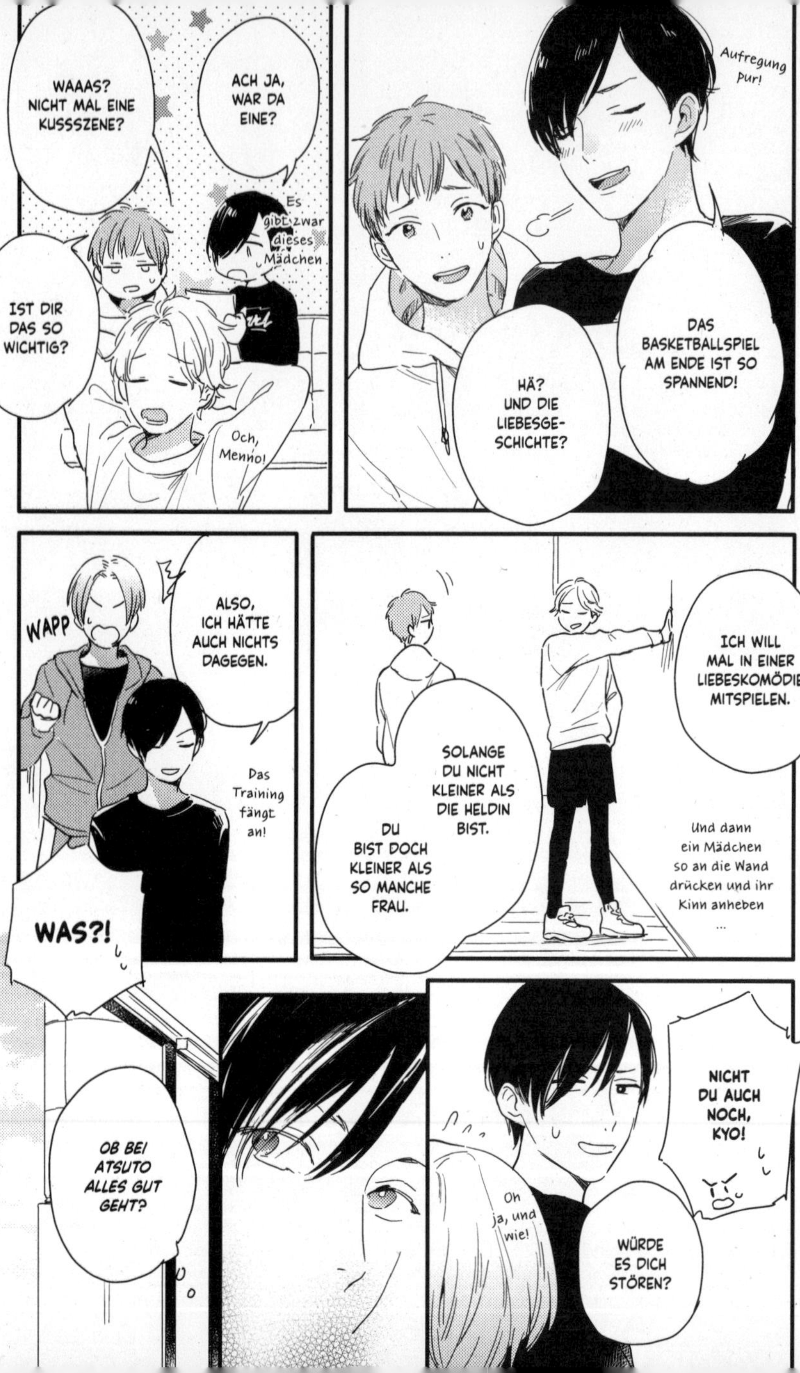
Aufregung pur!
DAS BASKETBALLSPIEL AM ENDE IST SO SPANNEND!
HÄ? UND DIE LIEBESGE-SCHICHTE?
ACH JA, WAR DA EINE?
WAAAS? NICHT MAL EINE KUSSSZENE?
Es gibt zwar dieses Mädchen ...
IST DIR DAS SO WICHTIG?
Och, Menno!
ICH WILL MAL IN EINER LIEBESKOMÖDIE MITSPIELEN.
Und dann ein Mädchen so an die Wand drücken und ihr Kinn anheben ...
SOLANGE DU NICHT KLEINER ALS DIE HELDIN BIST.
DU BIST DOCH KLEINER ALS SO MANCHE FRAU.
ALSO, ICH HÄTTE AUCH NICHTS DAGEGEN.
WAPP
Das Training fängt an!
WAS?!
NICHT DU AUCH NOCH, KYO!
WÜRDE ES DICH STÖREN?
Oh ja, und wie!
OB BEI ATSUTO ALLES GUT GEHT?

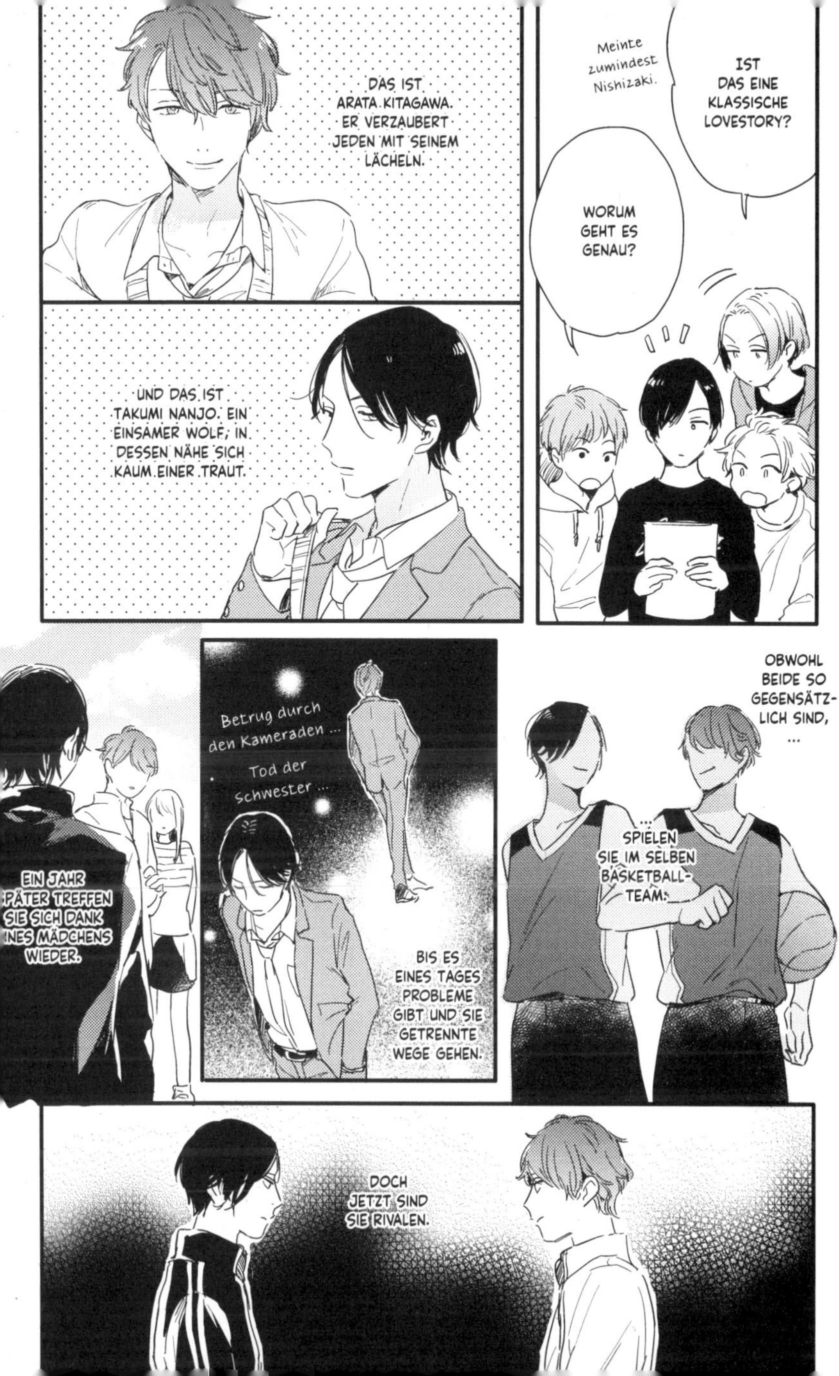
Ist das eine klassische Lovestory?
Meinte zumindest Nishizaki.
Worum geht es genau?
Das ist Arata Kitagawa. Er verzaubert jeden mit seinem Lächeln.
Und das ist Takumi Nanjo. Ein einsamer Wolf, in dessen Nähe sich kaum einer traut.
Obwohl beide so gegensätzlich sind, ...
... spielen sie im selben Basketball-Team.
Betrug durch den Kameraden ...
Tod der Schwester ...
Bis es eines Tages Probleme gibt und sie getrennte Wege gehen.
Ein Jahr päter treffen sie sich dank ines Mädchens wieder.
Doch jetzt sind sie Rivalen.

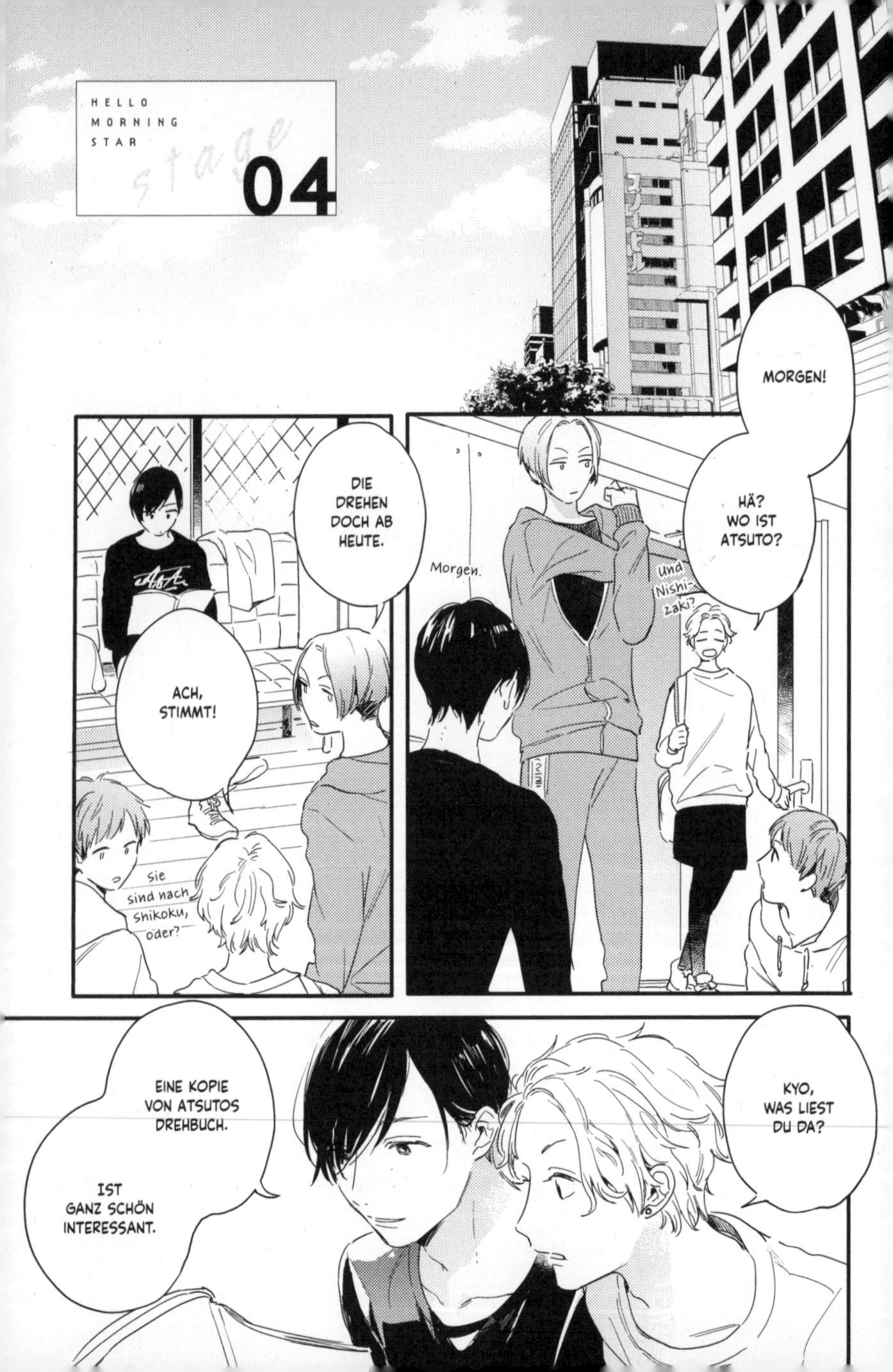
HELLO MORNING STAR
stage 04
MORGEN!
HÄ? WO IST ATSUTO?
Und Nishi-zaki?
Morgen.
DIE DREHEN DOCH AB HEUTE.
ACH, STIMMT!
Sie sind nach Shikoku, oder?
KYO, WAS LIEST DU DA?
EINE KOPIE VON ATSUTOS DREHBUCH.
IST GANZ SCHÖN INTERESSANT.

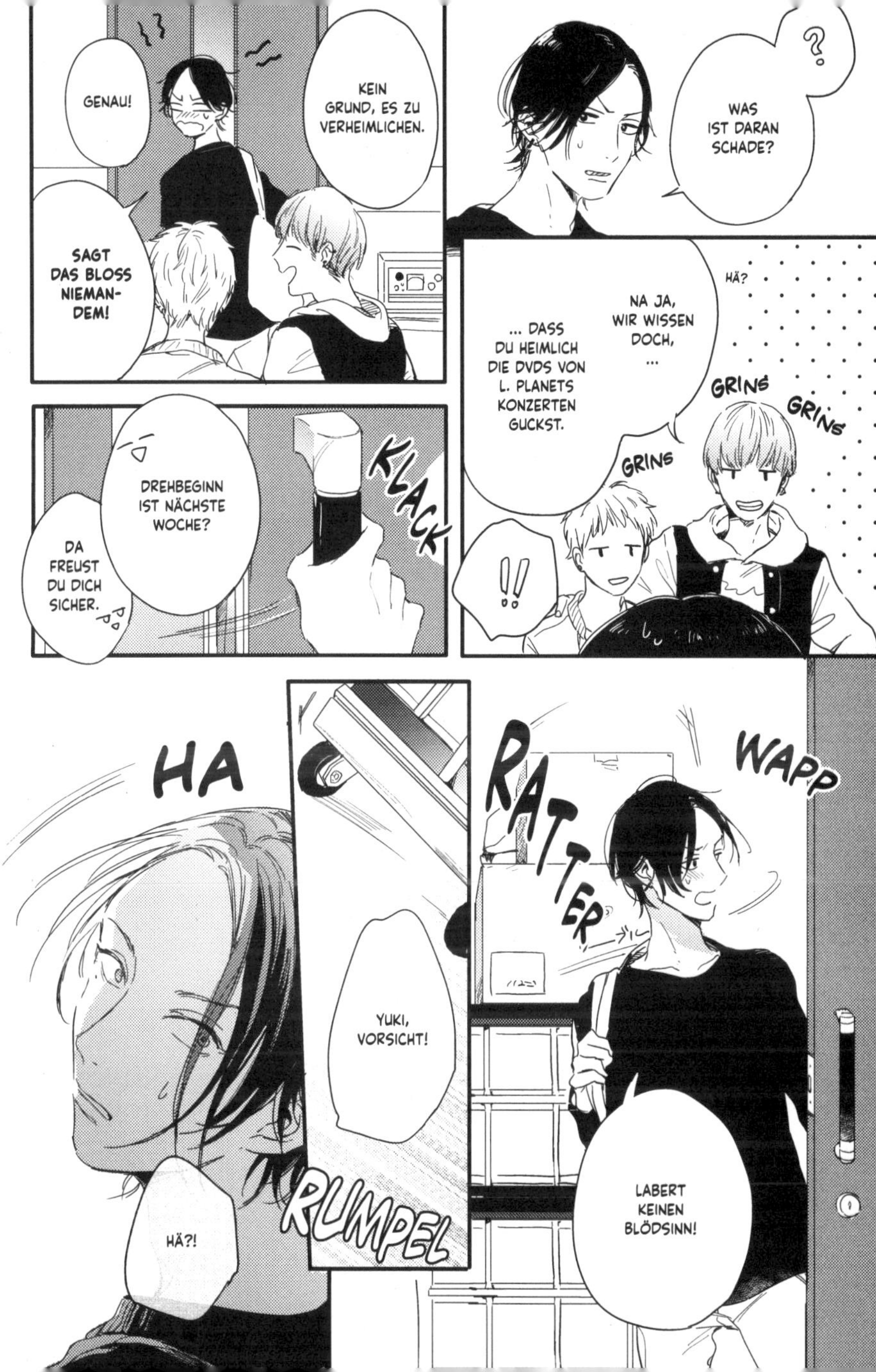
?
WAS IST DARAN SCHADE?
KEIN GRUND, ES ZU VERHEIMLICHEN.
GENAU!
SAGT DAS BLOSS NIEMANDEM!
HÄ?
NA JA, WIR WISSEN DOCH, ...
... DASS DU HEIMLICH DIE DVDS VON L. PLANETS KONZERTEN GUCKST.
GRINS
GRINS
GRINS
!!
KLACK
DREHBEGINN IST NÄCHSTE WOCHE?
DA FREUST DU DICH SICHER.
WAPP
RATTER
LABERT KEINEN BLÖDSINN!
YUKI, VORSICHT!
RUMPEL
HA
HÄ?!

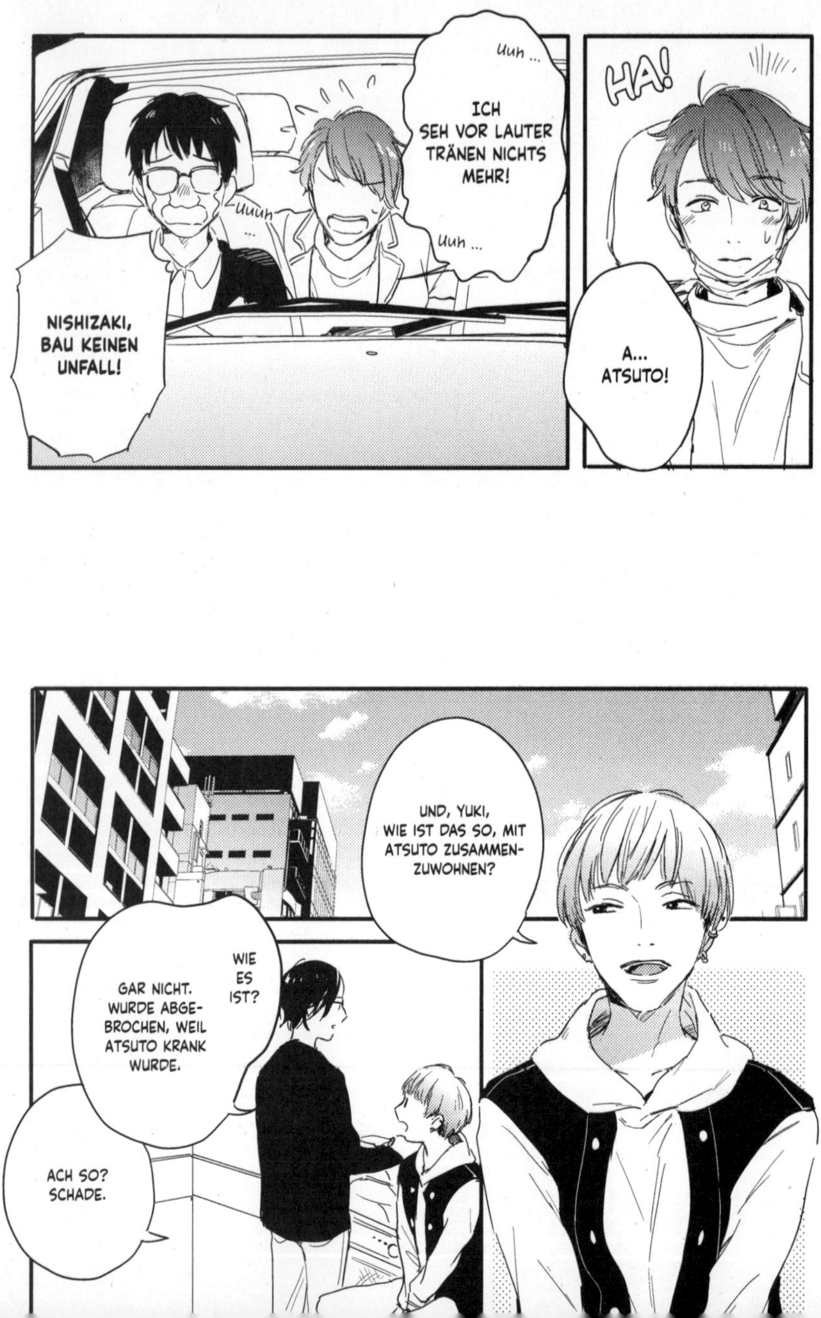
HA!
A... ATSUTO!
Uuh ...
ICH SEH VOR LAUTER TRÄNEN NICHTS MEHR!
Uuuh ...
Uuh ...
NISHIZAKI, BAU KEINEN UNFALL!
UND, YUKI, WIE IST DAS SO, MIT ATSUTO ZUSAMMEN-ZUWOHNEN?
WIE ES IST?
GAR NICHT. WURDE ABGE-BROCHEN, WEIL ATSUTO KRANK WURDE.
ACH SO? SCHADE.

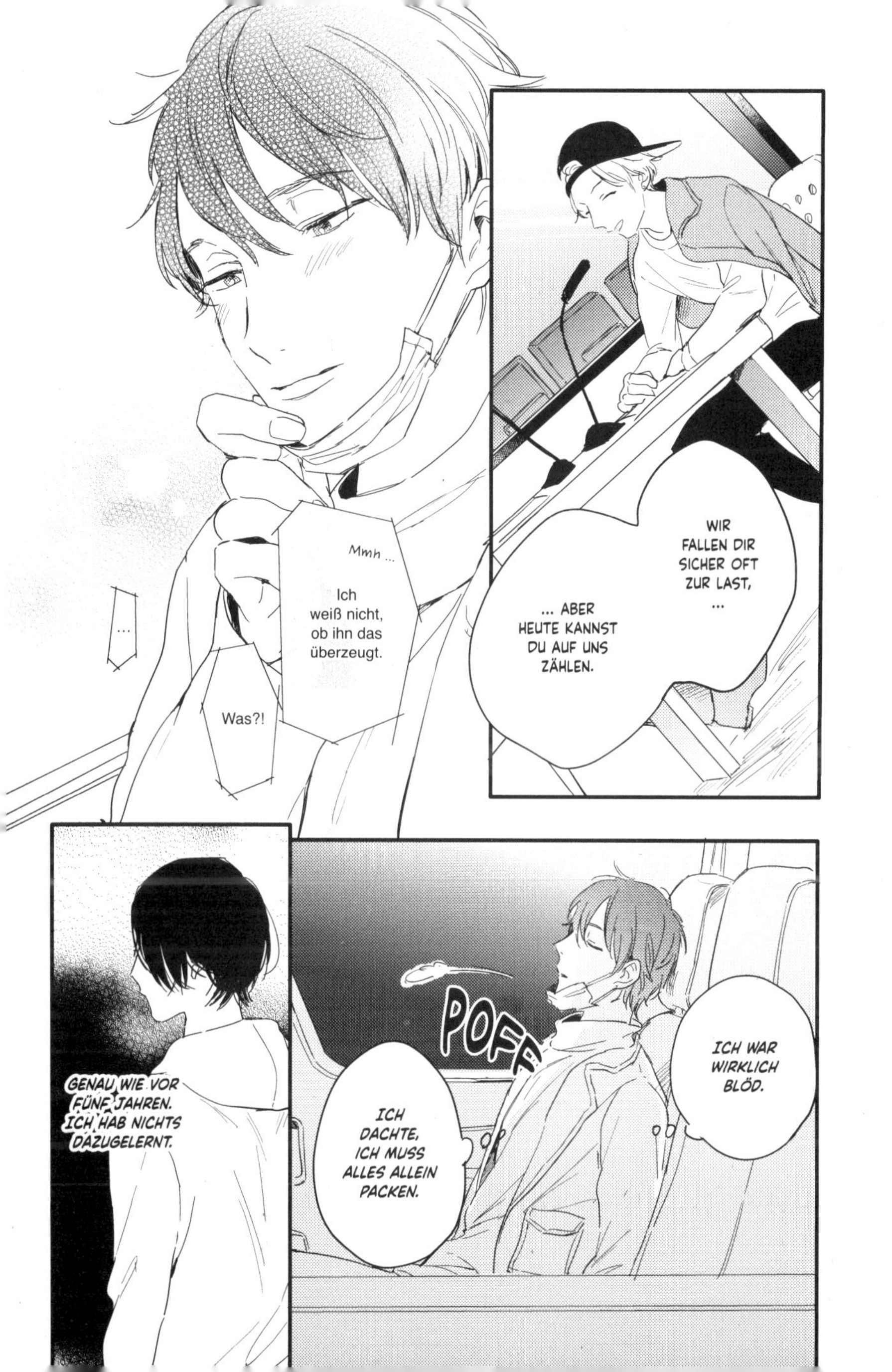
WIR FALLEN DIR SICHER OFT ZUR LAST, ...
... ABER HEUTE KANNST DU AUF UNS ZÄHLEN.
Mmh ...
Ich weiß nicht, ob ihn das überzeugt.
Was?!
...
POFF
ICH WAR WIRKLICH BLÖD.
ICH DACHTE, ICH MUSS ALLES ALLEIN PACKEN.
GENAU WIE VOR FÜNF JAHREN. ICH HAB NICHTS DAZUGELERNT.

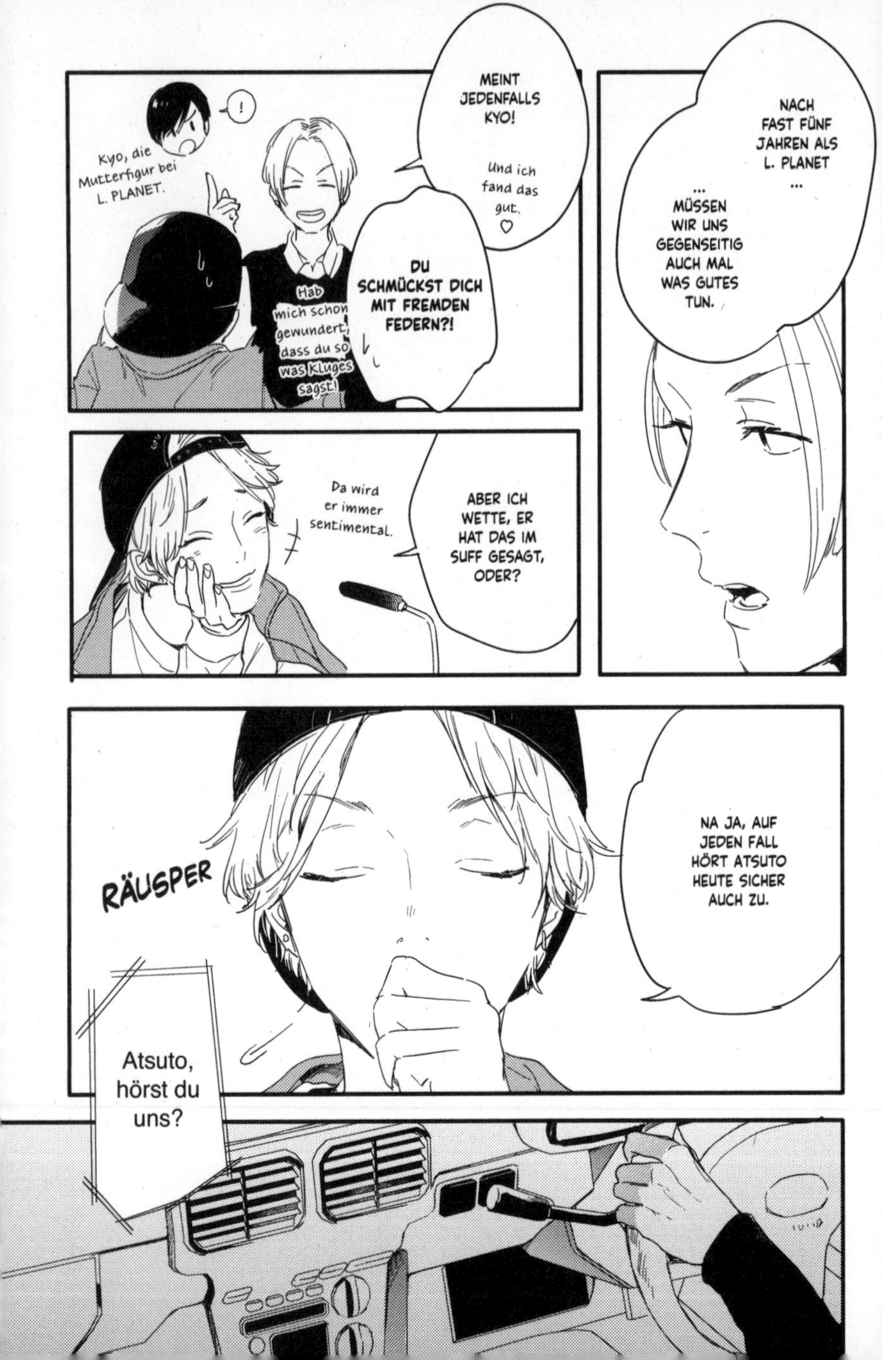
NACH FAST FÜNF JAHREN ALS L. PLANET ...
... MÜSSEN WIR UNS GEGENSEITIG AUCH MAL WAS GUTES TUN.
MEINT JEDENFALLS KYO!
Und ich fand das gut. ♡
Kyo, die Mutterfigur bei L. PLANET.
!
DU SCHMÜCKST DICH MIT FREMDEN FEDERN?!
Hab mich schon gewundert, dass du so was Kluges sagst!
ABER ICH WETTE, ER HAT DAS IM SUFF GESAGT, ODER?
Da wird er immer sentimental.
NA JA, AUF JEDEN FALL HÖRT ATSUTO HEUTE SICHER AUCH ZU.
RÄUSPER
Atsuto, hörst du uns?

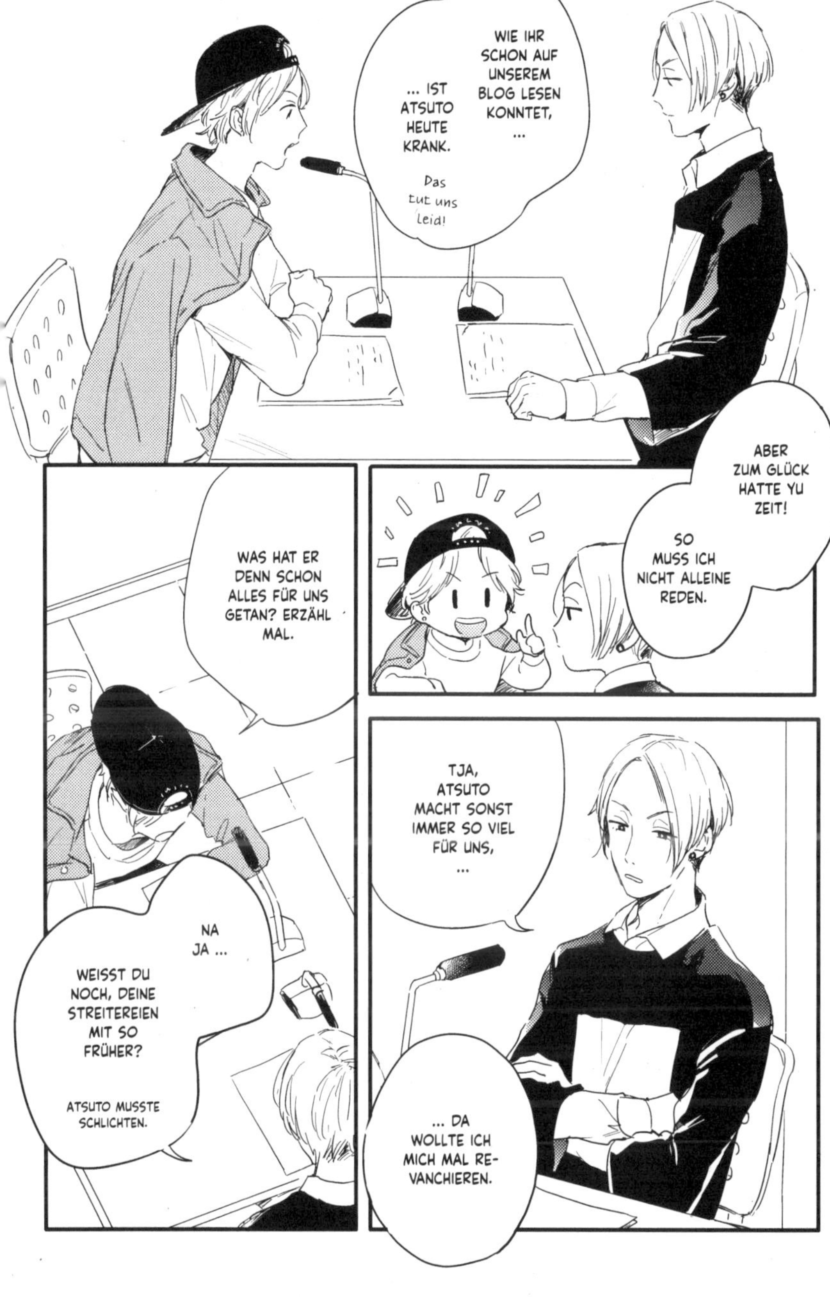
WIE IHR SCHON AUF UNSEREM BLOG LESEN KONNTET, ...
... IST ATSUTO HEUTE KRANK.
Das tut uns leid!
ABER ZUM GLÜCK HATTE YU ZEIT!
SO MUSS ICH NICHT ALLEINE REDEN.
WAS HAT ER DENN SCHON ALLES FÜR UNS GETAN? ERZÄHL MAL.
TJA, ATSUTO MACHT SONST IMMER SO VIEL FÜR UNS, ...
... DA WOLLTE ICH MICH MAL RE-VANCHIEREN.
NA JA ...
WEISST DU NOCH, DEINE STREITEREIEN MIT SO FRÜHER?
ATSUTO MUSSTE SCHLICHTEN.

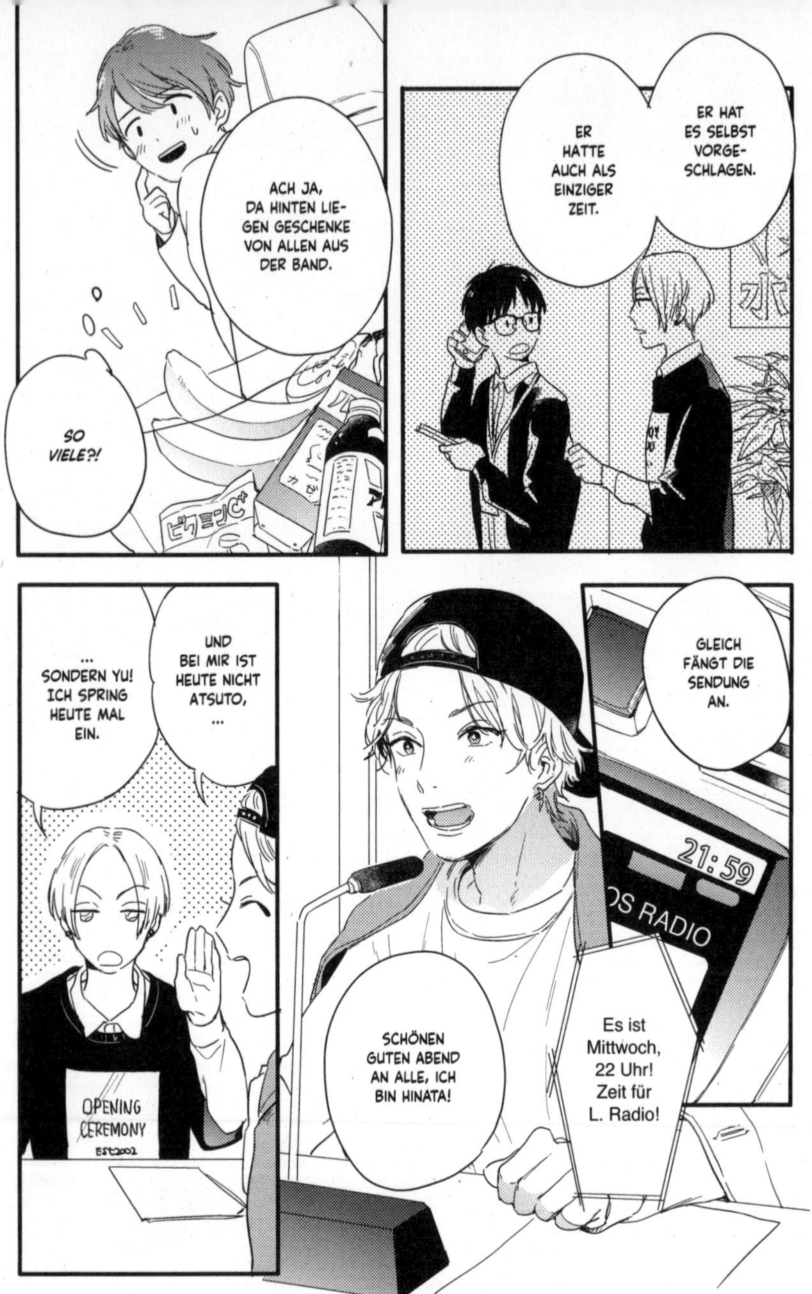
ER HAT ES SELBST VORGE-SCHLAGEN.
ER HATTE AUCH ALS EINZIGER ZEIT.
ACH JA, DA HINTEN LIE-GEN GESCHENKE VON ALLEN AUS DER BAND.
SO VIELE?!
GLEICH FÄNGT DIE SENDUNG AN.
21:59
OS RADIO
Es ist Mittwoch, 22 Uhr! Zeit für L. Radio!
SCHÖNEN GUTEN ABEND AN ALLE, ICH BIN HINATA!
UND BEI MIR IST HEUTE NICHT ATSUTO, ...
... SONDERN YU! ICH SPRING HEUTE MAL EIN.
OPENING CEREMONY
EST2002

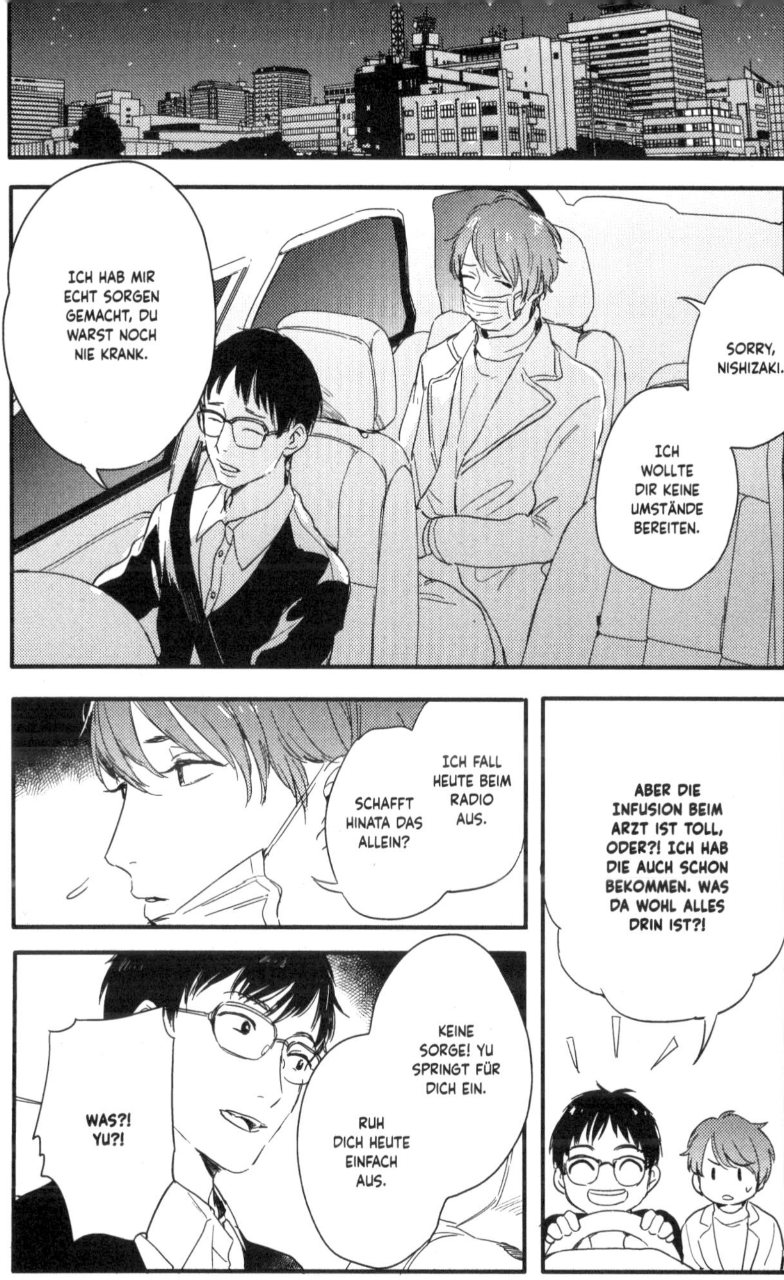

SORRY, NISHIZAKI.
ICH WOLLTE DIR KEINE UMSTÄNDE BEREITEN.
ICH HAB MIR ECHT SORGEN GEMACHT, DU WARST NOCH NIE KRANK.
ICH FALL HEUTE BEIM RADIO AUS.
SCHAFFT HINATA DAS ALLEIN?
KEINE SORGE! YU SPRINGT FÜR DICH EIN.
RUH DICH HEUTE EINFACH AUS.
WAS?! YU?!
ABER DIE INFUSION BEIM ARZT IST TOLL, ODER?! ICH HAB DIE AUCH SCHON BEKOMMEN. WAS DA WOHL ALLES DRIN IST?!

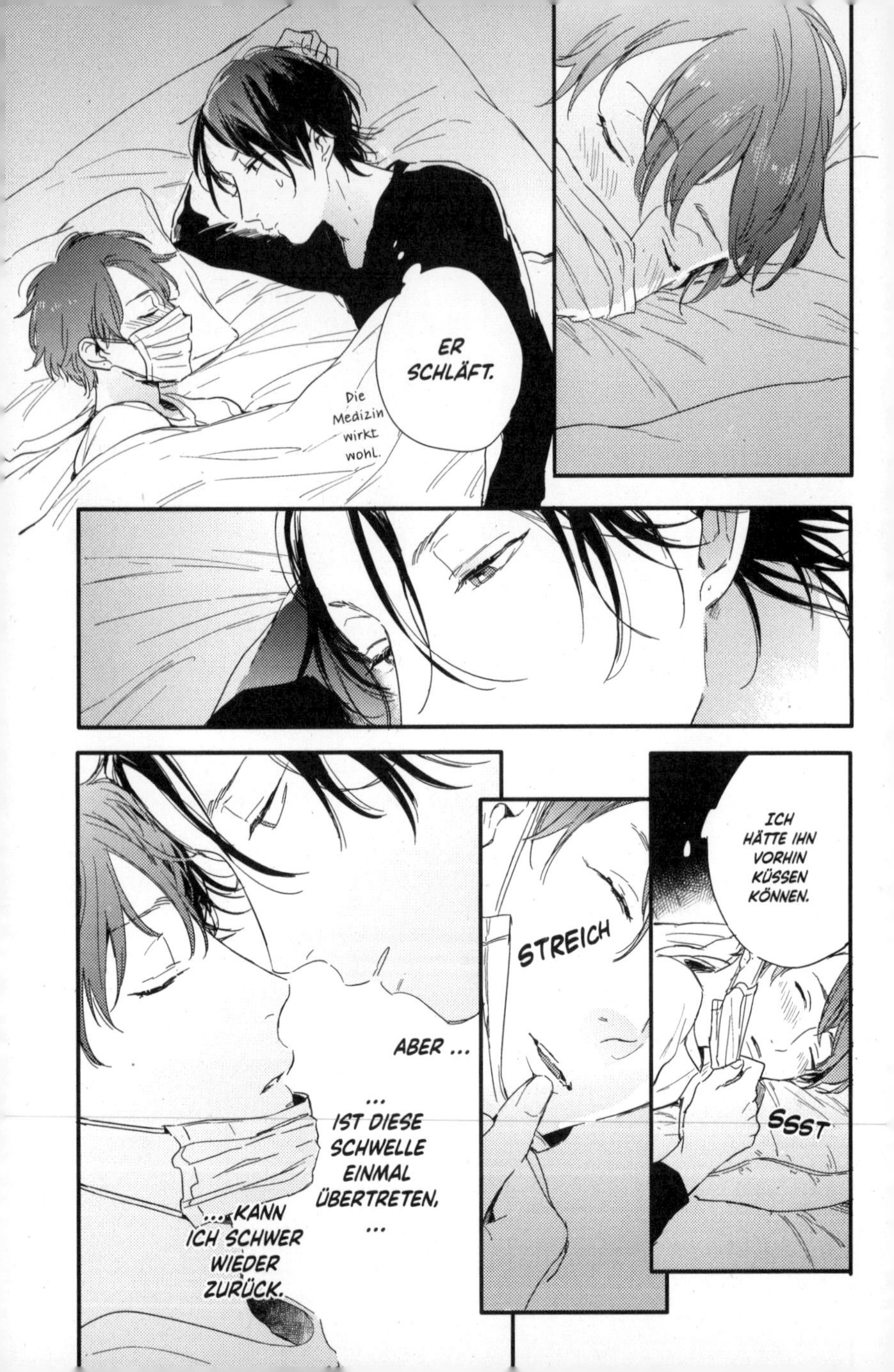
ER SCHLÄFT.
Die Medizin wirkt wohl.
ICH HÄTTE IHN VORHIN KÜSSEN KÖNNEN.
SSST
STREICH
ABER ...
... IST DIESE SCHWELLE EINMAL ÜBERTRETEN, ...
... KANN ICH SCHWER WIEDER ZURÜCK.

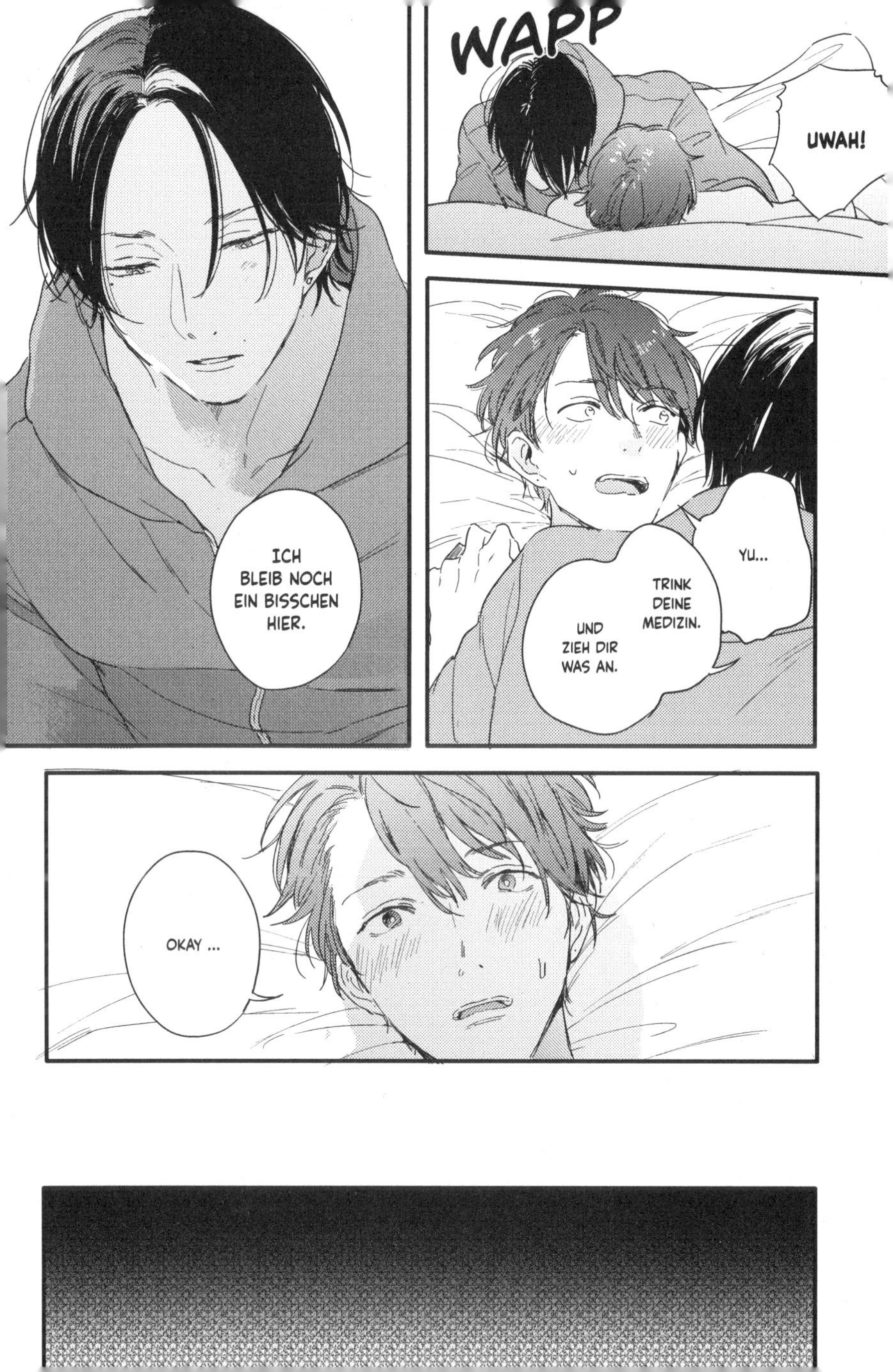
WAPP
UWAH!
YU...
TRINK DEINE MEDIZIN.
UND ZIEH DIR WAS AN.
ICH BLEIB NOCH EIN BISSCHEN HIER.
OKAY ...

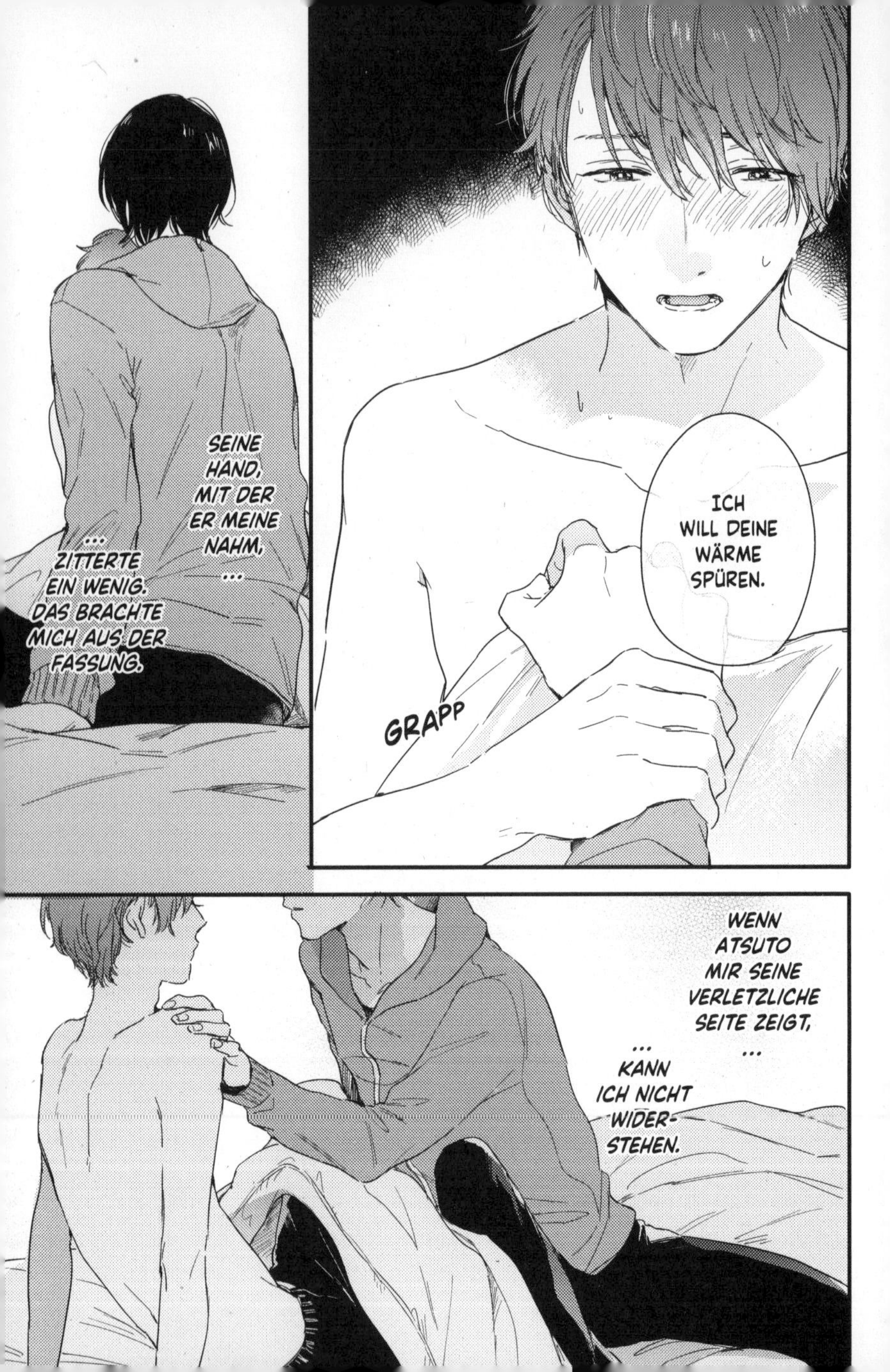
ICH WILL DEINE WÄRME SPÜREN.
GRAPP
SEINE HAND, MIT DER ER MEINE NAHM, ...
... ZITTERTE EIN WENIG. DAS BRACHTE MICH AUS DER FASSUNG.
WENN ATSUTO MIR SEINE VERLETZLICHE SEITE ZEIGT, ...
... KANN ICH NICHT WIDER-STEHEN.

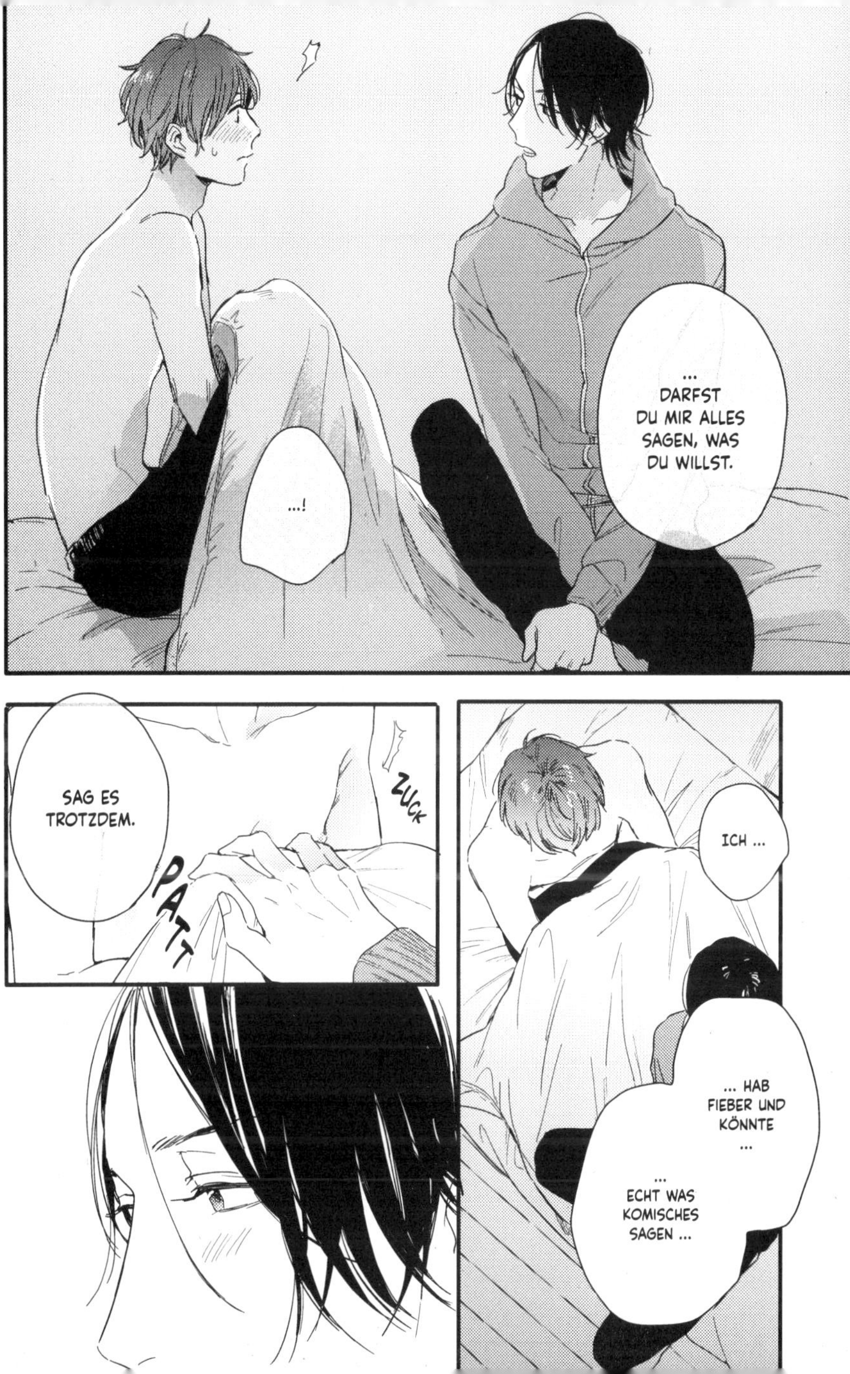
... DARFST DU MIR ALLES SAGEN, WAS DU WILLST.
...!
ICH ...
... HAB FIEBER UND KÖNNTE ...
... ECHT WAS KOMISCHES SAGEN ...
SAG ES TROTZDEM.
ZUCK
PATT

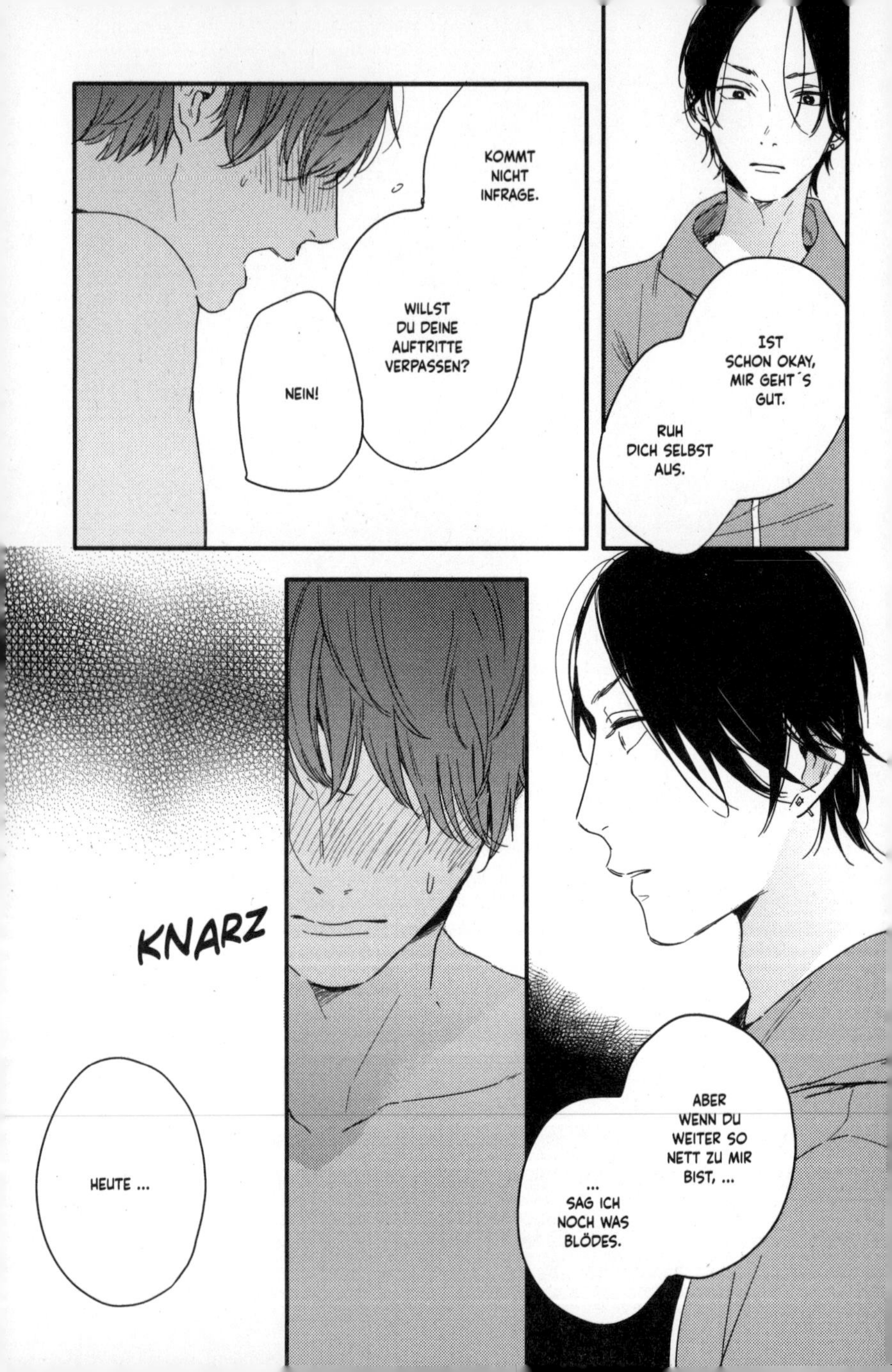
IST SCHON OKAY, MIR GEHT´S GUT.
RUH DICH SELBST AUS.
KOMMT NICHT INFRAGE.
WILLST DU DEINE AUFTRITTE VERPASSEN?
NEIN!
ABER WENN DU WEITER SO NETT ZU MIR BIST, ...
... SAG ICH NOCH WAS BLÖDES.
KNARZ
HEUTE ...

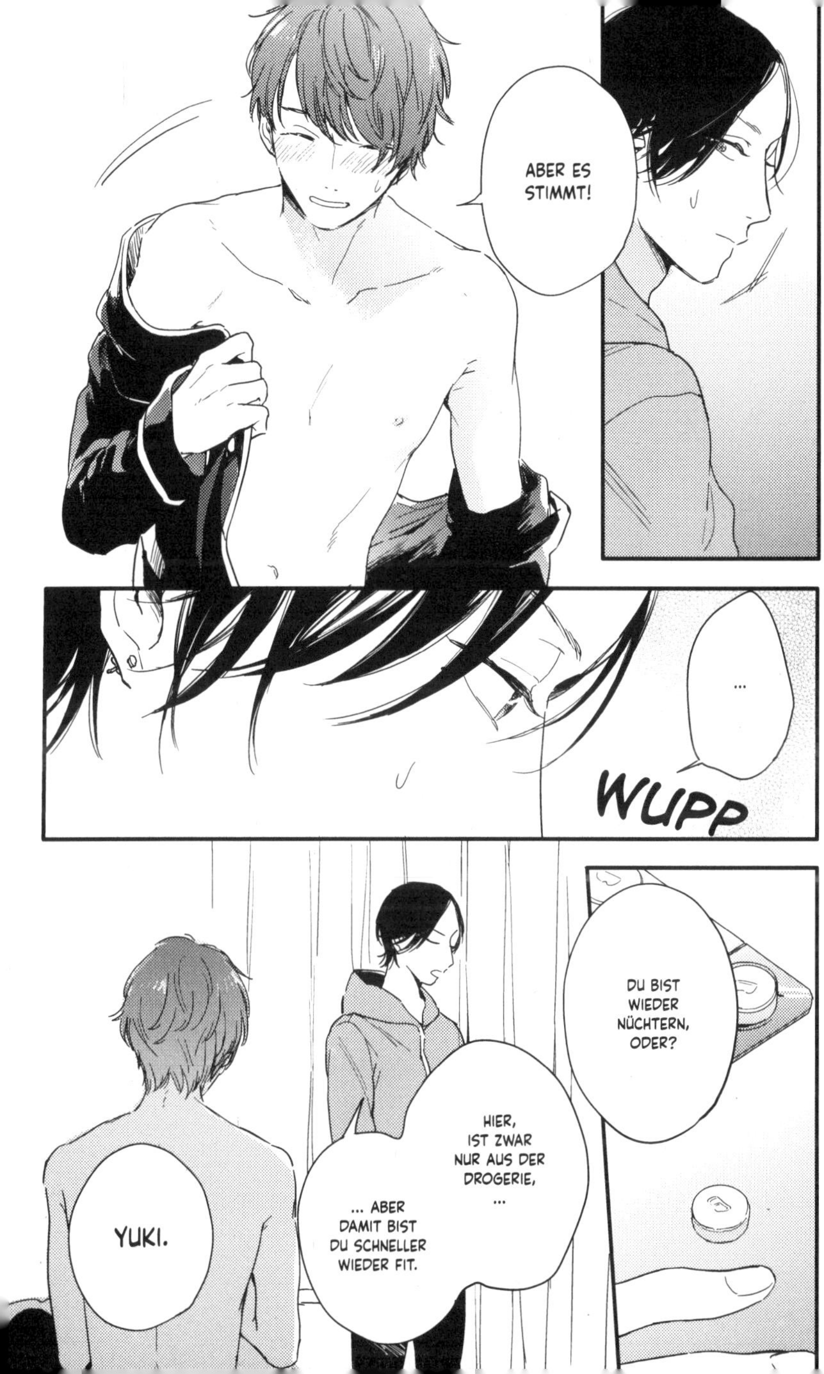
ABER ES STIMMT!
...
WUPP
DU BIST WIEDER NÜCHTERN, ODER?
HIER, IST ZWAR NUR AUS DER DROGERIE, ...
... ABER DAMIT BIST DU SCHNELLER WIEDER FIT.
YUKI.

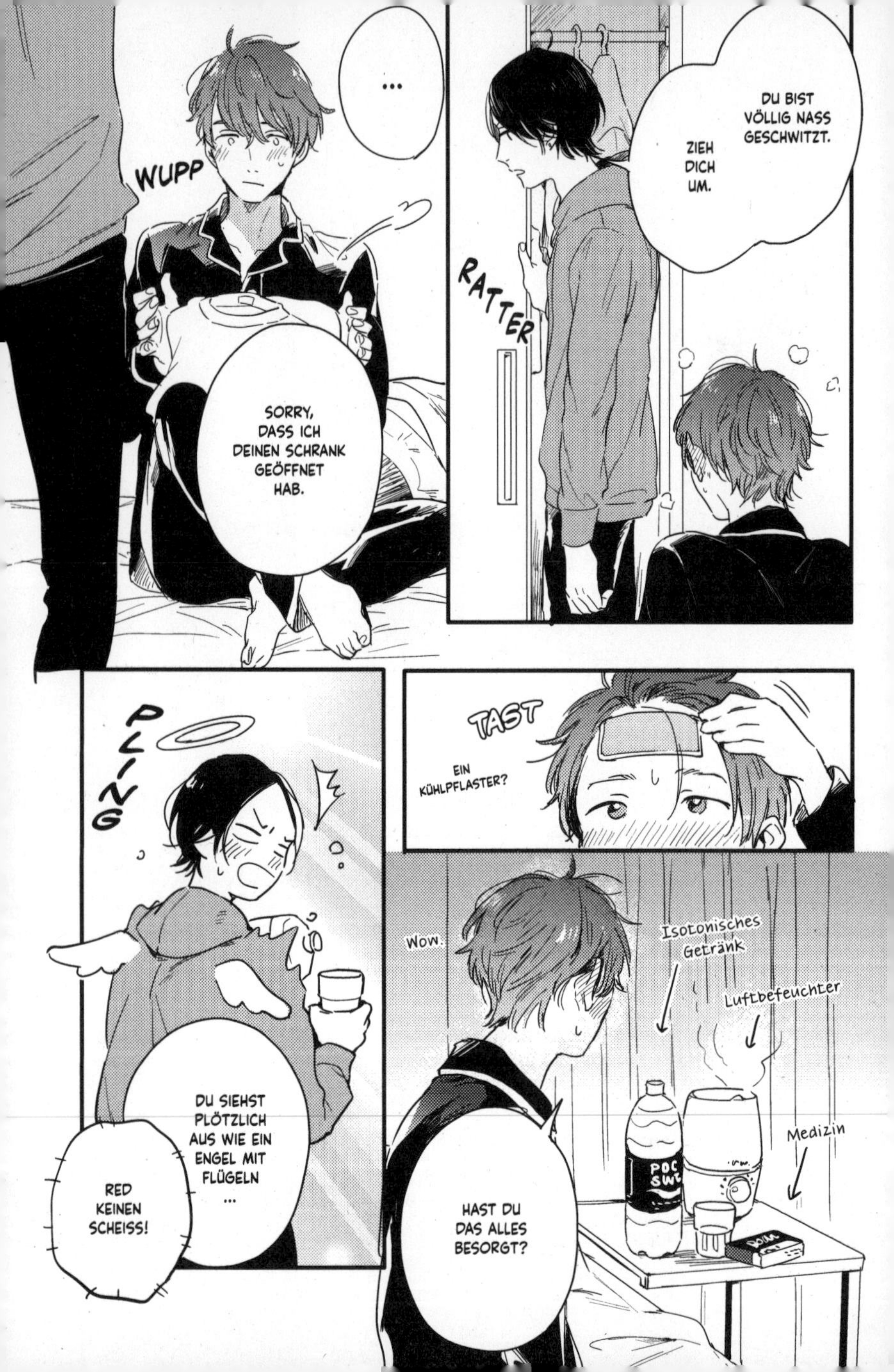
Du bist völlig nass geschwitzt.
Zieh dich um.
Ratter
...
Wupp
Sorry, dass ich deinen Schrank geöffnet hab.
Tast
Ein Kühlpflaster?
Pling
Du siehst plötzlich aus wie ein Engel mit Flügeln ...
Red keinen Scheiss!
Wow.
Isotonisches Getränk
Luftbefeuchter
Medizin
Hast du das alles besorgt?

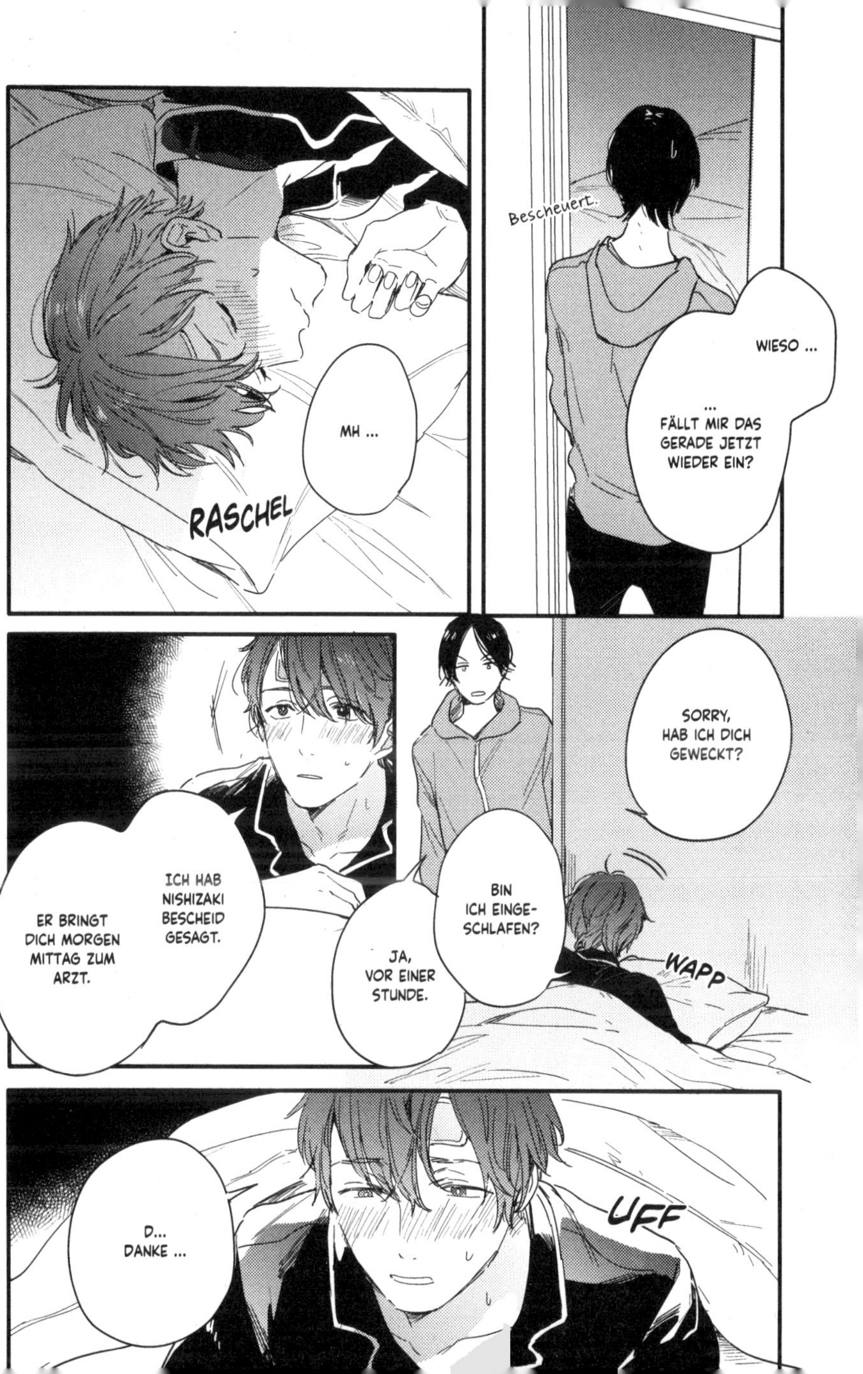
Bescheuert.
WIESO ...
... FÄLLT MIR DAS GERADE JETZT WIEDER EIN?
MH ...
RASCHEL
WAPP
SORRY, HAB ICH DICH GEWECKT?
BIN ICH EINGE- SCHLAFEN?
JA, VOR EINER STUNDE.
ICH HAB NISHIZAKI BESCHEID GESAGT.
ER BRINGT DICH MORGEN MITTAG ZUM ARZT.
UFF
D... DANKE ...

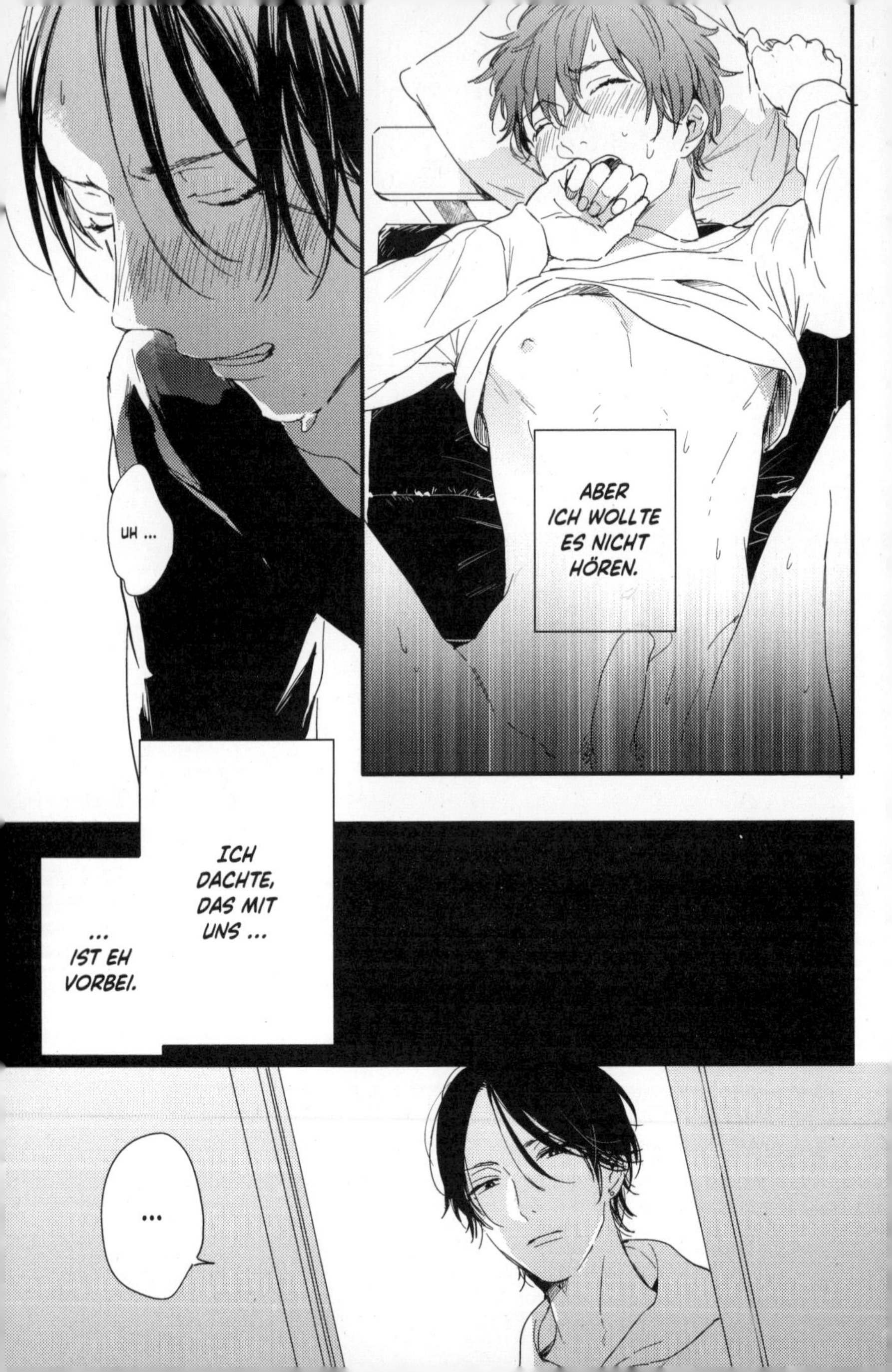
ABER ICH WOLLTE ES NICHT HÖREN.
UH ...
ICH DACHTE, DAS MIT UNS ...
... IST EH VORBEI.
...

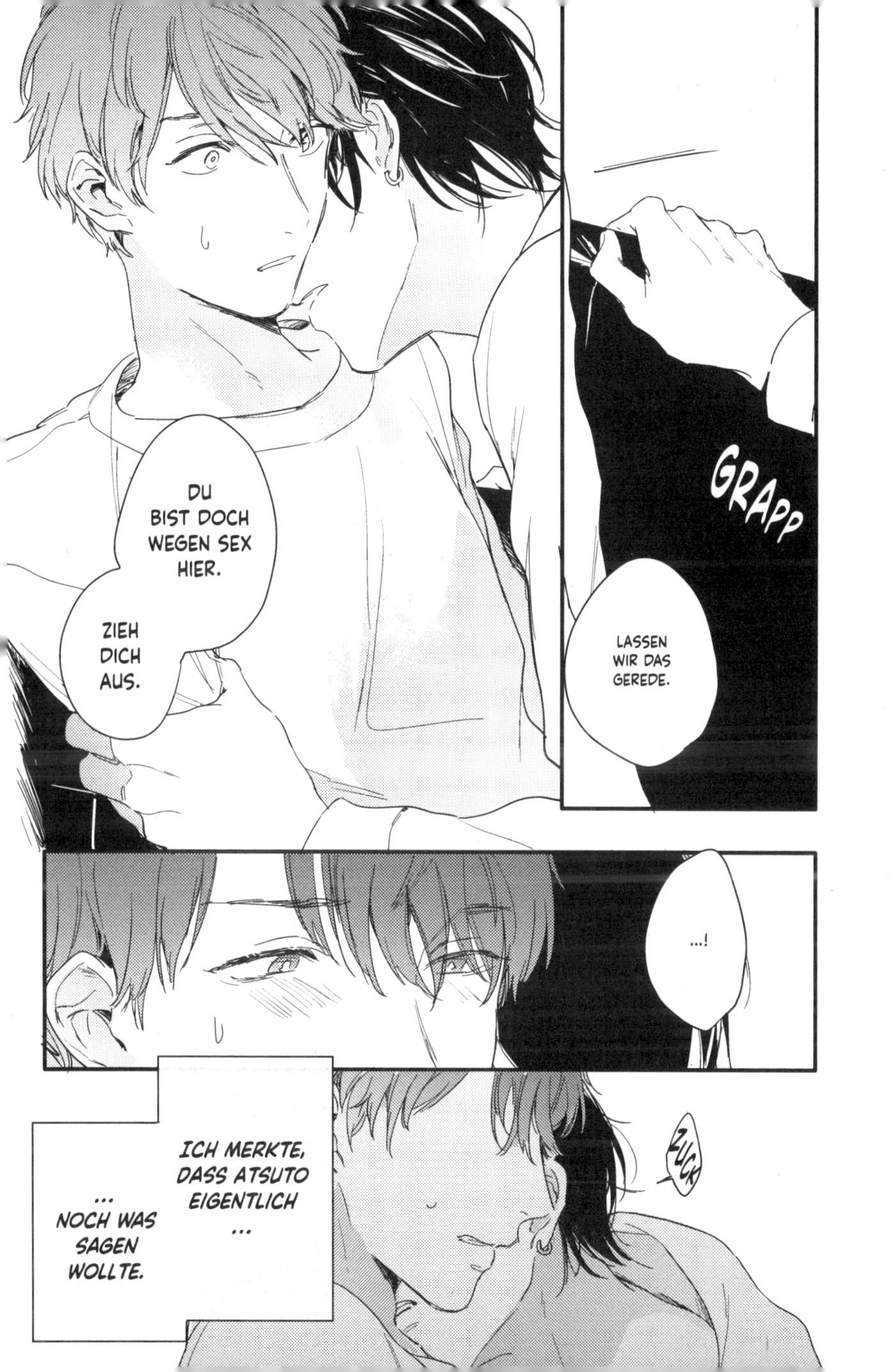
GRAPP
LASSEN WIR DAS GEREDE.
DU BIST DOCH WEGEN SEX HIER.
ZIEH DICH AUS.
...!
ZUCK
ICH MERKTE, DASS ATSUTO EIGENTLICH ...
... NOCH WAS SAGEN WOLLTE.

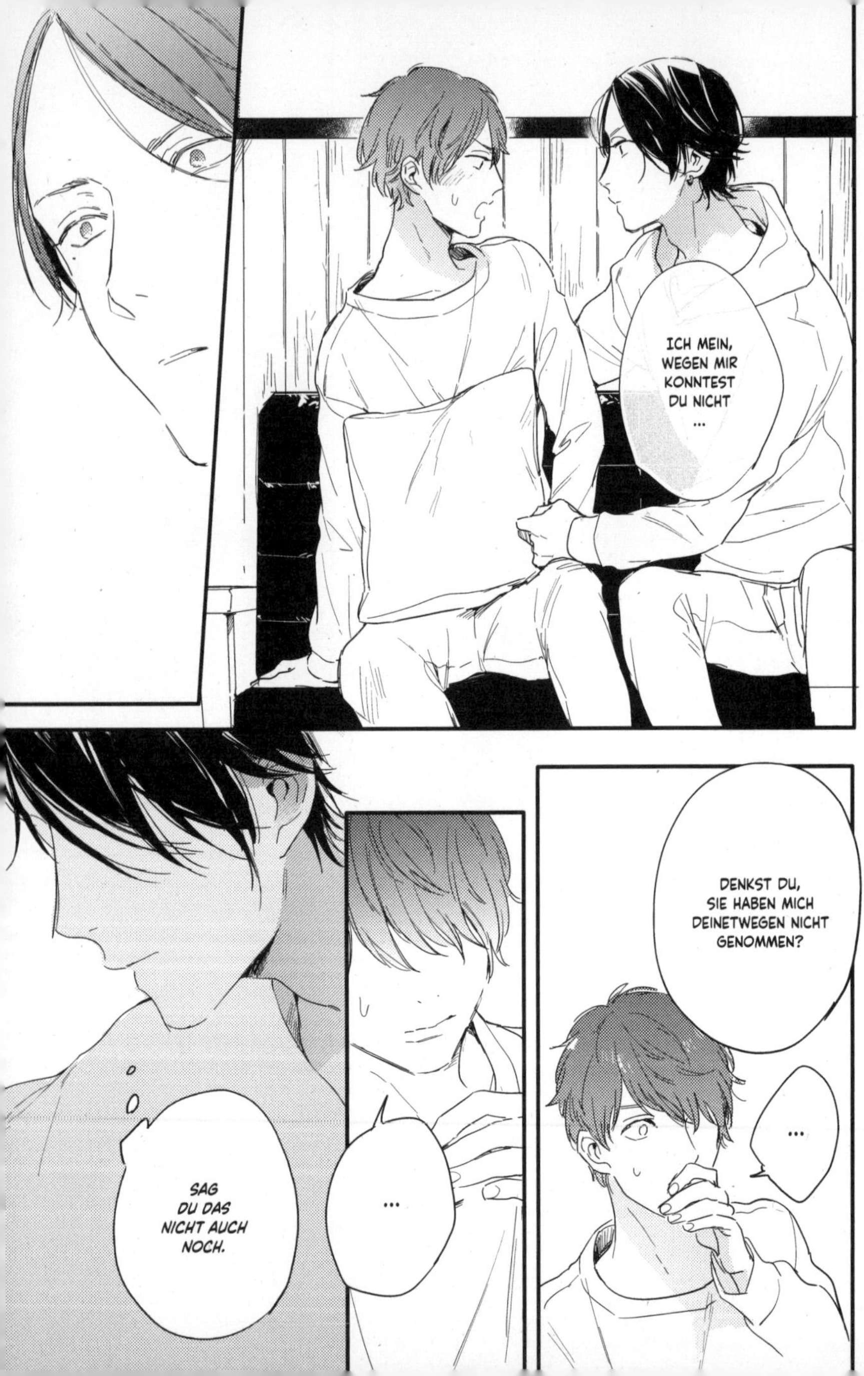
ICH MEIN, WEGEN MIR KONNTEST DU NICHT ...
DENKST DU, SIE HABEN MICH DEINETWEGEN NICHT GENOMMEN?
...
...
SAG DU DAS NICHT AUCH NOCH.

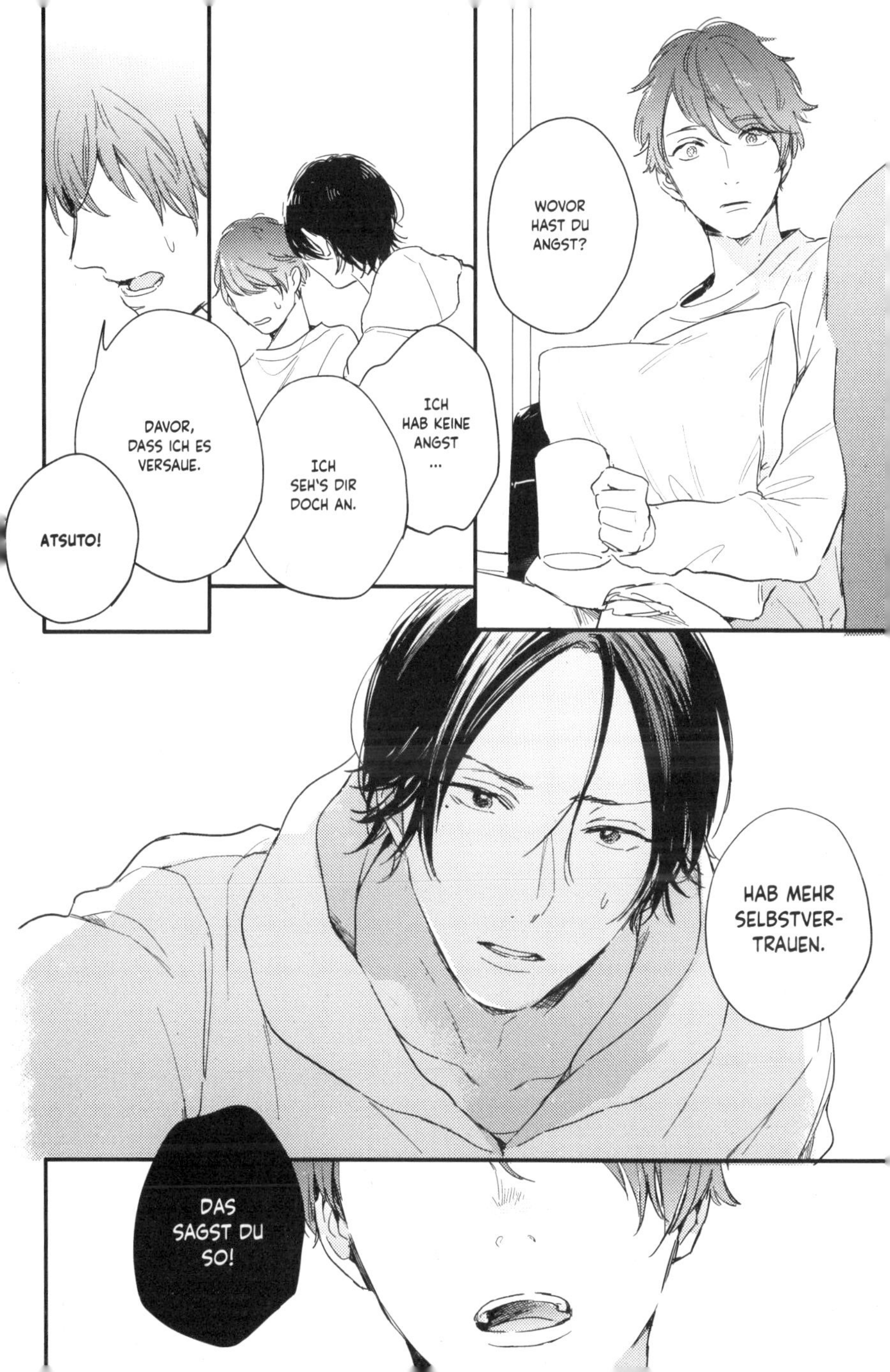
WOVOR HAST DU ANGST?
ICH HAB KEINE ANGST ...
ICH SEH'S DIR DOCH AN.
DAVOR, DASS ICH ES VERSAUE.
ATSUTO!
HAB MEHR SELBSTVER-TRAUEN.
DAS SAGST DU SO!

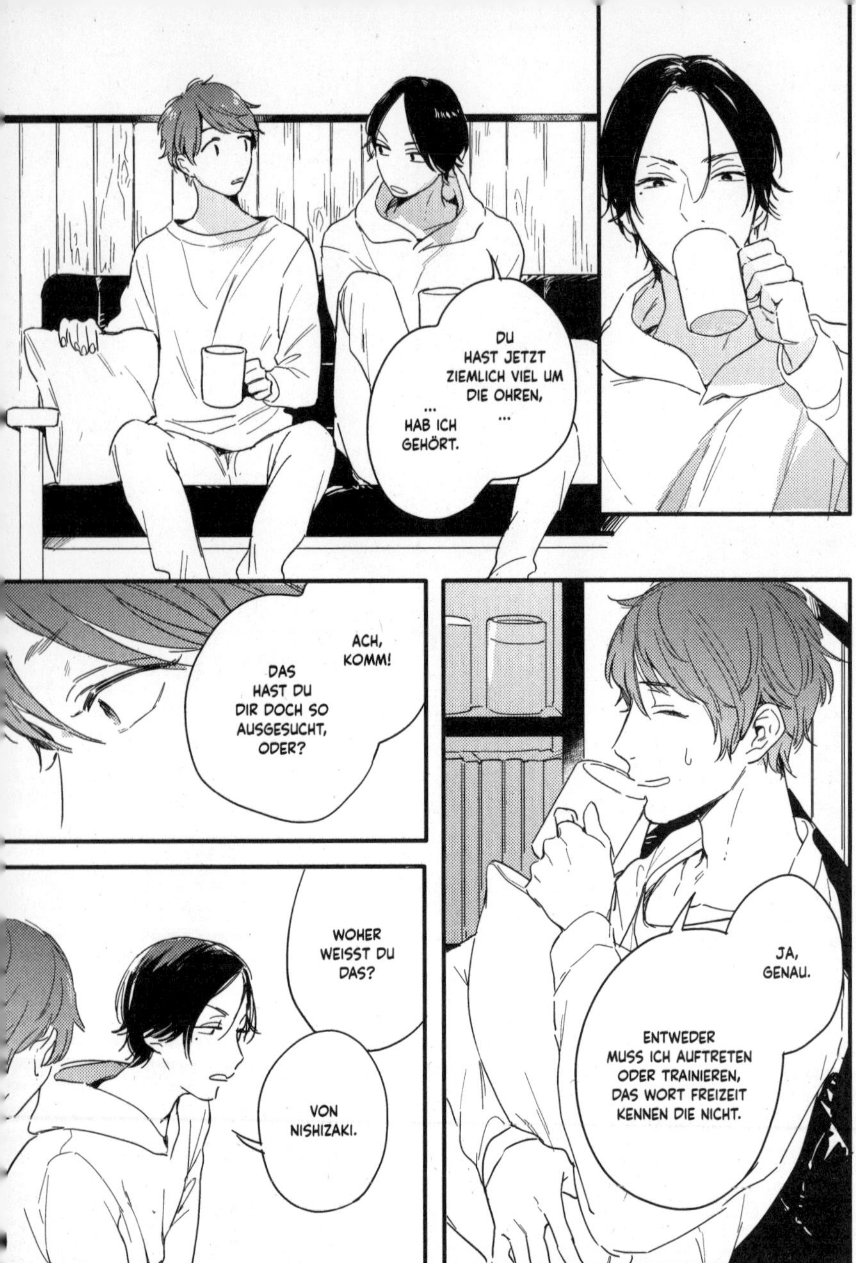

DU HAST JETZT ZIEMLICH VIEL UM DIE OHREN, ... HAB ICH GEHÖRT.
JA, GENAU.
ENTWEDER MUSS ICH AUFTRETEN ODER TRAINIEREN, DAS WORT FREIZEIT KENNEN DIE NICHT.
ACH, KOMM!
DAS HAST DU DIR DOCH SO AUSGESUCHT, ODER?
WOHER WEISST DU DAS?
VON NISHIZAKI.

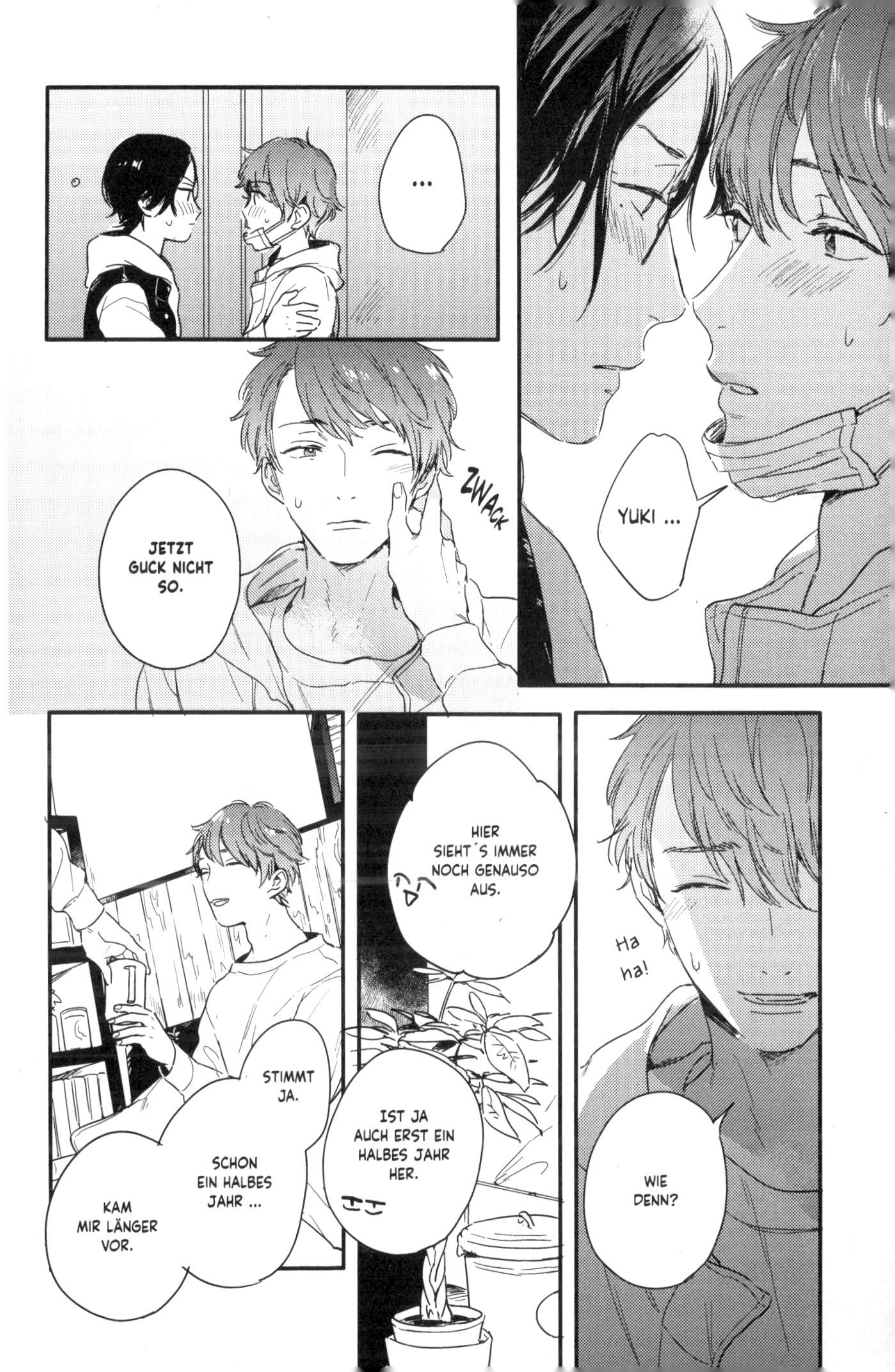
YUKI ...
...
ZWACK
JETZT GUCK NICHT SO.
Ha ha!
WIE DENN?
HIER SIEHT´S IMMER NOCH GENAUSO AUS.
IST JA AUCH ERST EIN HALBES JAHR HER.
STIMMT JA.
SCHON EIN HALBES JAHR ...
KAM MIR LÄNGER VOR.

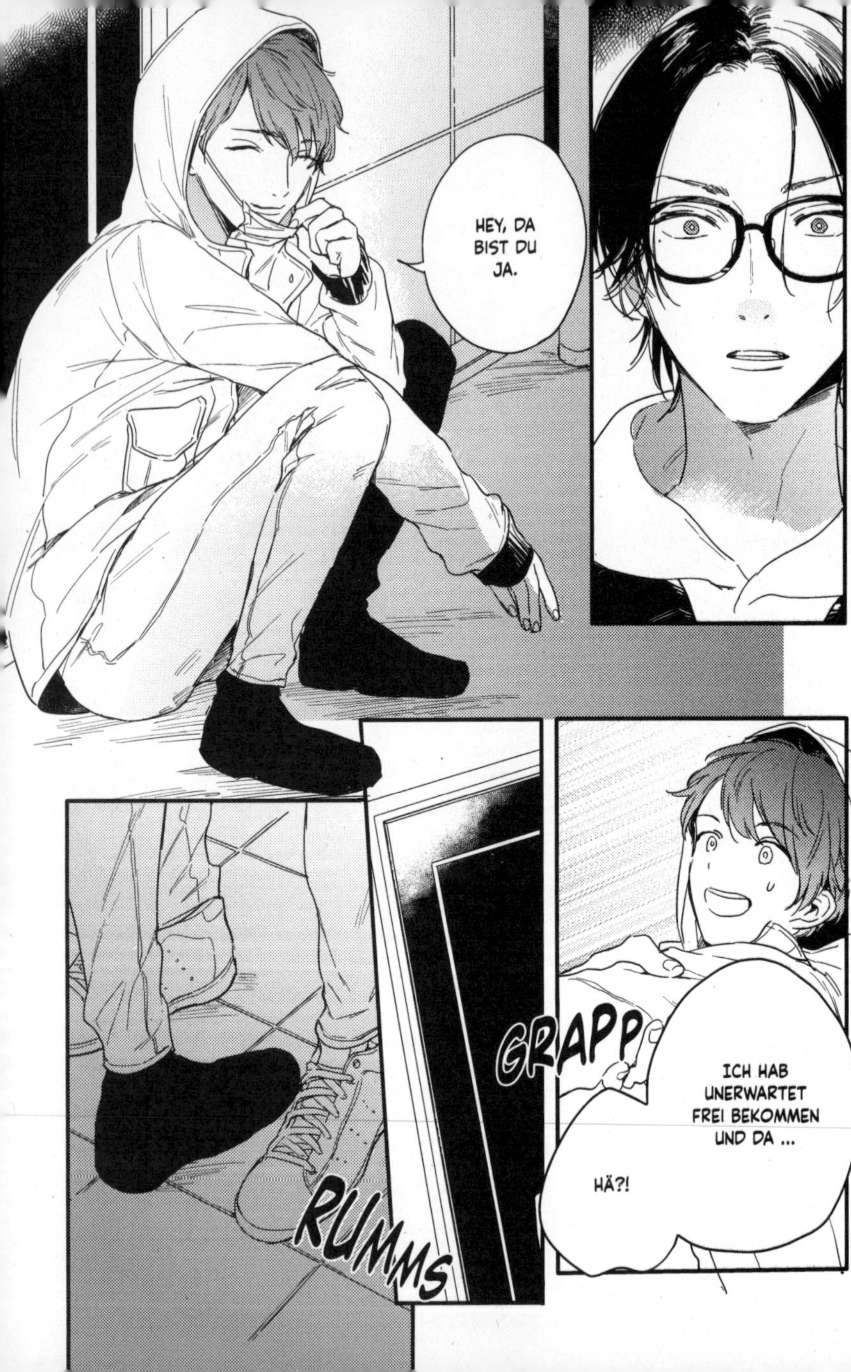
HEY, DA BIST DU JA.
GRAPP
ICH HAB UNERWARTET FREI BEKOMMEN UND DA ...
HÄ?!
RUMMS

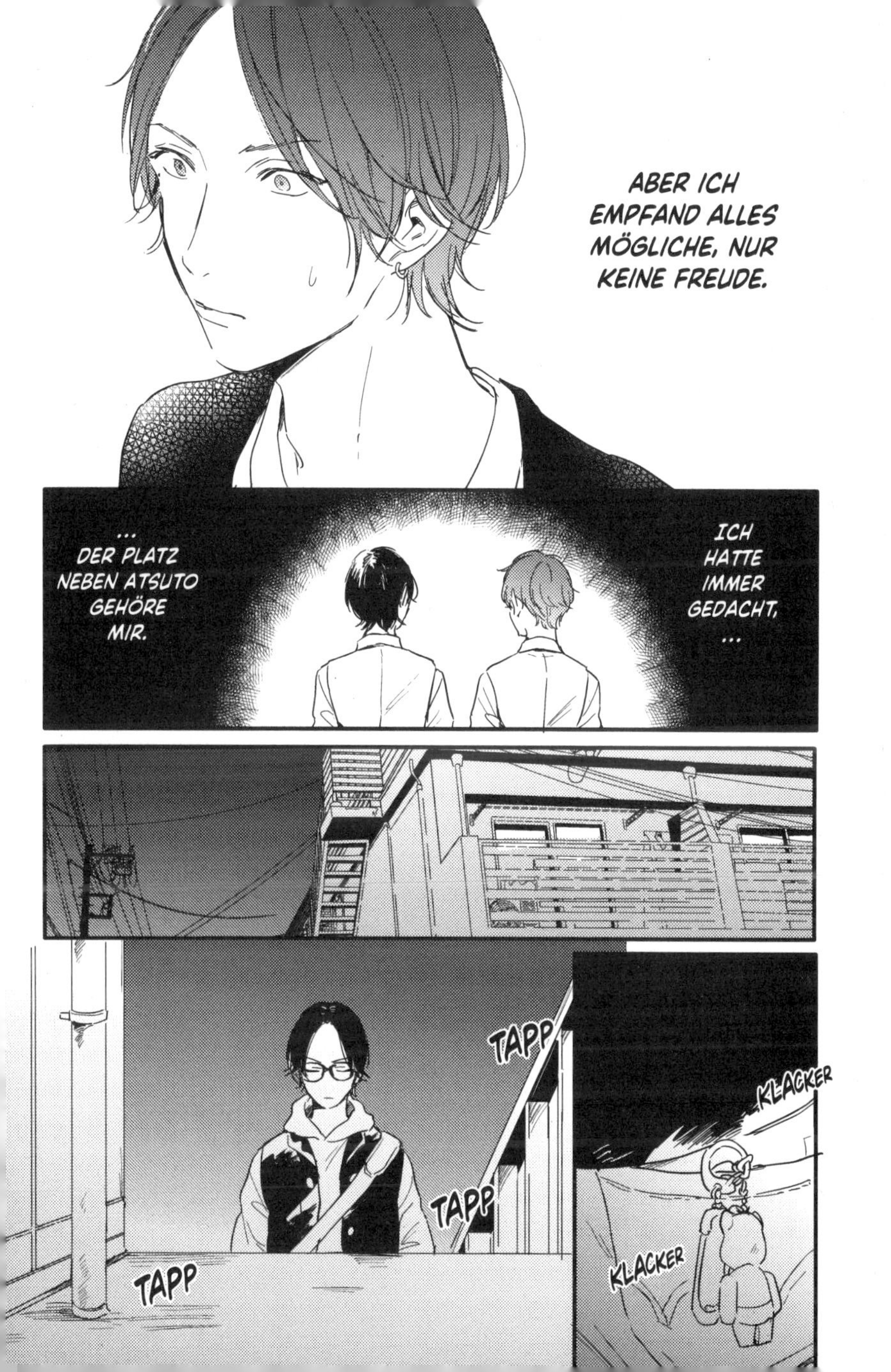
ABER ICH EMPFAND ALLES MÖGLICHE, NUR KEINE FREUDE.
ICH HATTE IMMER GEDACHT, ...
... DER PLATZ NEBEN ATSUTO GEHÖRE MIR.
KLACKER
KLACKER
TAPP
TAPP
TAPP

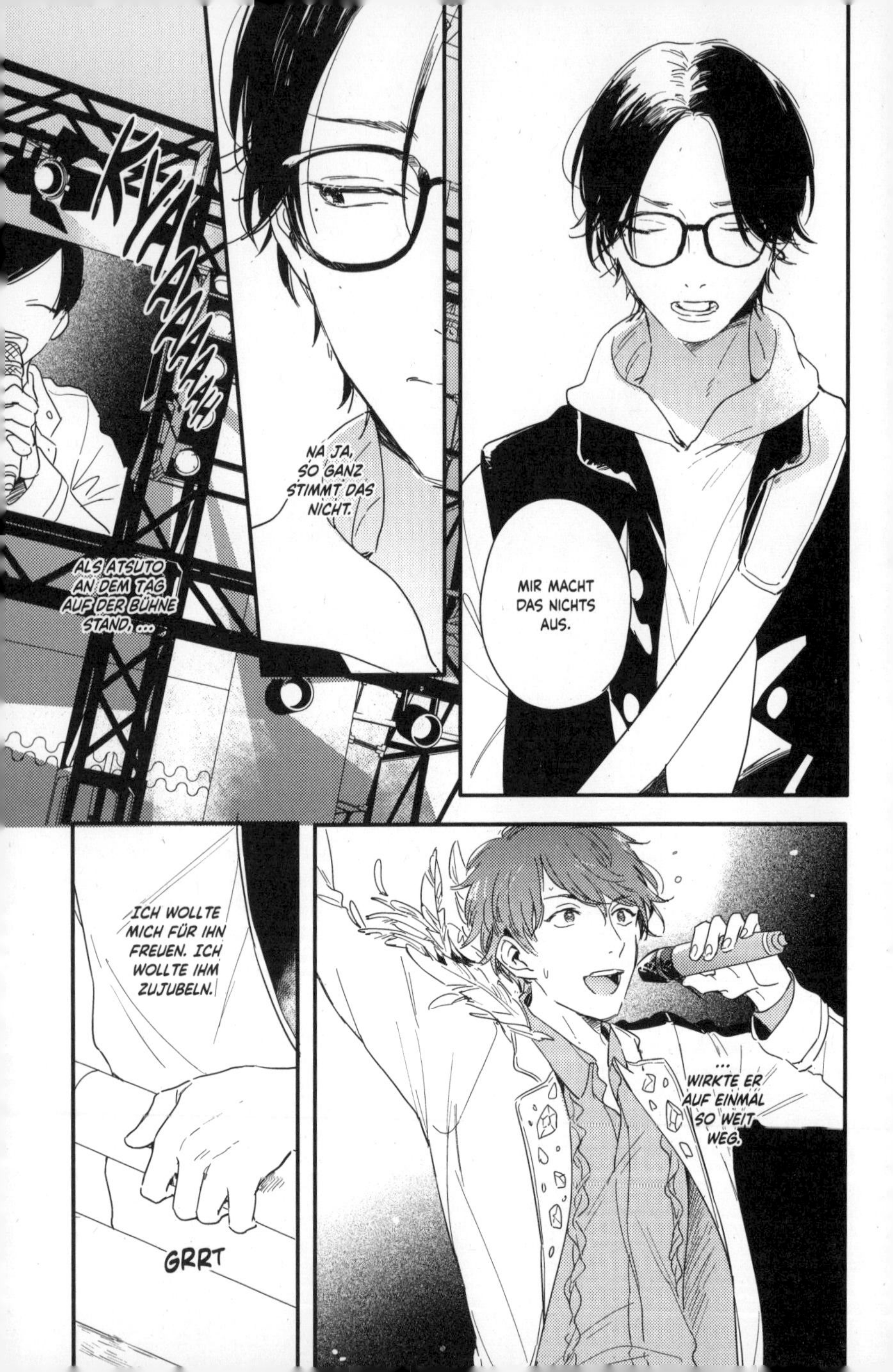
MIR MACHT DAS NICHTS AUS.
NA JA, SO GANZ STIMMT DAS NICHT.
ALS ATSUTO AN DEM TAG AUF DER BÜHNE STAND, ...
... WIRKTE ER AUF EINMAL SO WEIT WEG.
ICH WOLLTE MICH FÜR IHN FREUEN. ICH WOLLTE IHM ZUJUBELN.
GRRT

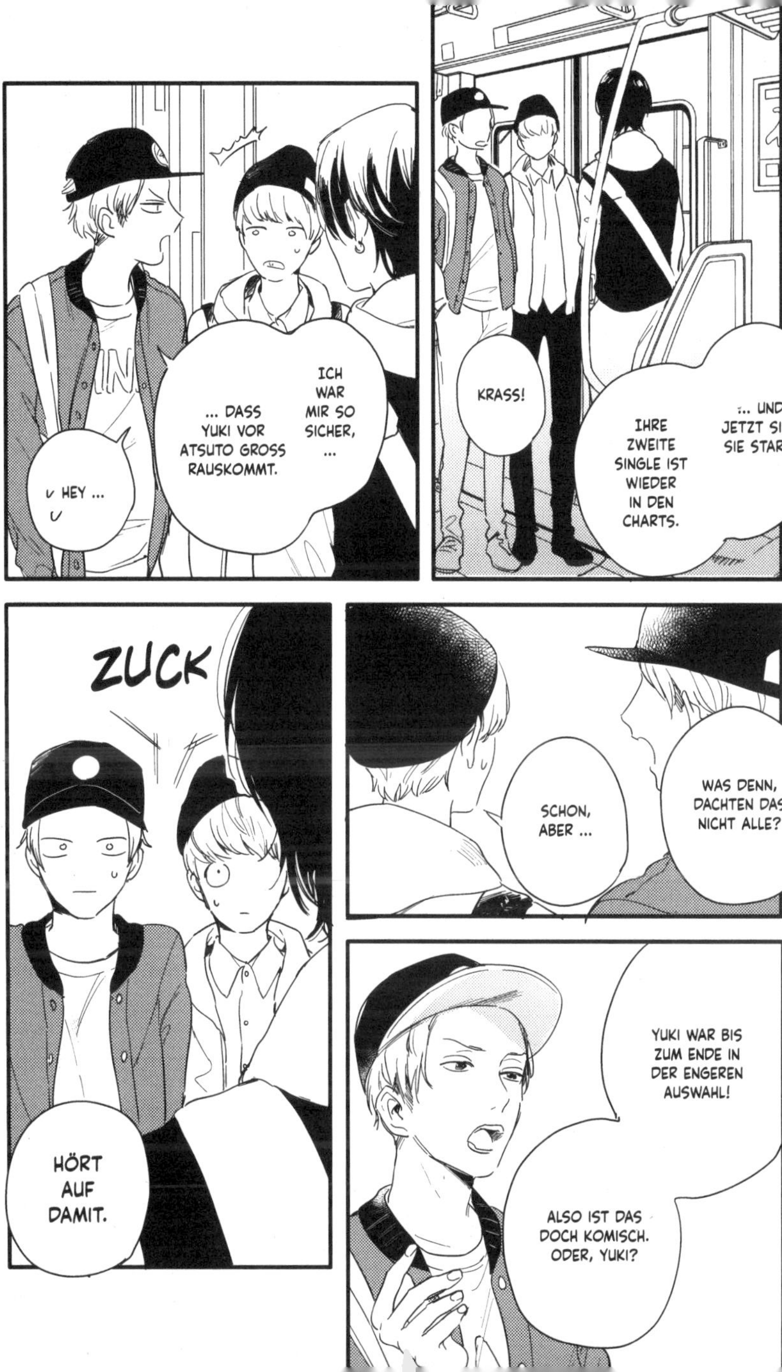
... UND JETZT SIND SIE STARS.
IHRE ZWEITE SINGLE IST WIEDER IN DEN CHARTS.
KRASS!
ICH WAR MIR SO SICHER, ...
... DASS YUKI VOR ATSUTO GROSS RAUSKOMMT.
HEY ...
WAS DENN, DACHTEN DAS NICHT ALLE?
SCHON, ABER ...
YUKI WAR BIS ZUM ENDE IN DER ENGEREN AUSWAHL!
ALSO IST DAS DOCH KOMISCH. ODER, YUKI?
ZUCK
HÖRT AUF DAMIT.

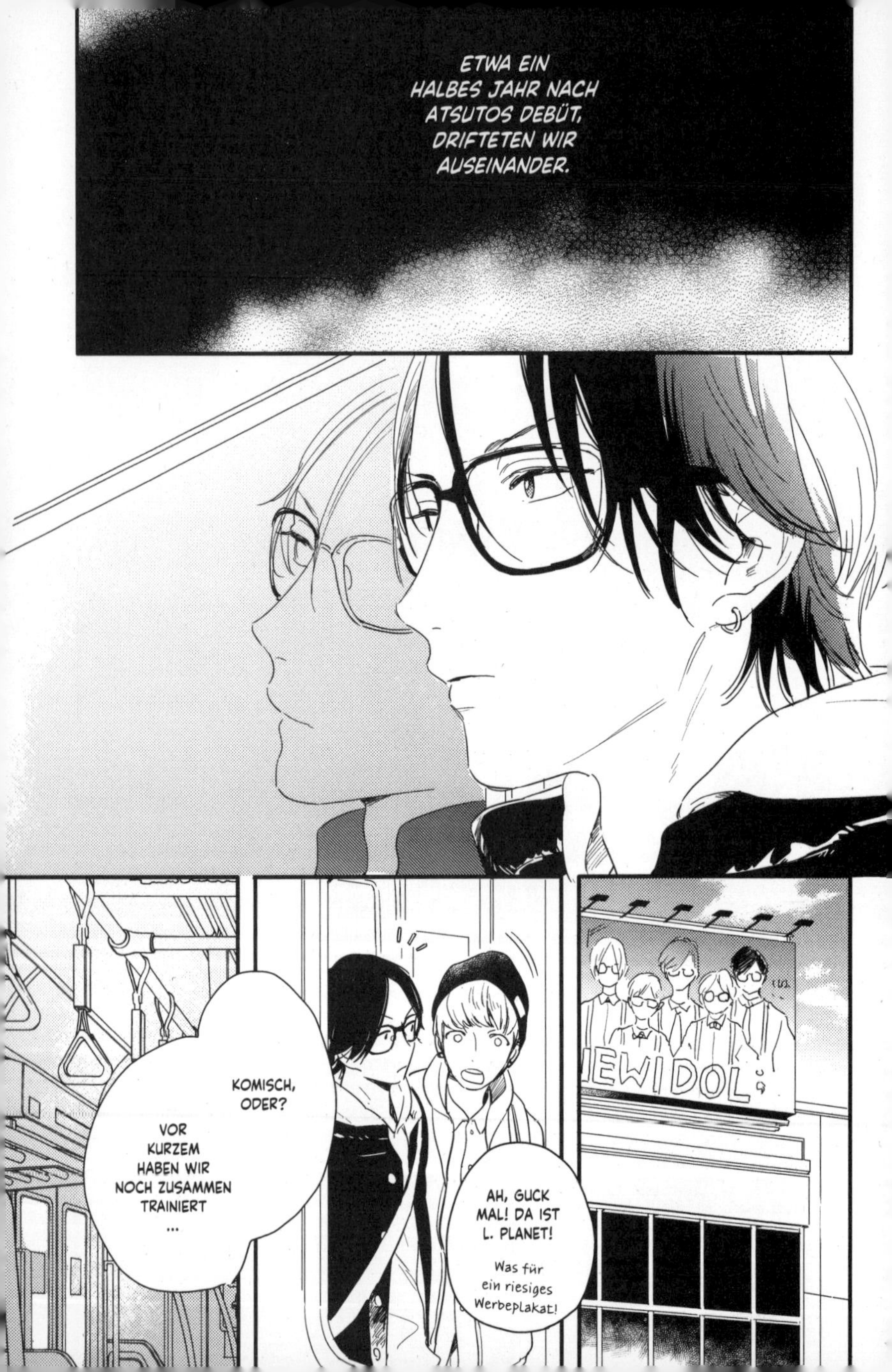
ETWA EIN HALBES JAHR NACH ATSUTOS DEBÜT, DRIFTETEN WIR AUSEINANDER.
AH, GUCK MAL! DA IST L. PLANET!
Was für ein riesiges Werbeplakat!
KOMISCH, ODER?
VOR KURZEM HABEN WIR NOCH ZUSAMMEN TRAINIERT ...

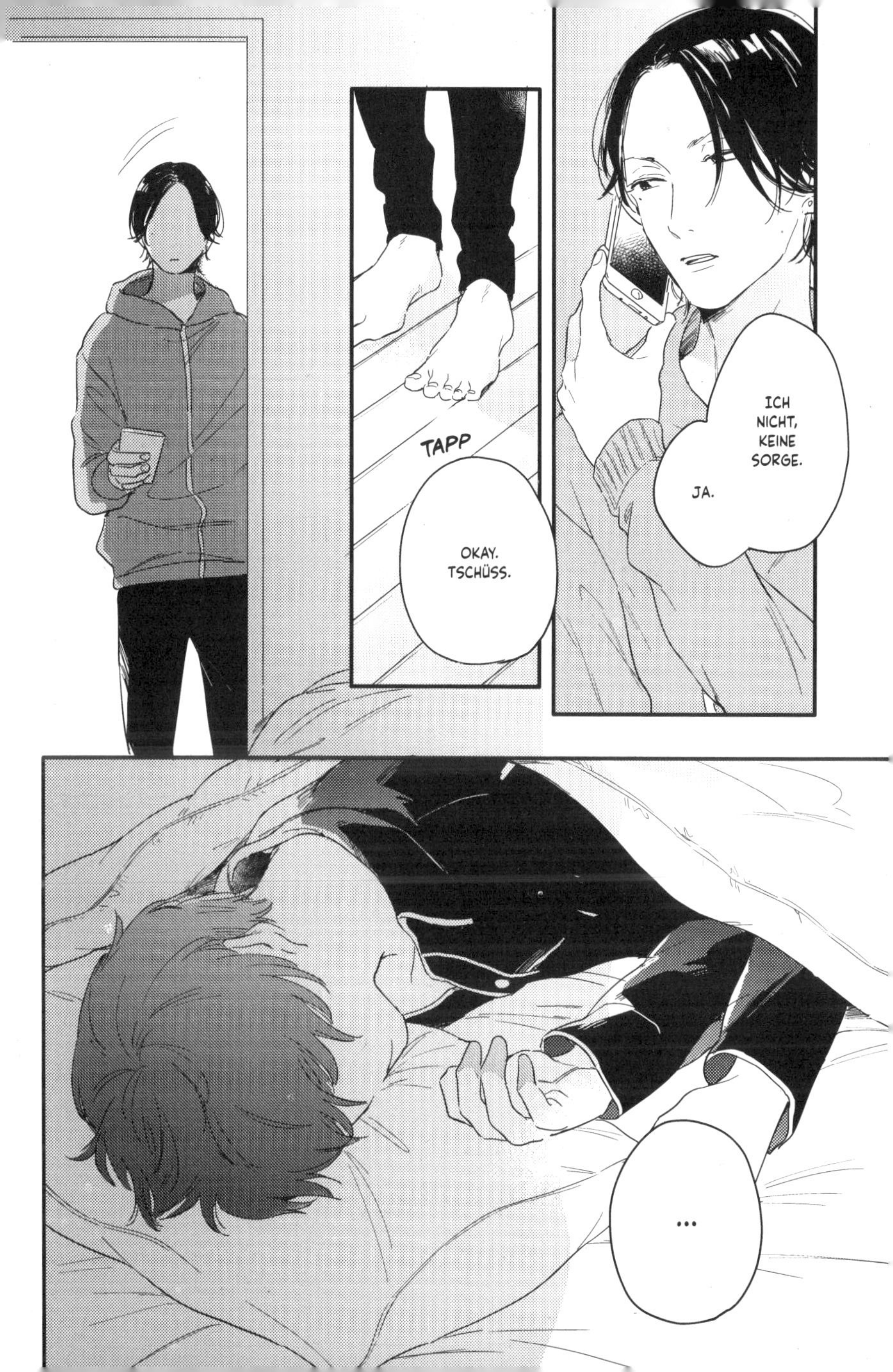
ICH NICHT, KEINE SORGE.
JA.
TAPP
OKAY. TSCHÜSS.
...

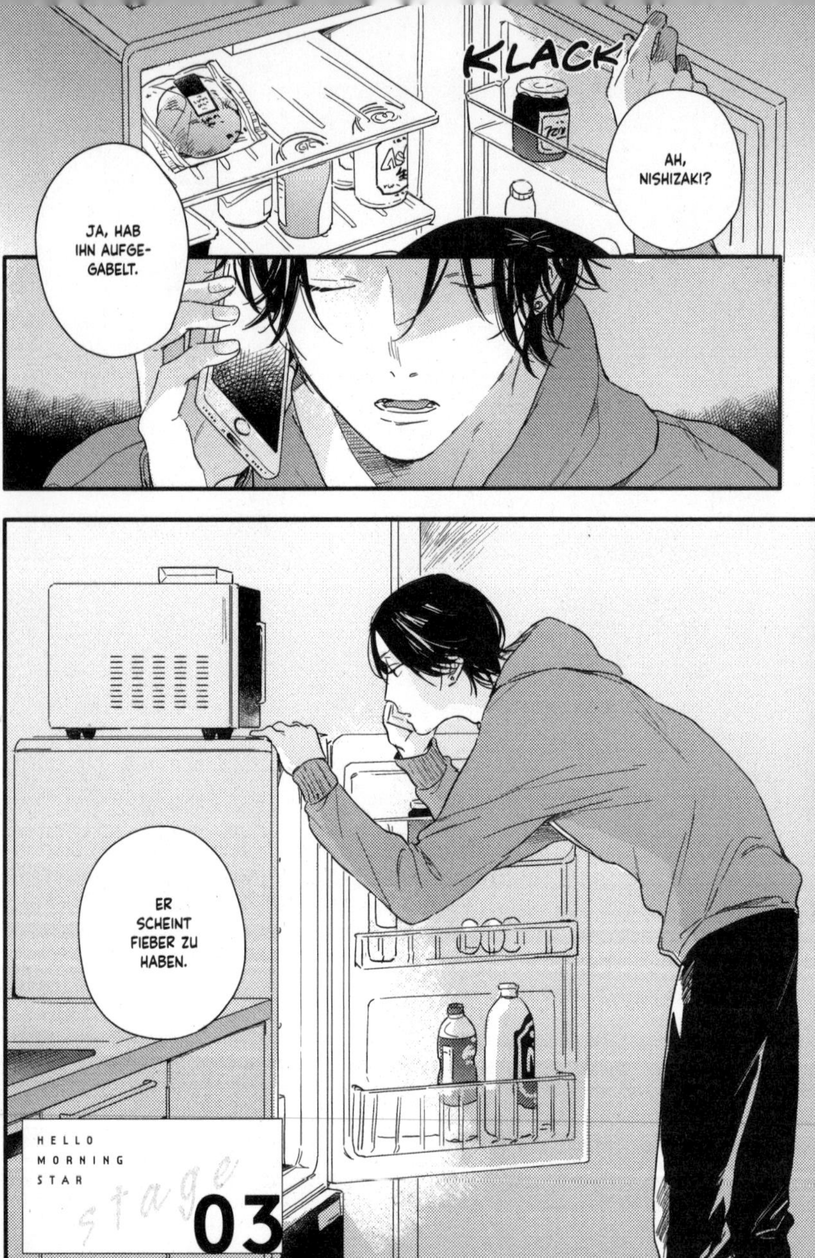
KLACK
AH, NISHIZAKI?
JA, HAB IHN AUFGE-GABELT.
ER SCHEINT FIEBER ZU HABEN.
HELLO MORNING STAR
stage 03

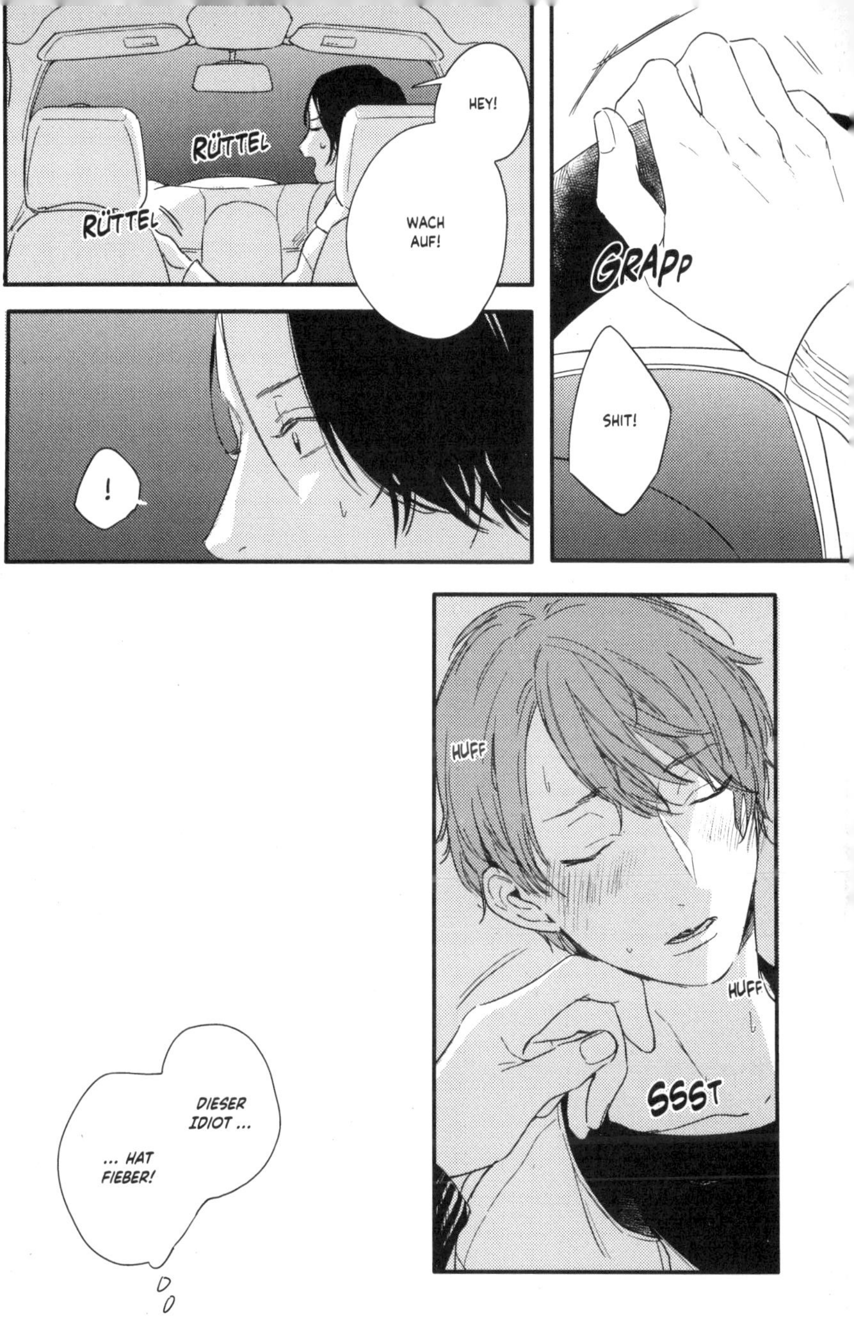
RÜTTEL
RÜTTEL
HEY!
WACH AUF!
!
GRAPP
SHIT!
HUFF
HUFF
SSST
DIESER IDIOT …
… HAT FIEBER!

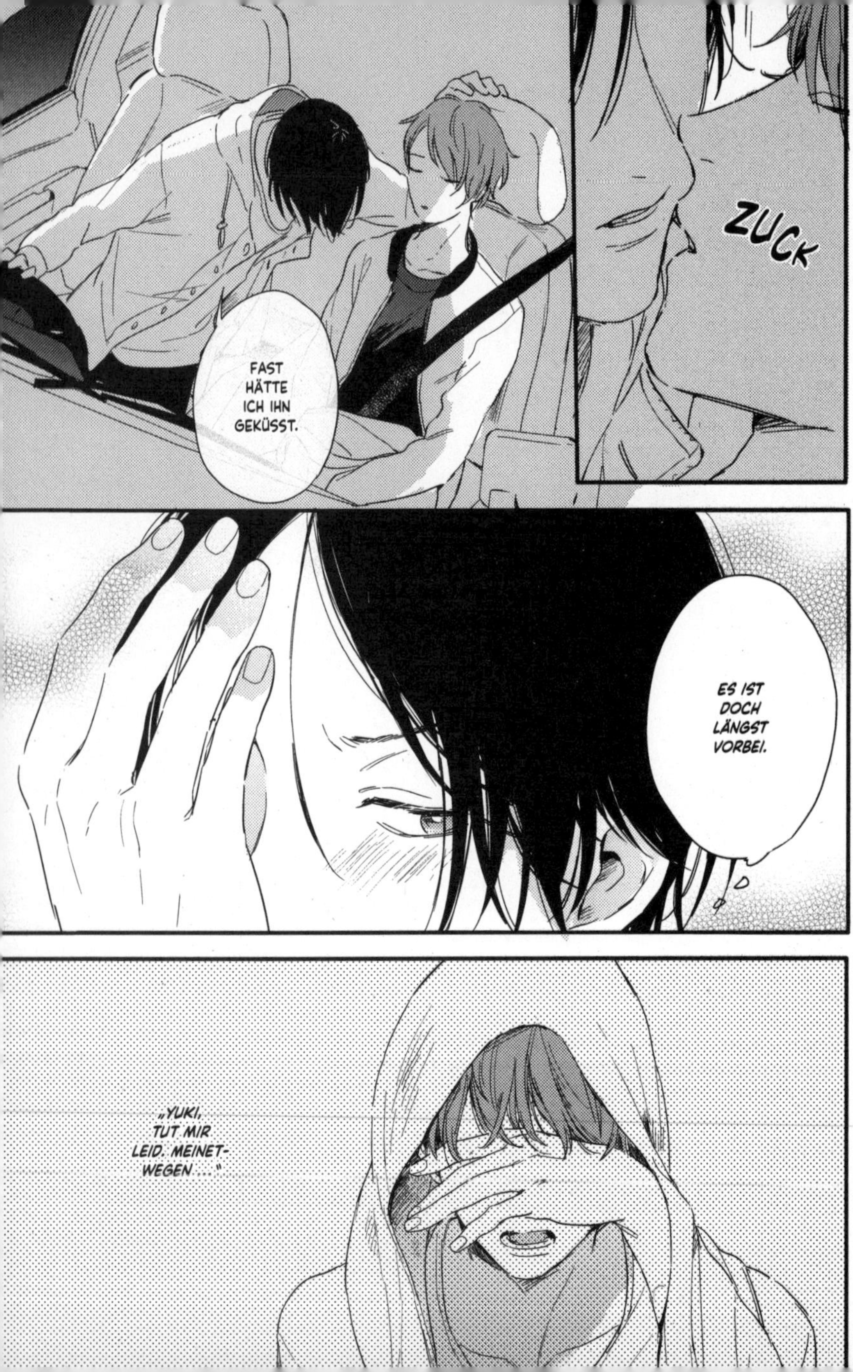
ZUCK
FAST HÄTTE ICH IHN GEKÜSST.
ES IST DOCH LÄNGST VORBEI.
„YUKI, TUT MIR LEID. MEINET-WEGEN ...“

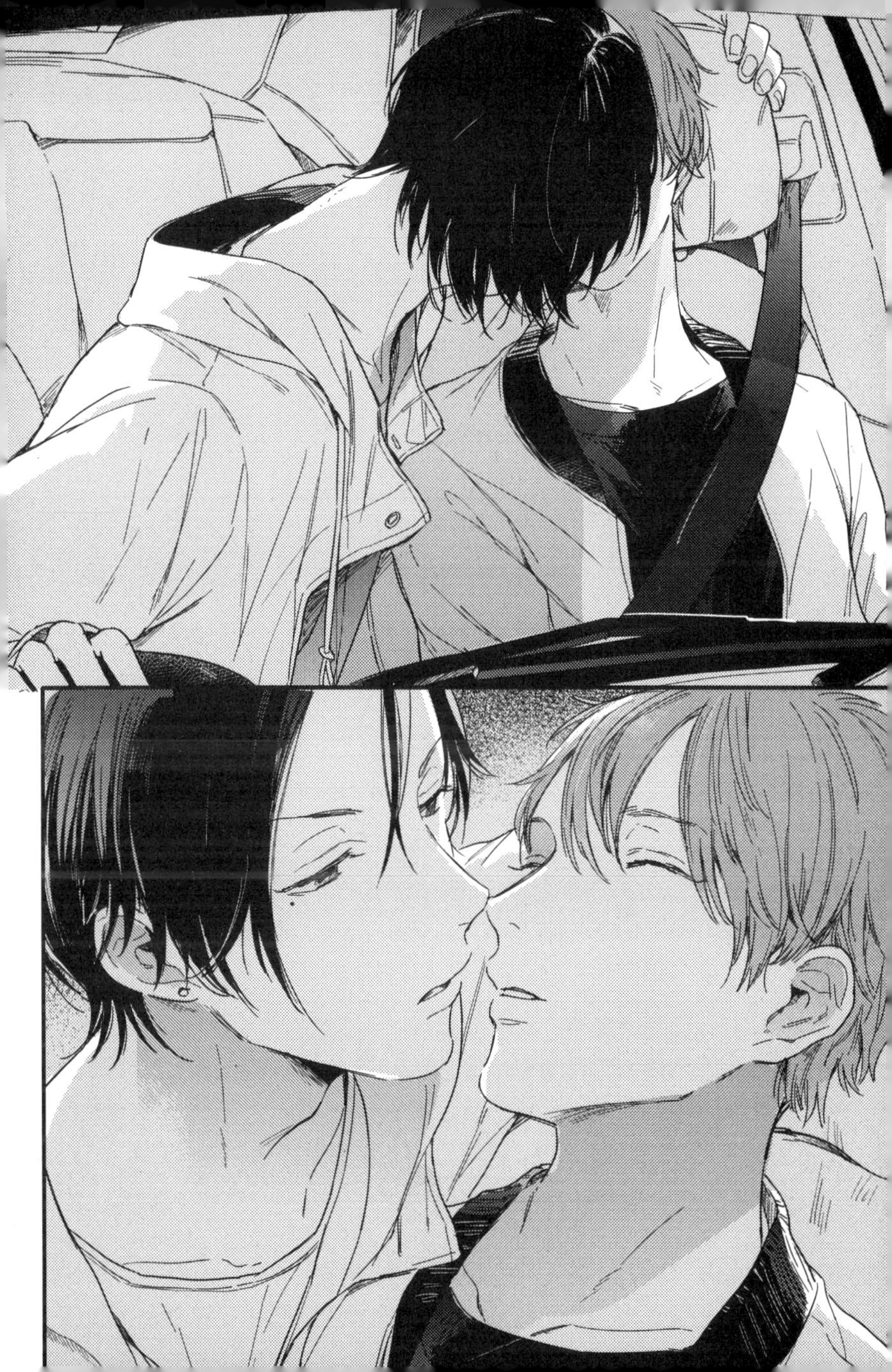

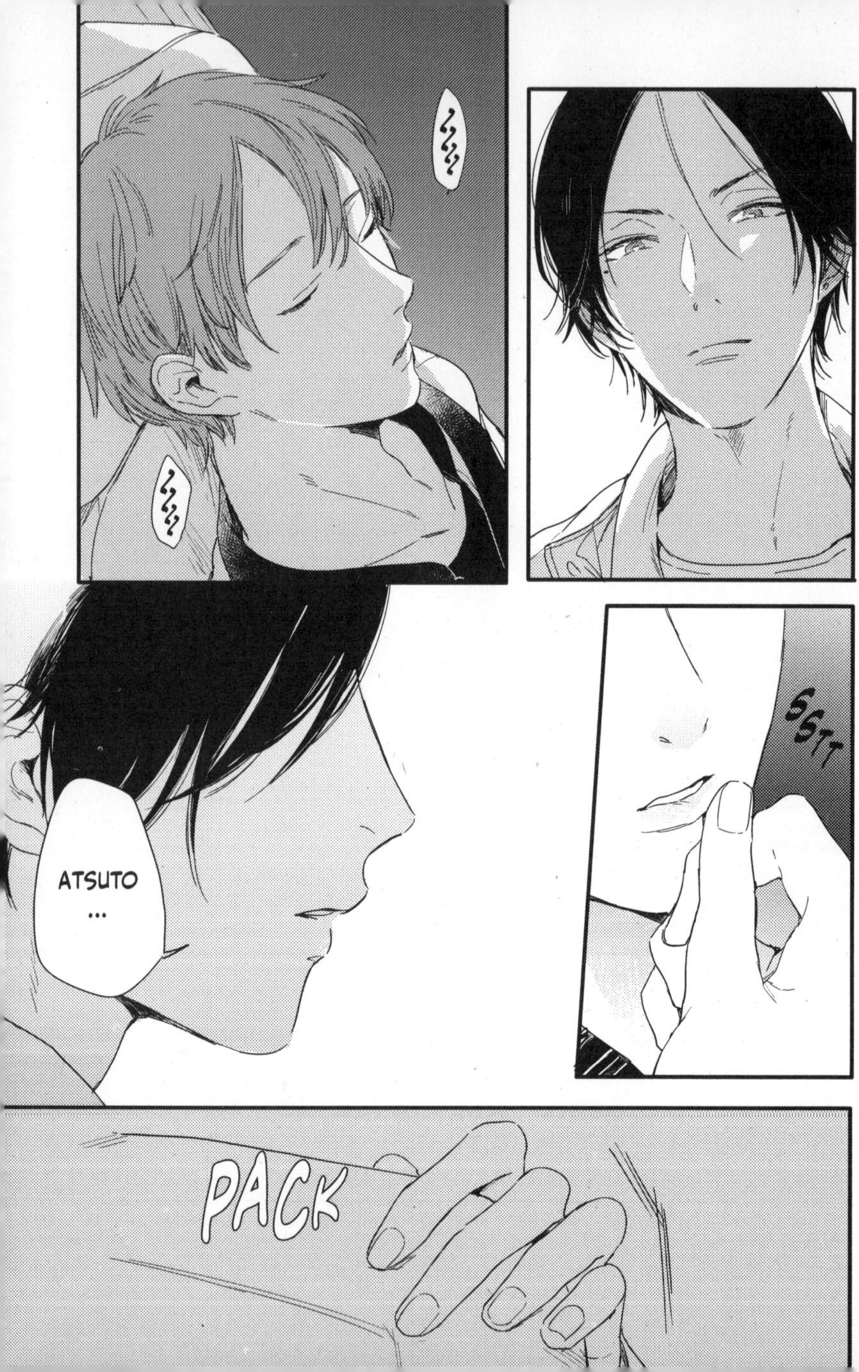
SSTT
ATSUTO
...
PACK

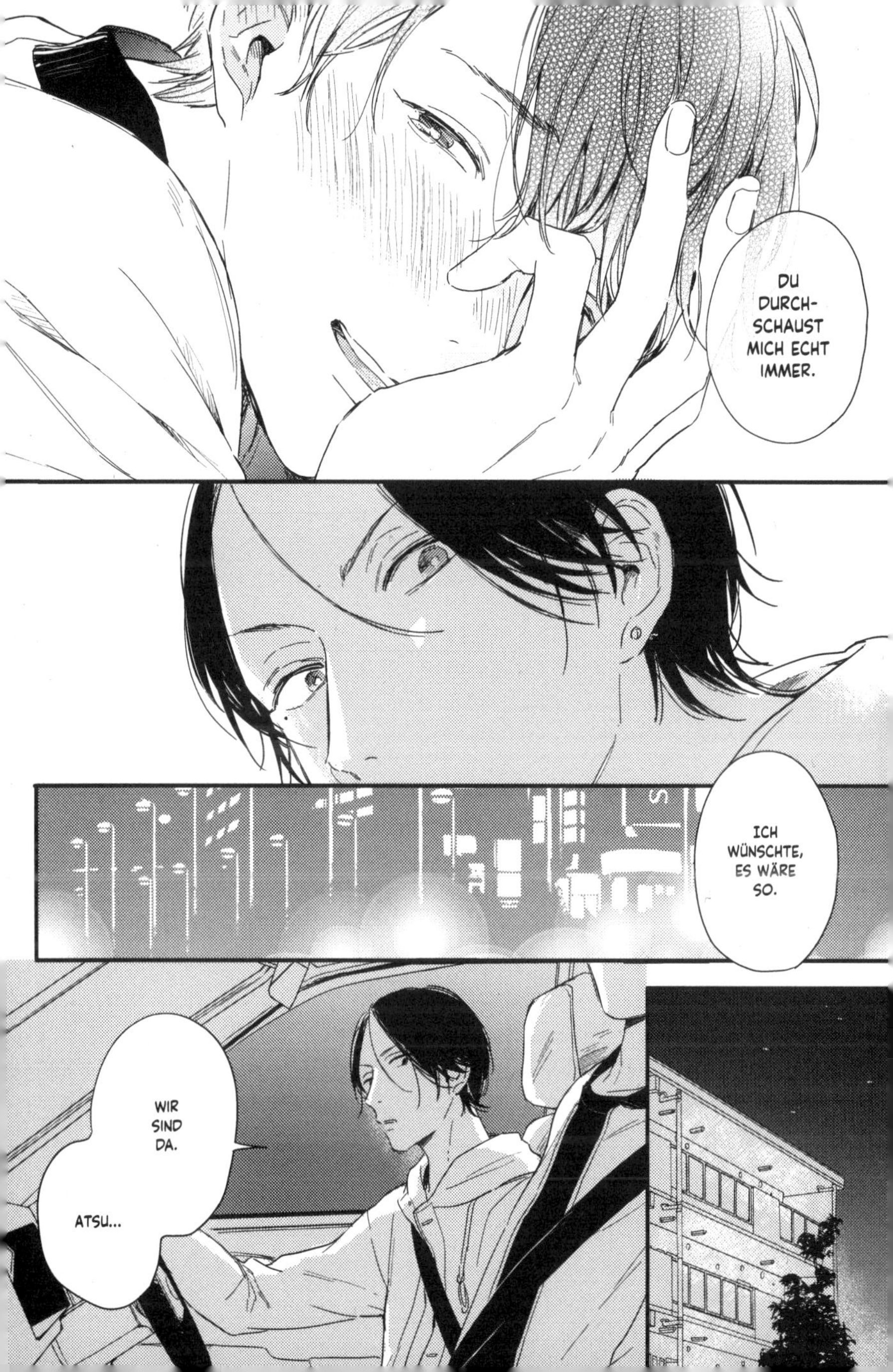
DU DURCH-SCHAUST MICH ECHT IMMER.
ICH WÜNSCHTE, ES WÄRE SO.
WIR SIND DA.
ATSU...

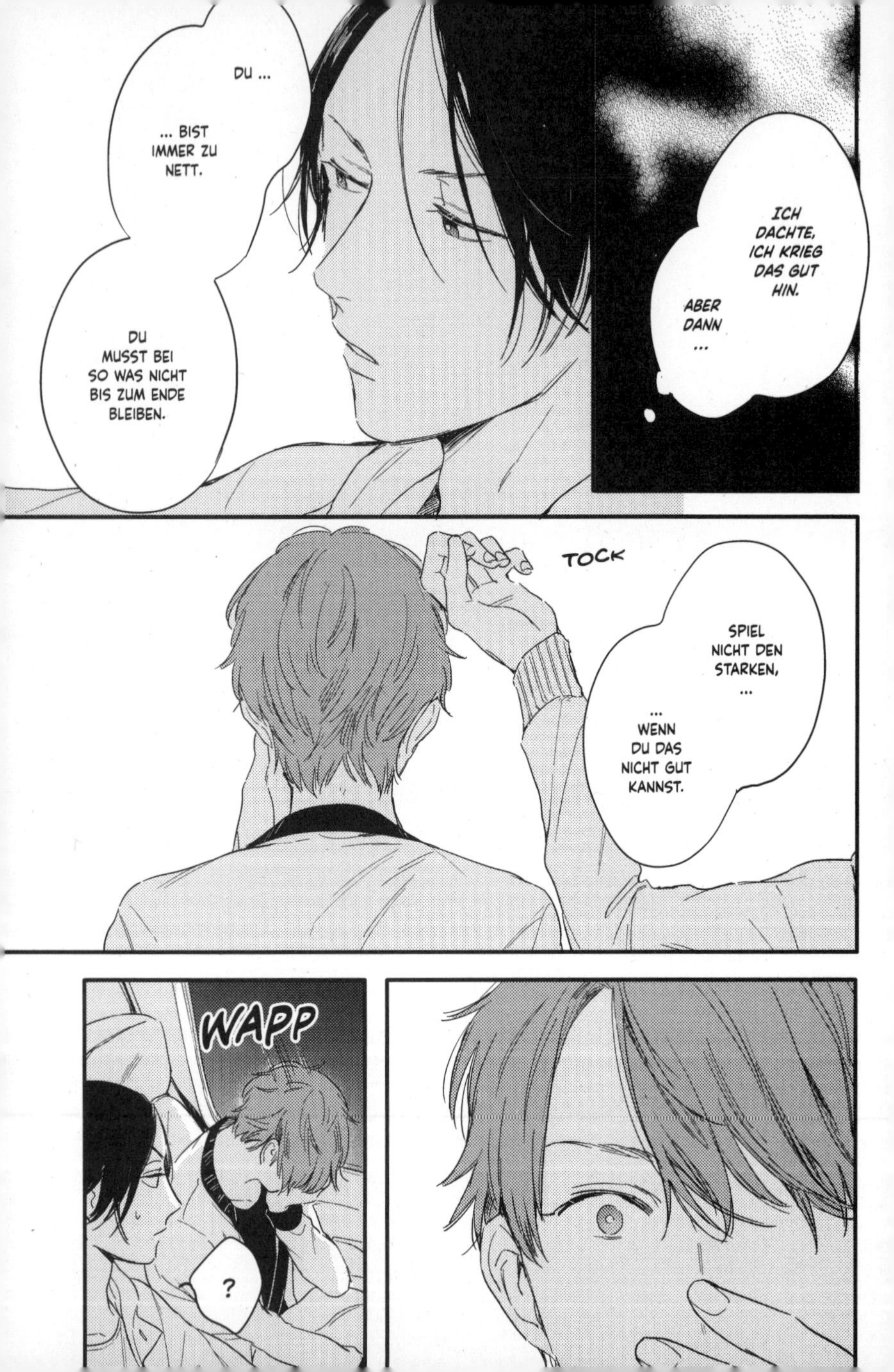
ICH DACHTE, ICH KRIEG DAS GUT HIN.
ABER DANN ...
DU ...
... BIST IMMER ZU NETT.
DU MUSST BEI SO WAS NICHT BIS ZUM ENDE BLEIBEN.
TOCK
SPIEL NICHT DEN STARKEN, ...
... WENN DU DAS NICHT GUT KANNST.
WAPP
?

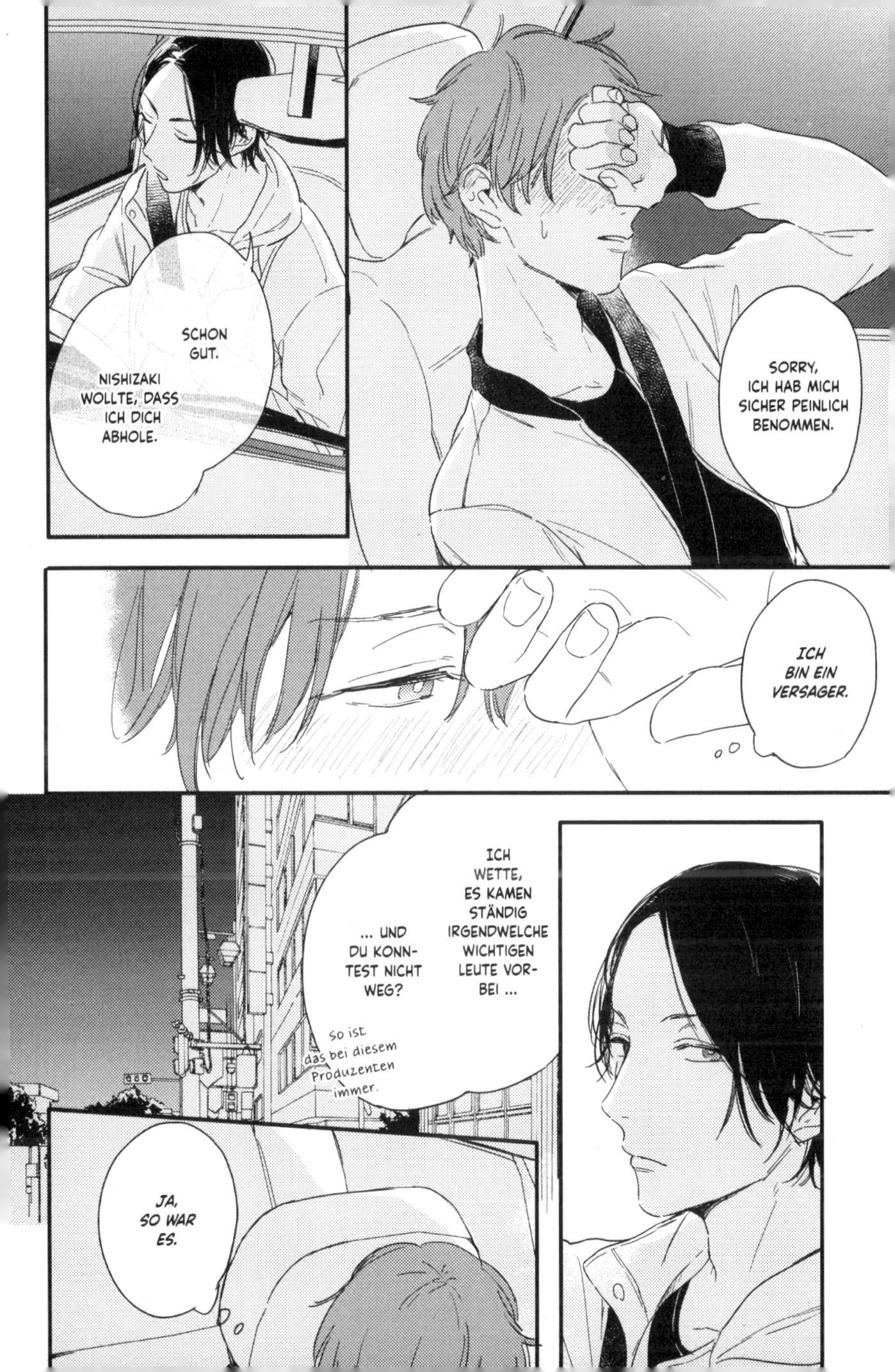
SORRY, ICH HAB MICH SICHER PEINLICH BENOMMEN.
SCHON GUT.
NISHIZAKI WOLLTE, DASS ICH DICH ABHOLE.
ICH BIN EIN VERSAGER.
ICH WETTE, ES KAMEN STÄNDIG IRGENDWELCHE WICHTIGEN LEUTE VORBEI ...
... UND DU KONNTEST NICHT WEG?
So ist das bei diesem Produzenten immer.
JA, SO WAR ES.

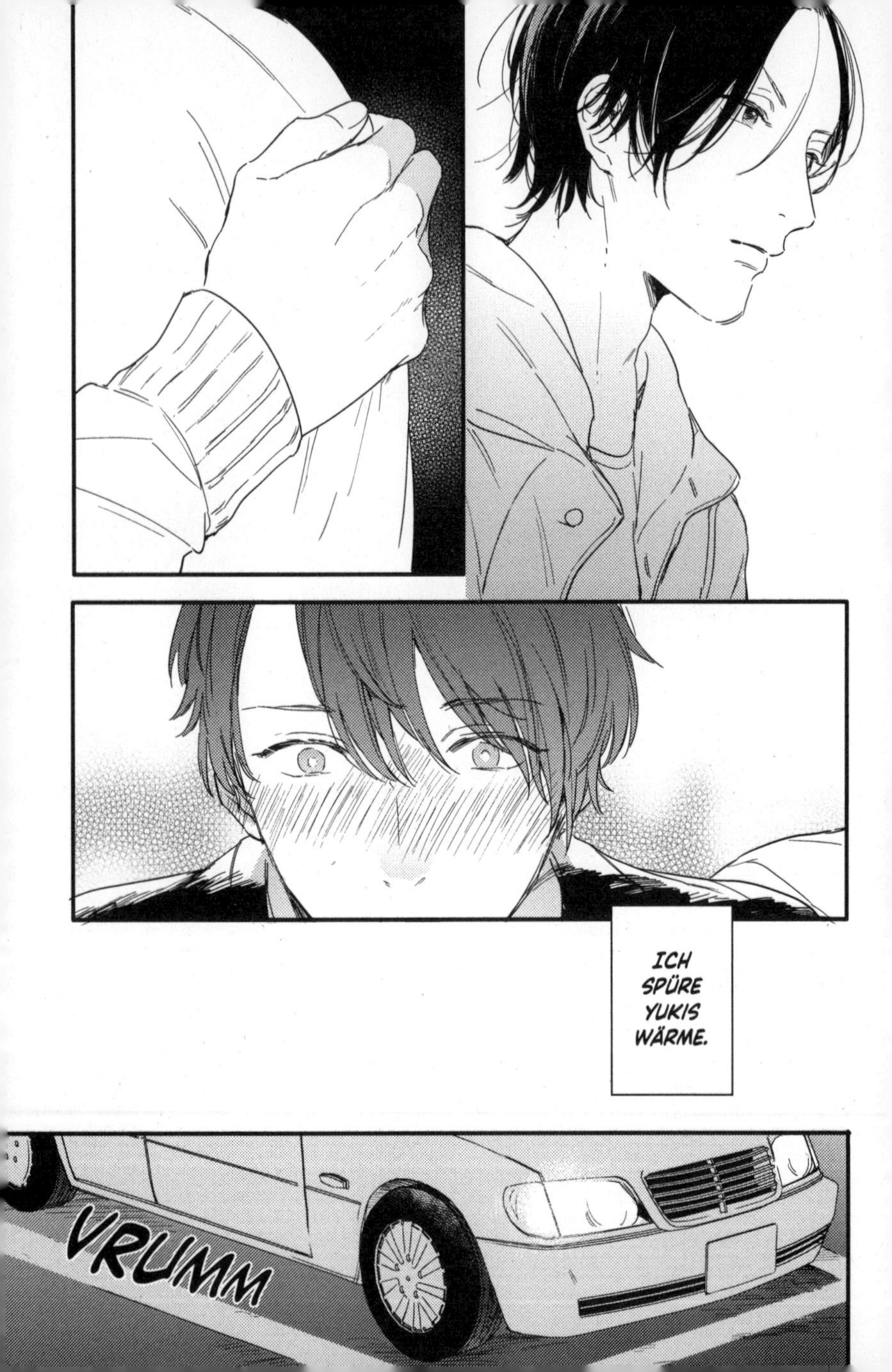
ICH SPÜRE YUKIS WÄRME.
VRUMM

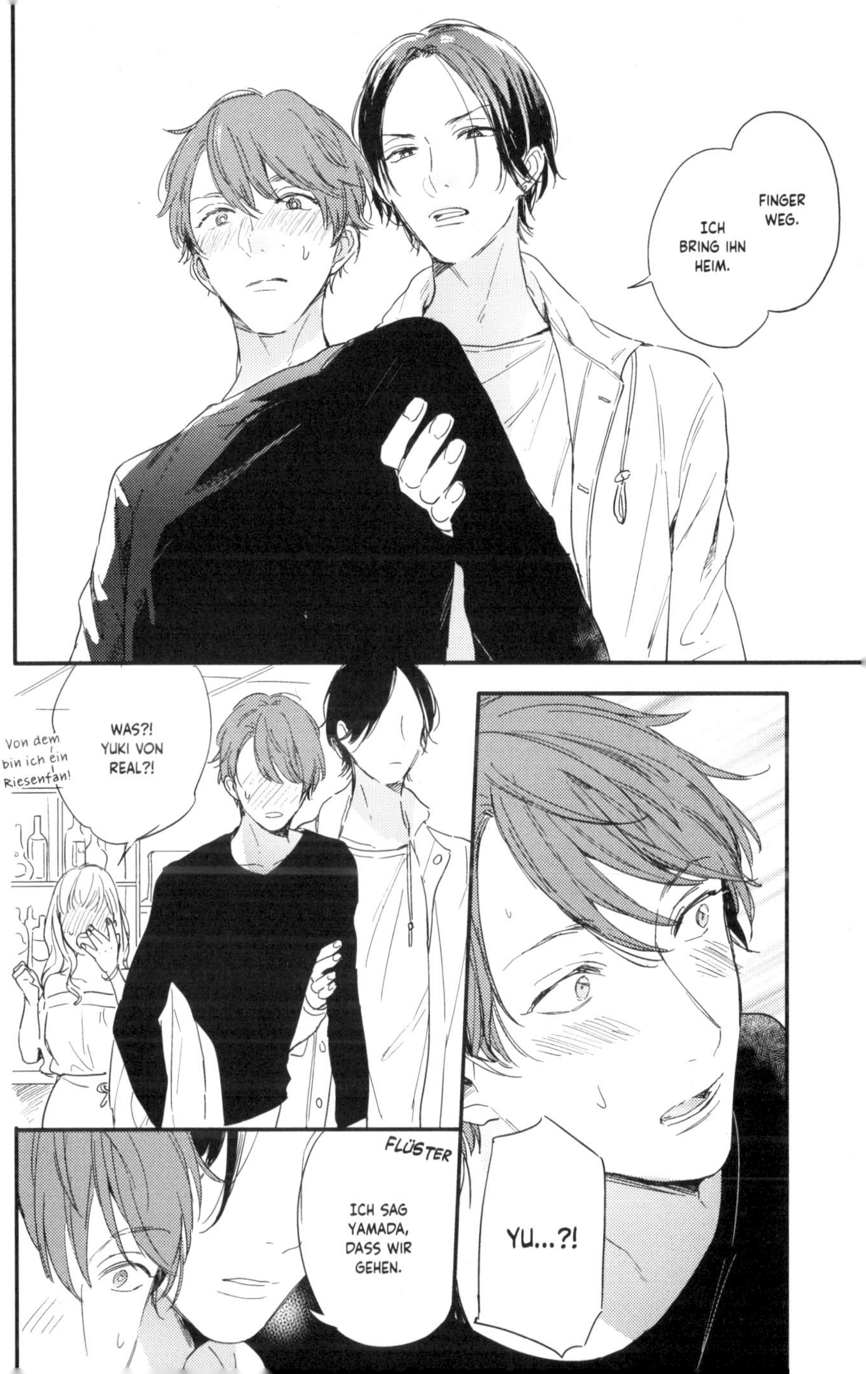
FINGER WEG.
ICH BRING IHN HEIM.
WAS?! YUKI VON REAL?!
Von dem bin ich ein Riesenfan!
YU...?!
FLÜSTER
ICH SAG YAMADA, DASS WIR GEHEN.

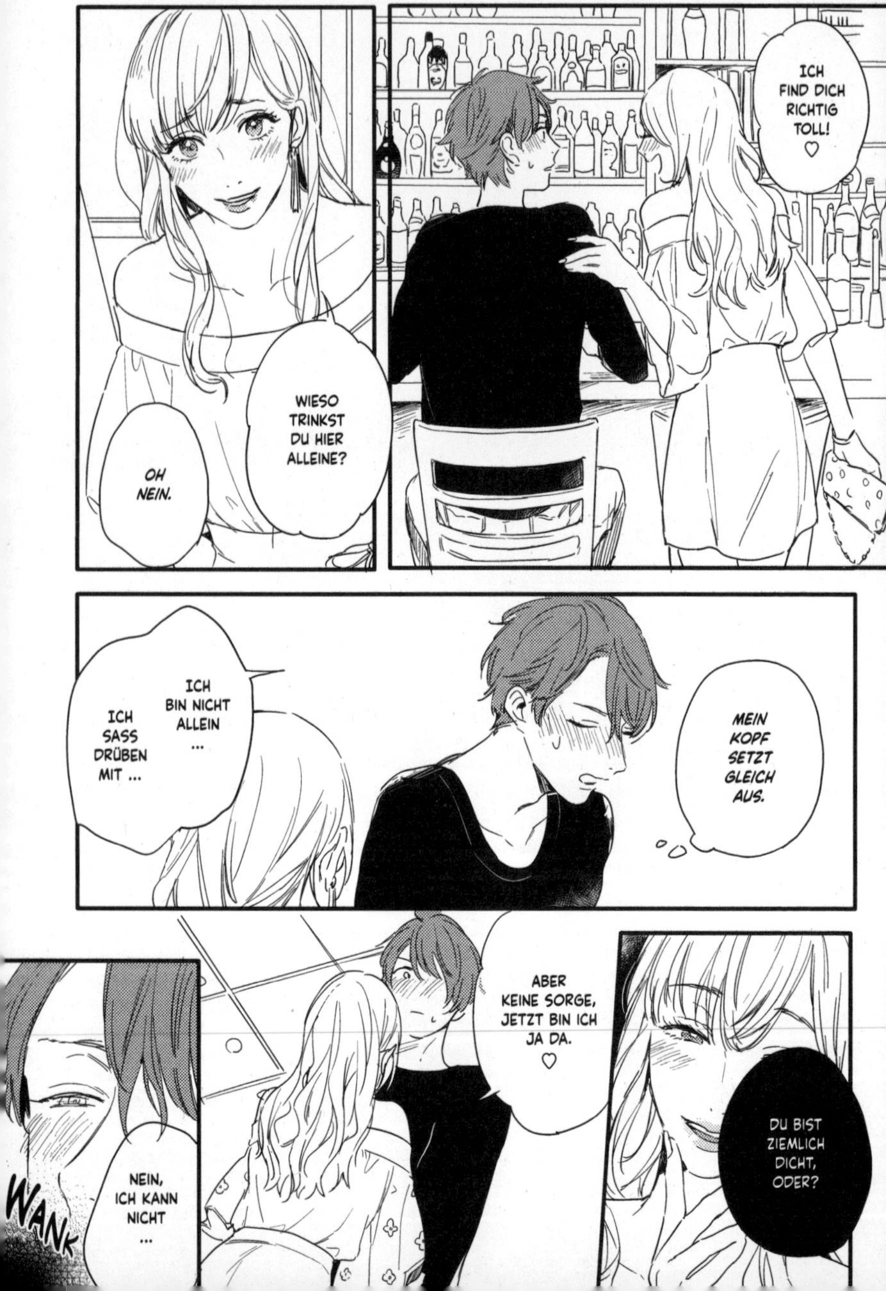
ICH FIND DICH RICHTIG TOLL! ♡
WIESO TRINKST DU HIER ALLEINE?
OH NEIN.
MEIN KOPF SETZT GLEICH AUS.
ICH BIN NICHT ALLEIN ...
ICH SASS DRÜBEN MIT ...
DU BIST ZIEMLICH DICHT, ODER?
ABER KEINE SORGE, JETZT BIN ICH JA DA. ♡
NEIN, ICH KANN NICHT ...
WANK

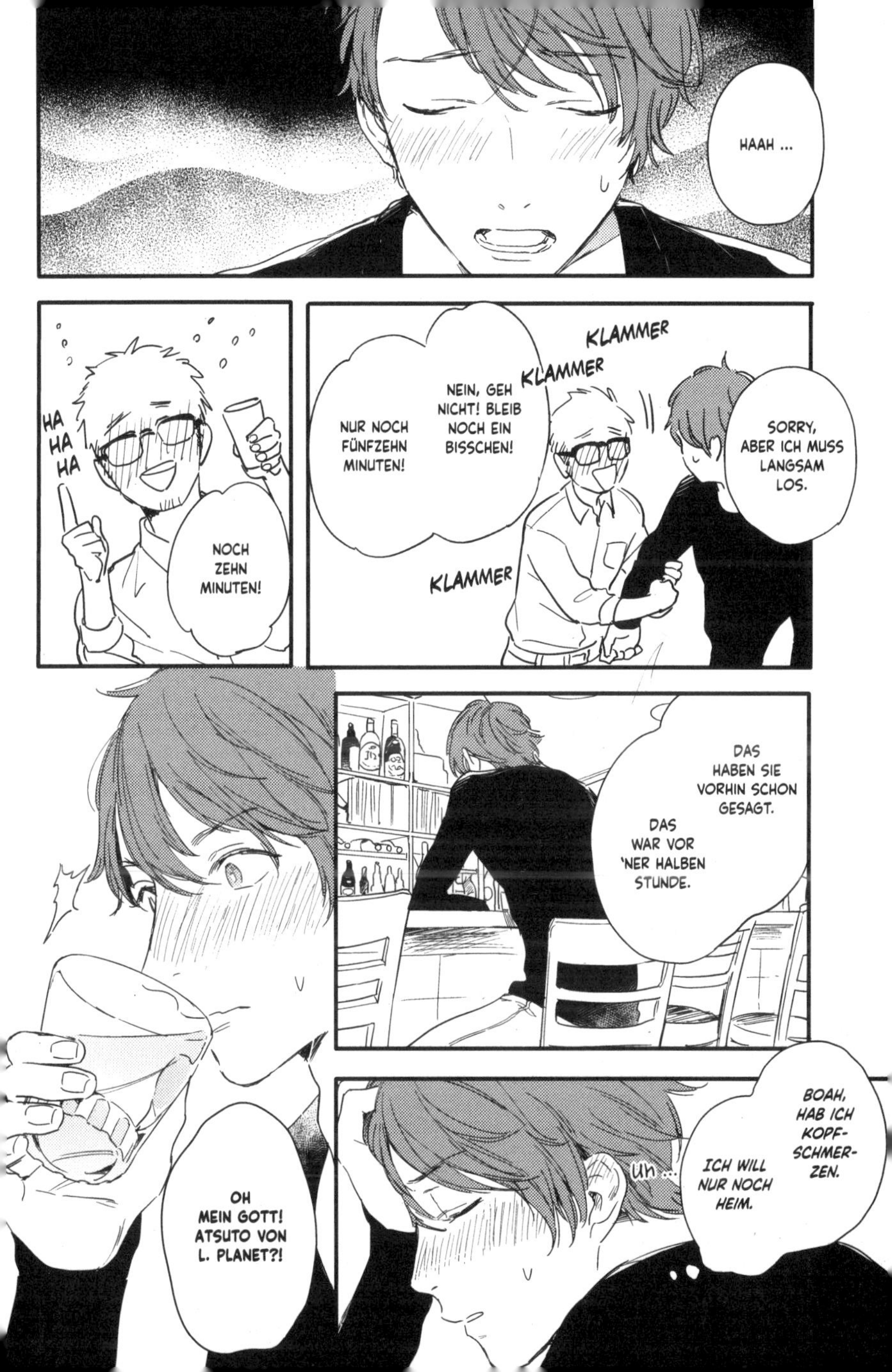
HAAH ...
SORRY, ABER ICH MUSS LANGSAM LOS.
KLAMMER
KLAMMER
NEIN, GEH NICHT! BLEIB NOCH EIN BISSCHEN!
NUR NOCH FÜNFZEHN MINUTEN!
KLAMMER
HA HA HA
NOCH ZEHN MINUTEN!
DAS HABEN SIE VORHIN SCHON GESAGT.
DAS WAR VOR 'NER HALBEN STUNDE.
BOAH, HAB ICH KOPF-SCHMER-ZEN.
ICH WILL NUR NOCH HEIM.
Uh ...
OH MEIN GOTT! ATSUTO VON L. PLANET?!

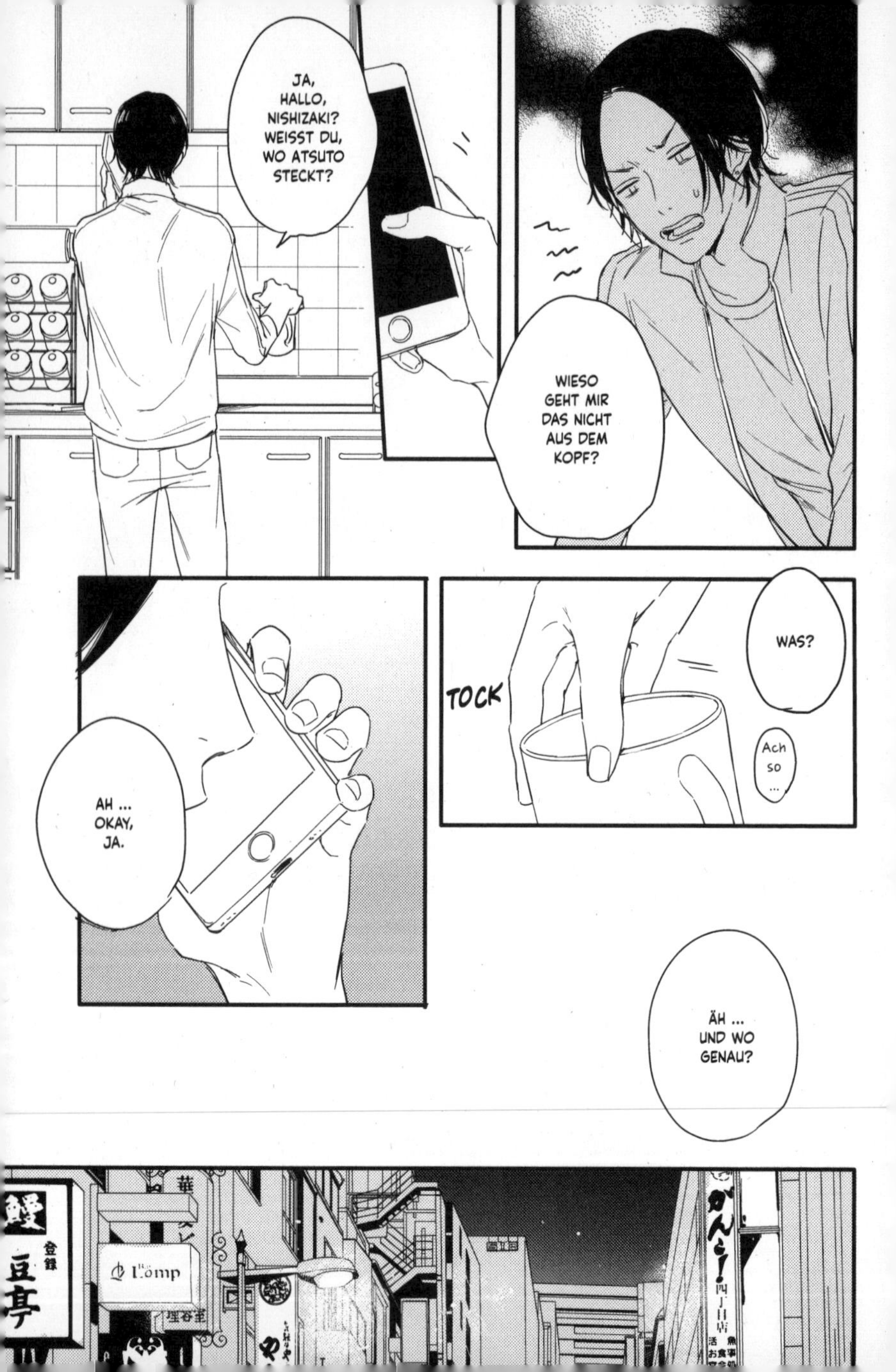
WIESO GEHT MIR DAS NICHT AUS DEM KOPF?
JA, HALLO, NISHIZAKI? WEISST DU, WO ATSUTO STECKT?
WAS?
Ach so ...
TOCK
AH ... OKAY, JA.
ÄH ... UND WO GENAU?

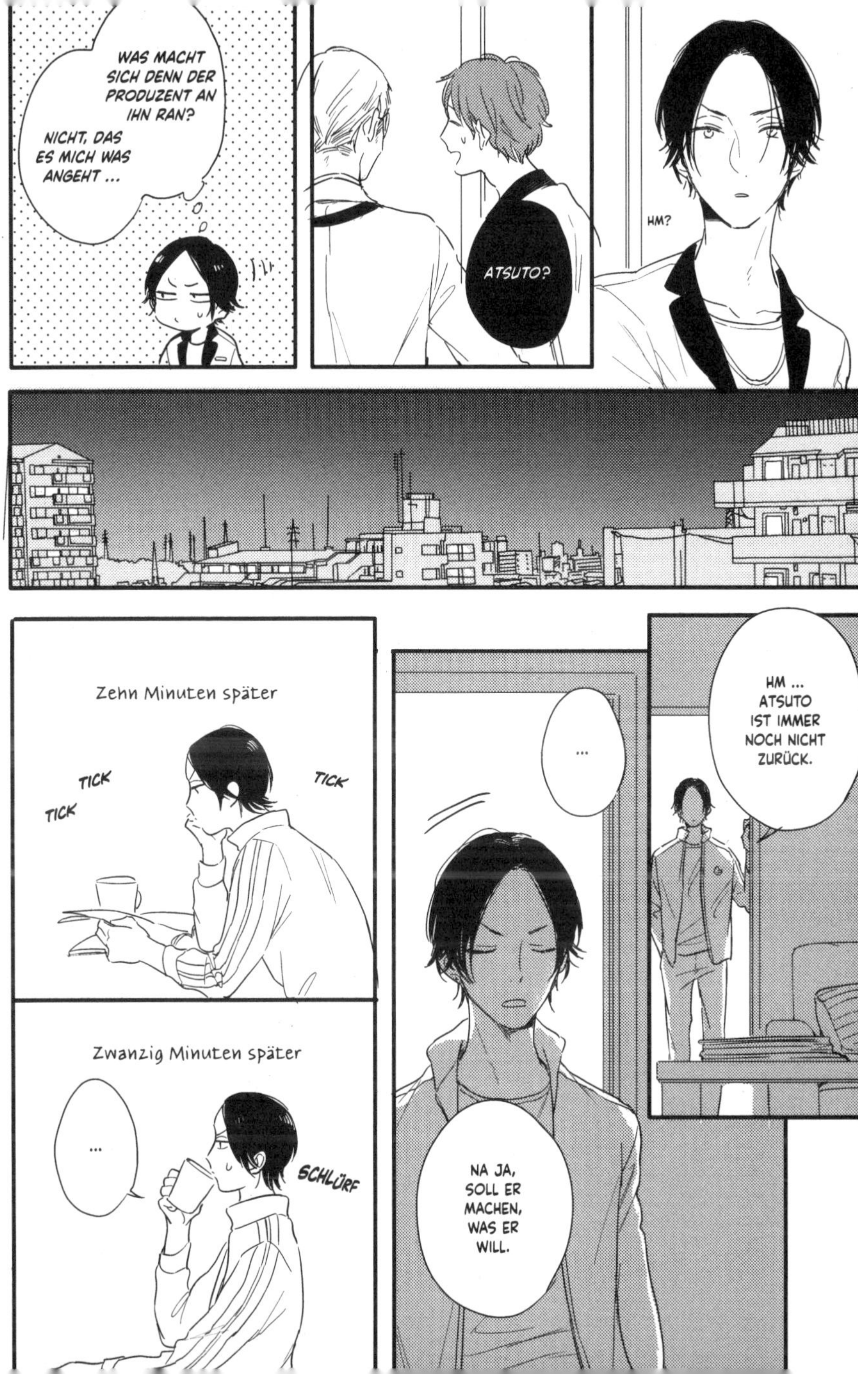
HM?
ATSUTO?
WAS MACHT SICH DENN DER PRODUZENT AN IHN RAN?
NICHT, DAS ES MICH WAS ANGEHT ...
HM ... ATSUTO IST IMMER NOCH NICHT ZURÜCK.
...
NA JA, SOLL ER MACHEN, WAS ER WILL.
Zehn Minuten später
TICK
TICK
TICK
Zwanzig Minuten später
...
SCHLÜRF

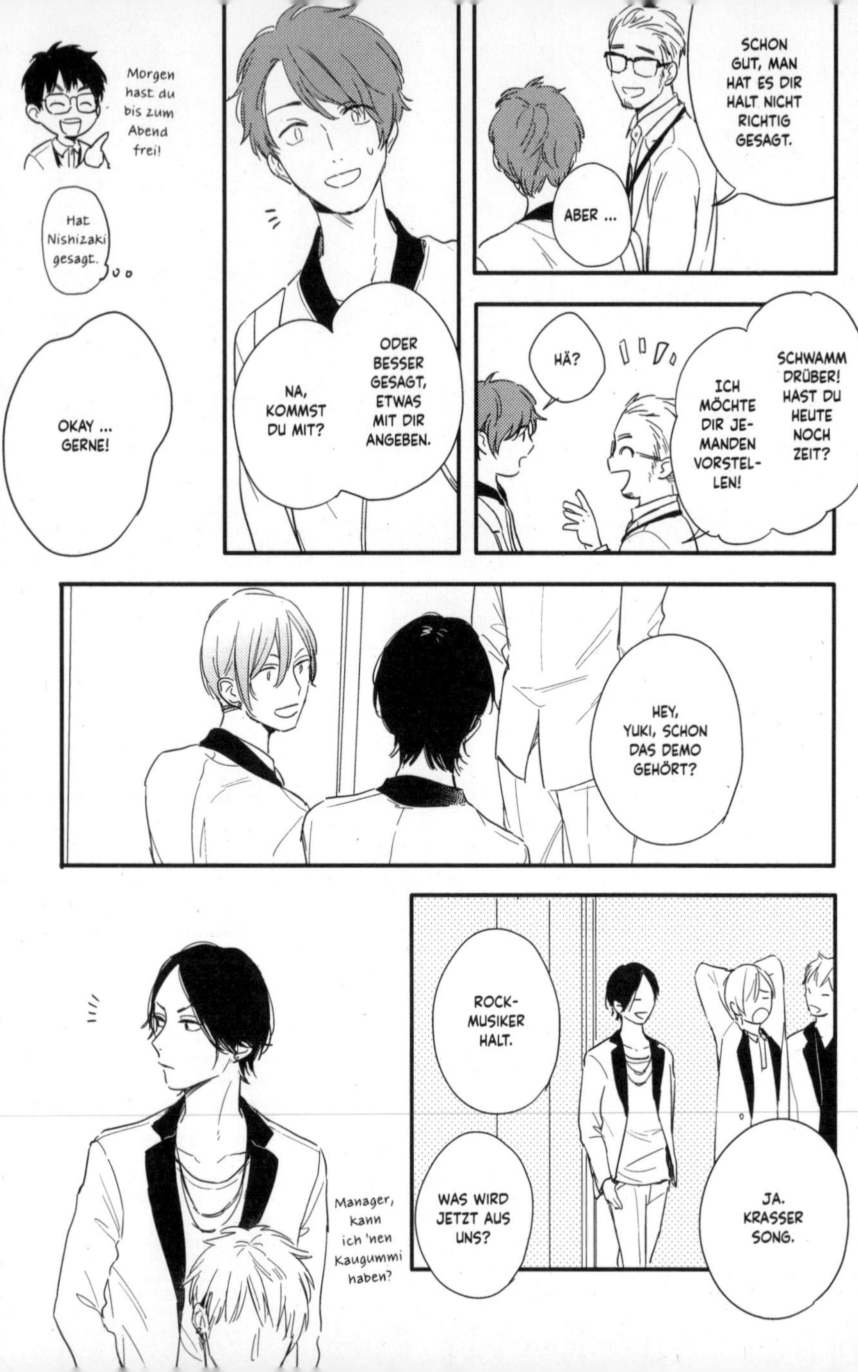
SCHON GUT, MAN HAT ES DIR HALT NICHT RICHTIG GESAGT.
ABER ...
SCHWAMM DRÜBER! HAST DU HEUTE NOCH ZEIT?
ICH MÖCHTE DIR JE-MANDEN VORSTEL-LEN!
HÄ?
ODER BESSER GESAGT, ETWAS MIT DIR ANGEBEN.
NA, KOMMST DU MIT?
Morgen hast du bis zum Abend frei!
Hat Nishizaki gesagt.
OKAY ... GERNE!
HEY, YUKI, SCHON DAS DEMO GEHÖRT?
JA. KRASSER SONG.
ROCK-MUSIKER HALT.
WAS WIRD JETZT AUS UNS?
Manager, kann ich 'nen Kaugummi haben?

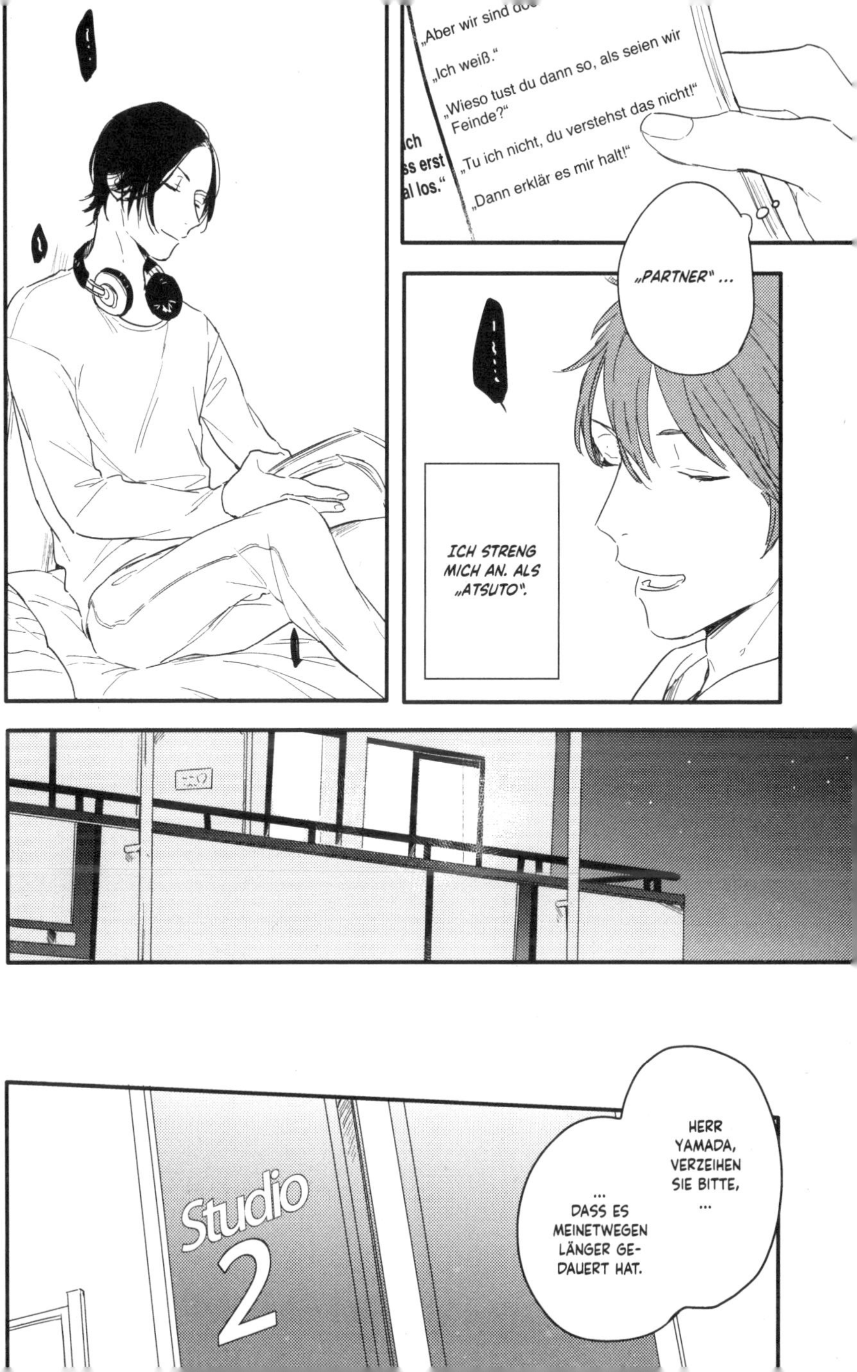
„Aber wir sind do
„Ich weiß."
„Wieso tust du dann so, als seien wir Feinde?"
„Tu ich nicht, du verstehst das nicht!"
„Dann erklär es mir halt!"
ch
ss erst
al los."
„PARTNER" …
ICH STRENG MICH AN. ALS „ATSUTO".
HERR YAMADA, VERZEIHEN SIE BITTE, …
… DASS ES MEINETWEGEN LÄNGER GE-DAUERT HAT.
Studio 2

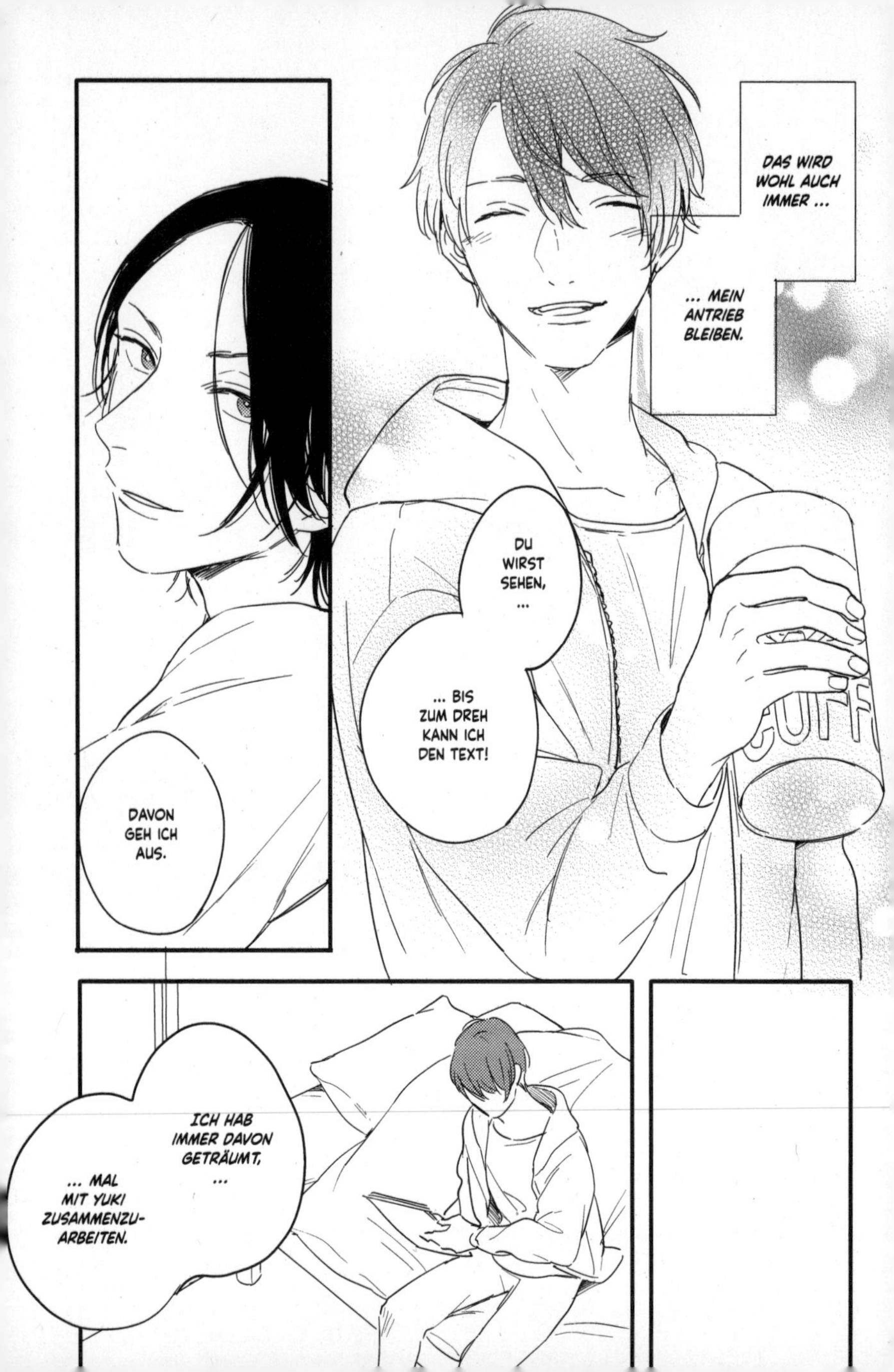
DAS WIRD WOHL AUCH IMMER ...
... MEIN ANTRIEB BLEIBEN.
DU WIRST SEHEN, ...
... BIS ZUM DREH KANN ICH DEN TEXT!
DAVON GEH ICH AUS.
ICH HAB IMMER DAVON GETRÄUMT, ...
... MAL MIT YUKI ZUSAMMENZU-ARBEITEN.

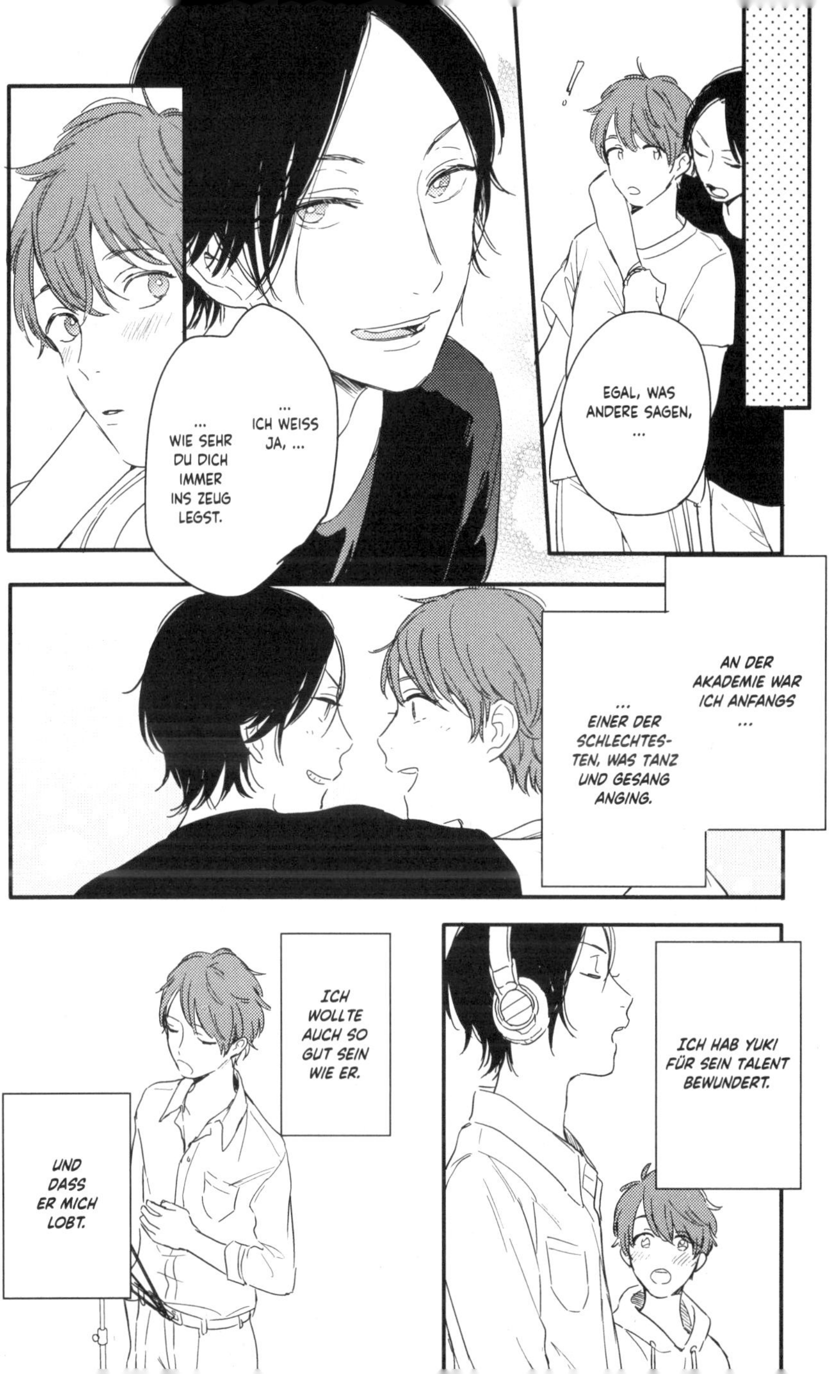

EGAL, WAS ANDERE SAGEN, ...
... ICH WEISS JA, ...
... WIE SEHR DU DICH IMMER INS ZEUG LEGST.
AN DER AKADEMIE WAR ICH ANFANGS ...
... EINER DER SCHLECHTES-TEN, WAS TANZ UND GESANG ANGING.
ICH HAB YUKI FÜR SEIN TALENT BEWUNDERT.
ICH WOLLTE AUCH SO GUT SEIN WIE ER.
UND DASS ER MICH LOBT.

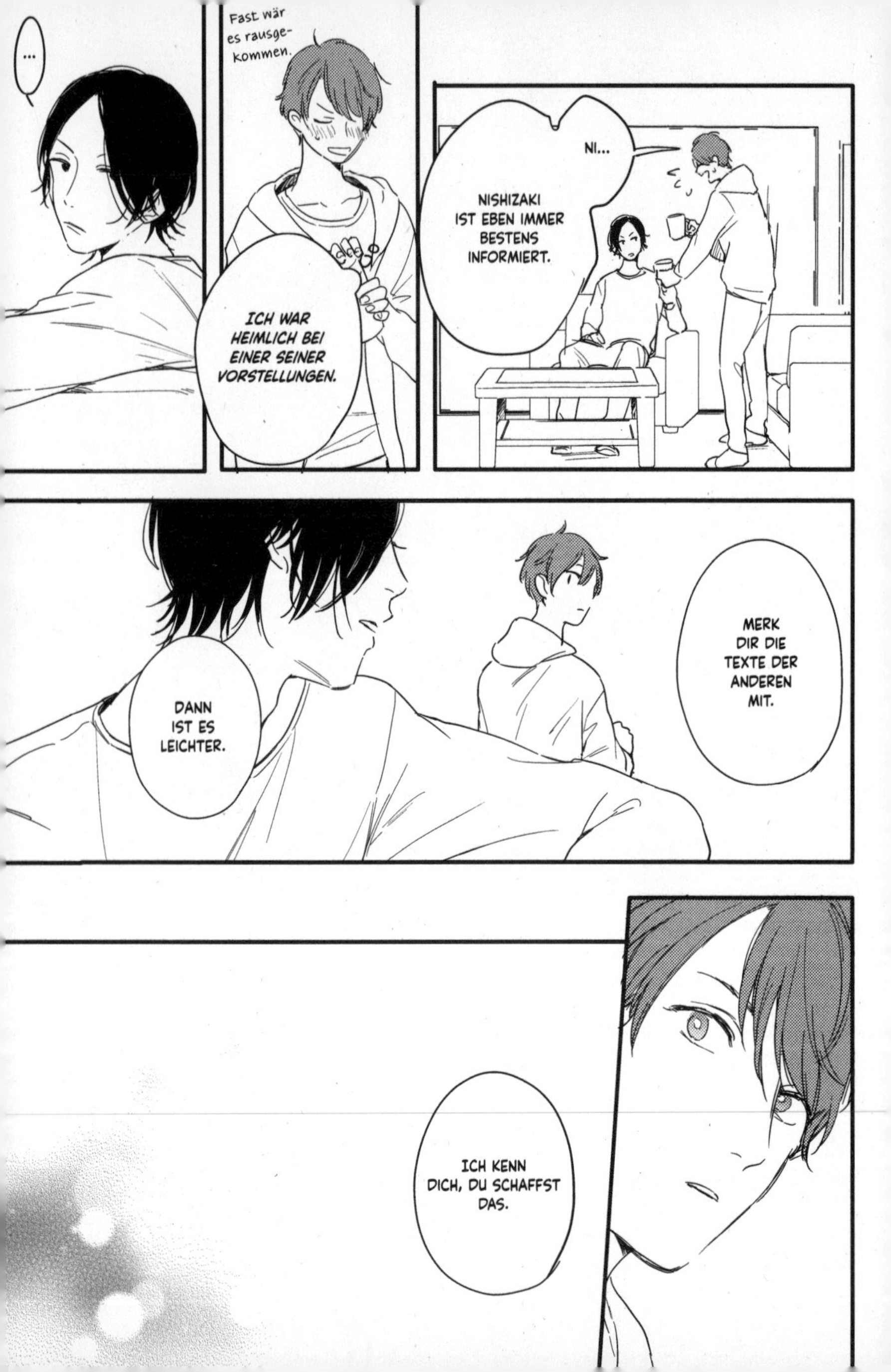
NI...
NISHIZAKI IST EBEN IMMER BESTENS INFORMIERT.
ICH WAR HEIMLICH BEI EINER SEINER VORSTELLUNGEN.
Fast wär es rausgekommen.
...
MERK DIR DIE TEXTE DER ANDEREN MIT.
DANN IST ES LEICHTER.
ICH KENN DICH, DU SCHAFFST DAS.

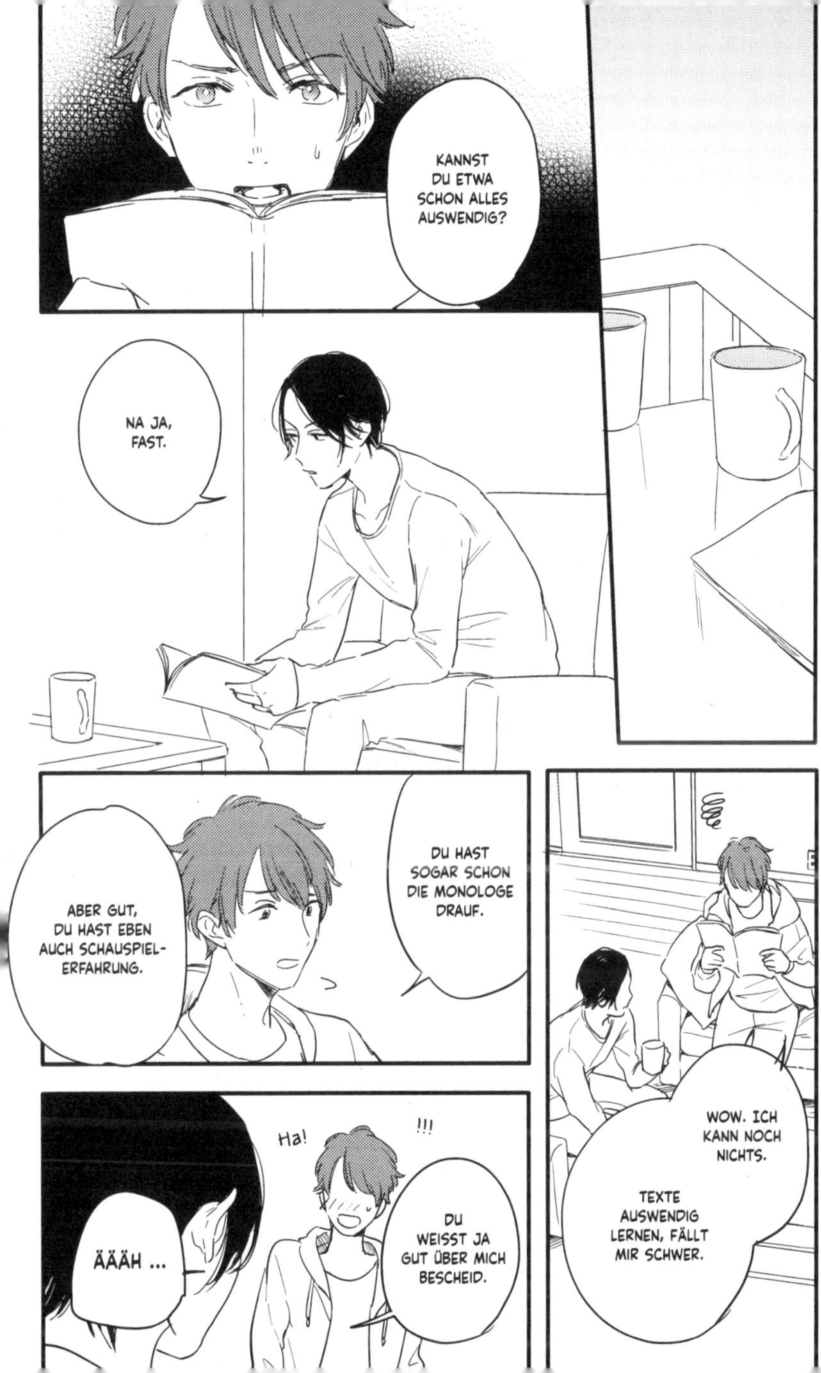
KANNST DU ETWA SCHON ALLES AUSWENDIG?
NA JA, FAST.
DU HAST SOGAR SCHON DIE MONOLOGE DRAUF.
ABER GUT, DU HAST EBEN AUCH SCHAUSPIEL-ERFAHRUNG.
WOW. ICH KANN NOCH NICHTS.
TEXTE AUSWENDIG LERNEN, FÄLLT MIR SCHWER.
!!!
Ha!
DU WEISST JA GUT ÜBER MICH BESCHEID.
ÄÄÄH ...

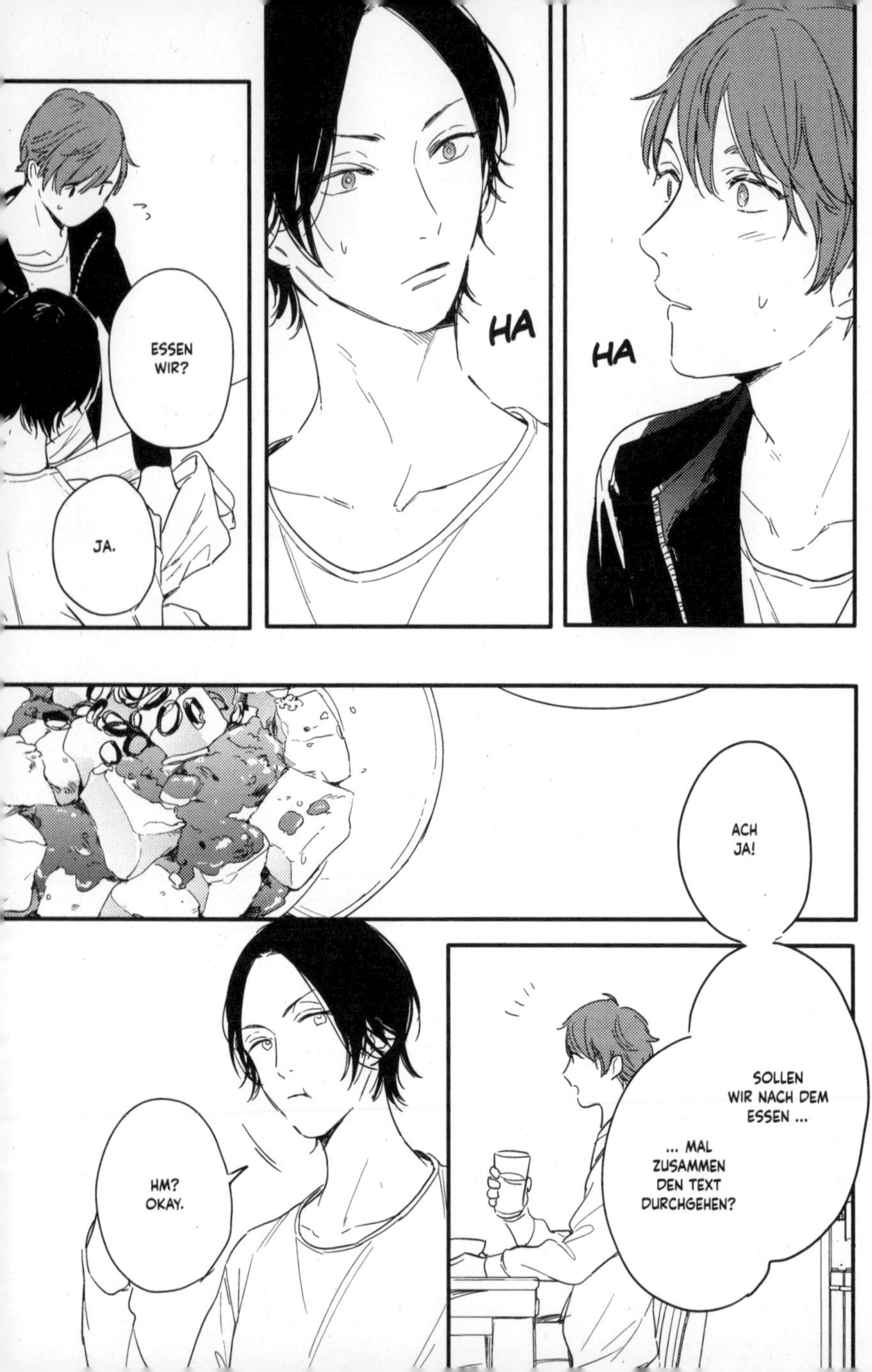
HA
HA
ESSEN WIR?
JA.
ACH JA!
SOLLEN WIR NACH DEM ESSEN ...
... MAL ZUSAMMEN DEN TEXT DURCHGEHEN?
HM? OKAY.

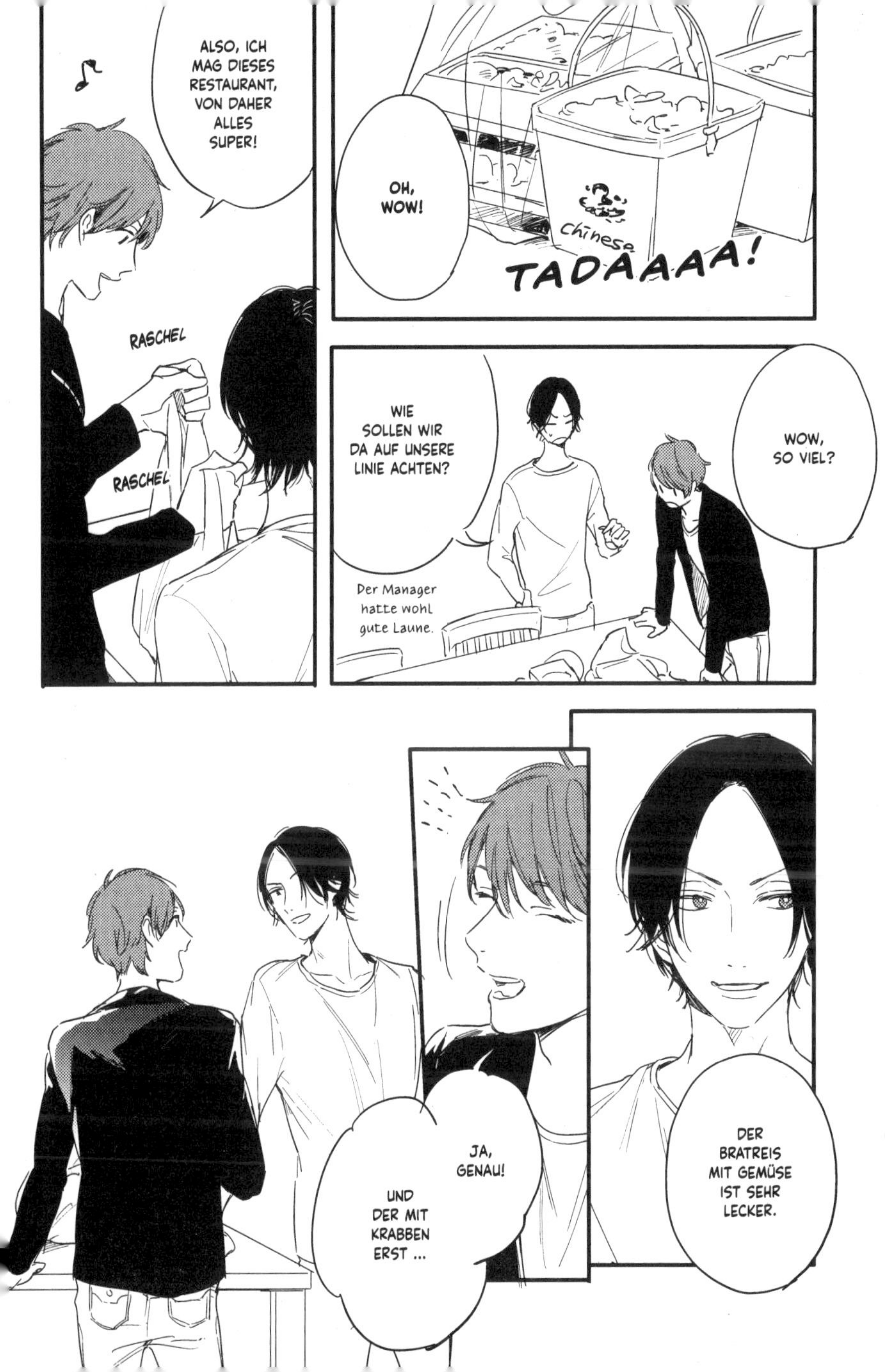
ALSO, ICH MAG DIESES RESTAURANT, VON DAHER ALLES SUPER!
RASCHEL
RASCHEL
OH, WOW!
Chinese
TADAAAAA!
WOW, SO VIEL?
WIE SOLLEN WIR DA AUF UNSERE LINIE ACHTEN?
Der Manager hatte wohl gute Laune.
DER BRATREIS MIT GEMÜSE IST SEHR LECKER.
JA, GENAU!
UND DER MIT KRABBEN ERST ...

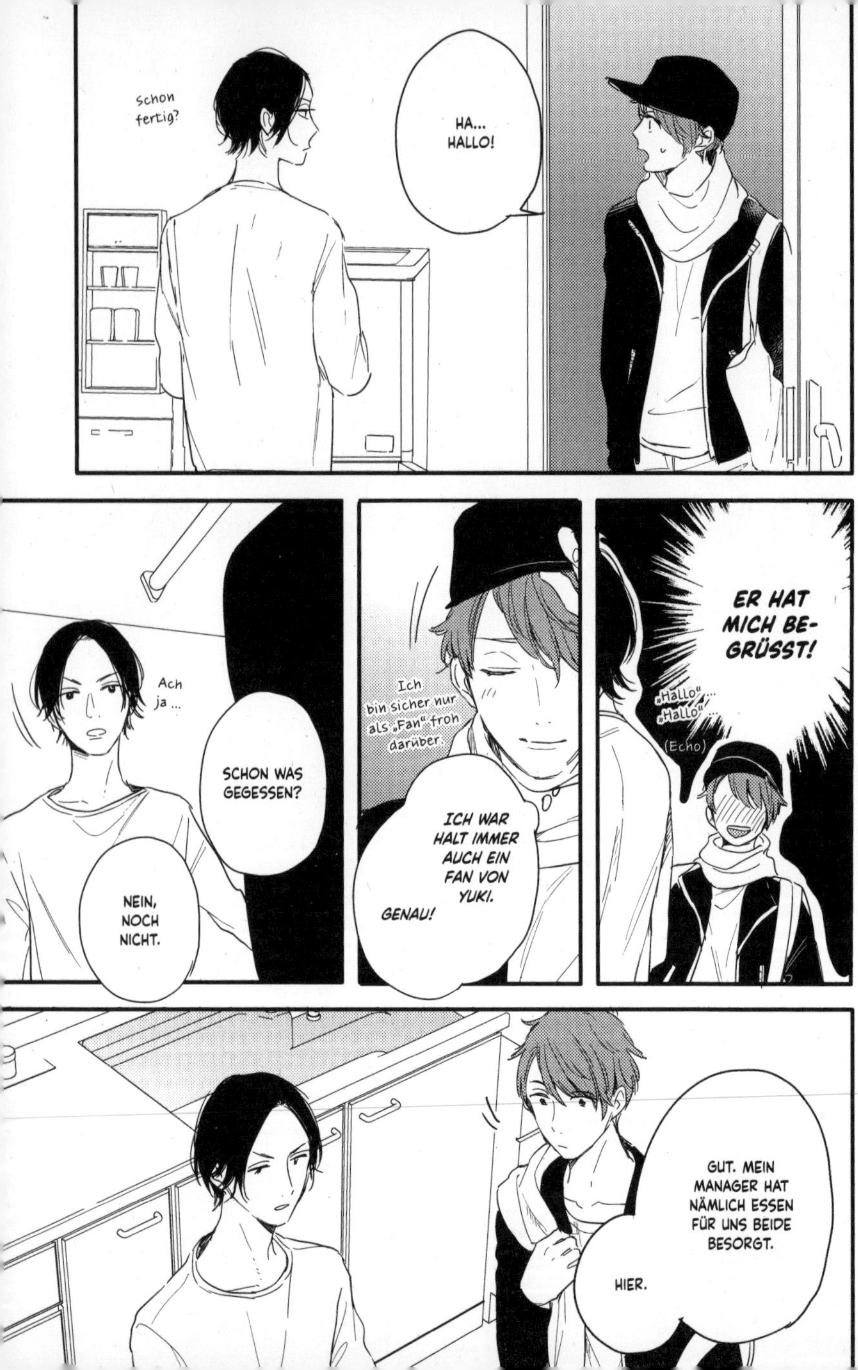
HA... HALLO!
Schon fertig?
ER HAT MICH BE-GRÜSST!
„Hallo"... „Hallo"...
(Echo)
Ich bin sicher nur als „Fan" froh darüber.
ICH WAR HALT IMMER AUCH EIN FAN VON YUKI.
GENAU!
Ach ja ...
SCHON WAS GEGESSEN?
NEIN, NOCH NICHT.
GUT. MEIN MANAGER HAT NÄMLICH ESSEN FÜR UNS BEIDE BESORGT.
HIER.

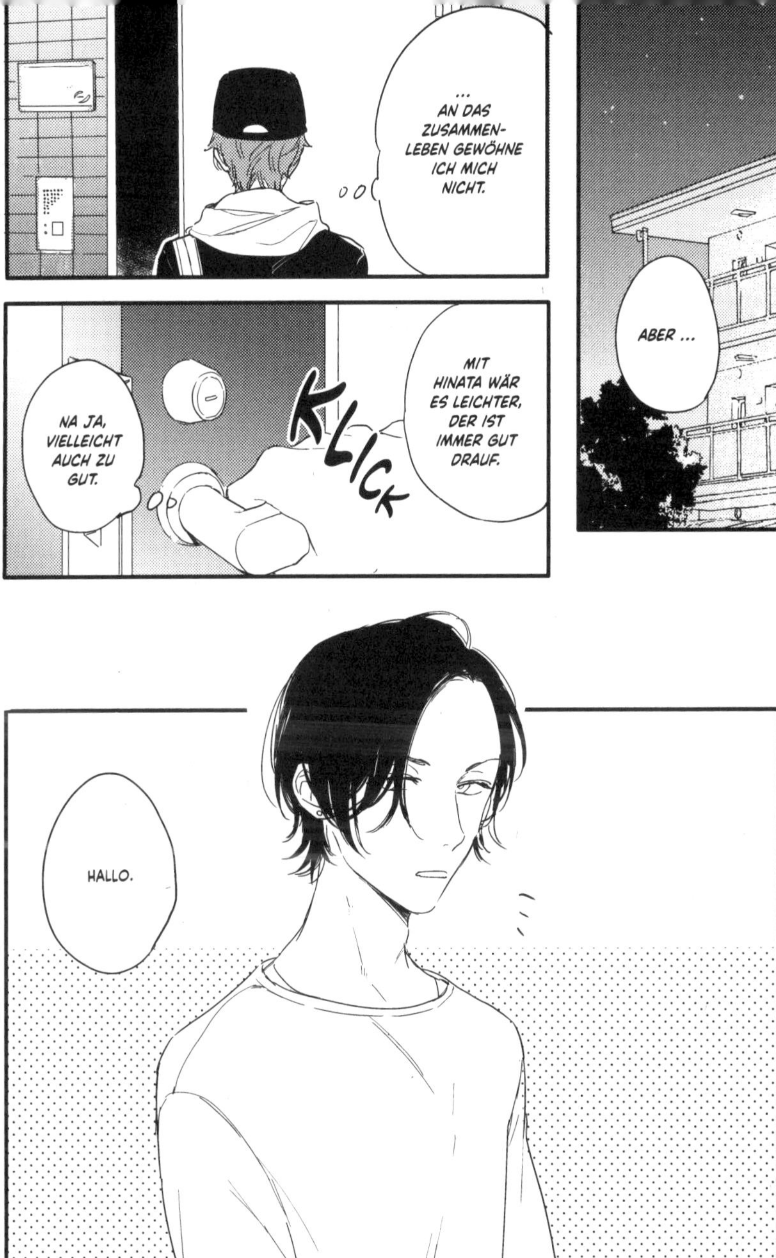
ABER ...
... AN DAS ZUSAMMEN-LEBEN GEWÖHNE ICH MICH NICHT.
MIT HINATA WÄR ES LEICHTER, DER IST IMMER GUT DRAUF.
KLICK
NA JA, VIELLEICHT AUCH ZU GUT.
HALLO.

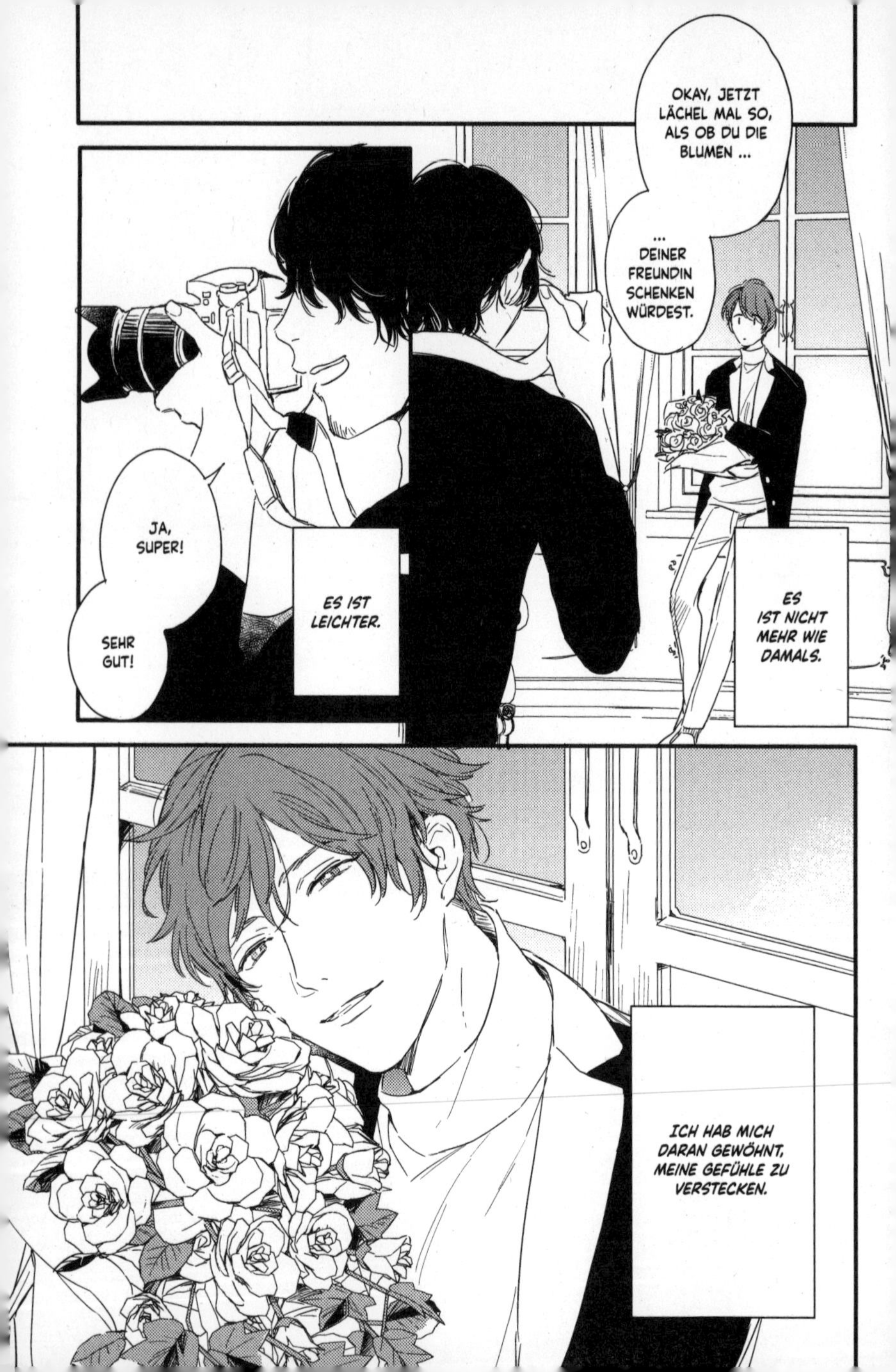
OKAY, JETZT LÄCHEL MAL SO, ALS OB DU DIE BLUMEN ...
... DEINER FREUNDIN SCHENKEN WÜRDEST.
ES IST NICHT MEHR WIE DAMALS.
ES IST LEICHTER.
JA, SUPER!
SEHR GUT!
ICH HAB MICH DARAN GEWÖHNT, MEINE GEFÜHLE ZU VERSTECKEN.

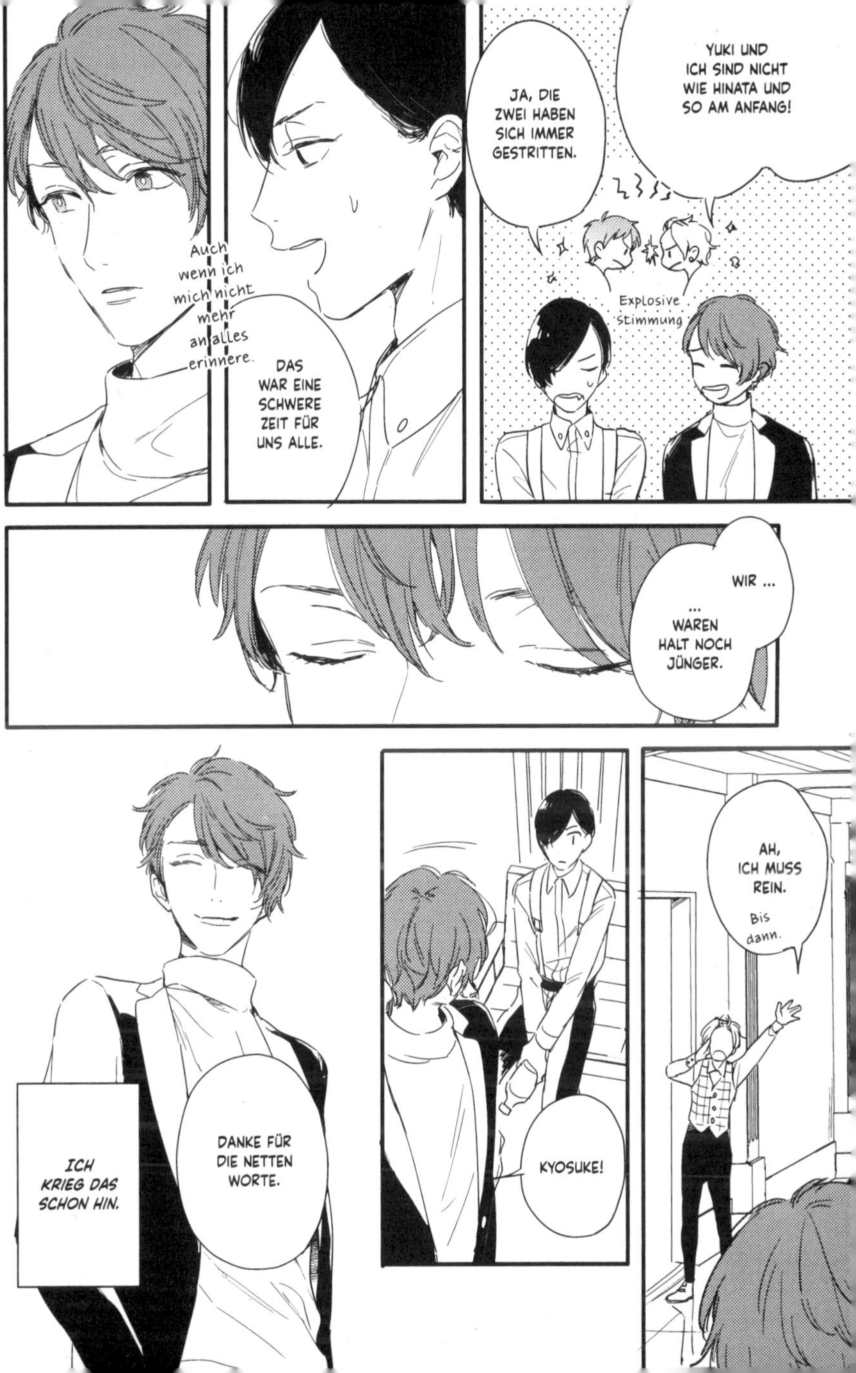
YUKI UND ICH SIND NICHT WIE HINATA UND SO AM ANFANG!
JA, DIE ZWEI HABEN SICH IMMER GESTRITTEN.
Explosive Stimmung
DAS WAR EINE SCHWERE ZEIT FÜR UNS ALLE.
Auch wenn ich mich nicht mehr an alles erinnere.
WIR ...
... WAREN HALT NOCH JÜNGER.
AH, ICH MUSS REIN.
Bis dann.
KYOSUKE!
DANKE FÜR DIE NETTEN WORTE.
ICH KRIEG DAS SCHON HIN.

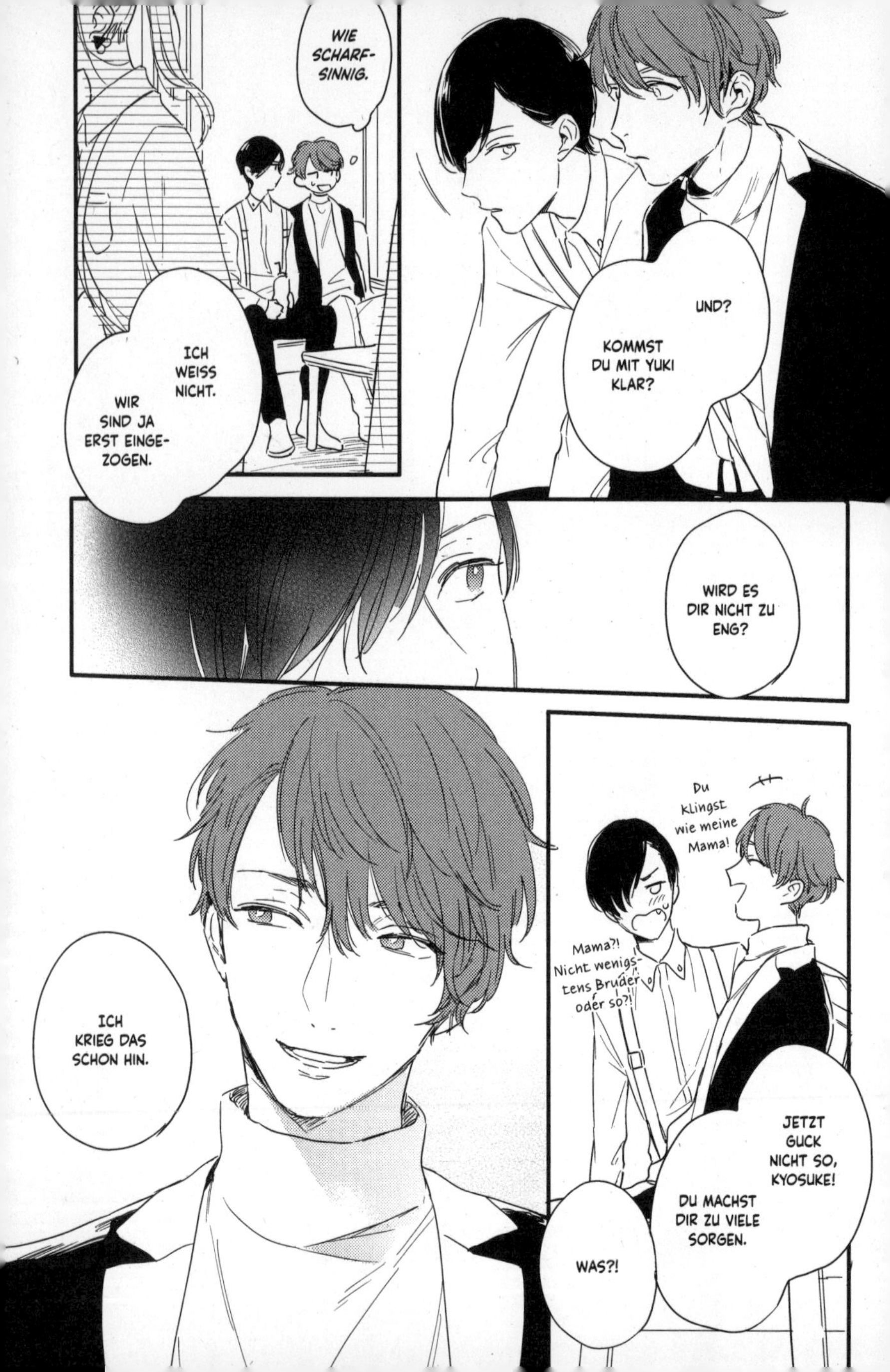
UND?
KOMMST DU MIT YUKI KLAR?
ICH WEISS NICHT.
WIR SIND JA ERST EINGE-ZOGEN.
WIE SCHARF-SINNIG.
WIRD ES DIR NICHT ZU ENG?
ICH KRIEG DAS SCHON HIN.
JETZT GUCK NICHT SO, KYOSUKE!
DU MACHST DIR ZU VIELE SORGEN.
WAS?!
Du klingst wie meine Mama!
Mama?! Nicht wenigstens Bruder oder so?!

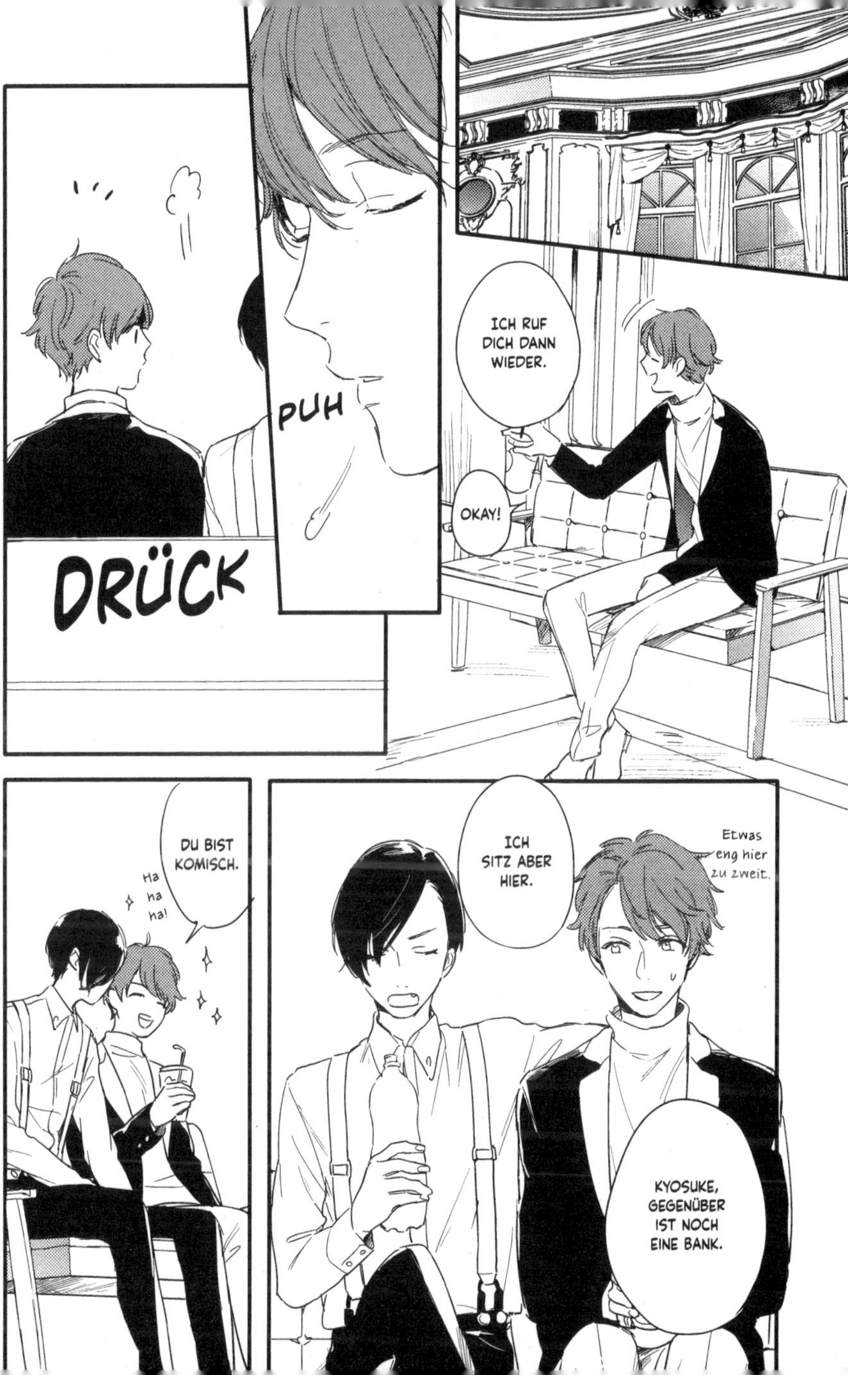
ICH RUF DICH DANN WIEDER.
OKAY!
PUH
DRÜCK
ICH SITZ ABER HIER.
Etwas eng hier zu zweit.
KYOSUKE, GEGENÜBER IST NOCH EINE BANK.
DU BIST KOMISCH.
Ha ha ha!

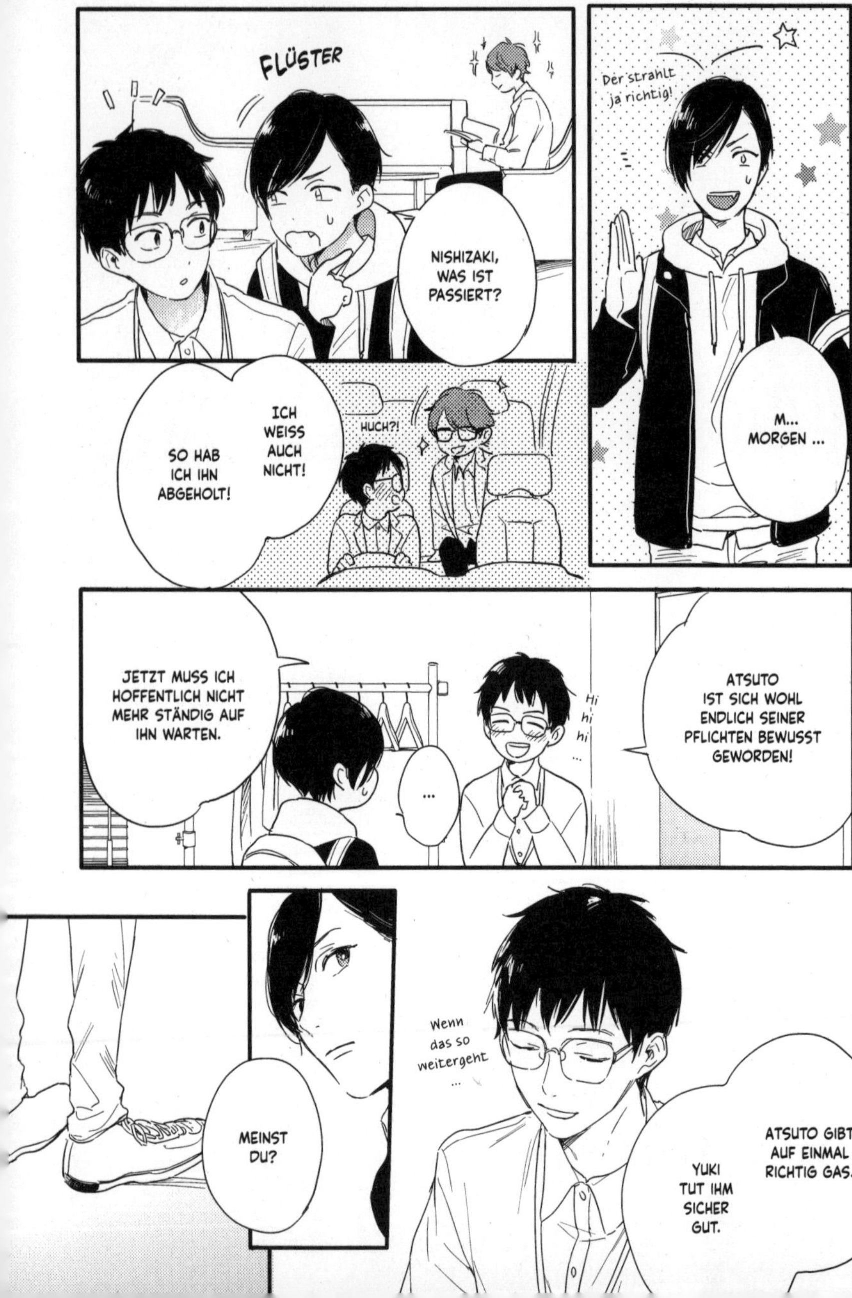
Der strahlt ja richtig!
M... MORGEN ...
FLÜSTER
NISHIZAKI, WAS IST PASSIERT?
ICH WEISS AUCH NICHT!
HUCH?!
SO HAB ICH IHN ABGEHOLT!
ATSUTO IST SICH WOHL ENDLICH SEINER PFLICHTEN BEWUSST GEWORDEN!
Hi hi hi ...
...
JETZT MUSS ICH HOFFENTLICH NICHT MEHR STÄNDIG AUF IHN WARTEN.
ATSUTO GIBT AUF EINMAL RICHTIG GAS.
YUKI TUT IHM SICHER GUT.
Wenn das so weitergeht ...
MEINST DU?

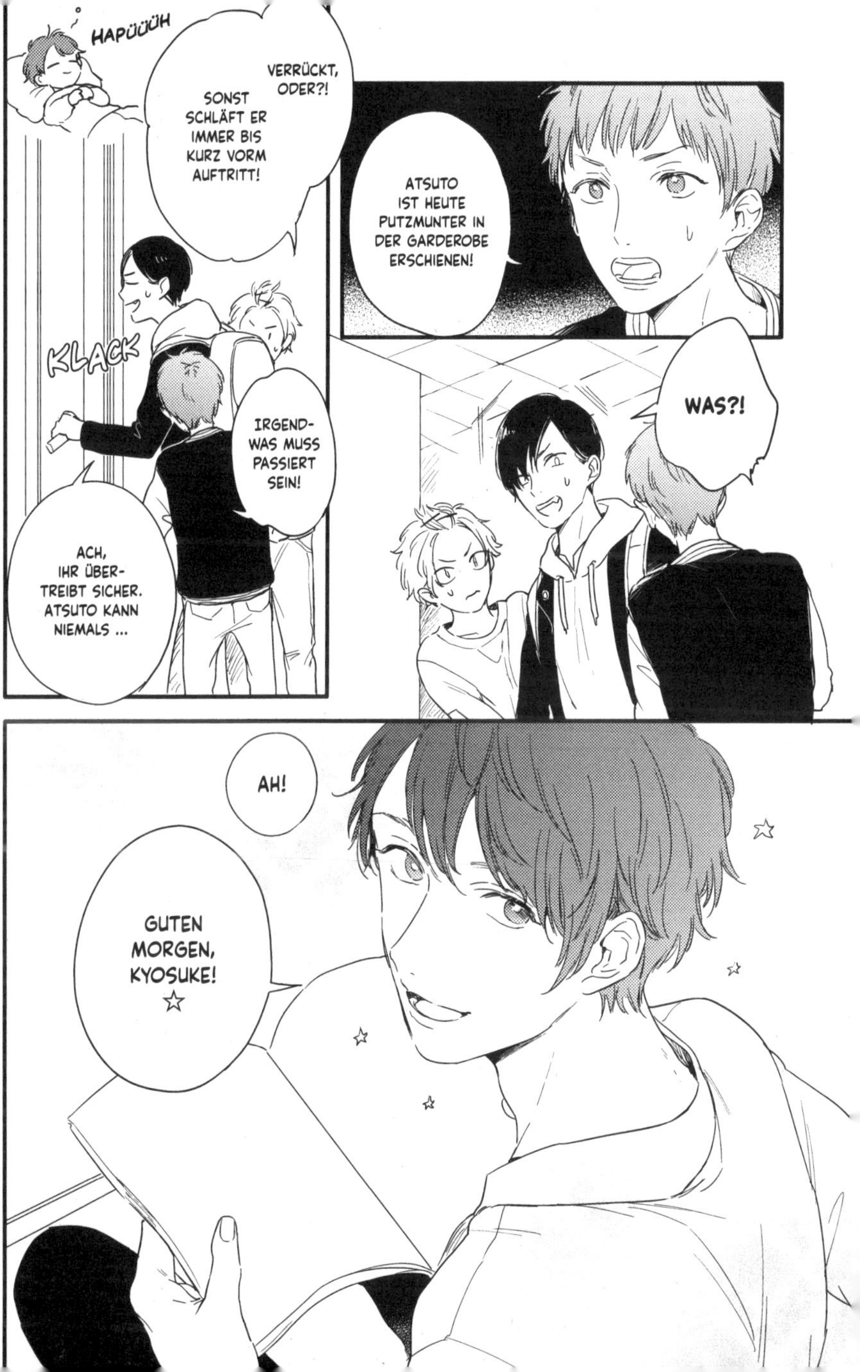
ATSUTO IST HEUTE PUTZMUNTER IN DER GARDEROBE ERSCHIENEN!
VERRÜCKT, ODER?!
SONST SCHLÄFT ER IMMER BIS KURZ VORM AUFTRITT!
HAPÜÜÜH
KLACK
IRGEND-WAS MUSS PASSIERT SEIN!
ACH, IHR ÜBER-TREIBT SICHER. ATSUTO KANN NIEMALS ...
WAS?!
AH!
GUTEN MORGEN, KYOSUKE! ☆

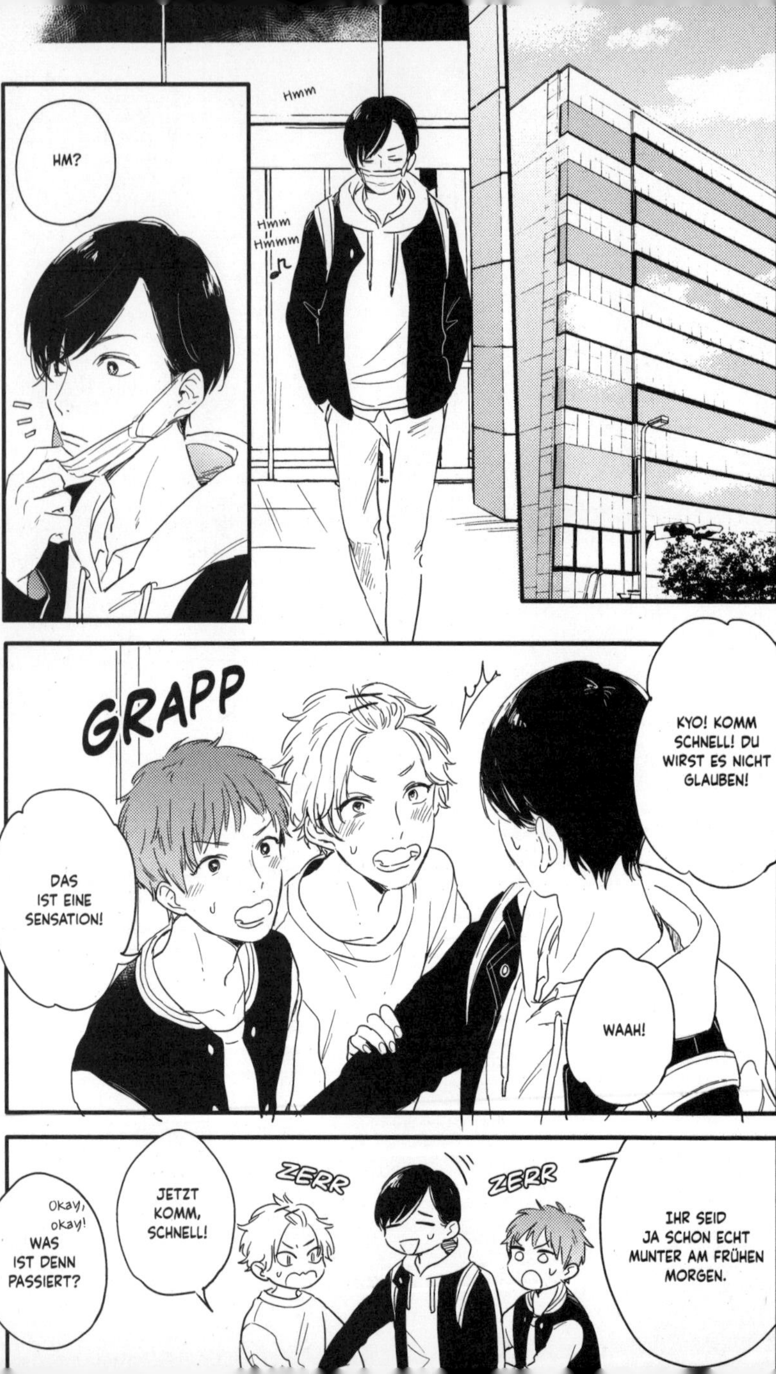
Hmm
Hmm
Hmmm
HM?
KYO! KOMM SCHNELL! DU WIRST ES NICHT GLAUBEN!
WAAH!
GRAPP
DAS IST EINE SENSATION!
IHR SEID JA SCHON ECHT MUNTER AM FRÜHEN MORGEN.
ZERR
ZERR
JETZT KOMM, SCHNELL!
Okay, okay! WAS IST DENN PASSIERT?

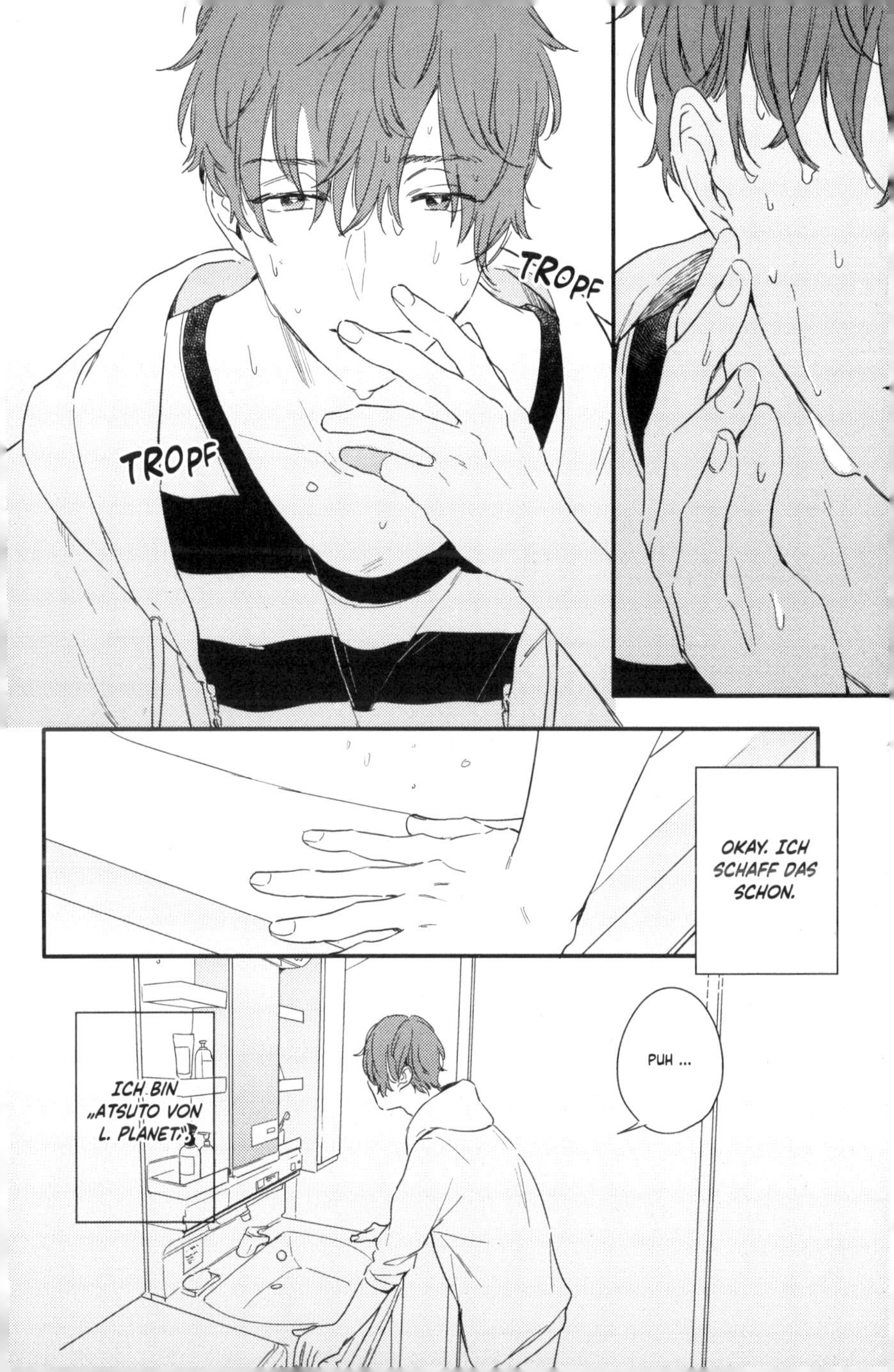
TROPF
TROPF
OKAY. ICH SCHAFF DAS SCHON.
PUH ...
ICH BIN „ATSUTO VON L. PLANET“!

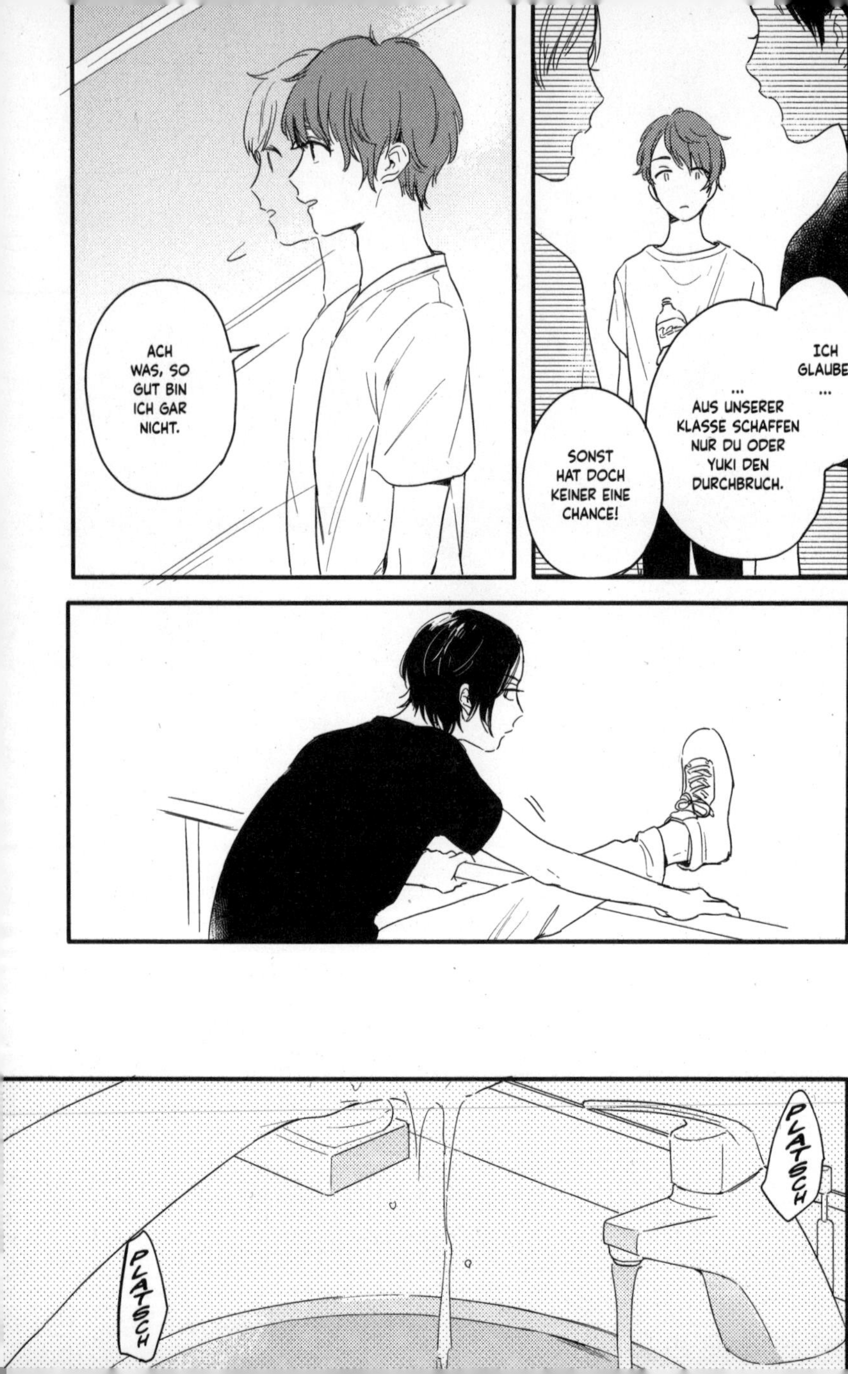
ICH GLAUBE, ... AUS UNSERER KLASSE SCHAFFEN NUR DU ODER YUKI DEN DURCHBRUCH.
SONST HAT DOCH KEINER EINE CHANCE!
ACH WAS, SO GUT BIN ICH GAR NICHT.
PLATSCH
PLATSCH

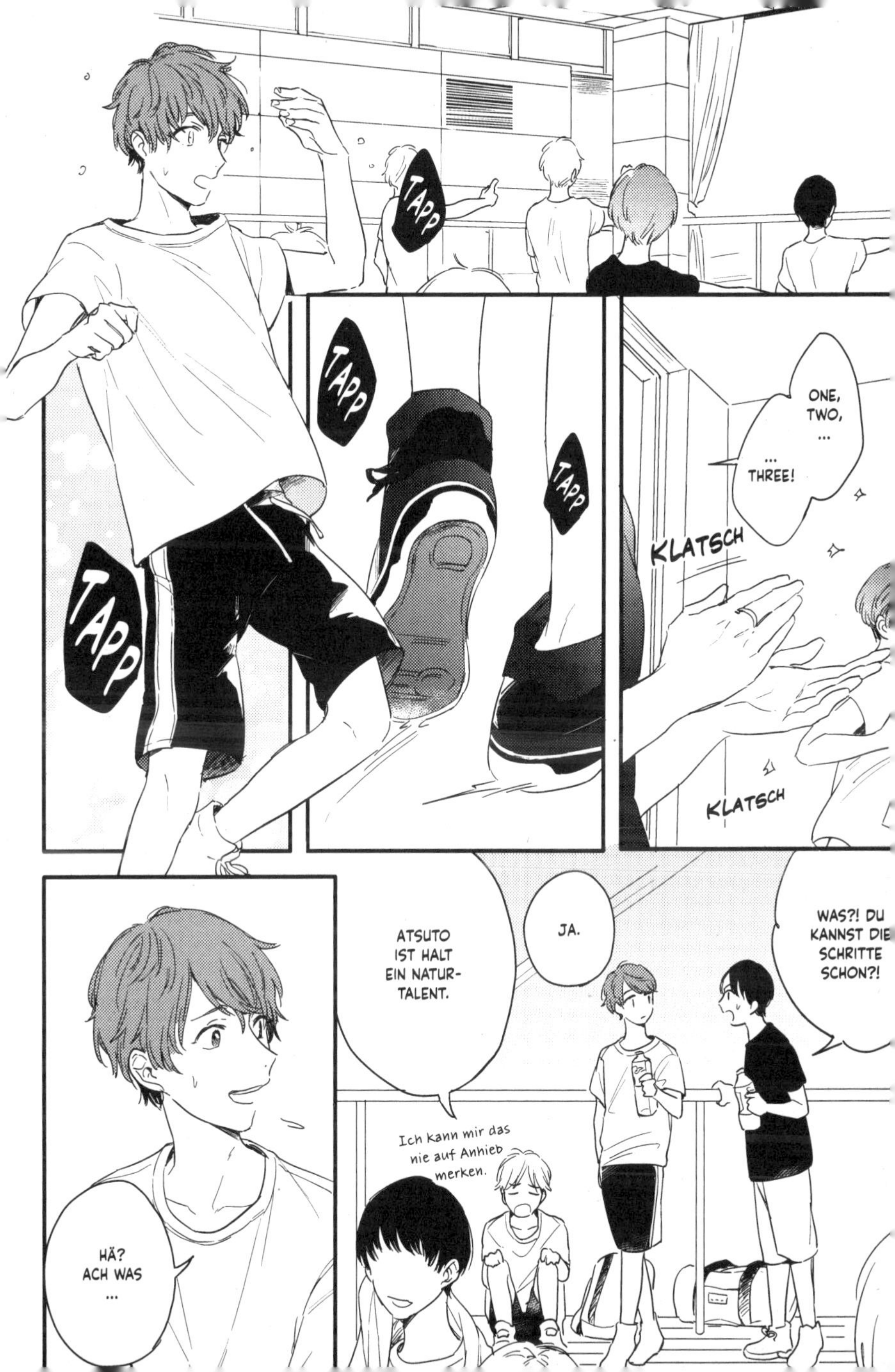
TAPP
TAPP
TAPP
TAPP
ONE, TWO, ...
... THREE!
KLATSCH
KLATSCH
WAS?! DU KANNST DIE SCHRITTE SCHON?!
JA.
ATSUTO IST HALT EIN NATUR-TALENT.
Ich kann mir das nie auf Anhieb merken.
HÄ? ACH WAS ...

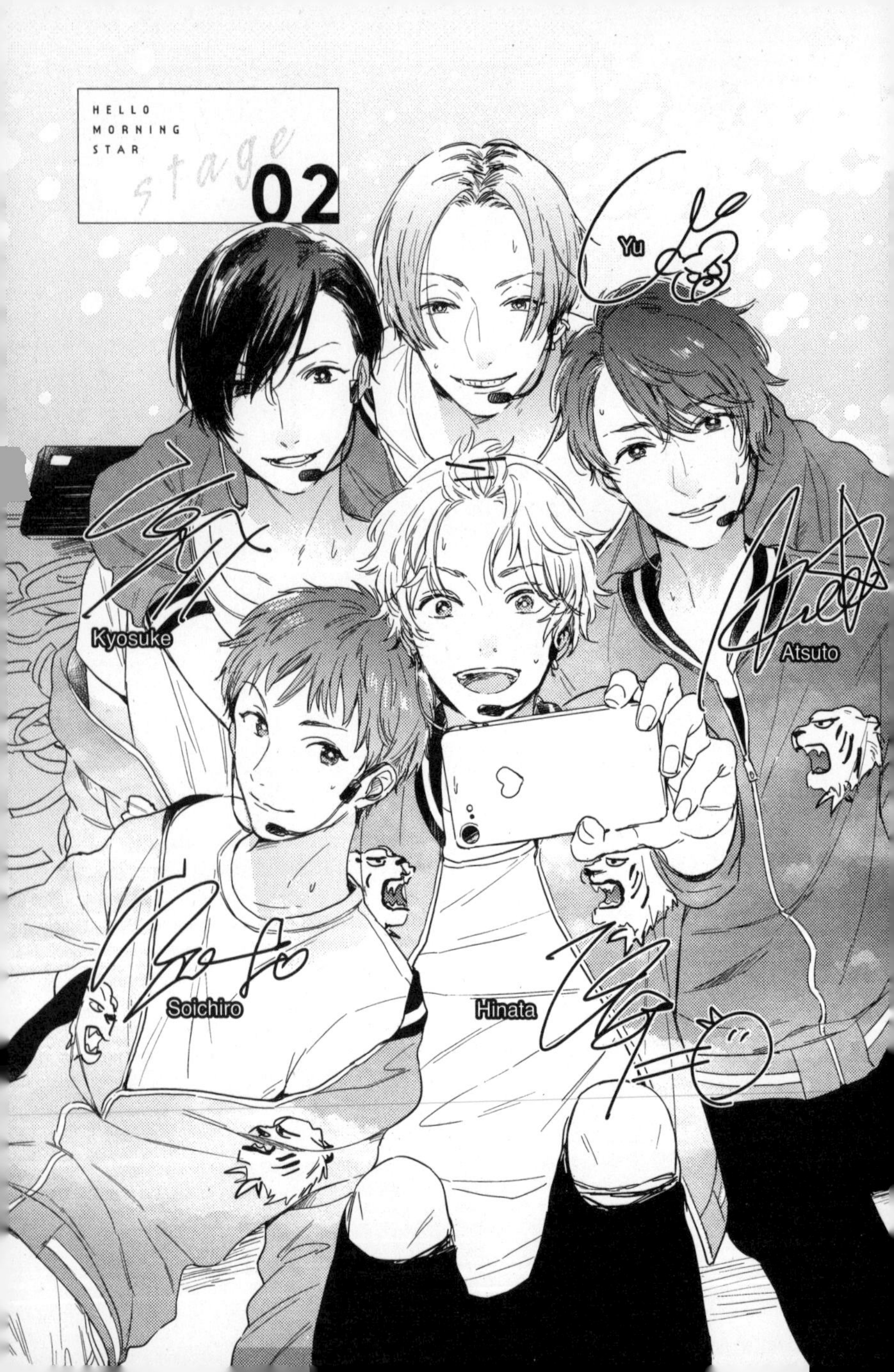
HELLO
MORNING
STAR
stage 02
Yu
Kyosuke
Atsuto
Soichiro
Hinata

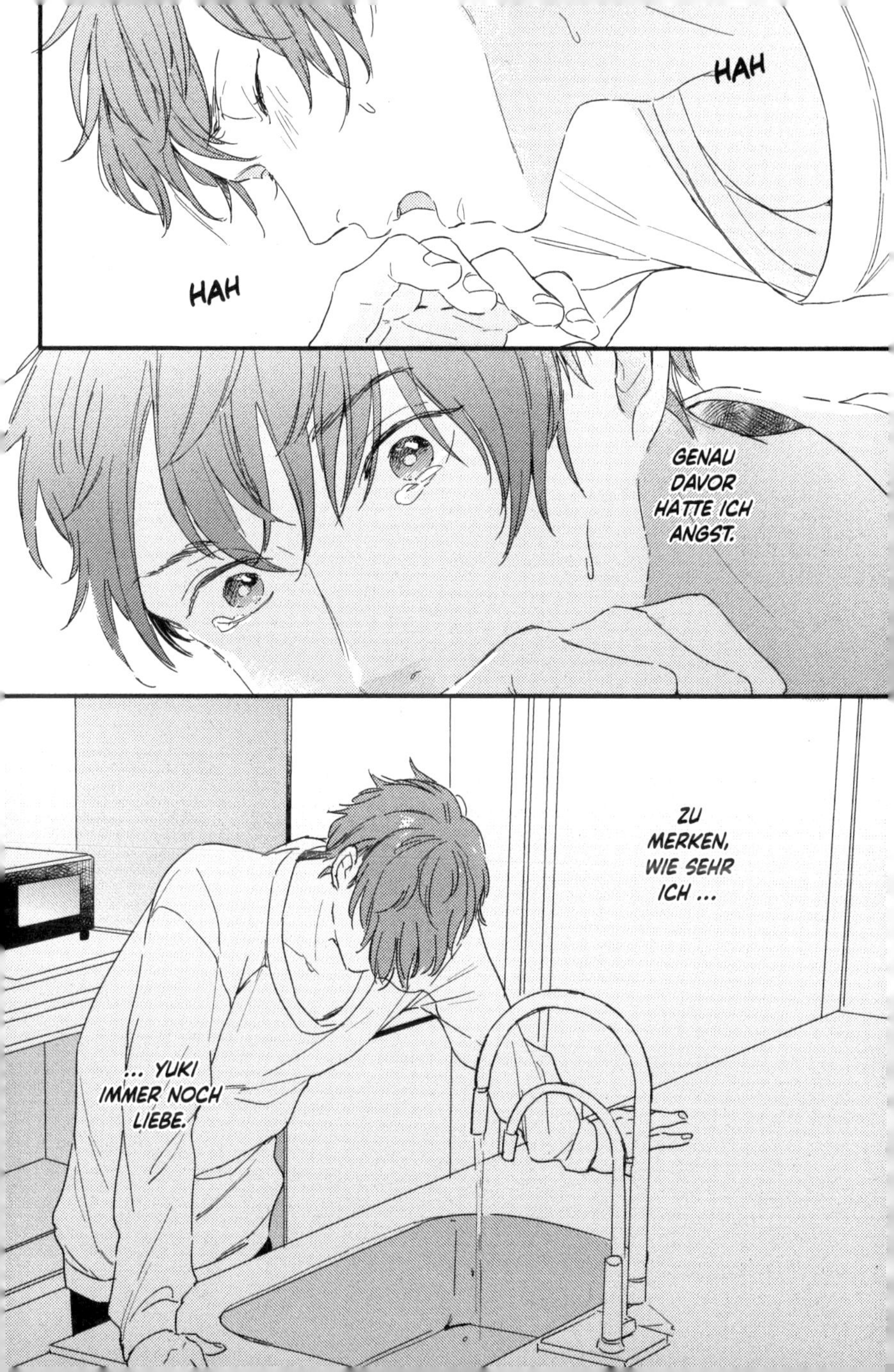
HAH
HAH
GENAU DAVOR HATTE ICH ANGST.
ZU MERKEN, WIE SEHR ICH ...
... YUKI IMMER NOCH LIEBE.

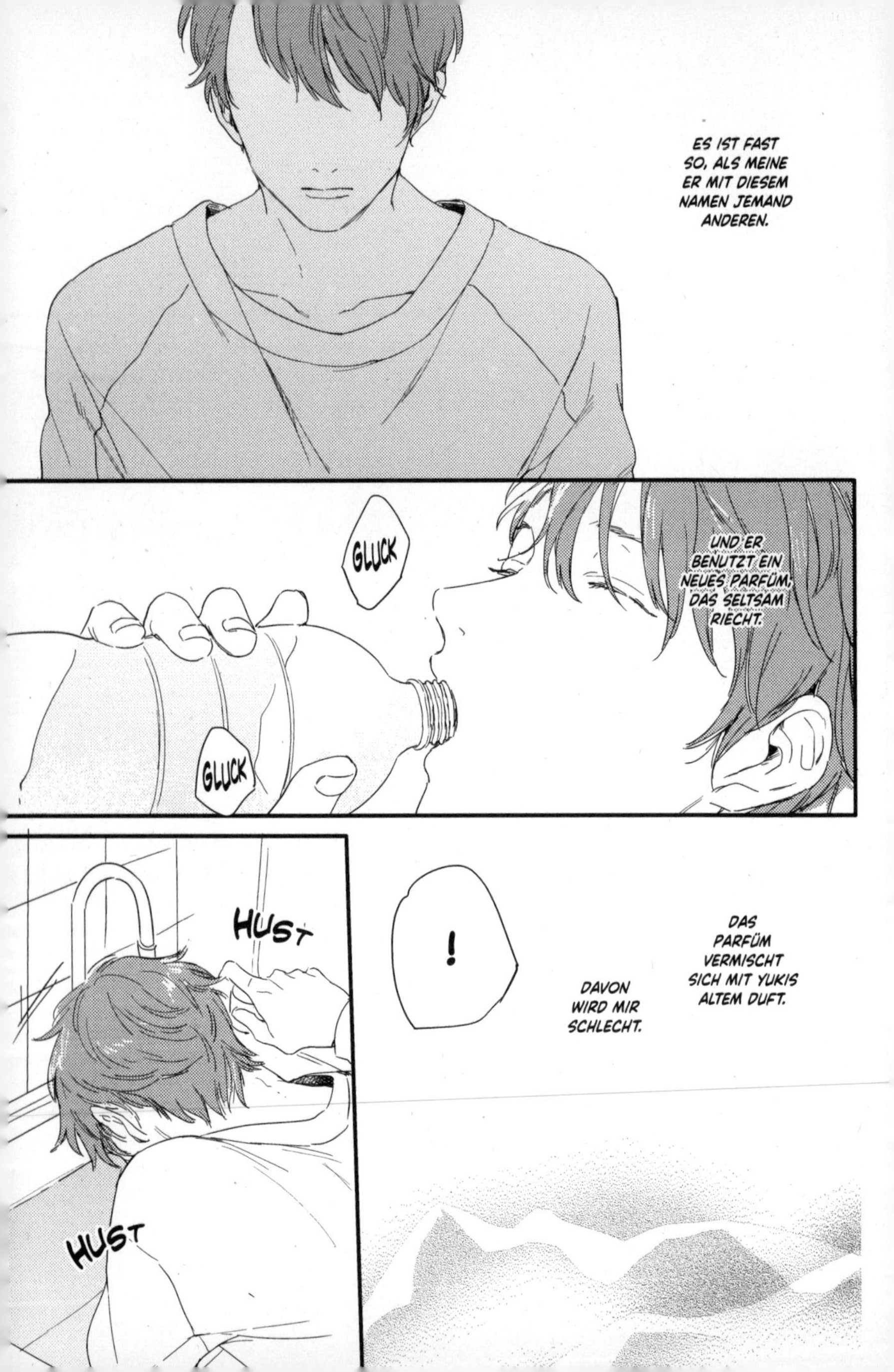
ES IST FAST SO, ALS MEINE ER MIT DIESEM NAMEN JEMAND ANDEREN.
GLUCK
UND ER BENUTZT EIN NEUES PARFÜM, DAS SELTSAM RIECHT.
GLUCK
DAS PARFÜM VERMISCHT SICH MIT YUKIS ALTEM DUFT.
DAVON WIRD MIR SCHLECHT.
!
HUST
HUST

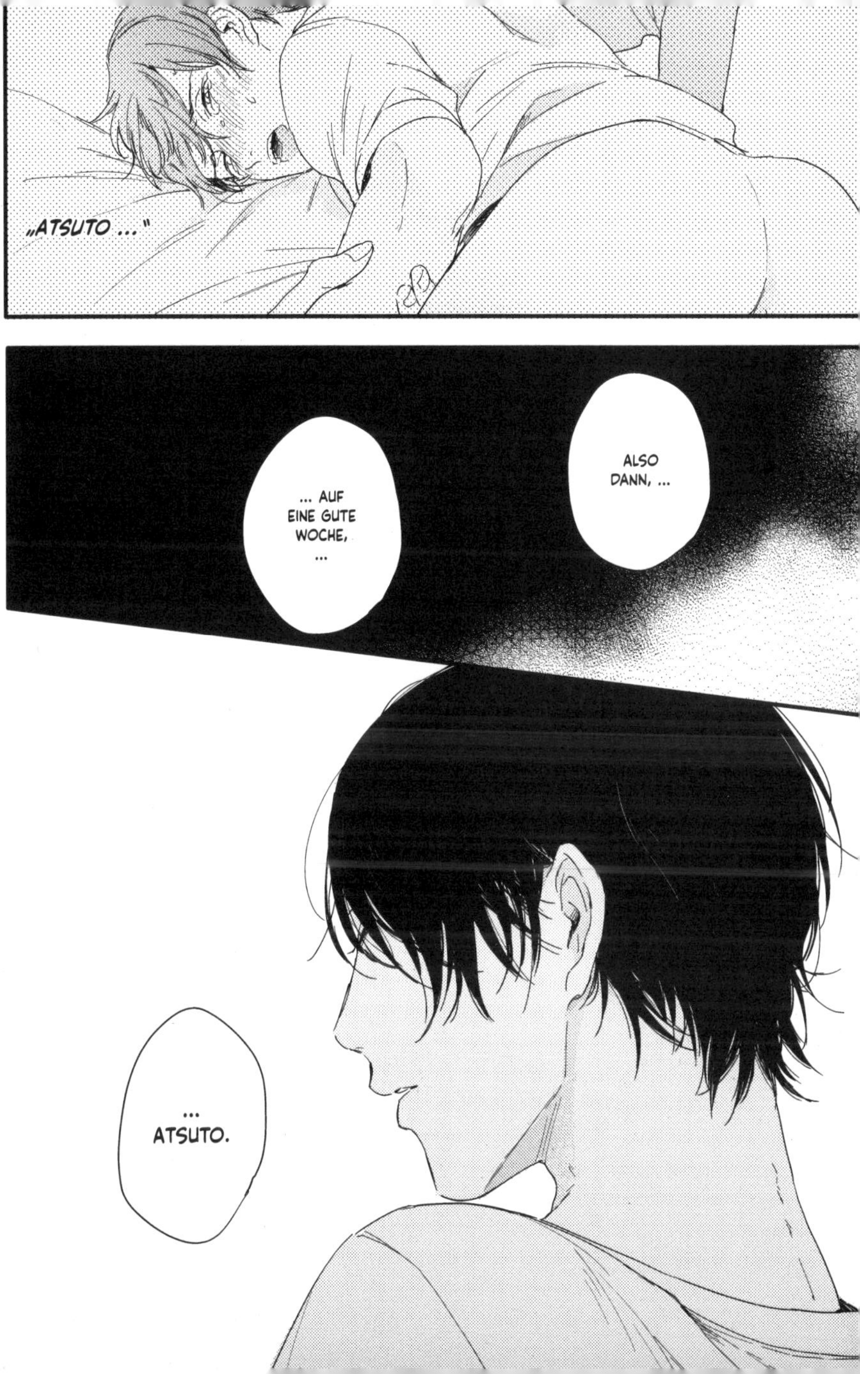
„ATSUTO ...“
ALSO DANN, ...
... AUF EINE GUTE WOCHE, ...
... ATSUTO.

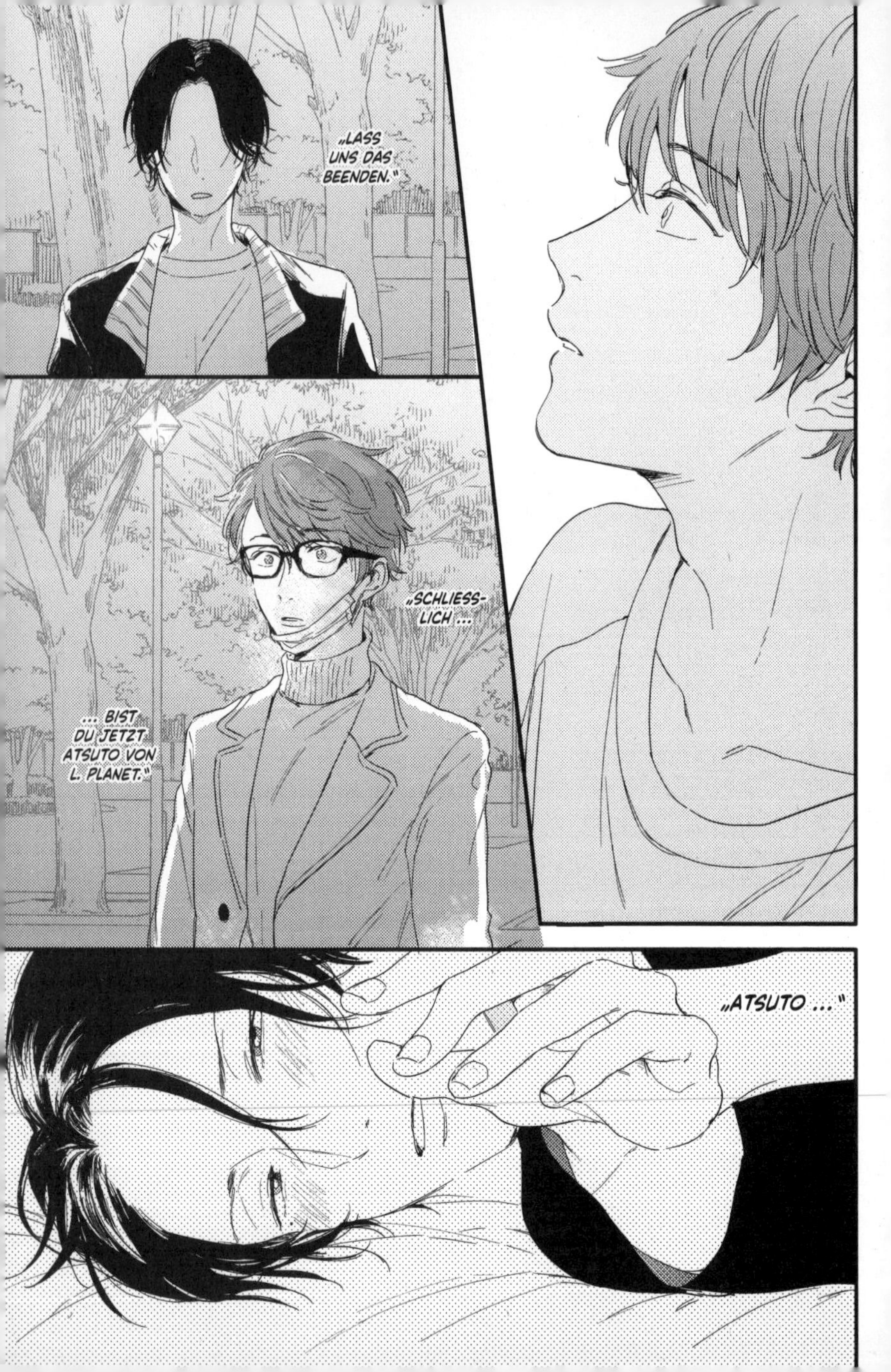
„Lass uns das beenden."
„Schliess-lich …
… bist du jetzt Atsuto von L. Planet."
„Atsuto …"

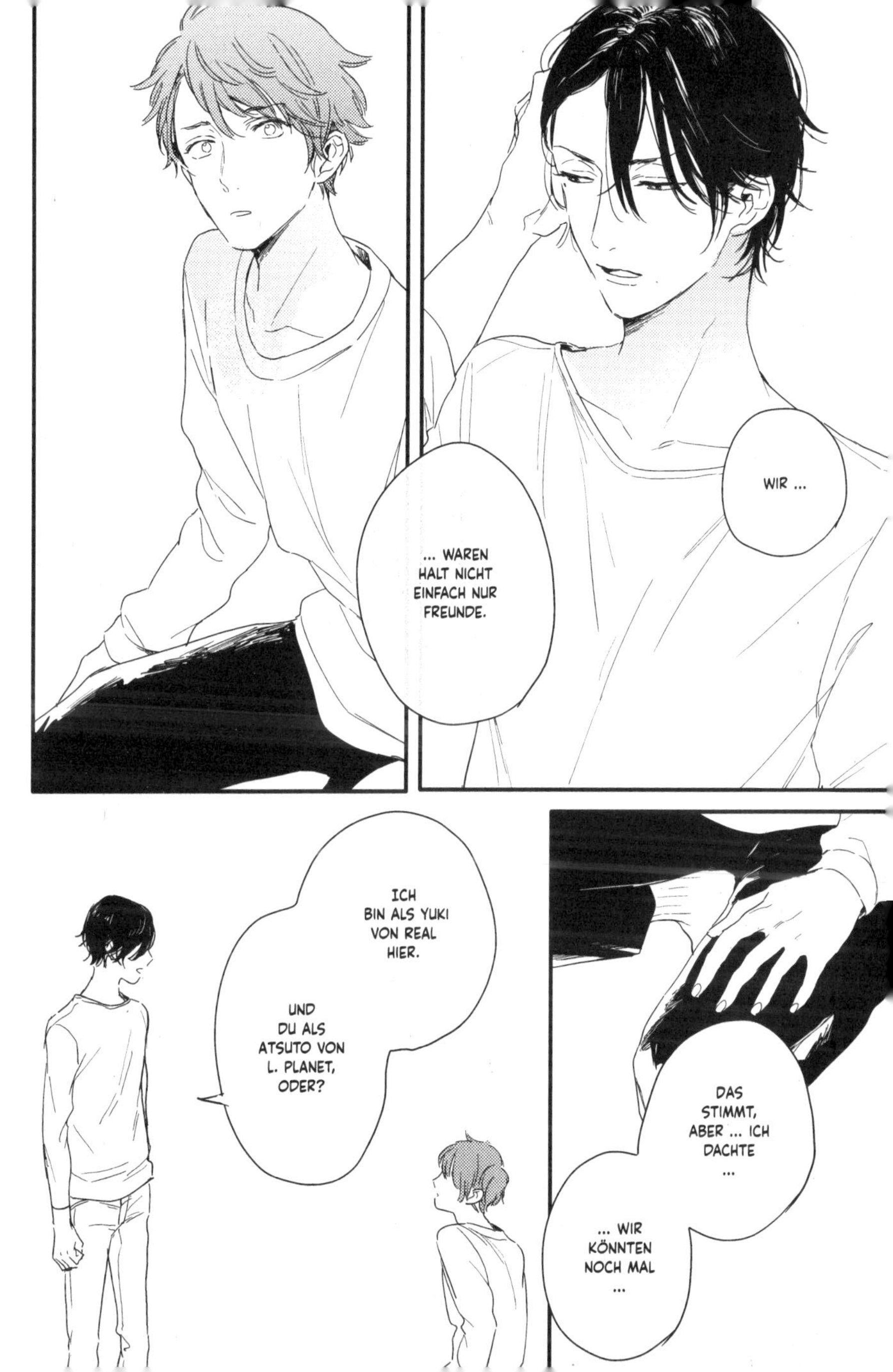
WIR ...
... WAREN HALT NICHT EINFACH NUR FREUNDE.
DAS STIMMT, ABER ... ICH DACHTE ...
... WIR KÖNNTEN NOCH MAL ...
ICH BIN ALS YUKI VON REAL HIER.
UND DU ALS ATSUTO VON L. PLANET, ODER?

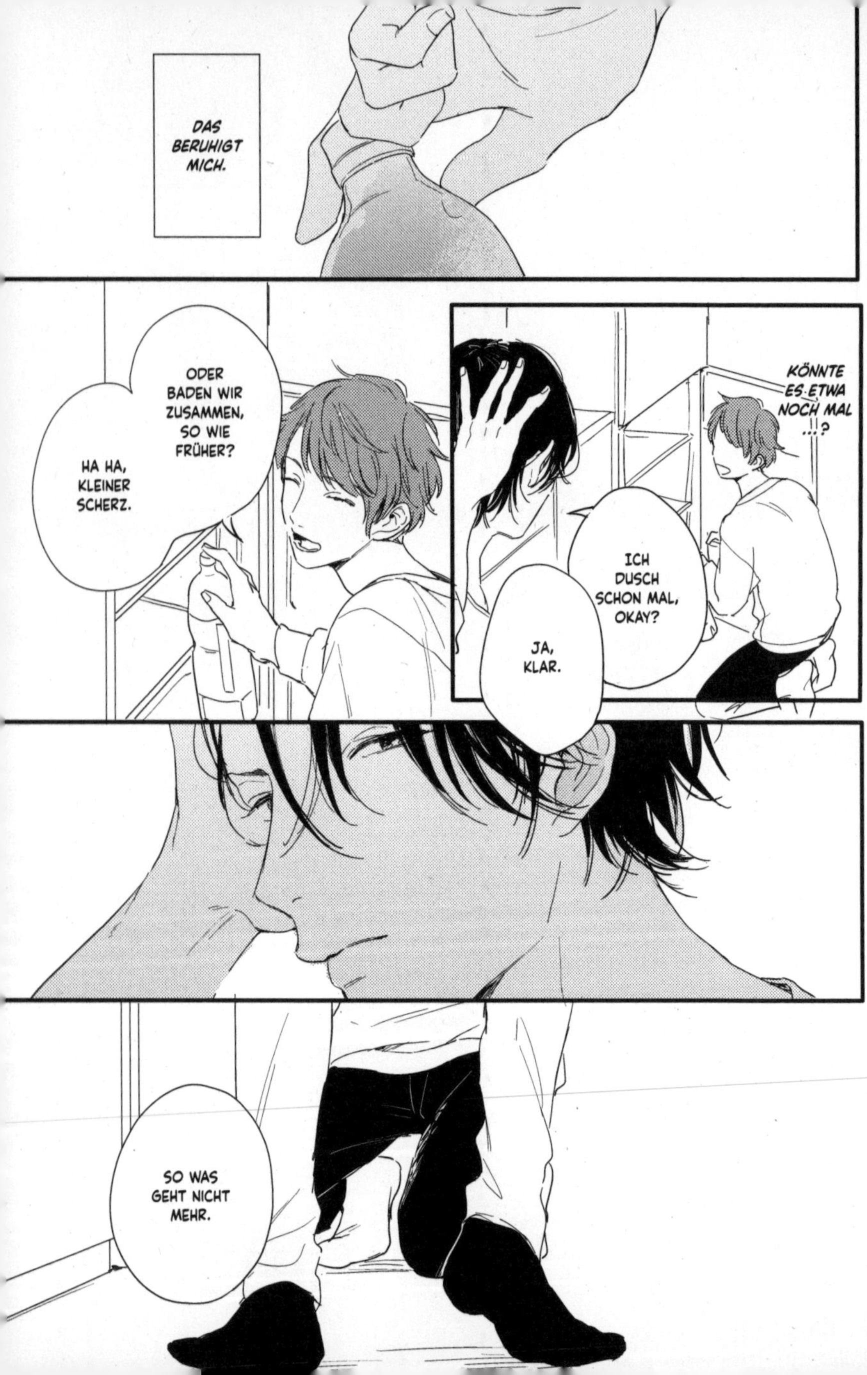
DAS BERUHIGT MICH.
ICH DUSCH SCHON MAL, OKAY?
JA, KLAR.
ODER BADEN WIR ZUSAMMEN, SO WIE FRÜHER?
HA HA, KLEINER SCHERZ.
KÖNNTE ES ETWA NOCH MAL ...?
SO WAS GEHT NICHT MEHR.

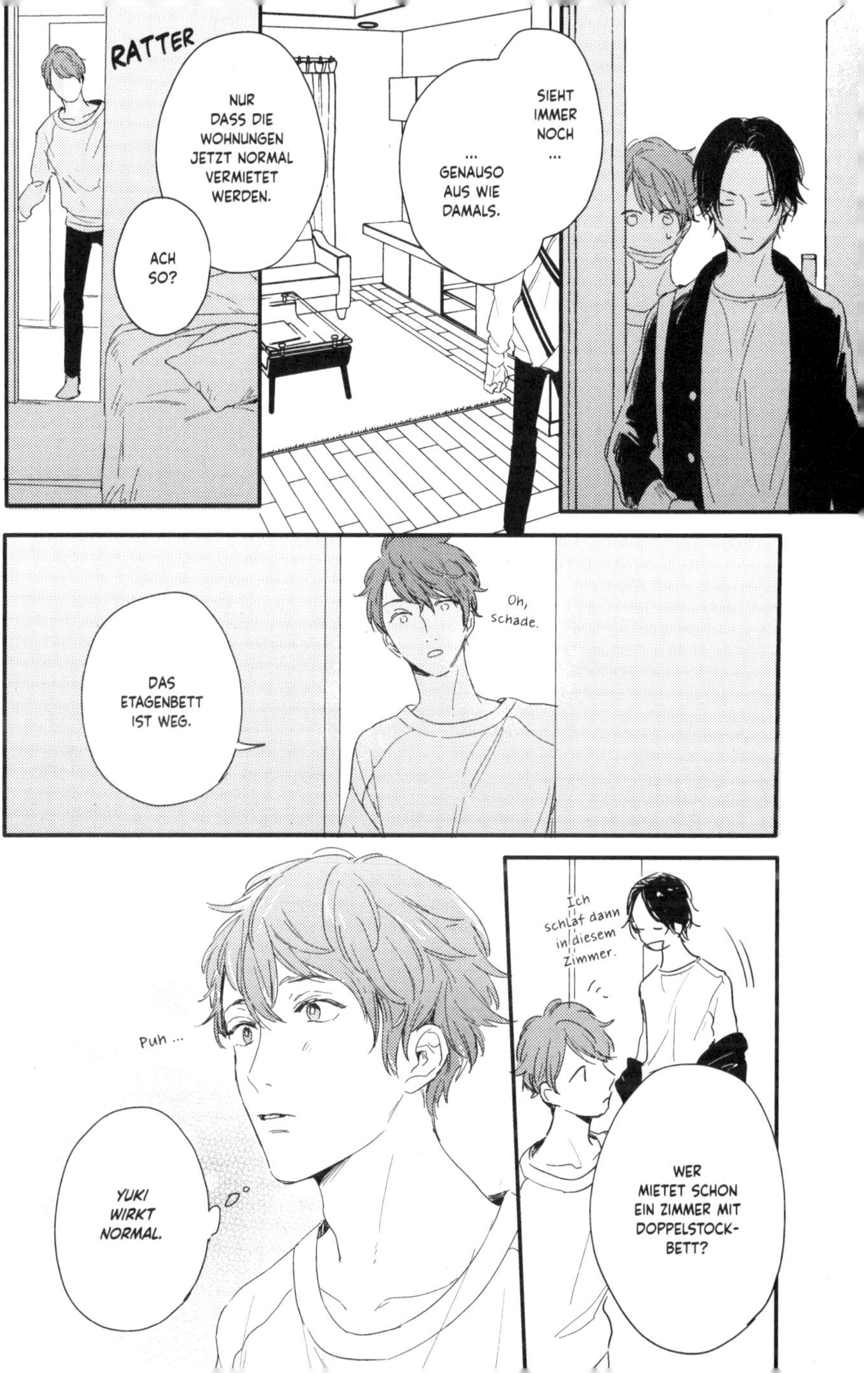
SIEHT IMMER NOCH ... ... GENAUSO AUS WIE DAMALS.
RATTER
NUR DASS DIE WOHNUNGEN JETZT NORMAL VERMIETET WERDEN.
ACH SO?
Oh, schade.
DAS ETAGENBETT IST WEG.
Ich schlaf dann in diesem Zimmer.
WER MIETET SCHON EIN ZIMMER MIT DOPPELSTOCK-BETT?
Puh ...
YUKI WIRKT NORMAL.

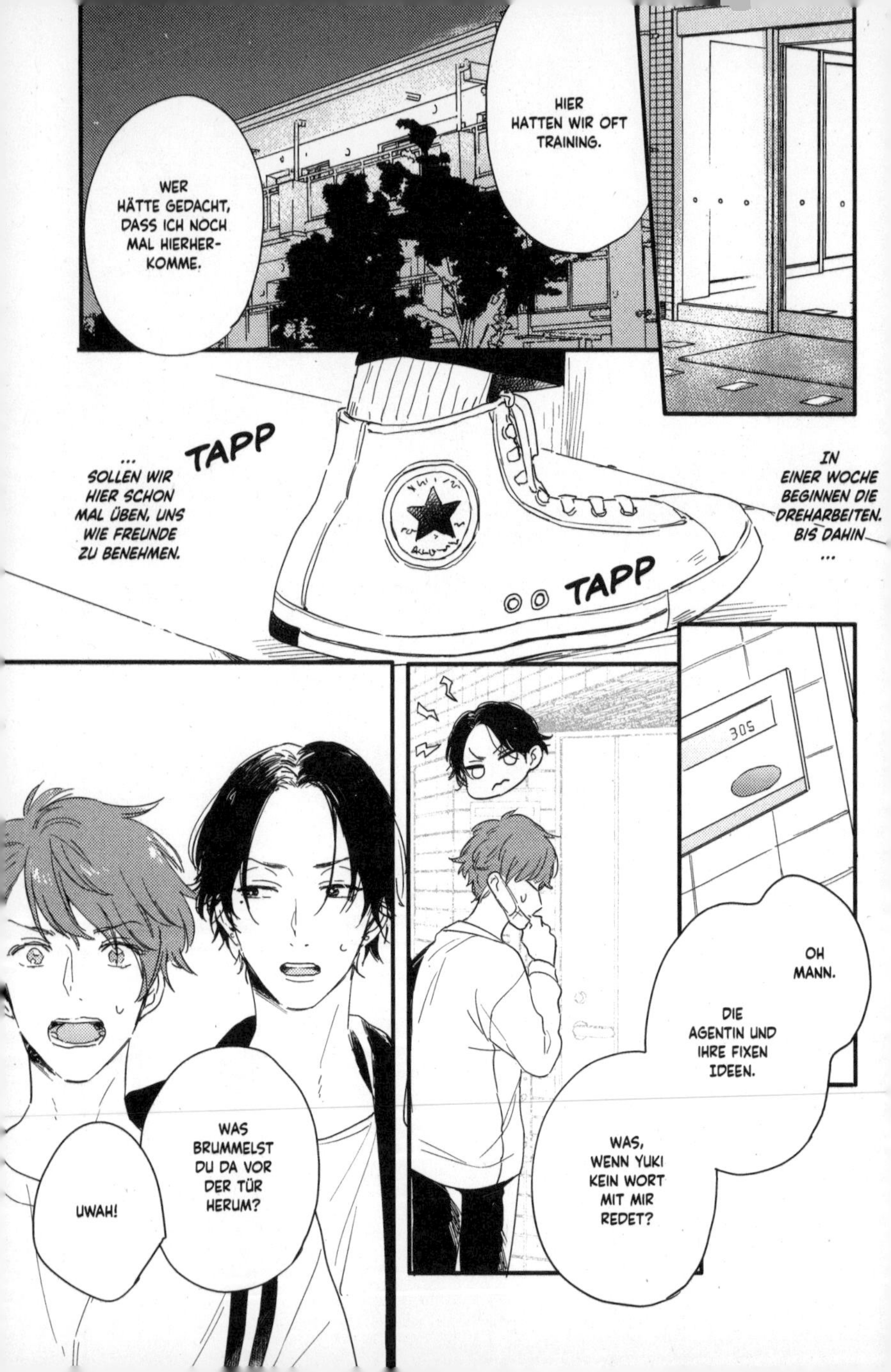
HIER HATTEN WIR OFT TRAINING.
WER HÄTTE GEDACHT, DASS ICH NOCH MAL HIERHERKOMME.
IN EINER WOCHE BEGINNEN DIE DREHARBEITEN. BIS DAHIN ...
... SOLLEN WIR HIER SCHON MAL ÜBEN, UNS WIE FREUNDE ZU BENEHMEN.
TAPP
TAPP
305
OH MANN.
DIE AGENTIN UND IHRE FIXEN IDEEN.
WAS, WENN YUKI KEIN WORT MIT MIR REDET?
WAS BRUMMELST DU DA VOR DER TÜR HERUM?
UWAH!

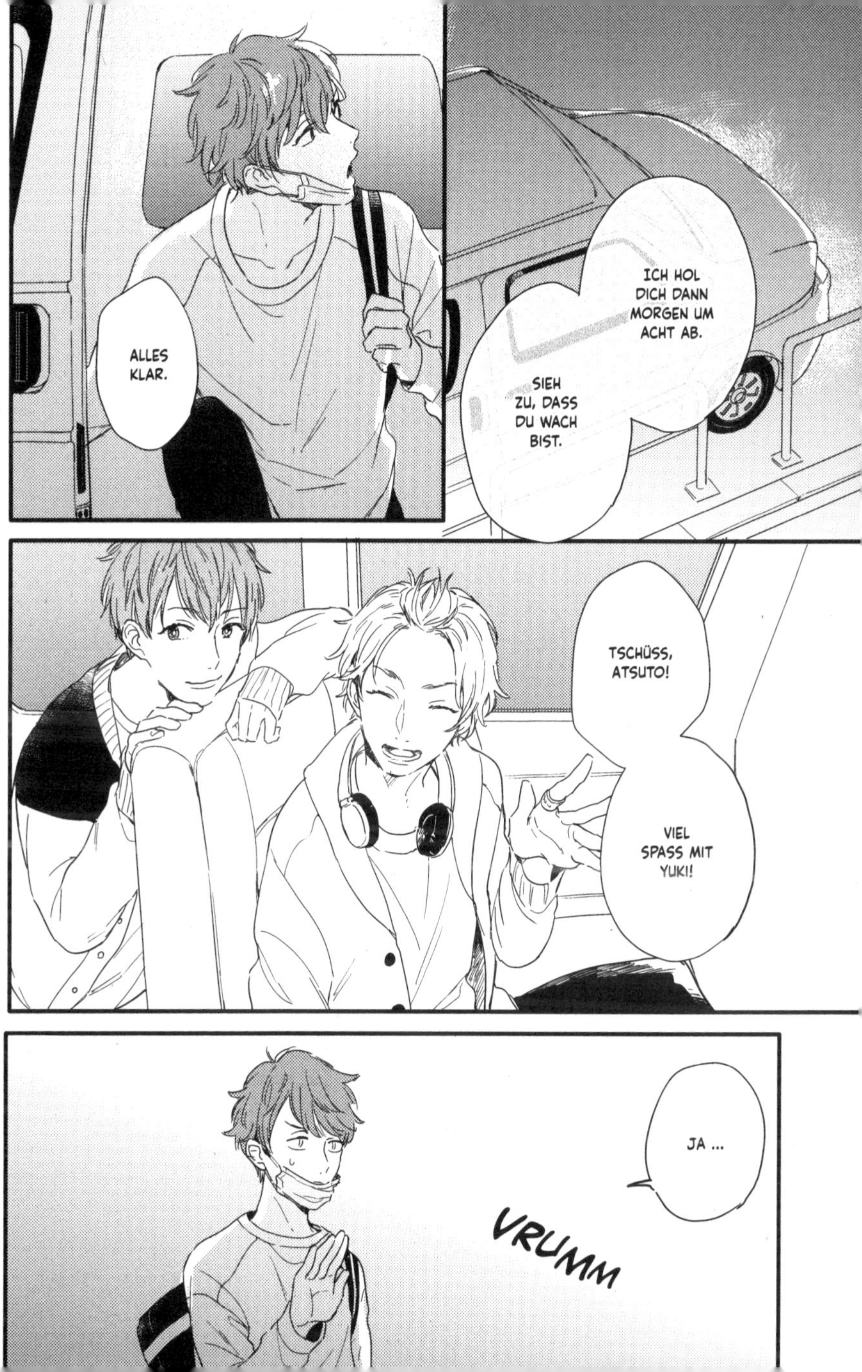
ICH HOL DICH DANN MORGEN UM ACHT AB.
SIEH ZU, DASS DU WACH BIST.
ALLES KLAR.
TSCHÜSS, ATSUTO!
VIEL SPASS MIT YUKI!
JA ...
VRUMM

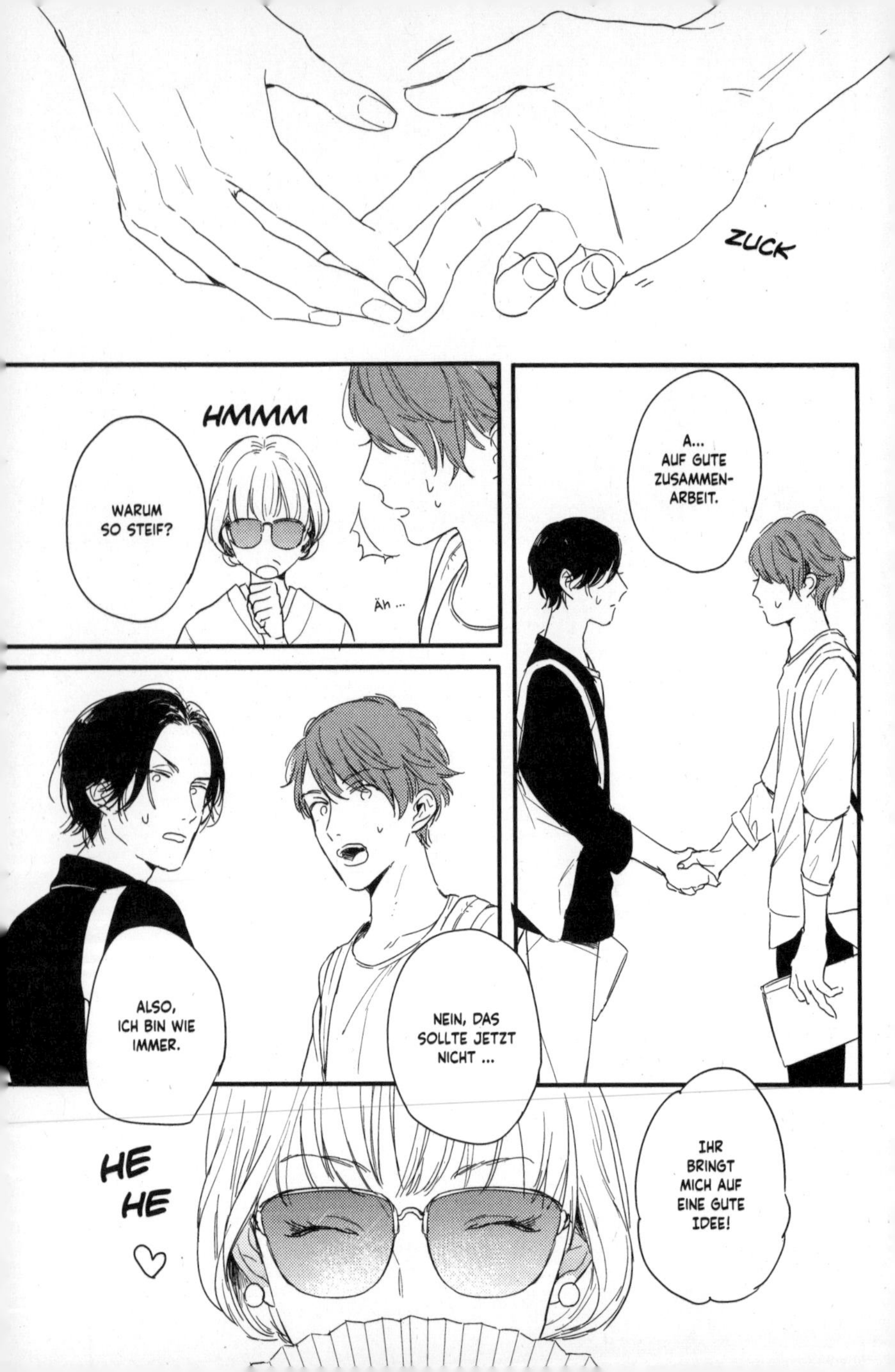
ZUCK
A... AUF GUTE ZUSAMMEN-ARBEIT.
HMMM
WARUM SO STEIF?
Äh ...
NEIN, DAS SOLLTE JETZT NICHT ...
ALSO, ICH BIN WIE IMMER.
IHR BRINGT MICH AUF EINE GUTE IDEE!
HE HE ♡

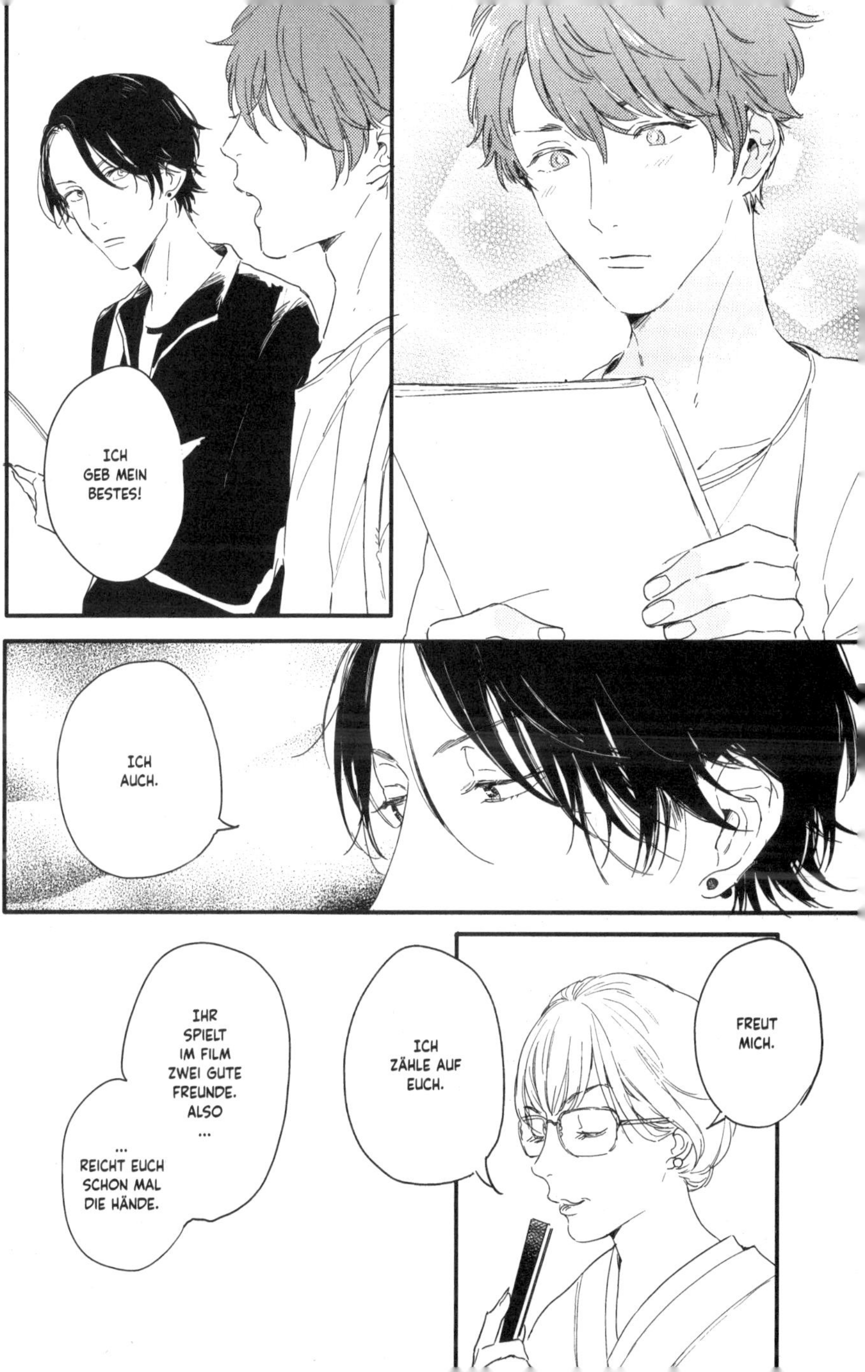
ICH GEB MEIN BESTES!
ICH AUCH.
FREUT MICH.
ICH ZÄHLE AUF EUCH.
IHR SPIELT IM FILM ZWEI GUTE FREUNDE. ALSO ... ... REICHT EUCH SCHON MAL DIE HÄNDE.

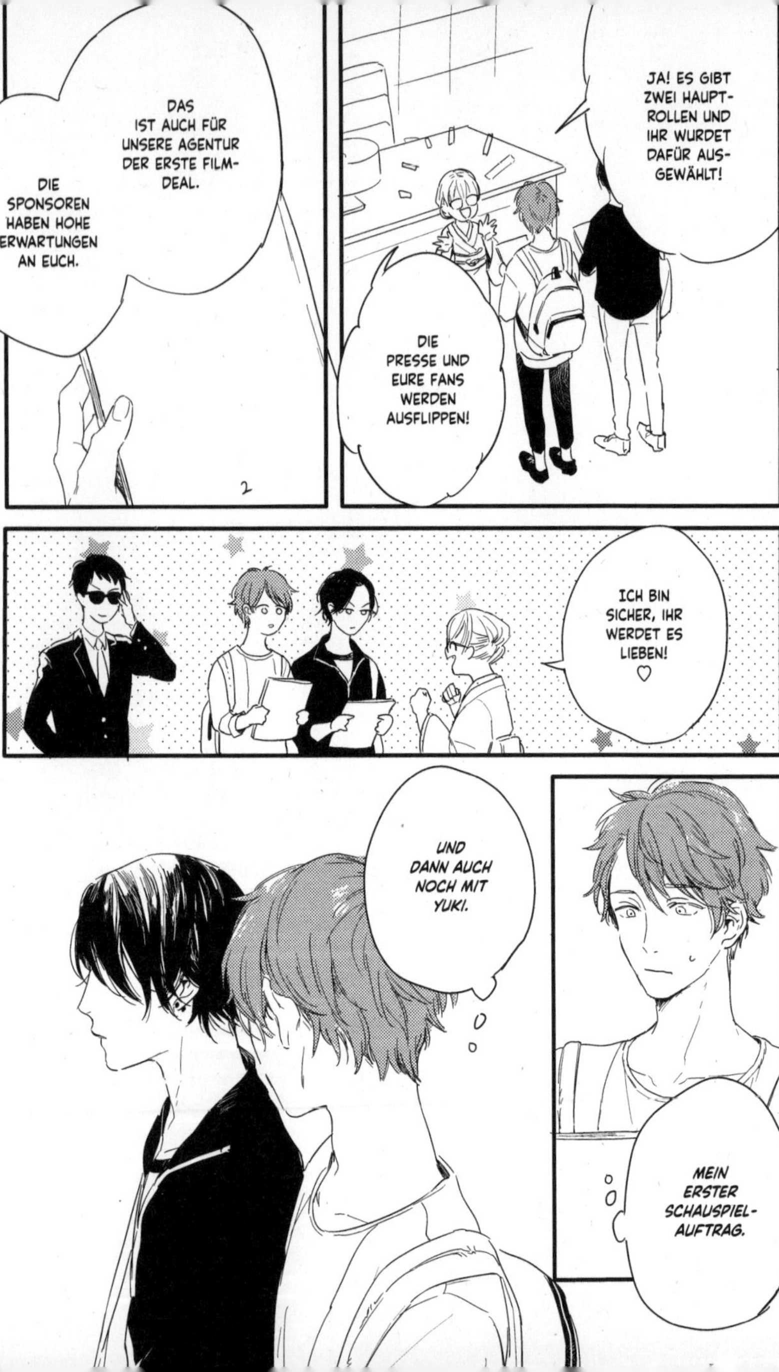
JA! ES GIBT ZWEI HAUPT-ROLLEN UND IHR WURDET DAFÜR AUS-GEWÄHLT!
DIE PRESSE UND EURE FANS WERDEN AUSFLIPPEN!
DAS IST AUCH FÜR UNSERE AGENTUR DER ERSTE FILM-DEAL.
DIE SPONSOREN HABEN HOHE ERWARTUNGEN AN EUCH.
ICH BIN SICHER, IHR WERDET ES LIEBEN! ♡
MEIN ERSTER SCHAUSPIEL-AUFTRAG.
UND DANN AUCH NOCH MIT YUKI.

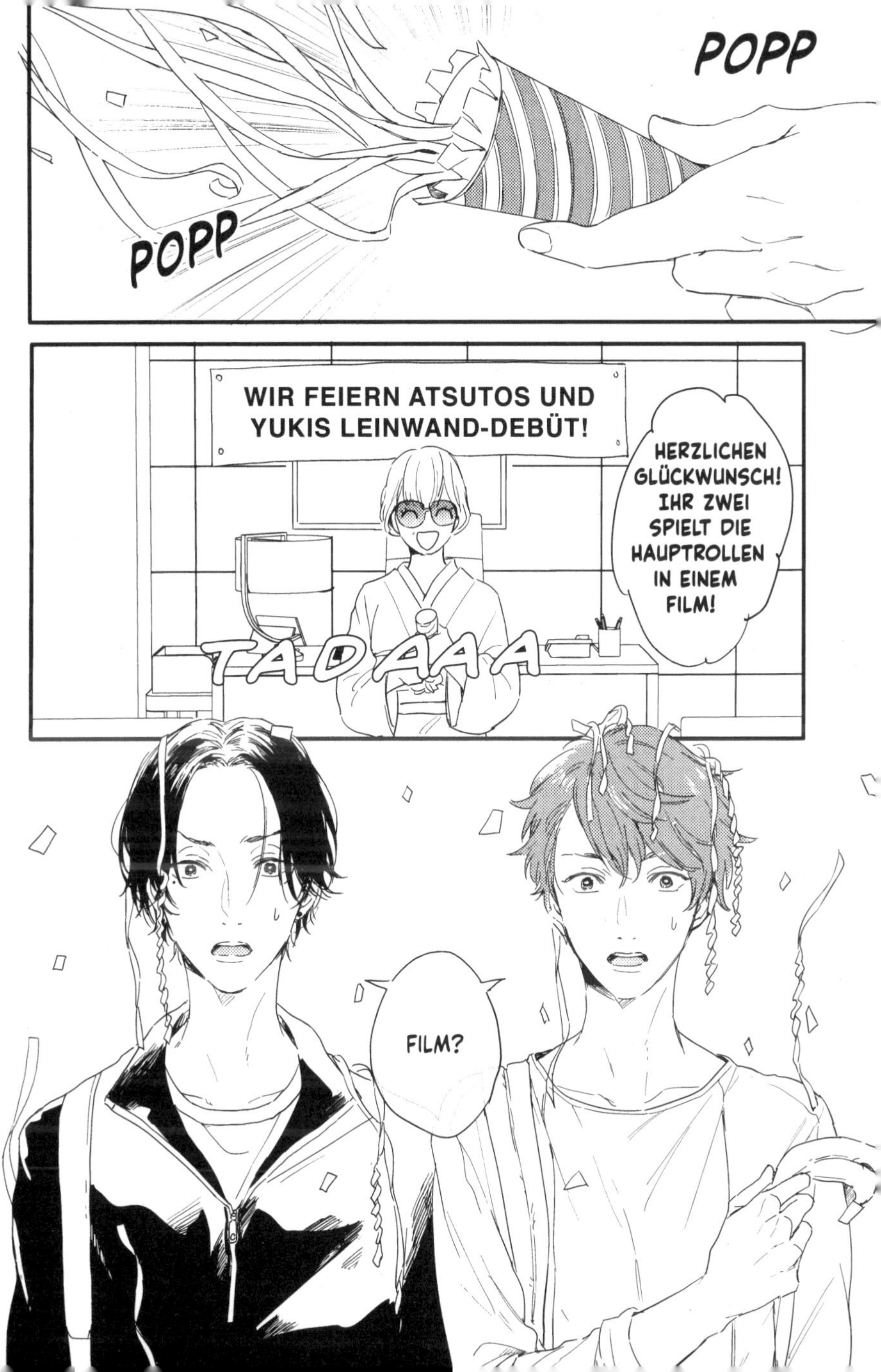
POPP
POPP
WIR FEIERN ATSUTOS UND YUKIS LEINWAND-DEBÜT!
HERZLICHEN GLÜCKWUNSCH! IHR ZWEI SPIELT DIE HAUPTROLLEN IN EINEM FILM!
TADAAA
FILM?

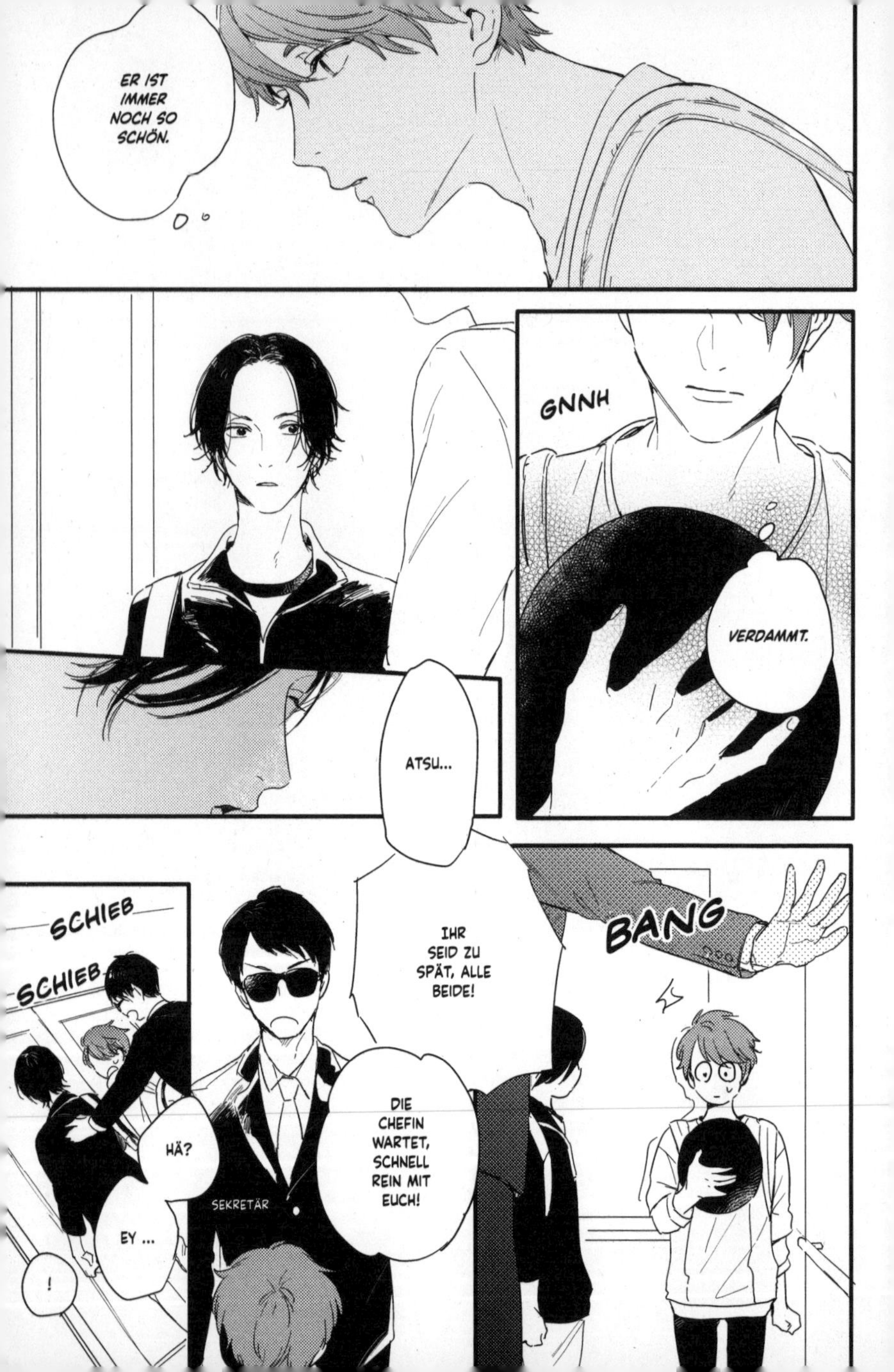
ER IST IMMER NOCH SO SCHÖN.
GNNH
VERDAMMT.
ATSU...
BANG
IHR SEID ZU SPÄT, ALLE BEIDE!
DIE CHEFIN WARTET, SCHNELL REIN MIT EUCH!
SEKRETÄR
SCHIEB
SCHIEB
HÄ?
EY ...
!

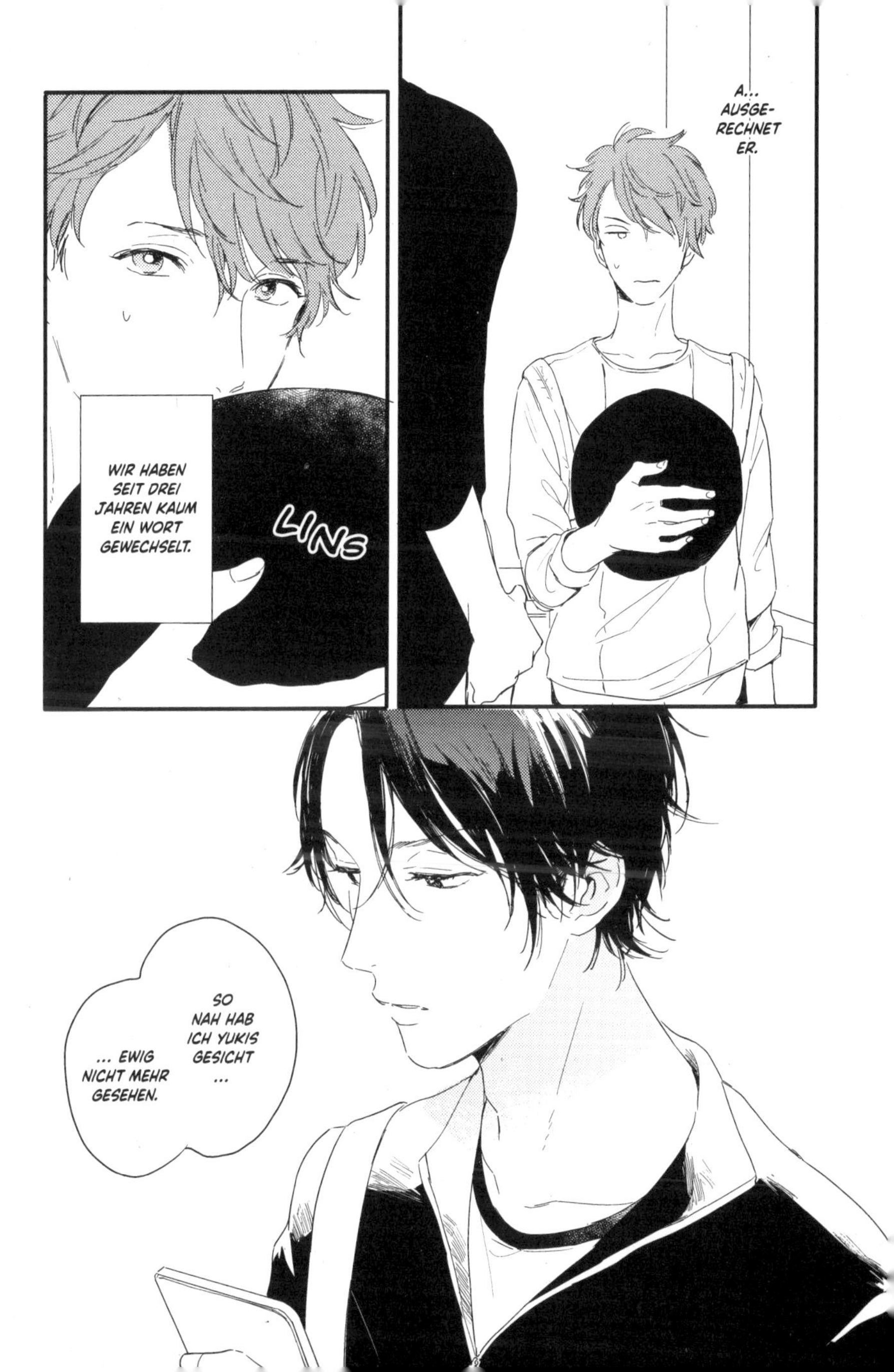
A... AUSGE-RECHNET ER.
WIR HABEN SEIT DREI JAHREN KAUM EIN WORT GEWECHSELT.
LINS
SO NAH HAB ICH YUKIS GESICHT ...
... EWIG NICHT MEHR GESEHEN.

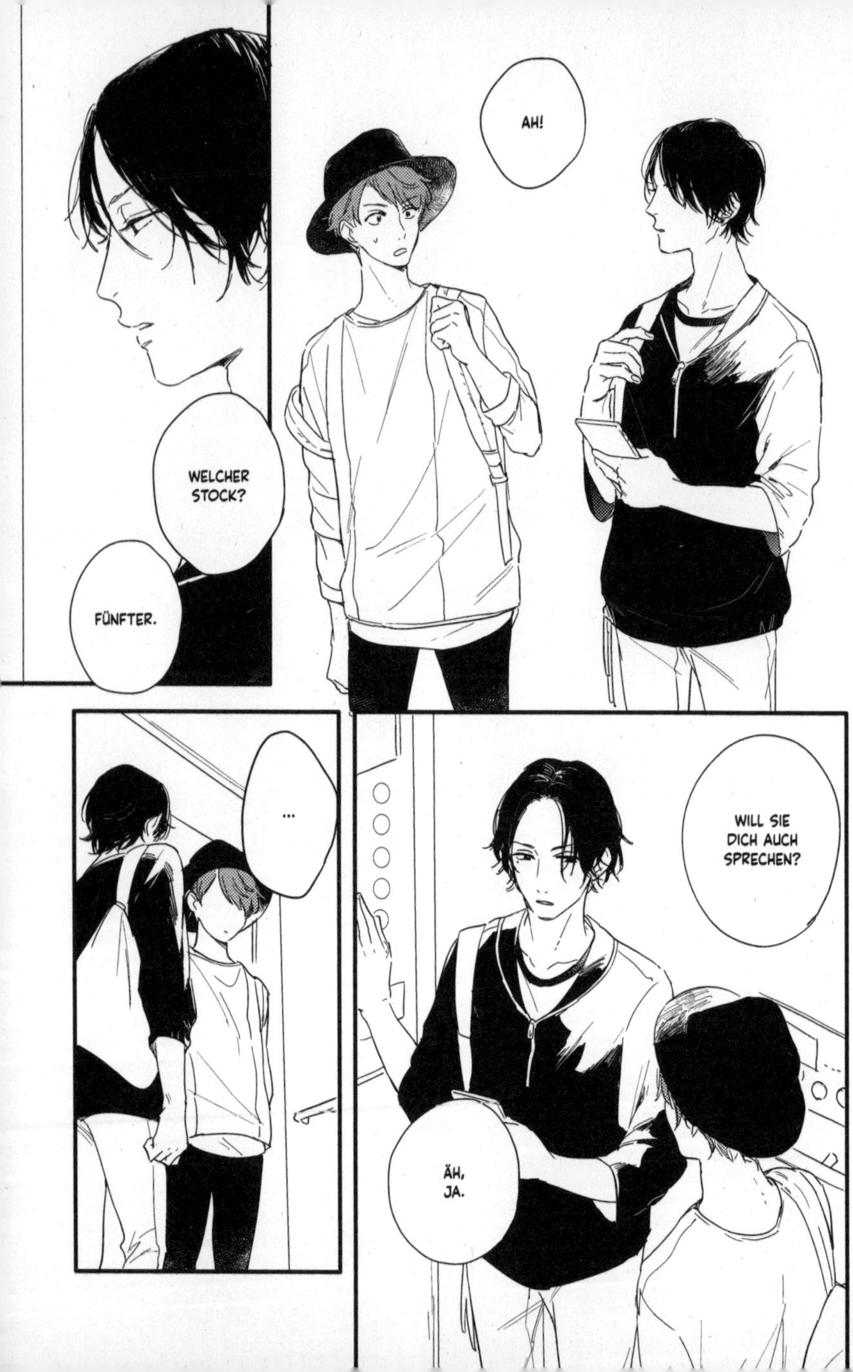
AH!
WELCHER STOCK?
FÜNFTER.
WILL SIE DICH AUCH SPRECHEN?
ÄH, JA.
...

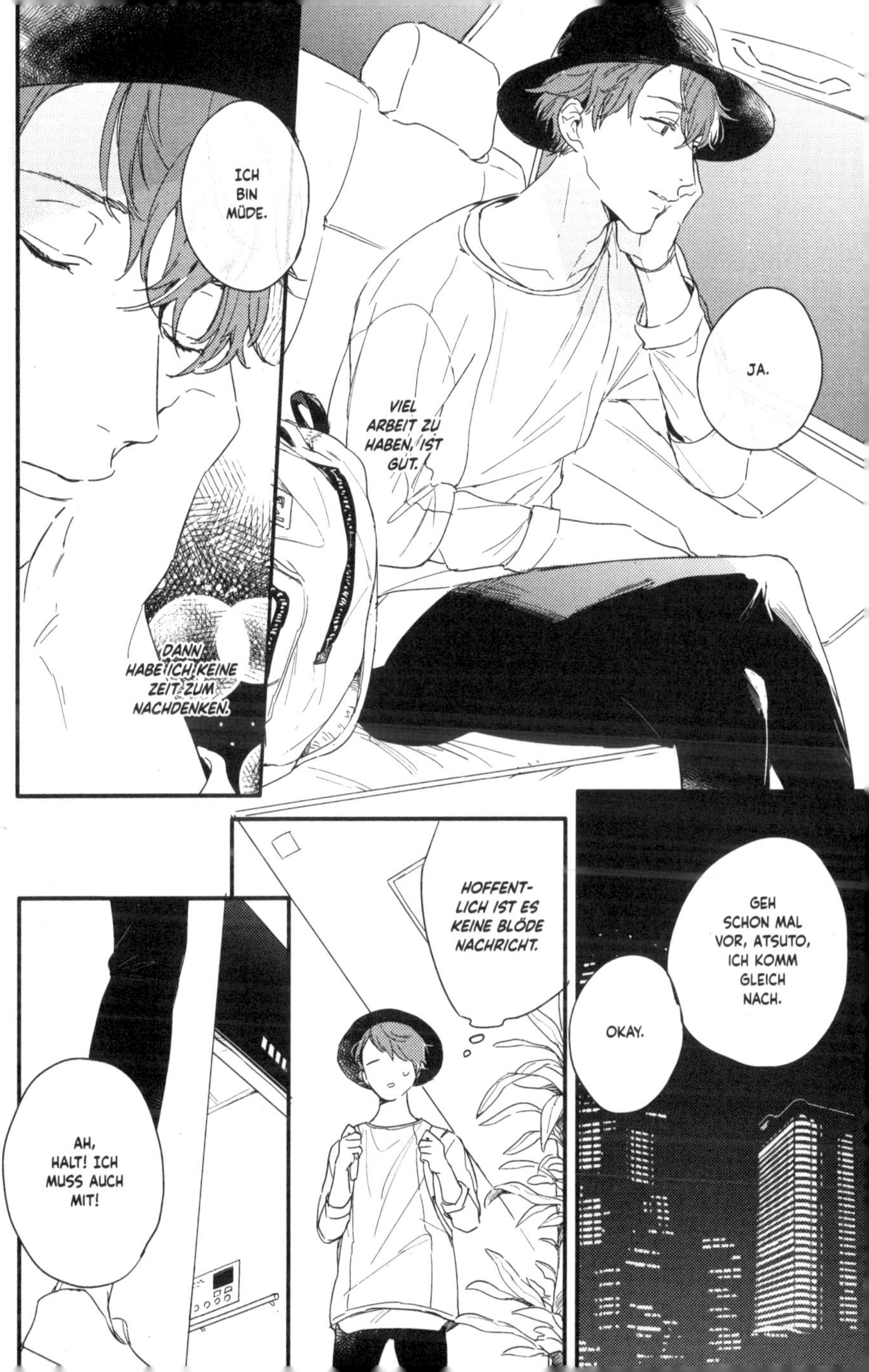

JA.
VIEL ARBEIT ZU HABEN, IST GUT.
ICH BIN MÜDE.
DANN HABE ICH KEINE ZEIT ZUM NACHDENKEN.
GEH SCHON MAL VOR, ATSUTO, ICH KOMM GLEICH NACH.
OKAY.
HOFFENT-LICH IST ES KEINE BLÖDE NACHRICHT.
AH, HALT! ICH MUSS AUCH MIT!

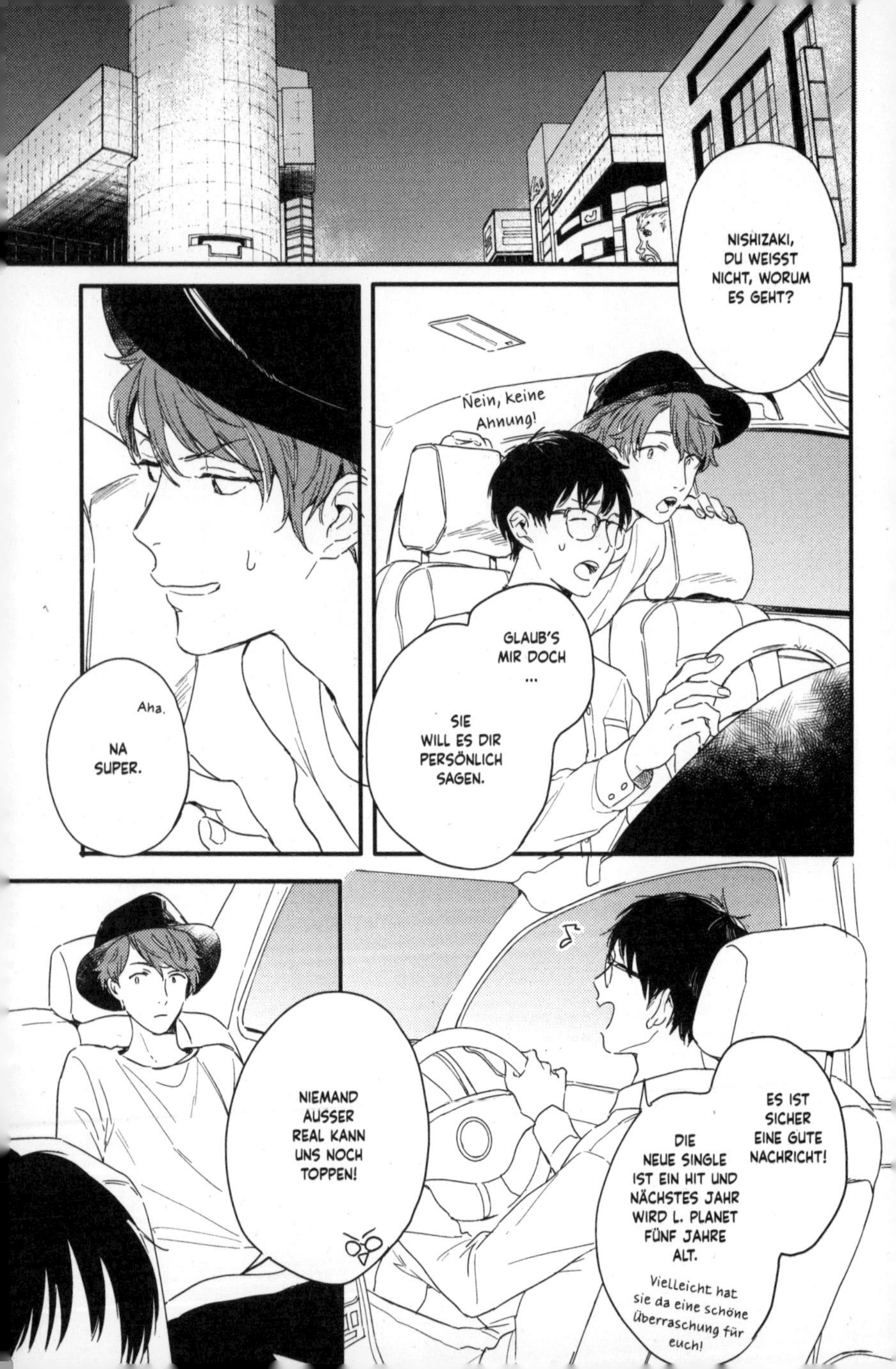
NISHIZAKI, DU WEISST NICHT, WORUM ES GEHT?
Nein, keine Ahnung!
GLAUB'S MIR DOCH ...
SIE WILL ES DIR PERSÖNLICH SAGEN.
Aha.
NA SUPER.
ES IST SICHER EINE GUTE NACHRICHT!
DIE NEUE SINGLE IST EIN HIT UND NÄCHSTES JAHR WIRD L. PLANET FÜNF JAHRE ALT.
Vielleicht hat sie da eine schöne Überraschung für euch!
NIEMAND AUSSER REAL KANN UNS NOCH TOPPEN!

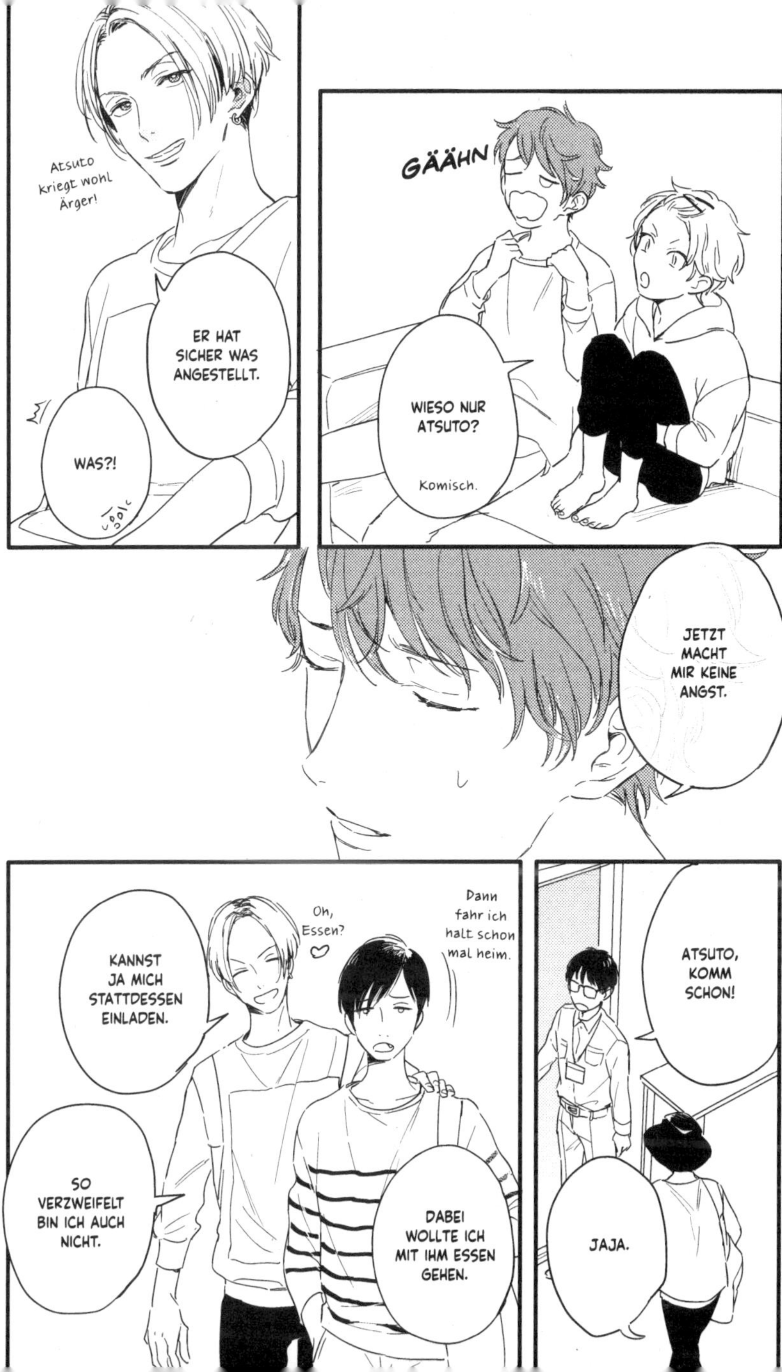
GÄÄHN
WIESO NUR ATSUTO?
Komisch.
Atsuto kriegt wohl Ärger!
ER HAT SICHER WAS ANGESTELLT.
WAS?!
JETZT MACHT MIR KEINE ANGST.
ATSUTO, KOMM SCHON!
JAJA.
Dann fahr ich halt schon mal heim.
DABEI WOLLTE ICH MIT IHM ESSEN GEHEN.
Oh, Essen?
KANNST JA MICH STATTDESSEN EINLADEN.
SO VERZWEIFELT BIN ICH AUCH NICHT.

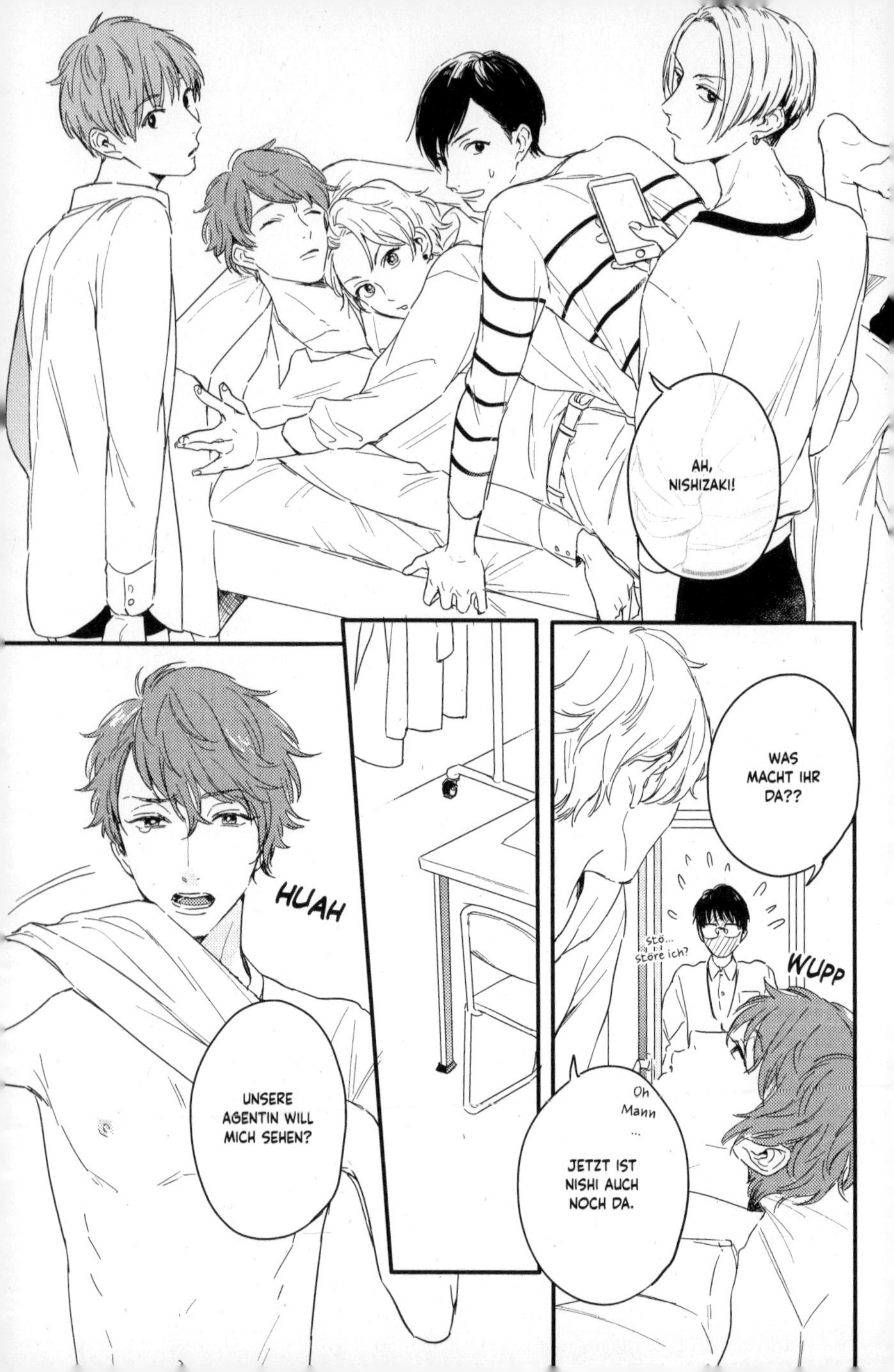
AH, NISHIZAKI!
WAS MACHT IHR DA??
Stö... Störe ich?
WUPP
Oh Mann ...
JETZT IST NISHI AUCH NOCH DA.
HUAH
UNSERE AGENTIN WILL MICH SEHEN?

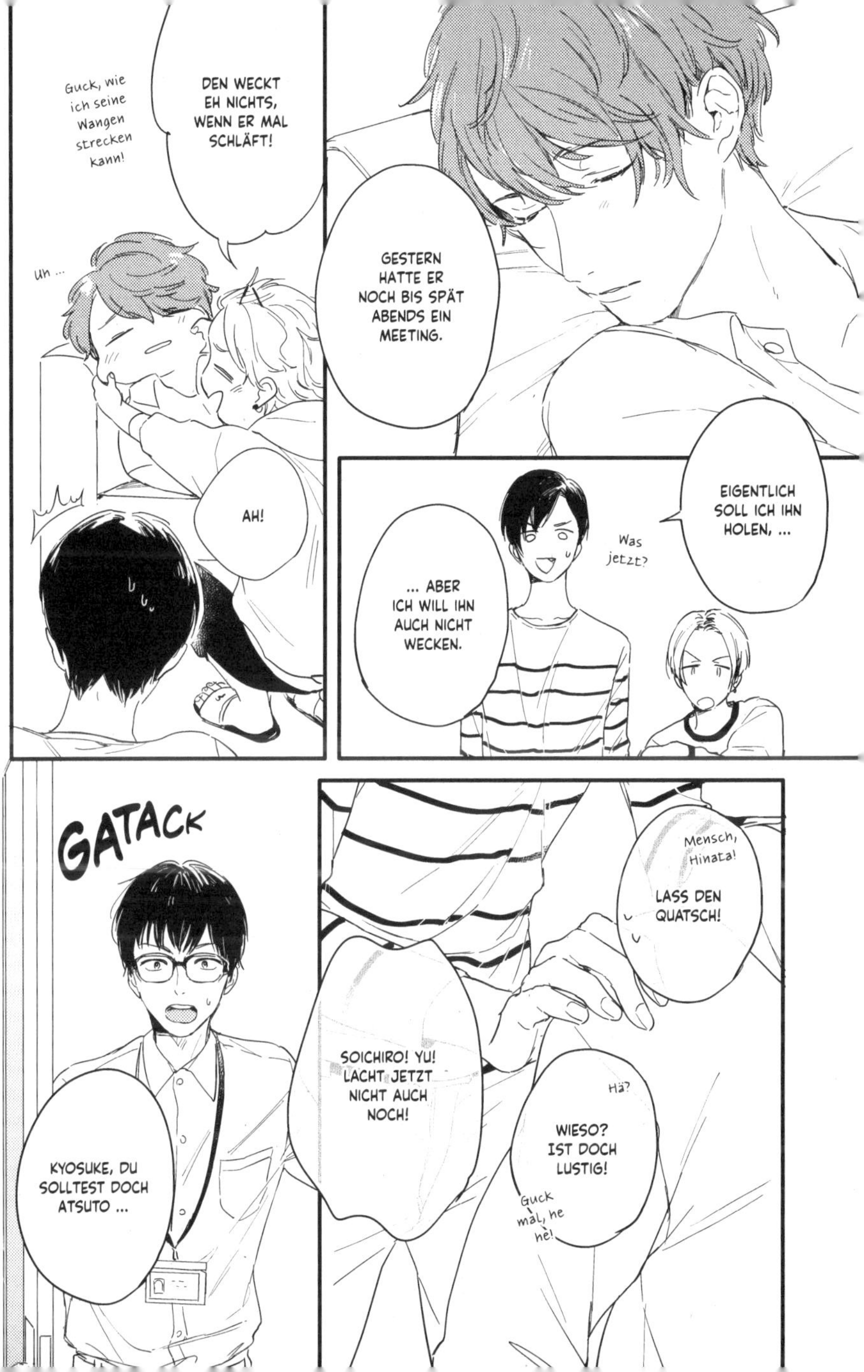
GESTERN HATTE ER NOCH BIS SPÄT ABENDS EIN MEETING.
DEN WECKT EH NICHTS, WENN ER MAL SCHLÄFT!
Guck, wie ich seine Wangen strecken kann!
Uh ...
AH!
EIGENTLICH SOLL ICH IHN HOLEN, ...
Was jetzt?
... ABER ICH WILL IHN AUCH NICHT WECKEN.
Mensch, Hinata!
LASS DEN QUATSCH!
Hä?
WIESO? IST DOCH LUSTIG!
Guck mal, he he!
SOICHIRO! YU! LACHT JETZT NICHT AUCH NOCH!
GATACK
KYOSUKE, DU SOLLTEST DOCH ATSUTO ...

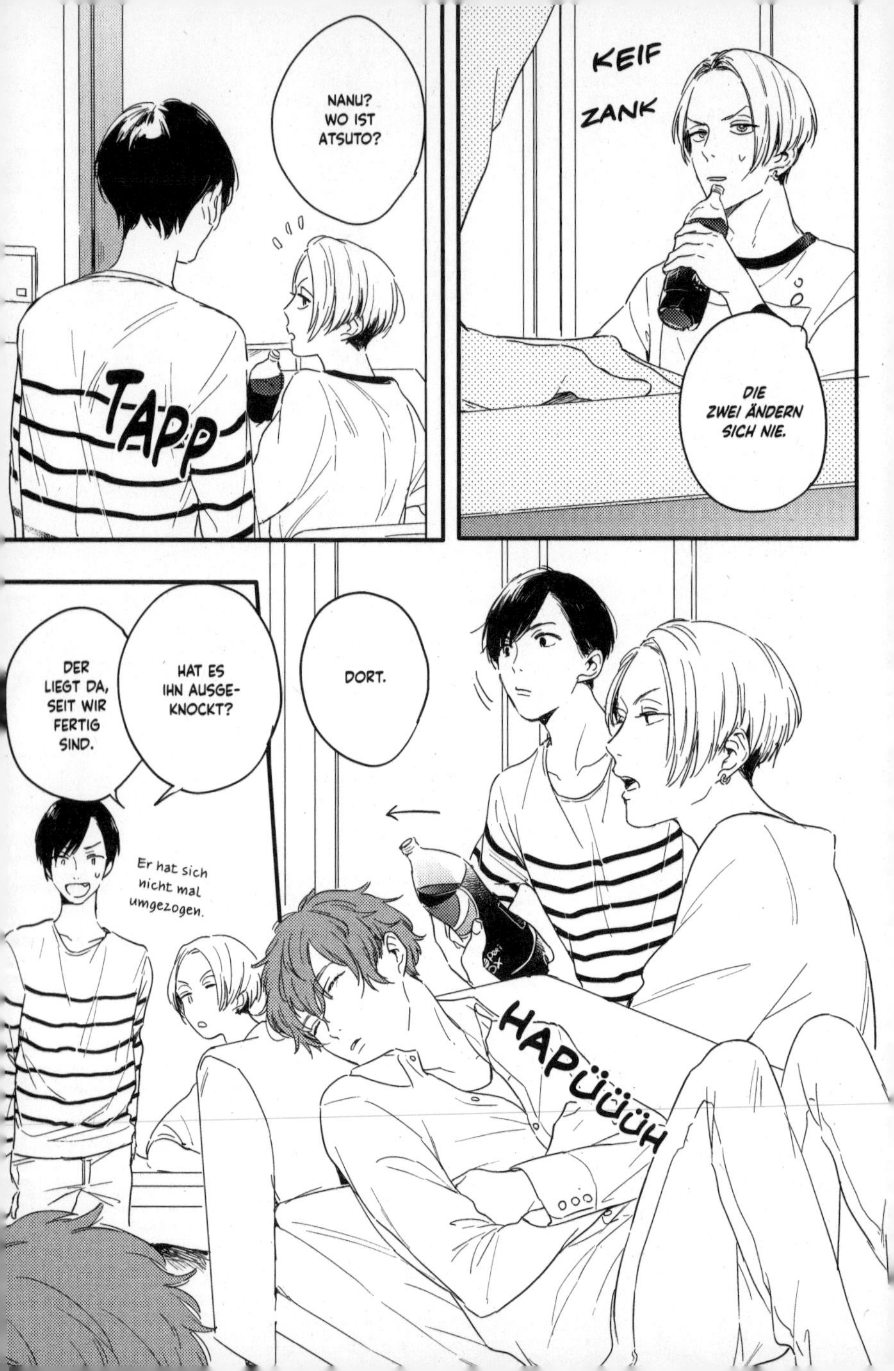
KEIF
ZANK
DIE ZWEI ÄNDERN SICH NIE.
NANU? WO IST ATSUTO?
TAPP
DORT.
HAT ES IHN AUSGE-KNOCKT?
DER LIEGT DA, SEIT WIR FERTIG SIND.
Er hat sich nicht mal umgezogen.
HAPÜÜÜH

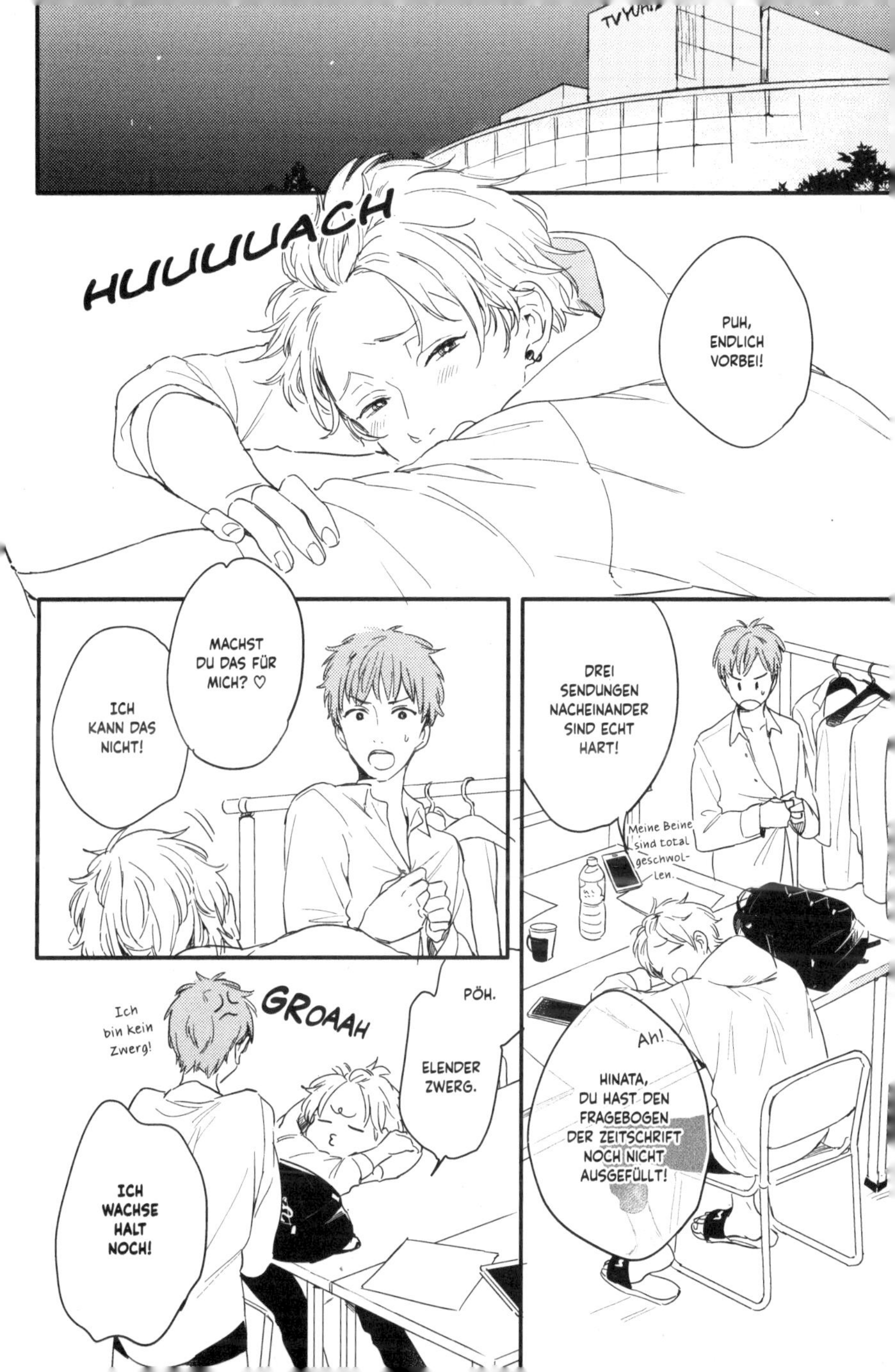
HUUUUACH
PUH, ENDLICH VORBEI!
DREI SENDUNGEN NACHEINANDER SIND ECHT HART!
Meine Beine sind total geschwol-len.
MACHST DU DAS FÜR MICH? ♡
ICH KANN DAS NICHT!
Ah!
HINATA, DU HAST DEN FRAGEBOGEN DER ZEITSCHRIFT NOCH NICHT AUSGEFÜLLT!
PÖH.
ELENDER ZWERG.
GROAAH
ICH WACHSE HALT NOCH!
Ich bin kein Zwerg!

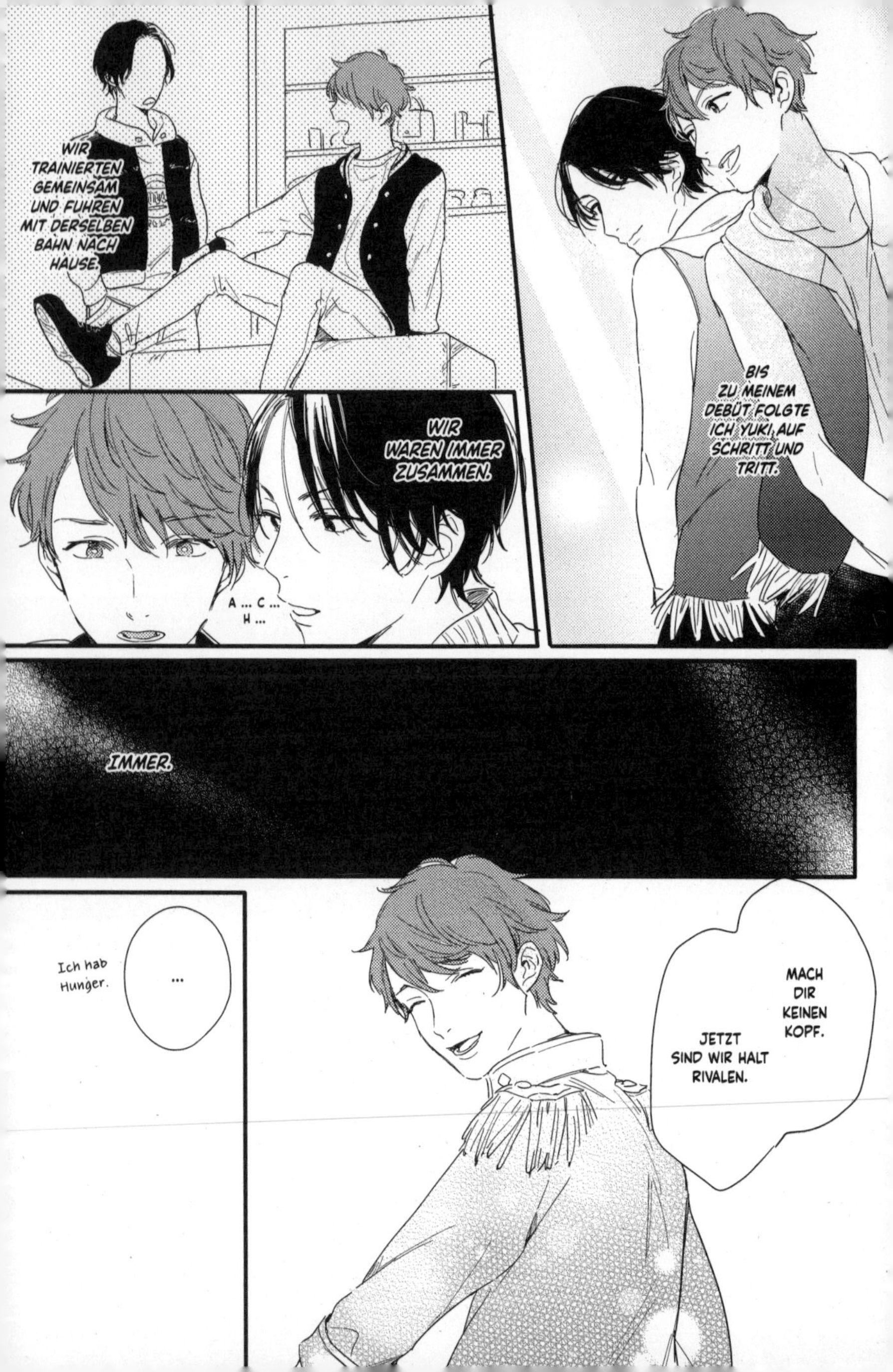

Bis zu meinem Debüt folgte ich Yuki auf Schritt und Tritt.
Wir trainierten gemeinsam und fuhren mit derselben Bahn nach Hause.
Wir waren immer zusammen.
A ... C ... H ...
Immer.
Mach dir keinen Kopf.
Jetzt sind wir halt Rivalen.
...
Ich hab Hunger.

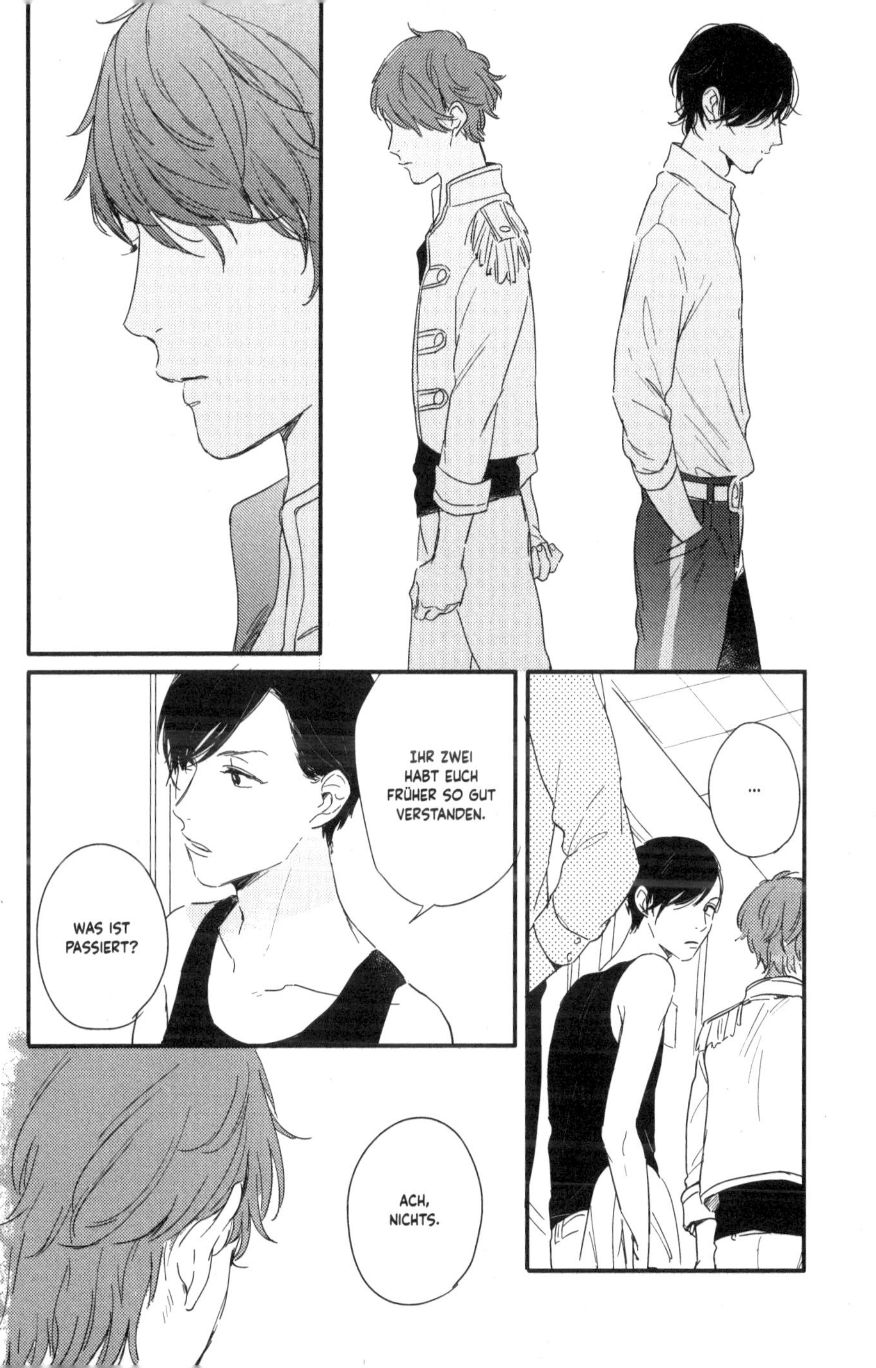
...
IHR ZWEI HABT EUCH FRÜHER SO GUT VERSTANDEN.
WAS IST PASSIERT?
ACH, NICHTS.

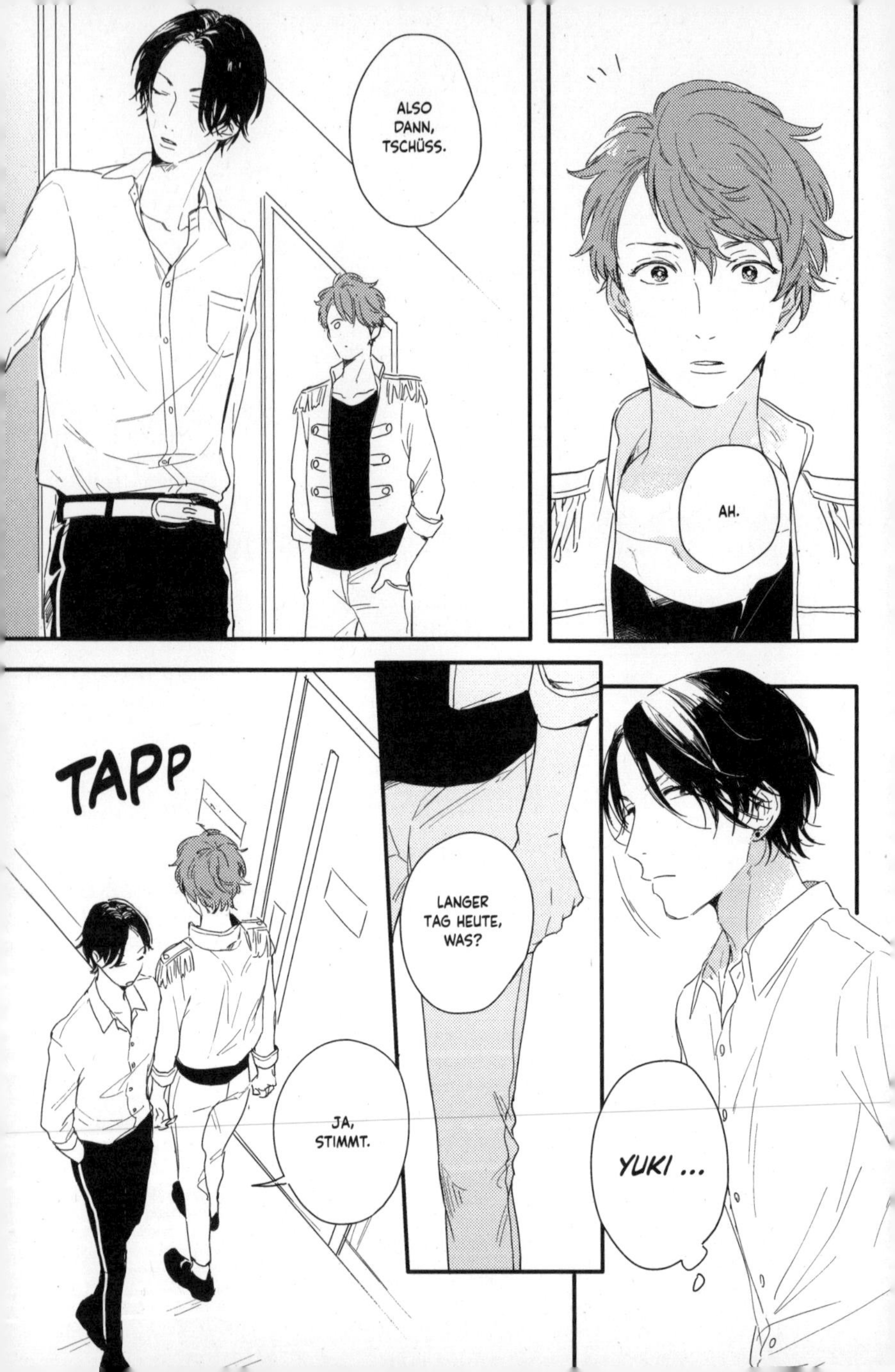
AH.
ALSO DANN, TSCHÜSS.
YUKI ...
LANGER TAG HEUTE, WAS?
TAPP
JA, STIMMT.

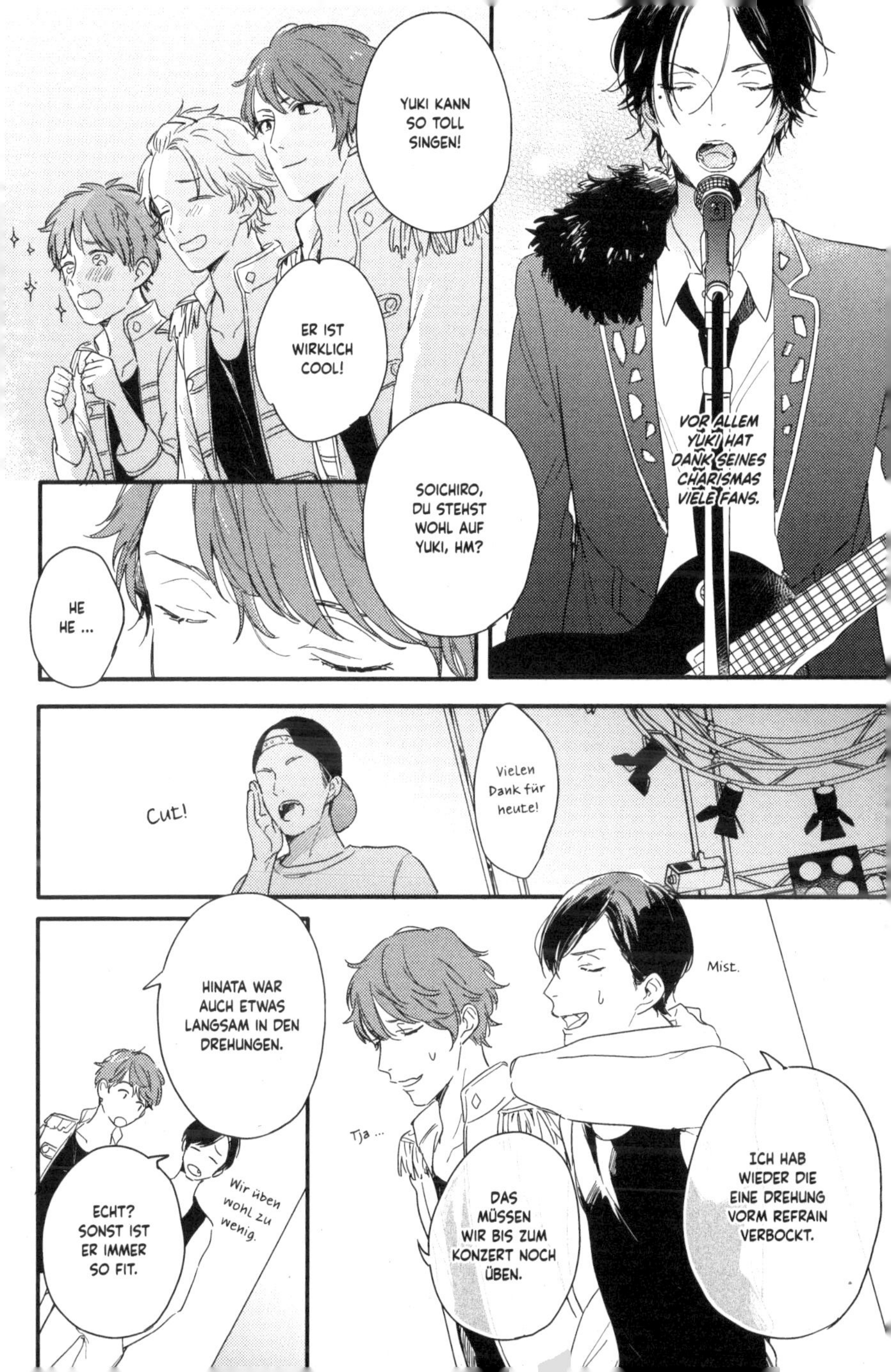
Vor allem Yuki hat dank seines Charismas viele Fans.
Yuki kann so toll singen!
Er ist wirklich cool!
Soichiro, du stehst wohl auf Yuki, hm?
He he ...
Vielen Dank für heute!
Cut!
Mist.
Ich hab wieder die eine Drehung vorm Refrain verbockt.
Tja ...
Das müssen wir bis zum Konzert noch üben.
Hinata war auch etwas langsam in den Drehungen.
Wir üben wohl zu wenig.
Echt? Sonst ist er immer so fit.

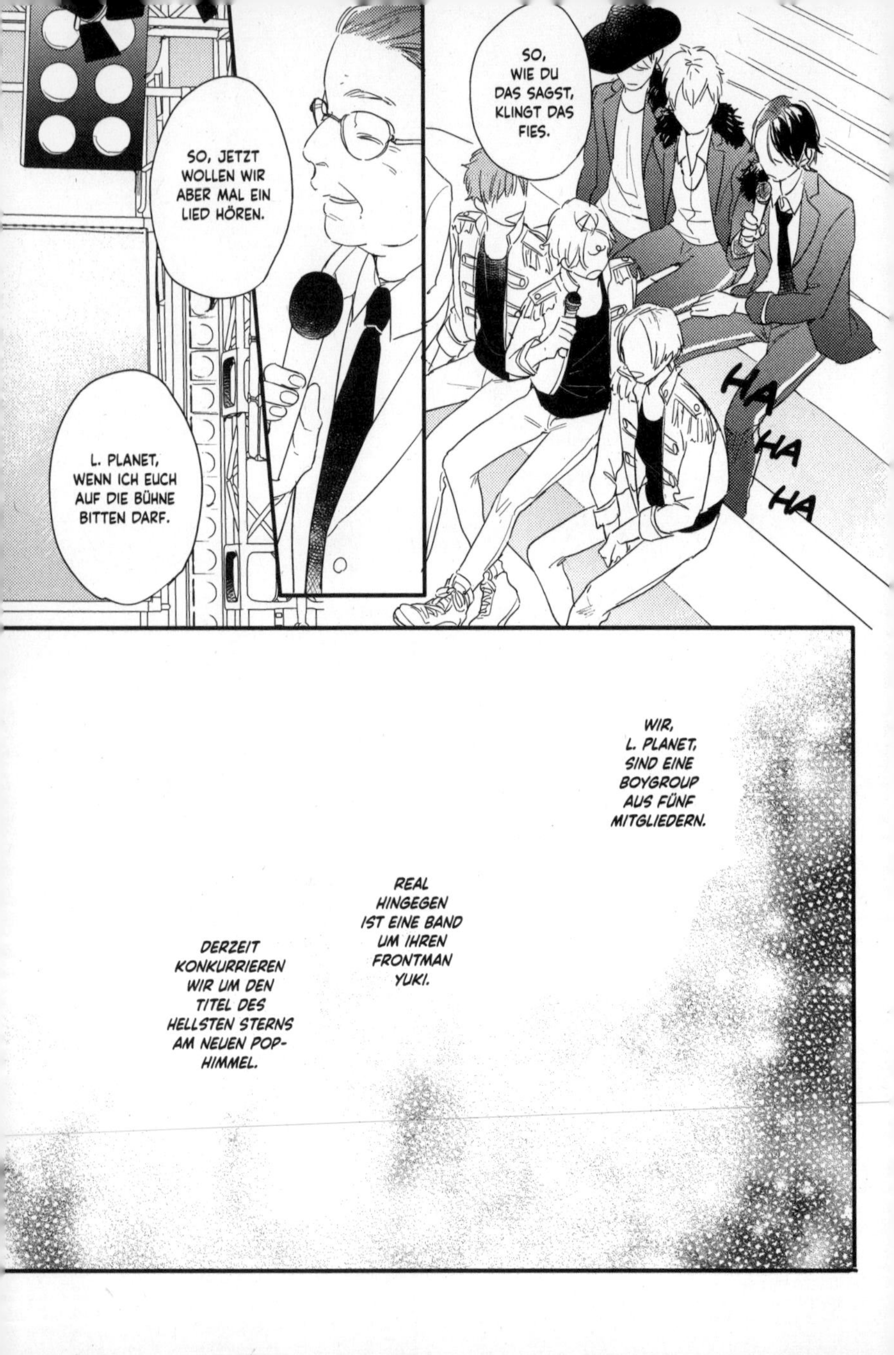
SO, WIE DU DAS SAGST, KLINGT DAS FIES.
HA HA HA
SO, JETZT WOLLEN WIR ABER MAL EIN LIED HÖREN.
L. PLANET, WENN ICH EUCH AUF DIE BÜHNE BITTEN DARF.
WIR, L. PLANET, SIND EINE BOYGROUP AUS FÜNF MITGLIEDERN.
REAL HINGEGEN IST EINE BAND UM IHREN FRONTMAN YUKI.
DERZEIT KONKURRIEREN WIR UM DEN TITEL DES HELLSTEN STERNS AM NEUEN POP-HIMMEL.

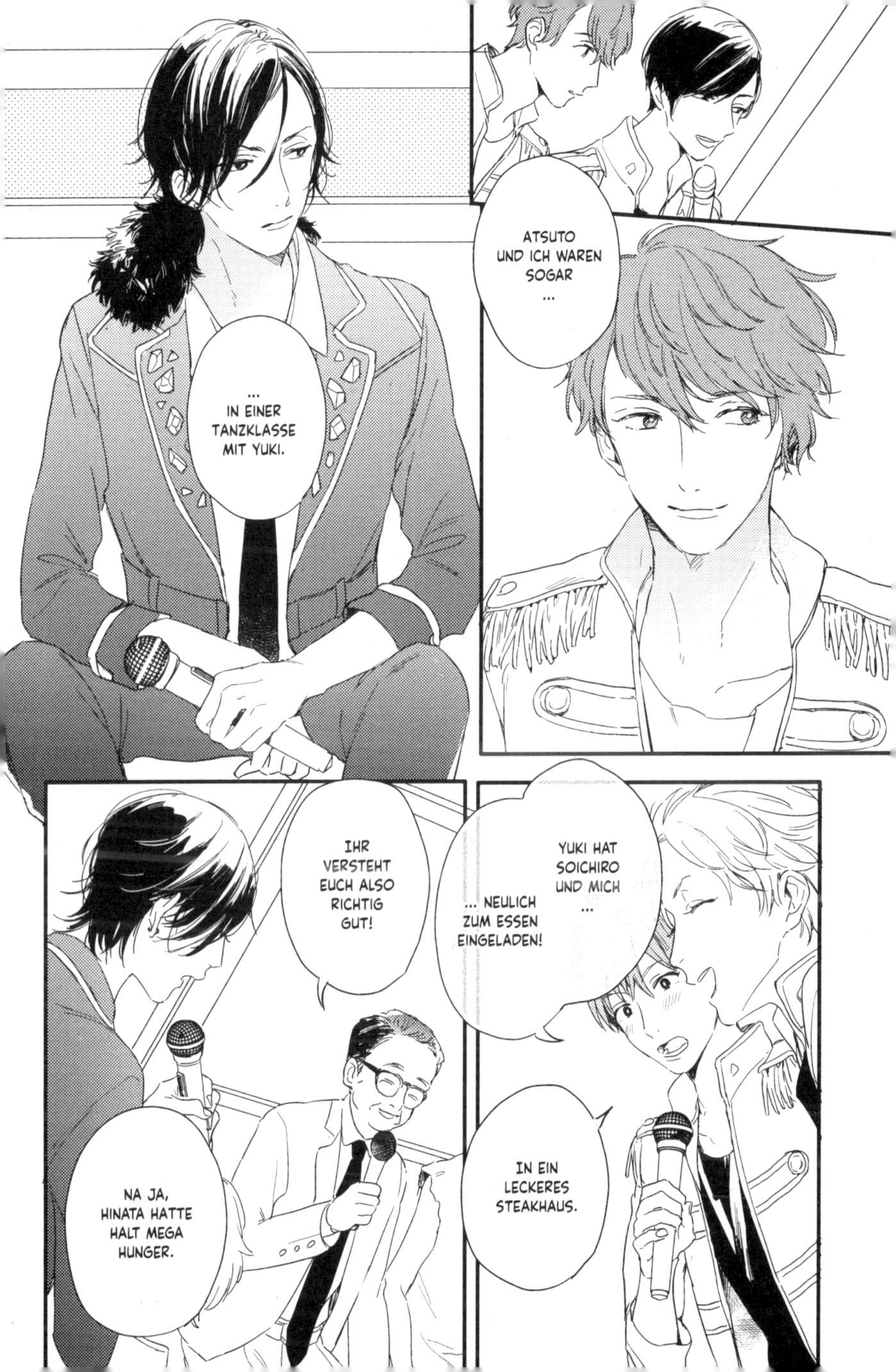
ATSUTO UND ICH WAREN SOGAR ...
... IN EINER TANZKLASSE MIT YUKI.
YUKI HAT SOICHIRO UND MICH ...
... NEULICH ZUM ESSEN EINGELADEN!
IN EIN LECKERES STEAKHAUS.
IHR VERSTEHT EUCH ALSO RICHTIG GUT!
NA JA, HINATA HATTE HALT MEGA HUNGER.

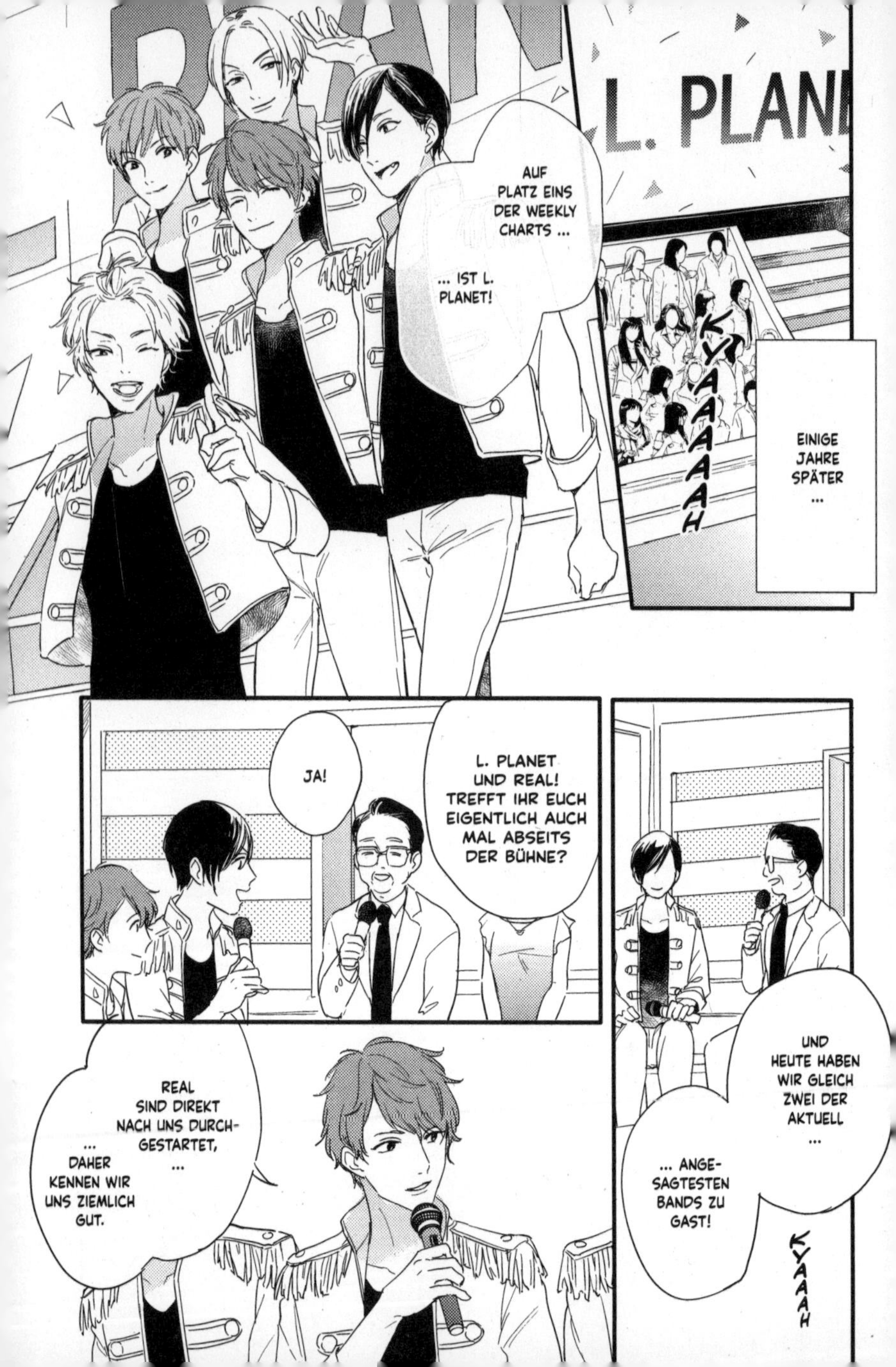
EINIGE JAHRE SPÄTER ...
KYAAAAAAAH
L. PLANE
AUF PLATZ EINS DER WEEKLY CHARTS ...
... IST L. PLANET!
UND HEUTE HABEN WIR GLEICH ZWEI DER AKTUELL ...
... ANGE-SAGTESTEN BANDS ZU GAST!
KYAAAH
L. PLANET UND REAL! TREFFT IHR EUCH EIGENTLICH AUCH MAL ABSEITS DER BÜHNE?
JA!
REAL SIND DIREKT NACH UNS DURCH-GESTARTET, ...
... DAHER KENNEN WIR UNS ZIEMLICH GUT.

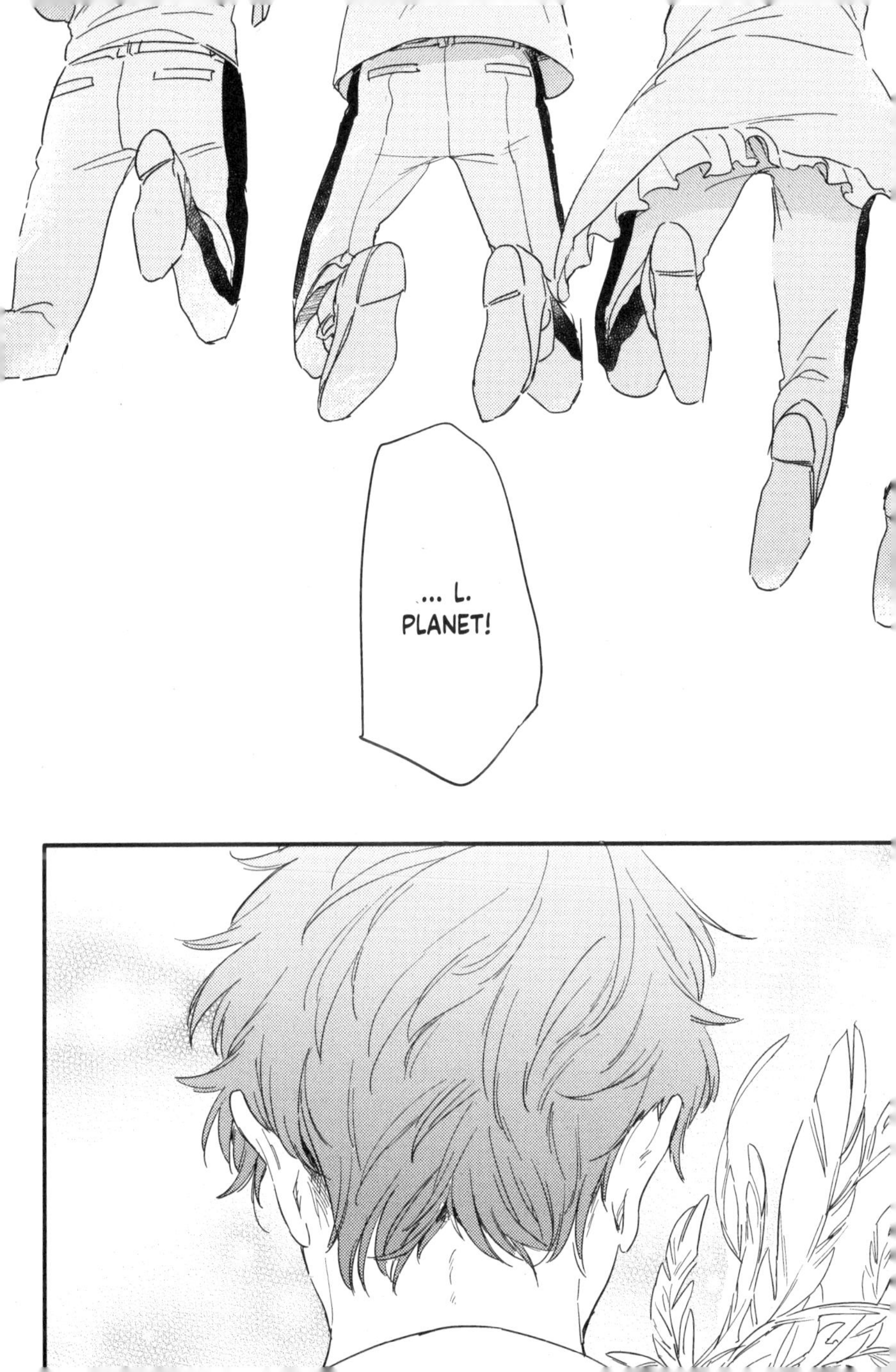
... L. PLANET!

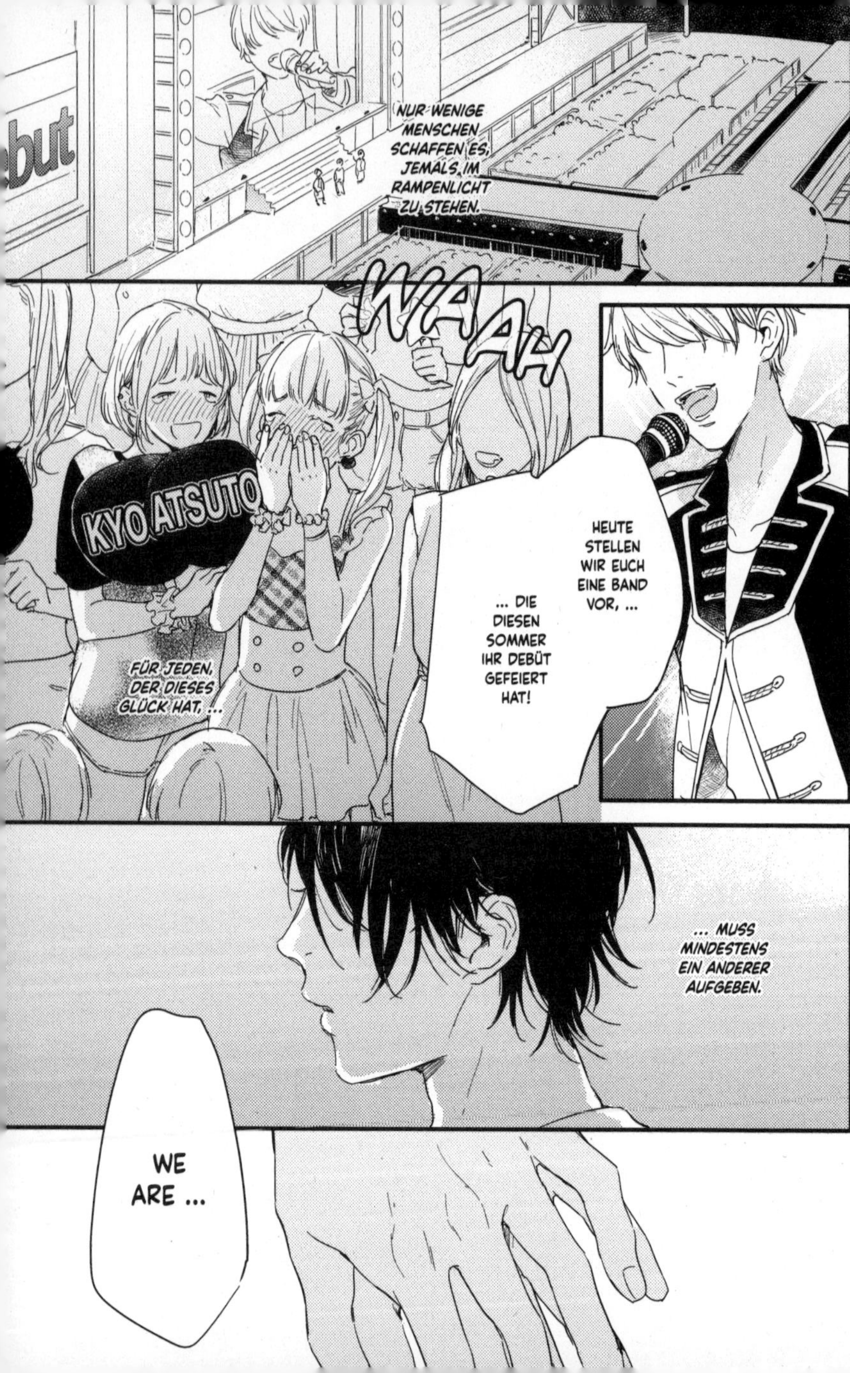
NUR WENIGE MENSCHEN SCHAFFEN ES, JEMALS IM RAMPENLICHT ZU STEHEN.
HEUTE STELLEN WIR EUCH EINE BAND VOR, ...
... DIE DIESEN SOMMER IHR DEBÜT GEFEIERT HAT!
WAAH
KYO ATSUTO
FÜR JEDEN, DER DIESES GLÜCK HAT, ...
... MUSS MINDESTENS EIN ANDERER AUFGEBEN.
WE ARE ...

HELLO MORNING STAR

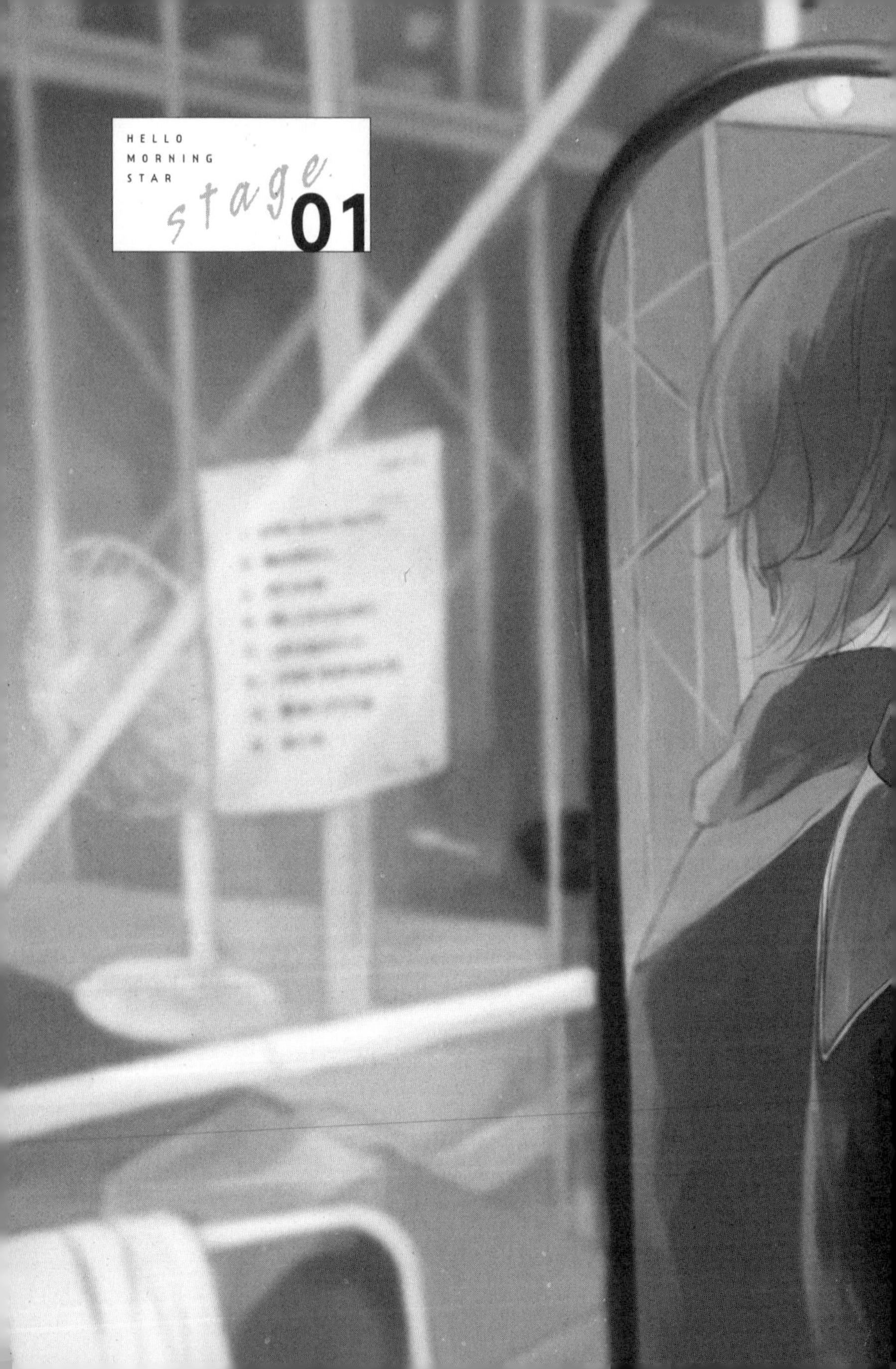
HELLO
MORNING
STAR
stage 01

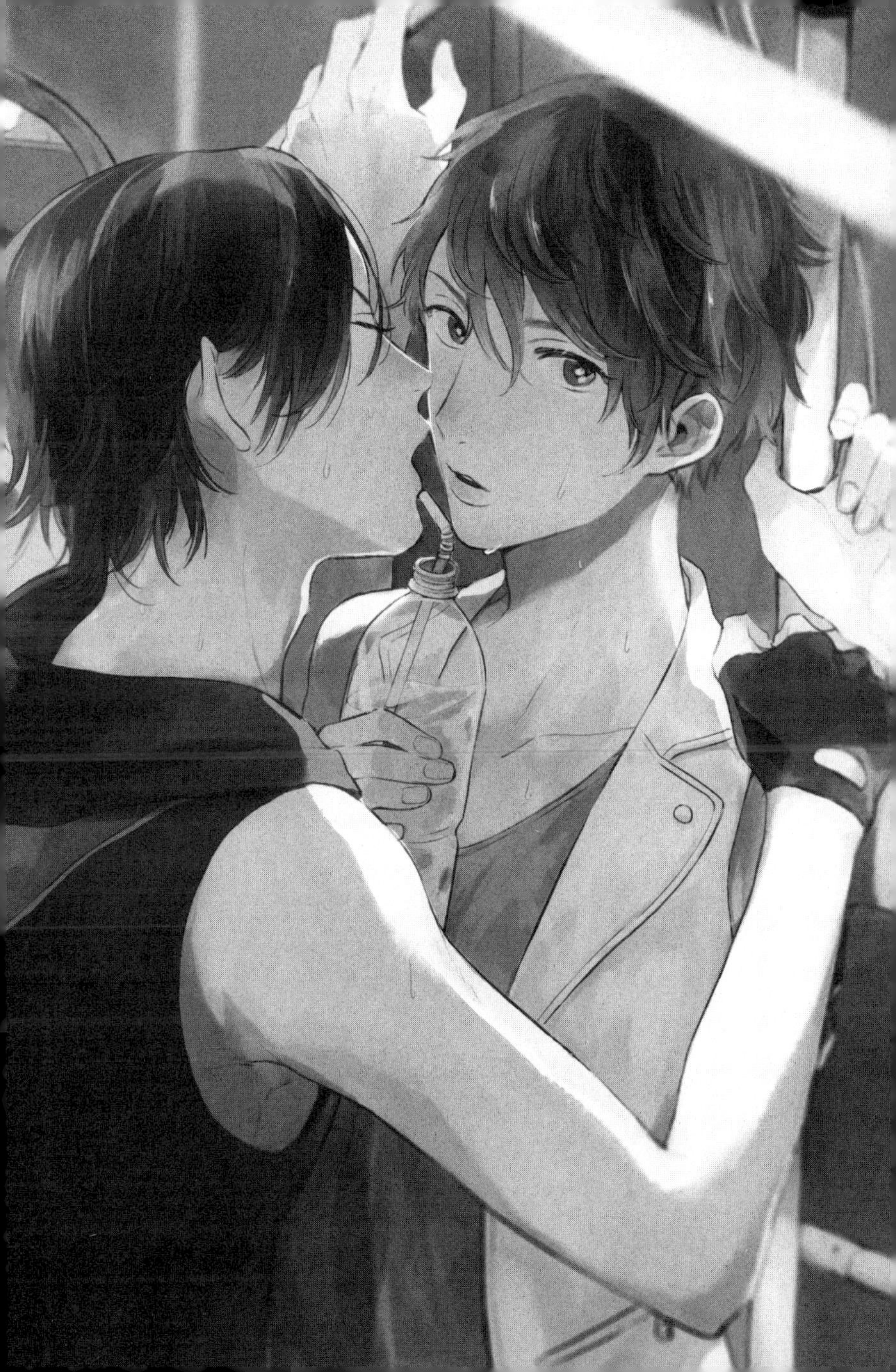

1

Tomo Kurahashi

HELLO MORNING STAR

HELLO MORNING STAR

INHALT

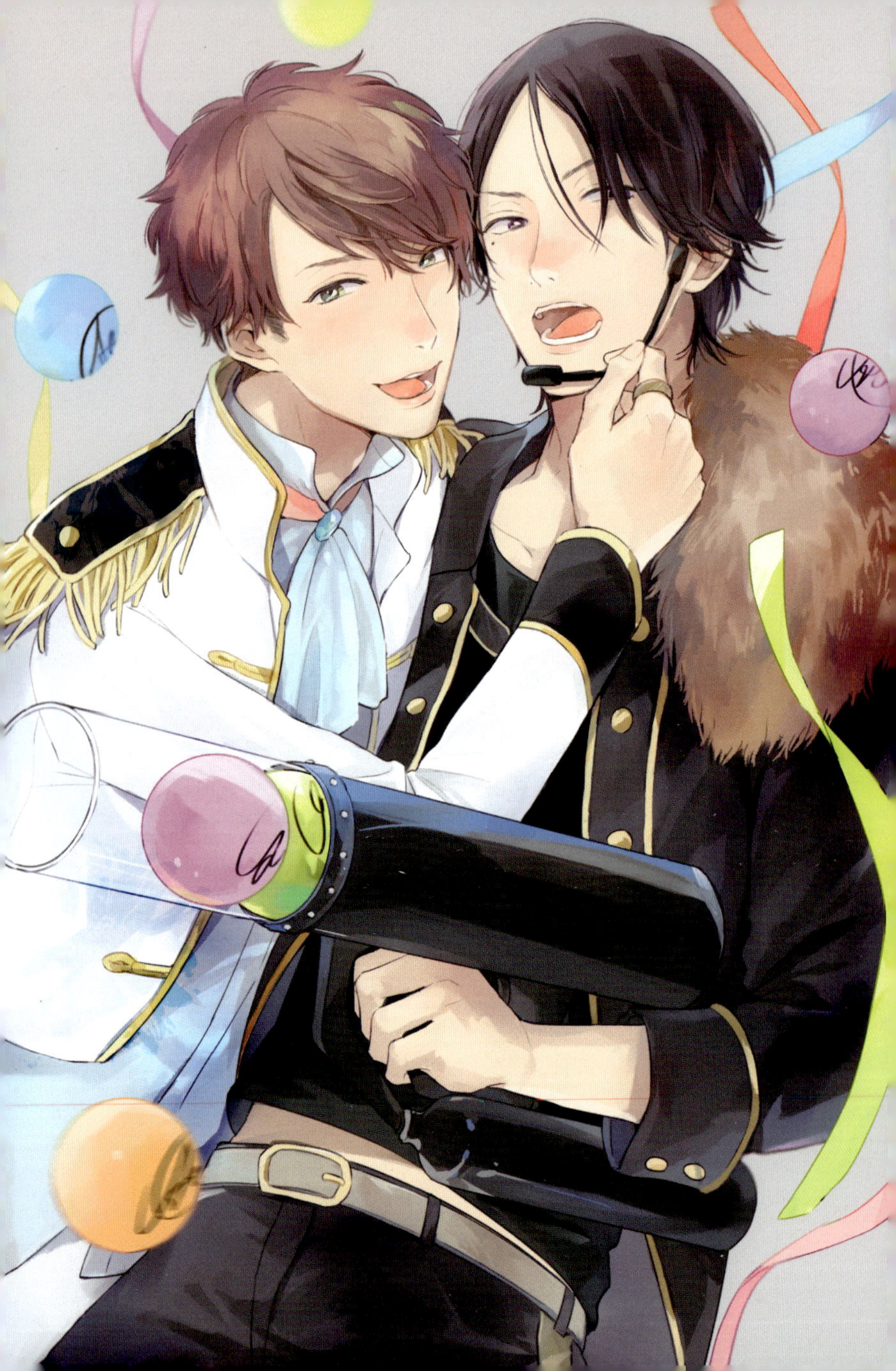